普通高等教育"十三五"财政与税收专业规划教材

预 算 会 计

【第三版】

主　编　王俊霞　　胡克刚

副主编　周宝湘　　韩　磊

西安交通大学出版社
XI'AN JIAOTONG UNIVERSITY PRESS

内 容 提 要

本书以我国现行的预算会计制度为主要依据，以近几年国家财政部及有关部门制定发布的有关财政、预算、国库集中收付、政府采购、非税收入管理制度和2007年政府收支分类改革、2012年起施行的《事业单位财务规则》、2013年起施行的《事业单位会计准则》和《事业单位会计制度》、2014年起施行的《行政单位会计制度》、2015年起施行的新《预算法》、2016年改革的《财政部门总预算会计制度》以及2017年起施行的《政府会计基本准则》等新政策为基础，将新制度的变化与原有预算会计内容进行了有机结合，全面系统地阐述了我国现行预算会计的基本内容和核算方法。

全书共分为四篇二十章。第一篇基础理论篇，主要介绍预算会计的基本理论和会计核算的基础知识，同时阐述了我国预算会计改革的背景、意义以及改革对预算会计核算产生的影响；第二篇财政总预算会计，主要介绍财政总预算会计资产、负债、净资产、收入和支出的管理与核算；第三篇行政单位会计，主要介绍行政单位会计资产、负债、净资产、收入和支出的管理与核算；第四篇事业单位会计，主要介绍事业单位会计资产、负债、净资产、收入和支出的管理与核算。

本书既可作为高等院校财政与税收、财务会计等专业教材，也可作为干部培训、会计人员继续教育的教材。

普通高等教育"十三五"财政与税收专业规划教材

编写委员会

学术指导：刘尚希

总 主 编：邓晓兰 （西安交通大学经济与金融学院财政系
教授，博导，全国高校财政学教学研究会理事）

编委会委员（按姓氏笔画排序）：

王满仓　王俊霞　王建喜　申嫦娥

刘　明　李兰英　李社宁　李爱鸽

张思锋　张雅丽　宋丽颖　贺忠厚

徐　谦　胡克刚　铁　卫　段玉宽

昝志宏　温海红　谭建立

策　　划：魏照民

总　序

　　中国作为发展中国家，正处于由计划经济向市场经济转型的历史阶段。经济转型不只是经济体制的转变，更是整个社会结构的一场深刻变革，国家、社会、市场以及个人之间的复杂关系正在被重新诠释和构建。伴随着以市场经济为基础的中国新型社会结构的形成过程，必然衍生出新的财政关系，"公共财政"这一新提法便是中国特定语境下新型财政关系的概括。在中国大地上展开的公共财政建设，无疑是借鉴人类共同文明成果基础上的一种制度创新，因为中国从来没有过"公共财政"，而发达国家的"public finance"也难以照搬到中国来。中国公共财政的制度建设必将带有中国的特色，那就是地域广袤、人口众多的大国特征和经济社会发展阶段性的历史印迹。

　　中国的改革、开放、发展进入到一个新阶段，面临着经济全球化的新形势，我们如何从理论上对纷繁、复杂、多彩的财政经济现象做更透彻的理解与把握，如何科学地解释、解决经济社会发展和改革中的问题、矛盾与挑战，是理论工作者和实际工作者共同面对的重要任务。中国的发展，中华民族复兴伟业的实现，需要一代又一代人的努力。未来是不确定的，需要我们做好全方位的准备。人才的准备则是最重要的。作为培养各类高素质财经人才的财经类院系，其首要任务就是让学生——未来的财经理论工作者和实际工作者，能够得到科学、严格的专业训练，系统而深入地掌握财经学科的基本原理、基本方法，使之具备足够的能力，为他们将来能够科学地解释和有效地解决复杂的现实财经问题奠定扎实的基础。

　　财经人才的培养，离不开财经教材的建设。这套财政学本科专业系列教材正是从这一宗旨出发，在这方面做了有益的探索。在阐述西方财政基本理论、基本方法的同时，该套教材紧密结合中国财经改革的实践，从理论与现实的结合中尝试形成对中国公共财政的科学诠释和合理的学科体系构架。要做到这一点，其实是很不容易的。其困难在于社会学科是介于科学与艺术之间的学科门类，尽量往"科学"一端靠，也只能是"软科学"。社会科学具有太多的不确定性，包括以价值判断为基础的假设前提、概念的语境变化以及被观察对象的多变性和在时间维度上的随机性等等，使之难以"放之四海而皆准"和永远"正确"。财政学科自然也不例外。例如，自打"公共财政"这个概念提出，争议从来就没有停止过，一个重要的原因就是对其语境的理解不同。"公共财政"的中国语境和"public finance"的西方语境有很大差异，语境不同，那么，"公共财政"就不等于"public finance"，反之亦然。抽象掉语境，这两个概念是可以互译的，但作为学术概念，则无法互译。因此，在教材建设中，要恰到好处地把中外学术成果融合起来，是相当困难的一件事情。

尽管如此，该系列教材还是尽可能地从"三个结合"上下功夫。

第一，中外理论与现实相结合。该系列教材尽可能吸收国内外同类教材的理论和方法，在此基础上，适当运用一些现实案例进行解读，以使读者有一定的感性认识，并和理性认识相融合。第二，中外已有成果与最新研究成果相结合。在一定意义上，教材是对"比较成熟"的理论和方法的系统梳理，比较稳定，而学术研究则是日新月异，教材很难处于理论前沿。该套教材在介绍已成熟理论与方法的同时，也尽力阐述相关理论、方法的创新点，使读者感受学术研究的新动向。第三，写作范式上"国际规范"与"中国特色"相结合。学术界一直在讨论经济学在中国发展的"规范化"、国际化、现代化与"本土化"的关系问题。在没有"定论"以前，该系列教材尽力"土洋结合"，以适合国人理解的方式来阐述基本理论和方法，努力做到深入浅出，通俗易懂。

该系列教材的作者来自全国十几所院校，他们接受过现代经济学、管理学的系统训练，大都是经济学博士，而且从事教学科研工作多年，他们对中外理论研究和现实状况有较全面和深入的了解，为这套系列教材在融合中外学术成果的基础上再上新台阶提供了条件。教材建设是一个长期的动态过程，同样需要与时俱进。该套教材也许还有种种不足之处，甚至存有缺陷，但以发展的眼光看，任何尝试都是值得的，都是对学界的一份贡献。

刘尚希

2007 年 3 月 26 日于北京

第三版前言

　　《预算会计》教材第二版出版至今已经四年多了。四年来，该教材得到了读者的认可、厚爱与支持。许多单位和个人，特别是不少高等院校都在使用这本教材，它已经成为广大读者学习预算会计知识的重要读物。

　　随着我国经济体制改革的不断深入，我国政府预算管理体制也在不断改进，原有的制度也在不断地完善和变化。为了进一步规范行政事业单位的财务行为，加强财务预算管理和监督，提高资金使用效益，促进各项事业健康发展，财政部于2013年底修订了行政单位会计制度，新的行政单位会计制度从2014年开始施行，2015年开始实行新预算法，2016年改革了财政部门总预算会计制度，2017年政府会计基本准则实施。这一系列的制度变革对预算会计核算产生了很大的影响，要求在实际教学过程中必须不断更新本课程的教学内容。为了适应这一新情况，我们对2013年第二版的《预算会计》进行了修订和重新编写。

　　本次修订和重新编写的主要内容如下：

　　(1)对原书第一篇基础理论篇，按照政府会计准则的内容进行了修改和完善。

　　(2)对原书第二篇财政总预算会计、第三篇行政单位会计，按照财政部颁布实施的新准则和新制度进行了重新编写。

　　本次修订由西安交通大学王俊霞教授、西安财经学院胡克刚副教授担任主编，西安财经学院周宝湘老师、西安财经学院行知学院韩磊老师担任副主编，西安交通大学刘华老师，西安财经学院行知学院张星娟、王转、姜华、何亚雯、宁晓娜老师，国家开发银行西安分行李雨丹老师等也参与了编写。全书由王俊霞、胡克刚负责修订、补充、总纂和定稿。全书编写分工如下：第一、二、三章由王俊霞编写；第四、五章由张星娟编写；第六、七章由胡克刚编写；第八章由王转编写；第九章由姜华编写；第十、十一、十二、十三章由韩磊编写；第十四章由何亚雯编写；第十五章由刘华编写；第十六章由李雨丹编写；第十七章由宁晓娜编写；第十八、十九、二十章由周宝湘编写。

　　受时间和能力所限，第三版难免存在一些问题，我们诚挚地希望读者和同仁对本书提出宝贵意见，以备来日再修改使用。

作　者
2018.1

目　录

第一篇

基础理论篇

第一章　预算会计理论基础

预算会计是服务于预算管理的专业会计,预算管理改革不同程度地影响到预算会计核算的内容。近年来,我国预算管理经过多次改革,取得了良好的效果,同时也引起了预算会计核算内容和规定发生变化,需要进行完善和补充。本章在对预算会计的概念与特点,预算会计核算的内容,预算会计的组成体系与分级等内容介绍的基础上,阐述了预算会计改革的背景、意义以及对预算会计核算产生的影响。通过本章学习,应重点掌握预算会计的内涵与特点,预算会计的组成体系与核算对象,了解预算会计改革对预算会计核算的影响。

第一节　预算会计的概念与核算对象

一、预算会计的概念

我国的会计体系按其反映和监督内容与对象的不同,分为预算会计和企业会计两大类。预算会计是应用于我国各级人民政府财政部门和行政、事业单位,核算预算执行情况,为政府预算管理服务的一种专业会计;企业会计是应用于工业、商业、交通运输等企业,以价值形式反映和监督企业生产经营活动的一种专业会计。预算会计是我国会计的专有概念,诞生于1950年,是我国会计领域中的一个特殊序列,它同西方国家所称的"预算会计"(budgetary accounting)完全不同。西方国家所说的预算会计,指的是记录预算的会计,因为西方国家对于法定预算需要作正式的会计记录,而我国所说的预算会计并不是指记录预算的会计,而是记录预算执行情况的会计。我国对于法定预算不需要作正式的会计记录,而对于预算执行情况和结果需要进行记录和反映。

预算会计概念的一般表述为,预算会计是各级政府、使用预算拨款的各级行政单位和各类事业单位,核算和监督各项财政性资金活动、单位预算资金的运动过程和结果以及有关经营收支情况的专业会计。它是以货币为主要计量单位,对会计主体的经济业务进行连续、系统、完整地核算和监督的经济管理活动。具体讲,主要包括以下三个方面的内容:

(1)预算会计的主体是各级政府及各类事业、行政单位。财政总预算会计的主体是各级政府;事业单位会计和行政单位会计的主体,是指会计为之服务的事业、行政单位。

(2)预算会计的客体或者对象是财政性资金运动、单位预算资金的运动以及有关经营收支过程和结果。具体讲,财政总预算会计的核算对象主要是预算收入、预算支出和预算结余(或赤字)等多项财政性资金活动;行政单位会计的对象主要是单位预算资金的领拨、使用及其结果;事业单位会计的核算对象主要是单位预算资金及经营收支过程和结果。

(3)预算会计是以会计学原理为基础的一门专业会计,是会计学的重要组成部分。因此,预算会计同其他会计一样,都是以货币为主要计量单位,采用一系列科学的方法,对会计主体的经济业务进行连续、系统、完整的核算和监督的经济管理活动。

二、预算会计的适用范围

预算会计是核算、反映和监督各级政府预算及行政事业单位收支预算执行情况的会计,包括财政总预算会计和行政事业单位会计等。

财政总预算会计适用于各级财政部门,它是各级财政部门核算、反映和监督政府预算执行和各项财政性资金活动情况的专业会计。预算总会计的主体是各级政府财政部门,这些部门是负责组织政府财政收支、办理政府预算、决算的专职管理机关。

行政单位会计适用于各级行政单位,它是以行政单位实际履行的各项政府活动为对象,核算、反映和监督行政单位预算执行过程及其结果的专业会计。我国的行政单位是履行国家行政管理的职能部门,是各级政府进行国家行政管理的各部门和各单位,这些部门和单位负责组织国家经济建设和文化建设,维护社会公共秩序。

事业单位会计适用于各类事业单位,它是以事业单位实际发生的各项经济业务为对象,核算、反映和监督事业单位各类资金运动过程及其结果的专业会计。

三、预算会计的核算对象

预算会计的对象是指预算会计核算和监督的基本内容。在预算执行过程中,各级政府财政部门和行政事业单位,一方面要组织各项收入,另一方面要安排各项支出,各项收支执行的结果又形成结余。收入、支出、结余构成了财政部门和行政事业单位的资金运动。在预算执行过程中所发生的资金运动又会形成各种资产、负债和净资产。因此,预算会计的对象就是各级财政部门和行政事业单位在预算执行过程中所发生的资金收入、支出、结余以及由此形成的资产、负债和净资产。

由于各级政府财政部门和行政事业单位的工作任务、业务活动的内容各不相同,因此,财政部门总预算会计、行政单位会计和事业单位会计的具体核算对象也有所不同。

(一)财政总预算会计的核算对象

各级政府财政部门负责具体执行各级总预算,一方面,按照核定的预算,从国民经济各部门取得总预算收入,包括一般预算收入和基金预算收入;另一方面,又按照核定的预算,将集中起来的预算资金再分配出去,用于各项支出,形成总预算支出;总预算收入与总预算支出的差额,形成预算收支结余。同时,在执行总预算的过程中,由一级财政部门掌管的货币资金和债权形成一级财政的资产;由发行公债、与上下级财政、与预算单位之间的应付款项形成一级财政的负债;由各项结余和基金形成一级财政的净资产。因此,财政总预算会计的核算对象,就是各级政府总预算执行过程的预算收入、预算支出和预算结余,以及在资金运动过程中所形成的资产、负债和净资产。

(二)行政单位会计的核算对象

行政单位为了履行其职能,一方面,从财政部门和上级单位领取行政经费并在依法行政的过程中收取预算外收入;另一方面,按照国家的有关规定和开支标准,安排人员经费、公用经费等各项经费支出;收支相抵为行政单位的结余。同时,在行政单位资金运动过程中,由行政单位掌管的各种财产和债权形成行政单位的资产;各项应缴和暂存款项形成行政单位的负债;固定基金和结余形成行政单位的净资产。因此,行政单位会计的核算对象,就是各级行政单位在预算执行过程中的经费收支、预算外收入及其结余,以及在行政单位资金运动过程中所形成的资产、负债和净资产。

(三)事业单位会计的核算对象

事业单位为了执行事业任务,保证业务活动的资金需要,一方面,要向财政部门或上级主管单位按照核定的预算领取经费,还要在国家规定的范围内组织创收,取得财政补助收入、事业收入和经营收入等各项收入;另一方面,事业单位要按照国家的有关规定和开支标准,安排人员经费、公用经费以及各项专业业务和经营业务的各项支出,收支相抵为事业单位的结余。同时,在事业单位资金运动过程中,由事业单位掌管的财产物资、债权和其他权利形成事业单位的资产;由事业单位承担的借入、预收款项和应付、应缴款项形成事业单位的负债;各项基金和结余形成事业单位的净资产。因此,事业单位会计的核算对象,是各类事业单位在单位预算执行过程中的各项收入、支出和结余,以及在事业单位资金运动中所形成的资产、负债和净资产。

第二节　预算会计的组成体系与分级

一、预算会计的组成体系

预算会计是为预算管理服务的,预算管理体系决定预算会计体系,我国预算会计的组成体系如下。

(一)基本组成部分

基本组成部分,是由采用预算会计核算方法,核算、反映和监督国家预算资金活动情况的会计所组成。包括财政总预算会计、事业单位会计和行政单位会计。其中:财政总预算会计全面地、总括地核算、反映和监督国家总预算资金活动情况;事业、行政单位会计具体地核算、反映和监督单位预算资金活动情况。

1.财政总预算会计

各级政府财政部门是指组织国家财政收支、办理国家预算、决算的专职管理机关。财政总预算会计是指各级政府财政部门核算、反映和监督政府预算执行和财政周转金等各项财政性资金活动的专业会计。

2.事业单位会计

事业单位是指不具有社会生产职能和国家管理职能,直接或间接地为上层建筑、生产建设和人民生活服务的单位。事业单位会计是以事业单位实际发生的各项经济业务为对象,核算、反映和监督事业单位预算执行过程及其结果的专业会计。

3.行政单位会计

行政单位是指进行国家行政管理,组织经济建设和文化建设、维护社会公共秩序的单位。它是以本单位实际发生各项经济活动为对象,核算、反映和监督本单位预算执行过程及其结果的专业会计。

(二)参与组成部分

参与组成部分,是由采用非预算会计核算方法,核算、反映和监督国家预算资金活动情况的会计所组成。主要包括国库会计、收入征解会计和基本建设资金拨(贷)款会计。

1.国库会计

国库是负责办理国家预算资金的收纳和拨付的机关。国家的所有预算收入全部缴入国库,国家的一切预算支出全部通过国库拨付。国库会计负责对预算资金的收纳、划解和支付进行核算。财政部门要求国库会计按预算科目报日报、旬报和月报,当预算科目调整或增减时,国库会计也要作相应调整或增减。

2.收入征解会计

国家税收机关、海关、农业税收管理机关等是负责国家工商税收、关税、农业税以及国家指定其负责征收的预算收入、减免和缴库的机关。收入征解会计是核算、反映和监督中央预算和地方预算中各项税收征管、缴库过程的资金运动,以及负责核算各项税收的组织、实现与缴纳的专业会计。它包括税收会计、农业税征解会计和关税会计。

3.基本建设拨款会计

基建拨款由财政部委托中国建设银行负责组织实施。1994年,财政部成立基本建设财务司,收回原由建设银行代理的财政职能。基本建设拨款会计是核算、反映和监督预算内用于基本建设支出的专门会计。主要核算基本建设有偿资金、无偿投资和资本金的投入使用情况。

二、预算会计的分级

(一)财政总预算会计的分级

财政总预算会计的分级与政府预算的分级是一致的。我国政府预算体系是根据国家政权结构、行政区划和财政管理体制而确定的预算级次和预算单位,按一定的方式组合成的统一整体。为实现事权与财权的统一,我国各级预算级次的设置与政权体系的层次基本对应,具体分为中央预算和地方预算。地方预算又分为省、自治区、直辖市;设区的市、自治州;县、自治县,不设区的市、直辖区、市辖区;乡、民族乡、镇四级预算。上述五级预算构成了我国的政府预算体系。

财政总预算会计的管理体系,是和政府预算组成体系相一致的,也分为五级,即有一级政府就要建立一级总预算,每一级政府的总预算都在财政部门设立财政总预算会计。即财政部设立中央级财政总预算会计;省级(包括自治区、直辖市)的财政厅(局)设立省级(包括自治区、直辖市)财政总预算会计;市(地、州)财政局设立市(地、州)级财政总预算会计;县(市)财政局设立县(市)级财政总预算会计;乡(镇)财政所则设立乡(镇)级财政总预算会计。

各级总预算会计不仅要做好自身的会计核算、反映和监督工作,更重要的是负责组织和指导本区的整个预算会计工作,指导下级总预算会计工作,保证政府预算工作的顺利完成。

(二)事业、行政单位会计的分级

根据现行的事业、行政管理体制,事业、行政单位预算拨款关系和单位财务收支计划的编制程序,一般分为三级。

1.主管会计单位

主管会计单位,简称"主管单位"。与同级财政部门直接发生经费领报关系或建立财务关系(预算外资金审批关系、财务收支计划与会计决算审批关系),并有所属会计单位的,为主管会计单位。

2.二级会计单位

二级会计单位,简称"二级单位"。与主管会计单位或上级会计单位发生经费领报关系、财务收支计划与会计决算审批关系,并有所属会计单位的,为二级会计单位。二级会计单位下边没有所属会计单位的视同基层会计单位。

3.三级会计单位

三级会计单位,也称"基层会计单位"。与主管会计单位或二级会计单位直接发生经费领报关系、财务收支计划与会计决算审批关系,下面没有附属会计单位的,为三级会计单位。

以上的会计单位,都应建立独立的单位预算,实行比较完整的会计核算制度。不具备独立核算条件的,实行单据报账制度,作为"报账单位"管理。

第三节 预算会计的特点与作用

一、预算会计的特点

预算会计和企业会计同属于专业会计的范畴,因此,它们所应用的会计理论和会计核算的基本方法大致相同。但是,由于核算对象、任务及业务性质等的不同,与企业会计相比,预算会计有以下特点。

(一)适用范围不同

预算会计适用于各级政府财政部门、各级行政单位和各类事业单位,适用对象具有明显的非营利性,所以又称为非营利组织会计。而企业会计适用于以营利为目的的从事生产经营活动的各类企业。

(二)会计核算的基础不同

预算会计中,财政总预算会计和行政单位会计以收付实现制为会计核算基础,事业单位会计根据单位实际情况,分别采用收付实现制和权责发生制。企业会计均以权责发生制为会计核算基础。

(三)会计要素构成不同

预算会计要素分为五大类:即资产、负债、净资产、收入和支出。企业会计要素分为六大类:即资产、负债、所有者权益、收入、费用和利润。即使相同名称的会计要素,其内容在预算会计与企业会计上也存在较大差异。

(四)会计等式不同

预算会计的恒等式为:资产＋支出＝负债＋净资产＋收入。企业会计的恒等式为:资产＝负债＋所有者权益。

(五)会计核算内容及方法有其特殊性

在预算会计中,固定资产一般应与固定基金相对应,固定资产不计提折旧;对外投资一般与投资基金相对应;对专用基金实行专款专用方法;一般不实行成本核算,即使有成本核算,也是内部成本核算;一般没有损益的核算。这些均与企业会计有明显差异。

二、预算会计的作用

(一)预算管理的作用

预算会计的预算管理作用是指通过会计核算为预算管理提供数据,即:预算会计在日常会计核算中,对发生的有关经济业务活动,通过会计科目的设置、会计凭证的填制、账簿的登记和会计报表的编制等专门方法,对各项预算资金的收入和支出以及财产物资的结存和有关财务活动,进行分门别类地、全面地、系统地、连续地核算和反映,及时地、大量地掌握预算资金运动情况,为各级人民政府和各事业行政单位及有关部门领导提供可靠会计信息,以便进行有效的预算管理,保证政府预算的顺利执行和圆满实现。

(二)参与决策的作用

预算会计的参与决策作用主要体现在财政总预算会计工作中。各级财政总预算会计,通过正确记录核算,用所得的会计信息和资料,及时、准确地反映预算执行情况,并对预算资金分配活动未来变化情况进行预测和判断,为各级领导分析、预测财政经济形势,对重大财政问题进行决策提供重要依据,从而有效地组织收入,调控各种资金的用途和流向,使之符合整个财政资金的分配政策和统一的财政计划要求。充分发挥预算会计在宏观调控中的作用,可以保证财政资金分配有秩序地进行,促进政府预算圆满地实现。

(三)调度供应的作用

预算会计的调度供应作用是指预算会计通过妥善调度资金,保证预算资金按计划及时供应。在年度中间,由于季节性的关系,预算收支执行的进度往往是不一致的,有时会出现季度或月份收支不能平衡的现象,财政总预算会计要根据财政库存情况,作出妥善和合理的安排,同时要掌握和分析情况,督促有关方面及时交纳预算收入,合体调度资金,使预算资金能按计划及时供应,保证各项生产建设和事业行政任务的顺利完成。

(四)维护安全的作用

预算会计的维护安全作用是指预算会计按照宏观经济规律要求,依据党和国家的政策、财政法令和财务制度的规定,对预算资金分配的正确性、筹集的合理性、使用的效益性等进行控制和监督,从而使预算会计工作在保证资金有效使用、保证本单位资金和财产的安全、促进社会经济的正常运行中发挥应有的积极作用。

(五)分析研究的作用

在社会主义市场经济条件下,能够对预算资金收支活动和结果及其结构的变动趋势进行事前预测显得尤为重要。预算会计主体,特别是财政总预算会计,应对预算会计核算及反映的结果进行认真分析研究,并结合国民经济和社会发展状况,对未来的预算收支活动趋势和结构变化作出较为准确的预测,以利于政府及有关部门采取正确的决策措施,编制客观科学的政府预算,满足政府实现职能的需要。

第四节　预算会计的改革

一、预算会计改革的背景

(一)深化财政管理与预算改革的客观要求

我国的预算会计是以预算管理为中心的宏观管理信息系统和管理手段,是核算、反映和监督中央与地方各级政府预算以及事业行政单位收支预算执行情况的会计。随着中国财政管理体制改革步伐的加快,按照公共财政理论设计的预算管理模式已开始建立,预算编制、执行等环节的管理制度正在发生根本性的变化,我国预算会计环境正在发生重要的变化。

特别是20世纪90年代末开始的财政改革对预算会计制度产生了重大影响:部门预算的编制要求现行的预算会计制度提供准确的会计信息,以利于对部门进行绩效管理;政府采购导致财政支出确认基础的改变和总预算会计监控范围的扩大,对单位(采购实体)会计的影响为单位(采购实体)收支确认基础的改变;国库单一账户改变了预算资金的流转程序,将使现行财政总预算会计和行政单位会计面临又一次改革。这些改革一方面凸现了预算会计在公共财政管理与预算系统中的重要性,另一方面也使现行预算会计的弱点与缺陷暴露无遗。随着改革深化,现行预算会计已经越来越不适应新形势下财政管理改革的需要,客观上要求进行大的改革,特别是需要大大加强总预算会计实时追踪"机构层交易"信息的能力。

(二)全球性改革带来的改革动力与压力

除了国内财政管理与预算改革的推动外,近期在政府预算、会计与财务报告方面的全球性改革努力也为改革现行预算会计提供了新的压力与动力。20世纪80年代以来,政府会计变革的速度加快,推动这一变革的主导力量是在发达国家兴起的所谓"新公共管理"运动,而变革的主线是将传统的现金基础政府会计转向应计基础政府会计,许多国家将应计会计基础引入财务报告系统甚至预算系统。目前经济合作与发展组织成员国正致力于推动的核心工作是促进良好的公共治理,健全而透明的预算和会计建设是建设良好的公共治理的基石。

(三)预算会计改革的目标

政府会计改革的主要目标,是按照社会主义市场经济条件下公共财政管理的要求,针对现行预算会计准则体系和制度体系不规范、不统一、核算范围窄、会计核算基础单一等问题,建立规范、统一的政府会计准则体系、制度体系和政府综合年度财务报告制度,为财政管理和宏观调控提供坚实的信息基础,为提高财政透明度创造条件,为公共财政做好基础服务工作。

二、预算会计改革的意义

(一)预算会计改革是财政管理与预算改革的重要组成部分

1.预算会计将预算与决策意图转化为管理与控制的信息

预算会计不仅是财政管理与预算系统的重要组成部分,也对财政管理预算决策起着重要的支持作用。没有预算会计和相应报告系统提供的信息支持,公共组织就不可能实现良好的公共财政管理、有效监督预算实施和控制支出的目标。财政部门正是借助预算会计和报告系统来确保支出控制和监督预算实施的。一般情况下,是预算会计系统将决策和预算的意图转化为管理和控制的信息使得有效的财政管理和支出控制成为可能。随着政府活动和开支活动的扩展,随着政府与财政职能的转变,公共财政和政府预算在中国的社会经济生活中发挥着越来越大的作用,客观上要求一个强有力的政府会计与报告系统作为改进决策制定的工具、改进管理的工具和改进受托责任的工具。

2.为转向集中性的公共财政管理奠定信息基础

公共财政管理改革涉及的是构造一个新的管理框架,以此对公共资金流入与流出公共组织以及在公共组织内部之间的流动,进行实时和全程式的监控与报告,并确保必要的财政透明度。这一改革涉及三个相互关联的关键方面:改进预算准备、预算执行以及预算评估,它们是缺一不可的整体,相互关联、相互制约,共同构成一个完整的公共财政管理框架的三个支柱。

　　我国近期财政管理与预算改革的主要方向是建立集中性的管理与预算框架,其核心是加强核心部门对预算执行过程的有效监控,以及对政府财务资源(尤其是现金资源)进行妥善管理。转向这一方向的改革突出了核心部门实时获取"机构层交易"信息的重要性,为此必须确保对交易信息的集中化监管。

(二)预算会计改革为转变财政职能创造条件

1.传统财政管理框架的基本特征和弱点是高度分散化

　　从计划经济时代开始,我国公共财政框架的基本特点是高度集权性的财政体制加上高度分散化的财政管理。虽然经历多次改革,直到今天,这种格局也基本上没有改变。1994年的财政体制改革进一步强化了中央政府的财政权力,包括收入方面的集权和支出方面的集权。从表面上看,中国地方政府的支出占全部政府支出的比重目前高达70%,但实际上,地方政府开支中大部分是由中央政府通过转移支付提供的,而政府间的转移支付决定权几乎完全掌握在中央政府手中。更重要的是,地方政府的开支用途在很大程度上不能自主决定,中央政府通过"法定支出"和专项补助(大多需要配套)控制了地方开支的用途。在高度集权的财政体制背后却运作着一个对现金余额、付款与采购和对"机构层交易"监管与会计控制高度分散化的财政管理框架。

2.分散化带来严重的信息不对称

　　分散化的财政管理框架带来的直接后果是严重的信息不对称,特别是核心部门与支出机构之间的信息不对称。良好的预算执行与财务管理高度依赖于支出机构遵循预算及相关法律的规定,以及支出机构的庞大数目,信息不对称会造成严重的、难以克服的"管理难题",包括普遍的财政机会主义行为、财政腐败、违规、低效率和缺乏透明度。信息不对称也发生在各级政府之间。在传统的分散性管理框架下,上级政府通常很少了解下级政府的财务状况和财政风险情况,因此也难以采取前瞻性的调节措施应对可能发生的"坏结果"。核心部门与支出机构之间的信息不对称使这个问题进一步恶化。

　　与信息不对称相关的一个严重问题是:核心部门无法及时获得政府整体的总量财政数据,从而无法对政府整体的财务状况、财政可持续性和财政风险情况,做出充分的评估。不仅如此,信息不对称还导致财政部门的角色长期局限于分配资金这一职能,而监控预算执行和其他更重要的职能几乎完全落空。

3.以预算会计改革支持核心部门的职能转变

　　从分散化的财政管理框架转向集中性的框架,客观上要求核心部门从传统"分配资金"的角色,转向更为重要的监督者、管理者与决策者的角色,要求将财政管理的重点从收入管理转向支出管理方面。一般情况下,在新的管理框架下,财政部门和其他核心部门必须关注更为广泛的公共支出管理、预算编制和宏观经济政策问题。转向这些方面的改革将使核心部门的职能发生根本的变化。然而,职能的转变不会自动到来。问题的关键在于核心部门是否拥有实现这些重要管理职能的能力,这需要从多个方面进行努力,包括赋予核心部门更多的资源和权力。从技术层面讲,最重要的是必须对现行预算会计进行大的改革,使其有能力实时追踪支出周期各个阶段的交易。实践表明,核心部门是否有能力及时获取这些信息,在很大程度上决定了核心部门在公共财政管理中的作用。从这意义上讲,中国的预算会计改革对支持部门的职能转变至关重要。

（三）预算会计改革为财政风险管理奠定基础

1. 会计核算不充分不利于风险管理

许多难以有效控制的干扰因素会导致政府收入减少、损失或支出增加，这使政府面临财政风险。所有的政府或机构都在不同程度和范围上从事一些与风险相关的活动和交易，因而或多或少地存在着财政风险。然而最大的问题是财政风险不能得到及时鉴别和控制。之所以如此，部分原因在于传统的政府会计、预算和报告均采用现金制基础。现金基础政府会计只能部分地解释为何财政风险未得到良好的管理，但却无法在财政风险发生时确认和计量风险以有效控制财政损失。

2. 财政风险管理要求有全面的预算会计

提供对于财政风险管理最有价值的上述信息类别，客观上要求有一个全面的预算会计系统，能够实时追踪与记录支出周期各个阶段的交易。这就客观上要求对目前的预算会计系统进行改革，提供帮助管理财政风险的重要信息，例如，明确的负债和承诺，明确的或有负债，隐含的负债和隐含的或有负债。

（四）预算会计改革为规范政府会计核算、全面实施绩效管理提供基础

1. 有利于规范政府单位会计标准体系，提高政府会计信息质量

预算会计改革在完善传统预算会计功能基础上，强化了政府财务会计功能，有机统一了现行政府单位各项会计制度，有利于系统规范各部门、各单位的会计核算，提高政府会计信息的准确性、全面性、相关性、可比性和及时性，从而全面提升政府会计信息质量。

2. 有利于准确反映政府运行成本，全面实施绩效管理

构建科学的政府绩效评价体系是加快转变政府职能、推进服务型政府建设的有效途径，也是我国推进国家治理体系和治理能力现代化的必然要求。准确核算政府运行成本，是科学评价政府绩效和实施绩效管理的重要基础工作。预算会计改革在财务会计核算中引入权责发生制基础，全面反映政府资产负债、收入费用、运行成本、现金流量等信息，并通过建立预算执行与财务结果的对应关系，客观反映支出结果和政策目标的实现程度，为构建科学的政府绩效评价体系、全面实施绩效管理奠定了基础，有利于进一步规范政府行为、提高政府决策能力，促进国家治理体系和治理能力的现代化。

三、预算会计改革的内容

随着预算管理制度改革的深入和推进，需要现行预算会计制度中的核算内容、核算方法等进行进一步的改革，我国预算会计体系将向"政府会计和民间非营利组织会计"体系发展。

（一）实行政府会计制度

预算管理制度的改革，包括编制部门预算、实行国库单一账户、建立政府采购制度等，客观上要求财政总预算会计、行政单位会计、政府国库会计、政府收入征解会计合并成为政府会计。

1. 编制部门预算

部门预算是市场经济国家普遍采用的预算编制方法，是由政府各部门编制，经财政部门审核后报议会审议通过，反映部门所有收入和支出的预算，是一个涵盖部门所有公共资源的完整预算。编制部门预算的基本要求是将各类不同性质的财政资金统一编制到使用这些资金的部门。部门预算的编制采用综合预算形式，部门所有单位的各项资金统一作为部门和单位的预算收入，统一由财政核定支出需求。凡是直接与财政发生经费领拨关系的一级预算会计单位

均作为预算管理的直接对象。按部门编制预算后,可以清晰地反映政府预算在各部门的分布,从而取消财政与部门的中间环节,克服单位预算交叉、脱节和层层代编的现象,并把部门预算作为独立的政府预算法案汇编于本级总预算。随着部门预算的编制,财政总预算会计和行政单位会计的改革将逐渐趋向于以一级政府为中心,核算整个政府的财务状况,即编制一级政府的收支情况表。因此,客观上要求将财政总预算会计和行政单位会计逐渐合并,成为政府会计的主要组成部分。

2. 推行国库单一账户制度

部门预算编制后,如果没有预算执行制度的改革,其作用必然大打折扣。预算执行制度改革最有效的方法是推行国库单一账户制度。建立我国国库单一账户制度的基本框架是:按照政府预算级次,由财政在中国人民银行开设国库单一账户;所有的财政性资金逐步纳入各级政府预算统一管理,财政收入直接缴入国库或财政指定的商业银行开设的单一账户,取消所有的过渡账户;财政性支出均从国库单一账户直接拨付到商品或劳务供应者。

行政单位为了执行国家机关工作任务所需要的资金,由各级政府财政部门从本级政府预算集中的资金中分配和拨付。推行国库单一账户制度后,财政部门不再将资金拨到行政单位,只需给各行政单位下达年度预算指标及审批预算单位的月度用款计划,在预算资金没有拨付给商品和劳务供应者之前,始终保留在中国人民银行的国库单一账户上由财政部门直接管理。国库集中支付虽然不改变各行政单位的预算数额,但其作用在于建立起了预算执行的监督管理机制。实现国库单一账户后,由于各行政单位只是政府的组成部分,其所有的资金都是财政资金,都要通过国库单一账户收付,其资金活动已通过总预算会计反映,因此,财政总预算会计和行政单位会计相当于总括和明细的关系,它们将合并共同构成政府会计的主要部分。

3. 实行政府采购制度

在财政支出预算管理改革中,政府采购制度应是一项重大的工程。许多国家的实践证明,现代政府采购制度是强化财政支出管理的一种有效手段。政府采购制度的实质是将市场竞争机制和财政预算支出管理有机结合起来,一方面使政府可以得到价廉物美的商品和服务,实现物有所值的基本目标,另一方面使预算资金管理从价值形态延伸到实物形态,节约公共资金,提高资金使用效益。

实行政府采购后,对于行政单位专项支出经费,财政部门不再简单地按照预算下拨经费给行政单位,而应当按照批准的预算和采购活动的履约情况直接向供应商拨付货款,即财政对这部分支出采用直接付款方式。财政总预算会计可以根据这部分支出数直接办理决算。而行政单位应根据财政部门提供的付款凭证进行资金核算,根据采购品入库情况入账。这笔业务实际上是同一会计主体(一级政府)下获取货物、工程和服务的行为。政府采购制度的推行也要求财政总预算会计、行政单位会计、政府国库会计以及政府收入征解会计进行合并。

4. 收入征解会计(包括税收会计、关税会计等)、国库会计和财政总预算会计均属于预算会计系列,是核算、反映和监督各级财政预算执行情况的专业会计

在政府预算执行中,它们的共同目的是为圆满完成中央预算和地方预算服务。财政总预算会计是核算、反映和监督本级财政预算资金集中和分配的职能机构,掌握本级财政预算收支的全面情况和结果,处于综合的地位。收入征解会计是核算、反映和监督中央预算和地方预算中各级税收征管、缴库过程的资金运动,负责核算各项税收的组织、实现与缴纳,处于专业会计的地位。国库会计机构是办理各级预算收支缴拨的机关。由于一切预算收入都由国库收纳,

一切预算支出都由国库拨付，国库会计机构也是各级预算执行的重要部门。以上财、税、库三个方面是组织、管理和核算、反映、监督各级财政预算收入实现的重要部门。因此，它们必须相互提供有关资料、文件和报表，密切协作，才能确保完成任务。从会计核算上看，财、税、库三者的联系也是很密切的。如税收会计的缴款书由国库收纳后，既是税务部门的实际入库凭证，又是国库入库的原始凭证，同时也是财政总预算会计收入记账的原始凭证。税收会计的"实际缴库款"，同各级国库的实际入库数，以及财政总预算会计相应的预算收入数应当是一致的。在财、税、库的对账工作中，国库有着重要作用。各级国库除每日向各级征收机关（税收会计）报送预算收入日报表外，同时向财政总预算会计报送预算收入日报表。财政总预算会计凭国库编制的收入日报表记到预算收入账及明细账，同时根据财政库存日报表核对预算支出拨款及库存余额。由于财政总预算会计的预算收入完全以国库的数据为准，拨款完全按财政的凭证支付，财政、国库的收入数字和库款余额应当保持一致。从收入征解会计、国库会计和财政总预算会计三者的关系看，将其合并共同构成政府会计更符合会计核算的基本要求。

（二）非营利组织会计

非营利组织是指其经营目的在于社会利益而非某一个人或组织或所有股东的经济利益的组织，即不以营利为目的的经济和社会组织。包括事业单位、民办非企业单位、社会团体及各种基金会等。我们通常所称的"会计"，应是一个最大层次的概念，这个大概念的外延应包括以取得利润为根本目的的"企业会计"和以非营利为直接目的的"非企业单位会计"，而"非企业单位会计"又包括政府会计和非营利组织会计。

事业单位、民办非企业单位、社会团体、各种基金会等与企业相比，尽管在许多方面都具有相同或相似之处，但它们与企业之间的区别仍相当明显，即这些组织不以营利为目的。从行为科学的观点看，任何一项活动都有其目的性，行为目的不同，决定着它们的行为方式、程序和控制模式也不一样。企业经营活动的目的是为了获取尽可能多的利润，使投资者得到尽可能多的投资回报。而事业单位、民办非企业单位、社会团体、各种基金会等在向社会公众提供管理或服务时，并不追求收益，其目的在于按照财务资源和其他资源提供者的期望和要求提供尽可能多的管理和服务。因此，非营利反映了这些组织的基本特征，其目标着眼于社会效益。显然，这些组织的会计称为"非营利组织会计"更能反映其本质特征。

非营利组织与政府部门的本质特征相近，但还是有较大的差异。主要是前者有自己的业务收入，而且相当一部分非营利组织可以做到收支相抵。如一般事业单位除了财政资金外，还有其他性质的资金，这部分资金的收支不需通过国库单一账户。各种基金会更是如此，其会计系统的独立性相对较强，因而在会计原则、会计科目、核算方法上有较大的不同，所以非营利组织会计和政府会计虽同属非企业单位会计，但不能统称为政府会计，在制定会计规范时，将其统称为"政府和非营利组织会计"。

（三）实行政府会计基本准则

1.重构了政府会计核算模式

构建了"财务会计和预算会计适度分离并相互衔接"的会计核算模式，要求在同一会计核算系统中实现财务会计和预算会计双重功能，通过财务会计核算形成财务报告，通过预算会计核算形成决算报告，预算会计要素和财务会计要素相互协调，决算报告和财务报告相互补充，共同反映政府会计主体的预算执行信息和财务信息。

2.有机统一了政府单位会计制度

有机整合了《行政单位会计制度》、《事业单位会计制度》和医院、基层医疗卫生机构、高等学校、中小学校、科学事业单位、彩票机构、地勘单位、测绘单位、林业（苗圃）等行业事业单位会计制度的内容。在科目设置、科目和报表项目说明中，一般情况下，不再区分行政和事业单位，也不再区分行业事业单位；在核算内容方面，基本保留了现行各项制度中的通用业务和事项，同时根据改革需要增加各级各类行政事业单位的共性业务和事项；在会计政策方面，对同类业务尽可能作出同样的处理规定。

3.全面引入了权责发生制原则

全面引入了权责发生制，在会计科目设置和账务处理说明中着力强化财务会计功能，如增加了收入和费用两个财务会计要素的核算内容，并原则上要求按照权责发生制进行核算；增加了应收款项和应付款项的核算内容，对长期股权投资采用权益法核算，确认自行开发形成的无形资产的成本，要求对固定资产、公共基础设施、保障性住房和无形资产计提折旧或摊销，引入坏账准备等减值概念，确认预计负债、待摊费用和预提费用等。在政府会计核算中强化财务会计功能，对于科学编制权责发生制政府财务报告、准确反映单位财务状况和运行成本等情况具有重要的意义。

4.充分体现了财政预算改革的新要求

政府会计是建立现代财政制度的重要基础，是财政预算改革的重要内容。政府会计基本准则全面贯彻落实《中华人民共和国预算法》所要求的"政府所有收入和支出全部纳入预算""各级预算的收入和支出实行收付实现制"等规定，充分满足政府收支分类科目改革和预决算公开的相关要求；增加了公共基础设施、政府储备物资、文物文化资产、保障性住房和受托代理资产的核算内容，以满足加强行政事业单位国有资产管理的需要；增加了预计负债等核算内容，以全面反映单位所承担的现时义务，并与政府债务管理等政策相互协调；改变了现行制度下要求对基建投资业务进行单独建账、定期并账的规定，要求按照新制度规定统一进行会计核算，以与基本建设财务规则和部门预算管理相关规定保持一致；积极贯彻落实"营改增"相关要求，细化增值税相关会计处理规定。改革内容充分体现了当前财政预算改革的要求，有利于进一步提升部门预算和决算的全面性、规范性和透明度，提升财政资源的配置效率。

关键术语

预算会计　预算会计的组成　预算会计的分级　预算会计改革　国库单一账户

复习思考题

1.什么是预算会计？它有哪些特点？包括哪些内容？

2.简述预算会计的组成体系与分级。

3.简述预算会计在预算管理的地位与作用。

4.简述预算会计改革的背景、意义和具体内容。

5.什么是政府会计？实行政府会计准则有什么意义？

第二章　预算会计核算基础

会计核算是建立在一定的基础之上,预算会计核算的基础包括了预算会计核算基本前提、一般原则、会计要素和核算方法。它们之间相互联系、相互补充、相互制约,从而构成一个完整的预算会计核算体系。本章主要介绍了预算会计核算的基本前提、一般原则、会计要素和核算方法。通过本章学习应全面掌握预算会计核算的基础,重点掌握预算会计核算的基本方法。

第一节　预算会计核算的基本前提

预算会计核算的基本前提是指组织预算会计核算工作必须具备的前提条件,它包括:会计主体、持续运行、会计分期和货币计量。

一、会计主体

预算会计主体,是指预算会计工作为其服务的特定单位或组织。预算会计主体规定了预算会计核算的空间范围和服务对象。

预算会计的主体包括国家各级政府及行政单位、各类事业单位。财政总预算会计的主体是各级政府,而不是各级财政机关,因为财政总预算各项收支的安排、使用,是国家各级政府的职权范围,财政只是代表政府执行预算,管理财政收支。事业单位会计的会计主体是指会计为之服务的各类事业单位。行政单位会计的会计主体是指会计为之服务的行政单位。

二、持续运行

持续运行,是指预算会计主体的经济业务活动将无限期地延续下去,是针对非持续经济业务活动而言的。预算会计核算所采取的会计程序和一系列的会计处理方法都是建立在持续运行业务活动前提基础上的。就是说,一个预算会计主体通常是以正常的经济活动作为前提条件去处理数据、加工并传递信息的。若没有持续经济业务活动的前提条件,一些公认的会计处理方法将失去存在的基础,一些公认的会计处理方法也将无法采用,单位也就不能按照正常的会计原则、正常的会计处理方法进行会计核算。

三、会计分期

会计分期,是将预算会计主体持续不断的经济业务活动分割为一定的期间,据以结算账目,编制会计报表,从而及时向有关方面提供会计信息。单位通常以一年作为划分会计期间的标准。以一年为一会计期间称为会计年度。我国的会计年度采用历年制,即每年1月1日至

12 月 31 日作为一个会计年度。期间还可以采用年度和月度。

会计期间的划分对会计核算有着重要的影响。由于有了会计期间,才产生本期与非本期的区别,才产生了权责发生制和收付实现制,才使不同类型的会计主体有了记账的基础。会计期间的划分,使单位连续不断的经济业务活动分为若干个较短的会计期间,有利于单位及时结算账目,编制会计报表;有利于及时提供反映单位经济活动情况的财务信息,能够及时满足单位内部管理及其他有关方面进行决算的需要。

四、货币计量

货币计量,是指预算会计主体的会计核算应该通过货币予以综合反映。这是现代会计最基本的前提条件,如果没有这个前提条件,会计也就失去了其基本特征——价值的核算。预算会计核算应当以人民币作为记账本位币。发生外币业务时,应当将有关外币金额折算为人民币金额计量,同时登记外币金额。境外事业单位或业务收支以外币为主的,可以选定某种外币为记账本位币。但向国内编报会计报表时,应按照报告期末日的汇率折算为人民币反映。

预算会计记录的文字,一般应使用文字,少数民族地区可以同时使用少数民族文字。外国设在中国境内的事业单位,也可以同时使用某种外国文字。境外事业单位向国内报送财务报表应当使用中文。

第二节 预算会计核算的一般原则

会计核算的一般原则是处理具体会计核算业务的基本依据,是对会计核算提供信息的基本要求。预算会计核算的一般原则主要有:

一、客观性原则

客观性原则,亦称真实性原则,是指会计核算应以实际发生的经济业务或者事项为依据进行会计核算,如实反映各项会计要素的情况和结果,保证会计信息真实可靠。按照这个要求,首先,会计核算的对象应该是客观的,即单位实际已经发生的经济业务,并且每一项经济业务必须取得或填制合法的书面凭证,做到内容真实、数字准确、手续完备;其次,会计核算的过程应该是客观的,即根据相同原始资料对同一业务进行处理,两位合格的会计人员应得出相同的结论;第三,会计报表应该是真实的,即会计报表应该根据合法的会计账簿记录进行编制,不能弄虚作假。因此,会计信息的真实性,是保证会计核算质量的首要条件。

二、相关性原则

相关性原则,又称有用性原则,是指会计核算所提供的经济信息应当与反映预算会计主体公共受托责任履行情况以及报告使用者决策或者监督、管理的需要相关,有助于报告使用者对预算会计主体过去、现在或者未来的情况作出评价或者预测。会计信息应满足以下三个方面的需要:一是要符合国家宏观经济管理的要求;二是要满足预算管理和有关方面了解单位财务状况和收支情况的需要;三是要满足单位内部加强管理的需要。

三、可比性原则

可比性原则,是指会计主体提供的会计信息应当具有可比性。同一预算会计主体不同时期发生的相同或者相似的经济业务或者事项,应当采用一致的会计政策,不得随意变更。确需变更的,应当将变更的内容、理由及其影响在附注中予以说明。不同预算会计主体发生的相同或者相似的经济业务或者事项,应当采用一致的会计政策,确保预算会计信息口径一致,相互可比。众所周知,一个单位的会计信息应能满足各方的需要,同时它又需要各方所提供的信息,这种信息的横向交流,在客观上要求不同的单位的会计处理方法及指标口径应保持一致,以便对比评价、汇总分析。从微观上看,单位的计划、决策和分析等无一不以会计信息为依据,只有这些信息具有可以对比、汇总的可能性时,才能使一个单位编制出科学的预算或计划,作出合理的决策;从宏观上看,国家需要运用会计信息进行国民经济的综合平衡和实行必要的宏观控制和监督。这就要求各基层单位的会计信息要逐级上报、汇总分析,而要做到这一点,就进一步要求各单位的会计信息指标一致、相互可比。

四、一致性原则

一致性原则,是指会计核算应当前后各期一致,不得随意变更。如确有必要变更,应当将变更的情况、原因和对单位财务收支情况及其结果的影响在会计报告中说明。

一致性原则的实质是要求会计核算程序和方法的相对稳定,若随着时间的推移和业务活动的不断变化确有必要改变核算程序和方法,可经有关部门批准后采用新的方法,但必须在当期会计报告中加以说明,以使报表使用者剔除因程序和方法变动所带来的差异。一致性原则的意义在于:一是可以使同一单位不同时期所提供的会计资料能够在同一基础上进行对比分析;二是可以消除一个单位在不同时期采用不同会计核算程序和方法所带来的差异;三是可以避免因不同时期采用不同会计核算程序和方法可能带来的虚假行为。

五、及时性原则

及时性原则,是指对单位的各项经济业务应当及时进行会计核算,不得提前或者延后。会计核算在持续运作的过程中,每天都有大量的经济业务发生,及时性原则要求在业务活动发生或完成时,能及时进行账务处理。这一原则要求财会人员应及时依据原始凭证编制记账凭证,据以登记账簿,并按规定时日编报财务报告,不得拖延和积压,以提高会计信息的时效性。

六、明晰性原则

明晰性原则又称清晰性原则,它要求会计记录和会计报表应当简单明了、通俗易懂,能够一目了然地反映单位经济活动的来龙去脉。根据预算会计制度的有关规定,会计记录和会计报表应当清晰明了,便于理解和运用。它一方面说明了清晰性原则的要求,另一方面也说明了清晰性原则的目的,就是要使会计信息能够被会计信息使用者迅速有效地加以运用,以提高工作效率和决策效率。

七、专用性原则

专用性原则,是指对于国家预算拨款和其他指定用途的资金,应按规定的用途使用,不能擅自改变用途,挪作他用。这一原则是事业单位会计特有的一条原则,也是事业单位本身的性质所决定的。例如,根据《事业单位财务规则》的规定,事业单位的专用基金有修购基金、职工福利基金、医疗基金和其他基金。这些基金均为有专门的指定用途的资金,对于这些资金的核算和管理应贯彻专款专用的原则。在目前的情况下,预算会计不宜采用企业会计的做法,取消专款专用原则。

八、重要性原则

重要性原则要求会计报表应当全面反映各单位的财务收支情况及其结果;对于重要的业务事项,应当单独反映。全面、准确地反映预算会计单位的财务经济状况,是对会计信息的基本要求。在这一基本要求的前提下,应注意区别会计业务事项的重要性程度,对于重要的业务事项要进行单独地重点反映。因为从会计信息使用者的角度看,需要特别了解的是那些对经济决策有重要影响的会计信息,而不是不分主次的面面俱到。而体现业务事项重要性程度的标志,一是会计事项的金额大小,二是会计事项对经济决策的影响大小。

九、配比性原则

这一原则主要适用于采用权责发生制原则的事业单位会计。配比原则是权责发生制原则的派生原则。根据事业单位会计制度的有关规定,有经营活动的事业单位,其经营支出与相关的收入应当配比。配比有三个方面的含义,一是项目上配比,某项收入应与取得该项收入的成本费用配比;二是部门上配比,某部门的收入应与该部门的成本费用配比;三是时间上配比,某会计期间的收入应与该期间的成本费用配比。在收支确认方面要避免只结转收入不结转成本,或只结转成本不结转收入,以及只结转部分收入或成本的情况发生。

事业单位在运用配比原则时,应就经营收入与相关的成本费用进行直接配比、间接配比和期间配比。由于事业单位的经营活动具有附营性,因此,配比原则的运用是有限的。

十、实际成本原则

实际成本计价原则又称历史成本计价原则或原始成本计价原则,它要求预算会计人员在进行资产的登记入账时,各项财产物资应当按照取得或购建时的实际成本计价;除国家另有规定外,一律不得自行调整其账面价值。

实际成本又称历史成本或原始成本,是指各单位在取得财产物资时,包括购买、制造或建造财产物资时所支出的全部货币金额。采用实际成本计价较之其他计价基础最易确定财产物资的价值,并且一般附有原始凭证,因而也最确凿可靠。但是,在币值稳定的会计假设不成立时,即在物价发生变动时,实际成本则难以反映各单位的真实财务经济状况。虽然按实际成本计价有这样的局限性,但它仍然是目前比较可行的会计原则。

十一、收付实现制原则

这一原则主要适用于总预算会计和行政单位会计。根据总预算会计制度和行政单位会计制度的有关规定,会计核算以收付实现制为基础。收付实现制又称实收实付制或现金制,它要求会计核算在确认资产、负债、收入、支出时,按是否实际收付现金作为记账依据。与此相反,企业财务会计和部分事业单位会计则以权责发生制作为记账基础,因此有了应收应付款项,有了预计和递延的会计方法,还有了收入与费用相配比的会计原则。而收付实现制会计核算相对比较简单,没有应收应付款项,没有预计和递延的会计方法,也不采用配比原则。

十二、权责发生制原则

这一原则主要适用于部分事业单位会计。根据事业单位会计制度的有关规定,会计核算一般采用收付实现制,但经营性收支业务核算可采用权责发生制。这就是说,权责发生制原则在我国事业单位会计核算过程中,可以采用,但并非一定采用。

权责发生制又称应收应付制,简称应计制,在确认收入和费用时,按权责是否发生来确认,而不论款项是否实际收付。也就是说,只要本期拥有了收款的权力,不论本期是否实际收到现金(未收到现金时作应收款),都应作为本期的收入;只要本期承担了付款的责任,不论本期是否实际付出现金(未付出现金时作应付款),都应作为本期的费用。反过来说,即使本期已经实际收到现金,若本期不具有收款的权力,也不应作为本期的收入(只能作预收款);即使已经实际付出现金,若本期并不承担付款的责任,也不应作为本期的费用(只能作预付或待摊费用)。权责发生制与收付实现制相比,有利于准确确定收入和费用的归属期,有利于收入和费用的配比,有利于正确计算盈亏。

事业单位运用权责发生制原则应注意:一是权责发生制只限于生产经营性收支业务,非生产经营性收支业务和其他活动一般不采用。二是事业单位的全部生产经营性收支业务应采用同一种核算基础,即不能有的生产经营性收支业务采用权责发生制,而另外的生产经营性收支业务却采用收付实现制。而且,经营性收支业务的核算基础一经确定,同一会计年度内不得变更。以后年度如要变更,须报经有关部门批准,并在会计报表附注中加以说明。三是事业单位运用权责发生制的核算范围有限,也不彻底,一般不待摊和预提费用。

第三节　预算会计核算的要素

预算会计要素就是预算会计对象的构成要素,是对预算会计对象的基本分类,是构成预算会计报表的基础,所以,它又被称作会计报表要素。预算会计要素由资产、负债、净资产、收入和支出等五项内容构成。

一、资产

财政部门和事业、行政单位的资产,是指预算会计主体过去的经济业务或者事项形成的,由预算会计主体控制的,预期能够产生服务潜力或者带来经济利益流入的经济资源。包括各种财产、债权和其他权利。资产是预算会计的第一要素。它具有以下特点:

(1)资产的实质是一种经济资源。资产作为一项经济资源与其他资产结合在一起时,可以直接或间接地为完成各项行政或事业任务服务,产生社会效益。如事业单位的固定资产,可以在业务活动过程中与其他资产(如材料、货币等)相结合,服务于各项具体事业,从而带来社会效益。

(2)资产是可以用货币计量的。货币计量是会计核算的基本前提之一,也是一个重要特征,只有可以用货币计量的经济资源,在会计核算中才具有意义。

(3)资产具有特定的主体。财政部门资产的掌管或控制权只归本财政部门,事业、行政单位资产的占用或使用权只归本事业、行政单位,从而限制了其他主体对这些资产的掌管控制、占有或使用。如:事业单位的资产,行政单位或其他单位不能占有或使用;某一事业单位的资产,其他事业单位不能占有或使用。可见,资产具有特定主体性。

(4)资产可以是有形的,也可以是无形的。所谓有形资产是指具有实物形态的资产,如固定资产、材料等。无形资产是指没有实物形态的资产,如专利权、商标权等。无论有形资产还是无形资产,都可以为单位带来社会或经济效益,因而它们都是资产。

二、负债

财政部门和事业、行政单位的负债,是指财政部门和事业、行政单位会计主体过去的经济业务或者事项形成的,预期会导致经济资源流出预算会计主体的现时义务。包括借入款项、应付及暂收款项和各种应缴款项等。负债是预算会计的第二要素。它具有如下特点:

(1)负债将在未来时期减少财政或事业、行政单位的经济资源。负债的有偿性,决定负债将在偿还时期减少财政或事业、行政单位的经济资源,如:事业单位以存款偿还原欠物资款,显然减少该时期的经济资源。

(2)负债是能够用货币计量或合理估计的债务责任。负债若不能用货币计量或合理估计,便会失去核算意义。因此,负债通常有一个可确定的到期偿付金额,即便是一种负债当时没有确切金额,也必须存在一个可以合理地加以判断并且接近精确的估计数。

(3)负债通常具有明确的收款人和偿付日期。

三、净资产

财政部门和事业、行政单位的净资产,是指预算会计单位资产减去负债后的净额,包括固定基金、各项结余、预算周转金、财政周转金、事业基金等。

净资产是预算会计的第三要素。与企业相比,预算会计单位不存在注册资本,大都不计盈亏,其净资产并不体现所有者权益或投资人权益,也就不会实行资本保全的原则,所以,预算会计单位的净资产不称所有者权益。正常情况下,企业的净资产会随着生产经营活动的不断开展,而逐步增加。而预算会计单位的净资产如果不考虑固定资产的增减变化,从年初至年末会随着货币性资产的不断耗用,一般会逐步减少。

四、收入

财政部门和事业、行政单位的收入,是指报告期内导致预算会计主体净资产增加的、含有服务潜力或者经济利益的经济资源的流入。它可以按照预算会计主体的不同,分为财政总预算收入、事业单位收入和行政单位收入。

收入是预算会计的第四要素。虽然收入同样是企业财务会计的要素,但预算会计的收入与企业会计收入有着明显的区别。企业会计的收入是企业的经营成果,而预算会计的收入主要是财政性资金收入,它不是预算单位的"经营"成果,它与预算单位的工作业绩没有必然的联系。企业会计的收入是对其经营费用的补偿,是企业盈利的基础。而预算会计的收入则是专门用于费用开支的,因此,对它的使用不产生盈利。

五、支出

财政部门和事业、行政单位的支出,是指报告期内导致预算会计主体净资产减少的、含有服务潜力或者经济利益的经济资源的流出。支出按预算会计主体的不同分为行政单位支出、事业单位支出和财政总预算支出。

支出是预算会计的第五要素。预算会计的支出与企业财务会计的费用相类似,但是预算会计的支出与企业会计的费用有着明显的区别。预算会计的支出主要没有收益目的,而企业会计的费用是为了获取收入和利润。预算会计的支出主要按照收付实现制确认,主要不讲究与收入的配比,而企业会计的费用按照权责发生制确认,并遵循收入与费用的配比原则。预算会计的支出往往有着国家财政预算的约束,并需按照国家制定的费用开支标准执行,而企业会计的费用开支则主要是由企业自己进行控制。

综上所述,预算会计的五项要素:资产、负债、净资产、收入和支出之间存在一定的内在联系,它们共同组成了预算会计核算的基本内容。

第四节　预算会计核算的基本方法

预算会计的核算方法是对预算会计对象进行连续、系统、完整地核算和监督所采用的方法。具体包括设置会计科目,确定记账方法,填制和审核会计凭证,登记会计账簿等。这些方法相互联系,相互补充,相互制约,构成一个完整的会计核算体系。

一、会计科目

会计科目是对会计要素按其经济内容或用途所作出的科学分类。每一个会计科目都要规定一定的名称、编号和核算内容,它是设置账户和归集、核算各项经济业务的依据。科学地设置和正确地使用会计科目,是做好会计核算工作的重要条件。

预算会计的会计科目按其反映的经济内容或用途分为资产类、支出类、负债类、收入类及净资产类五大类。预算会计的会计科目按核算层次分为总账科目和明细科目两大类。预算会计科目按部门分为财政总预算会计科目、行政单位会计科目,事业单位会计科目。关于预算会计科目的具体内容详见第三章、第九章和第十五章的第二节。

二、会计凭证

会计凭证,是记录经济业务、明确经济责任的书面证明,是登记账簿的依据。预算会计凭证按其填制程序和用途,可分为原始凭证和记账凭证。

(一)原始凭证

原始凭证是经济业务发生时取得的书面证明,是证明会计事项发生的唯一合法凭证,是填制记账凭证、登记明细账的依据。

1. 原始凭证的基本内容

预算会计的原始凭证一般包括以下基本内容:

(1)凭证的名称、填制日期及编号;

(2)填制平整的单位名称及填制人;

(3)受证单位的名称;

（4）经济业务的具体内容；

（5）凭证应具备的签字与盖章；

（6）发票上应印有税务专用章，行政单位按规定收取费用时，应使用财政部门统一印刷的收据。

2.原始凭证的种类

原始凭证是多种多样的，有的是由外单位填制的外来原始凭证，有的是本单位或职工填制的自制原始凭证。从原始凭证的种类来看，财政总预算会计和单位预算会计有所不同。总预算会计因为一般不直接办理预算收支，其原始凭证大部分是国库或单位报送的各种报表；行政单位预算会计是直接办理预算支出的，其原始凭证主要是收款收据、借款凭证、预算拨款凭证、往来结算凭证、固定资产调拨单等；事业单位预算会计的原始凭证主要有收款收据，借款凭证，预算拨款凭证，各种税票，材料出、入库单，固定资产出、入库单，开户银行转来的收、付款凭证，往来结算凭证，其他足以证明会计事项发生经过的凭证和文件等。

（1）各级财政总预算会计的原始凭证。各级总预算会计的原始凭证有：

①国库报来的各种收入日报表及其附件，如各种"缴款书""收入退还书""更正通知书"等；

②各种拨款和转账收款凭证，如预算拨款凭证、各种银行汇款凭证等；

③主管部门报来的各种非包干专项拨款支出报表和基本建设支出月报；

④其他能够证明经济业务事项发生的文件和凭证。

财政总预算会计相关原始凭证格式如表2-1、表2-2和表2-3所示。

表 2-1 预算拨款凭证（支款凭证）

拨款日期　　　　　　　年　月　日　　　　　1 第　号

付款单位	全称		收款单位	全称		此联是付款国库（银行）的付出凭证
	账号			账号或地址		
	开户银行	行号		开户银行	行号	
拨款金额	人民币（大写）			金额（小写）		
用途			类：　款：　项：			
拨款单位盖章：	银行会计分录	(借)＿＿＿＿＿＿＿＿对方科目＿＿＿＿＿＿＿＿复核员：　记账员：				

表 2 - 2　预算拨款凭证(收入凭证)

拨款日期　　　　　　年　月　日　　　　　2第　号

付款单位	全　称		收款单位	全　　称			此联是付款国库（银行）的付出凭证
	账　号			账号或地址			
	开户银行	行号		开户银行		行号	
拨款金额	人民币(大写)				金额(小写)		
用途				类：　款：　项：			
银行会计分录			(贷)				
			对方科目				
			复核员　　记账员：				

表 2 - 3　×级预算收入日报表

共　页　第　号

地区名　　　　　　　年　月　日

科目名称	本日收入	科目名称	本日收入
总计		当期累计	

财税签章　　　　　　国库分章　　　　　复核　　　　　制表

(2)行政单位和事业单位的原始凭证。行政单位和事业单位的原始凭证主要有：

①收款收据；

②借款凭证；

③预算拨款凭证；

④各种税票；

⑤材料出、入库单；

⑥固定资产出、入库单；

⑦开户银行转来的收、付款凭证；

⑧往来结算凭证；

⑨其他足以证明会计事项发生经过的凭证和文件等。

各事业单位的会计机构和会计人员，对不真实、不合法的原始凭证，不予受理；对记载不准确、不完整的原始凭证，予以退回，要求更正、补充。

（二）记账凭证

记账凭证是用来确定会计分录，作为记账根据的一种凭证。它是会计人员根据审核无误的原始凭证加以归类整理，并运用会计科目而编制的，它主要是登记总账的依据。记账凭证和所附的原始凭证是登记明细账的依据。

1.记账凭证的基本内容

记账凭证一般应具备以下基本内容或要素：

（1）记账凭证的名称、日期；

（2）经济业务的主要内容；

（3）会计科目的名称（总账科目和明细科目）；

（4）会计分录的方向及金额；

（5）凭证的类别和编号；

（6）过账的标记；

（7）所附原始凭证或其他资料的张数；

（8）凭证应具备的签字与盖章。

2.记账凭证的种类

记账凭证是根据审核无误的原始凭证填制的，用来确定经济业务应借、应贷会计科目及其金额的会计凭证，是登记会计账簿的依据。

（1）财政总预算会计记账凭证。财政总预算会计记账凭证的参考格式如表2-4和表2-5所示。

表 2-4　记账凭证（格式一）

总号＿＿＿＿＿＿

分号＿＿＿＿＿＿

年　　月　　日

对方单位	摘　要	借　方		贷　方		金　额	记账符号	
		科目编号	科目名称	科目编号	科目名称			附凭证
								张

会计主管　　　　　　记账　　　　　　　稽核　　　　　　制单

表 2-5 记账凭证(格式二)

总号_____
分号_____

年　月　日

摘要	总账科目	明细科目	借方金额	贷方金额	记账符号

附凭证

张

会计主管　　　　　记账　　　　　稽核　　　　　制单

总预算会计在编制和保管记账凭证时,一般应按下列方法进行:

①各级总预算会计应根据审核无误的原始凭证,归类整理编制记账凭证。记账凭证的各项内容必须填列齐全,经复核后凭以记账,制证人必须签名或盖章。属于预算划拨经费转列支出、年终结账和更正错误的记账凭证可以不附原始凭证,但应经会计主管人员签章。

②记账凭证应按照会计事项发生的日期、顺序整理制证记账。按照制证的顺序,每月从第1号编一个连续号。

③记账凭证日期,应按以下规定填列:

首先,月终尚未结账前,收到上月份的收入凭证,可填列所属月份的最末一日。结账后,按实际处理账务日期填列。

其次,根据支出月报的银行支出数编制的记账凭证,填列会计报表所属月份的最末一日。

第三,办理年终结账的记账凭证,填列实际处理账务的日期,并注上"上年度"字样。凭证编号仍按上年12月份的顺序号连续编列。

第四,其余会计事项,一律按照发生的日期填列。

④记账凭证每月应按顺序号整理,连同所附的原始凭证加上封面,装订成册,妥善保管。

(2)行政单位和事业单位的记账凭证。

行政单位和事业单位记账凭证是由会计人员根据审核后的原始凭证,按照会计核算要求加以归类而填制的,用以记载经济业务,确定会计分录并用以记账的会计凭证。记账凭证按照经济业务所涉及对象及其运动方向的不同,分为收款凭证、付款凭证和转账凭证三种,简称收付转组合凭证,适宜于手工记账使用。为便于区分识别,收款凭证以红色印制,付款凭证以蓝色印制,转账凭证以黑色印制。其参考格式如表2-6、表2-7和表2-8所示。

表 2-6 收款凭证   出纳编号：

借方科目   年   月   日   制单编号：

对方单位（或领款人）	摘要	贷方科目		金额										记账符号
		总账科目	明细科目	千	百	十	万	千	百	十	元	角	分	

附凭证   张

会计主管   记账   稽核   出纳   制单   领款人

表 2-7 付款凭证   出纳编号：

贷方科目   年   月   日   制单编号：

对方单位（或领款人）	摘要	借方科目		金额										记账符号
		总账科目	明细科目	千	百	十	万	千	百	十	元	角	分	

附凭证   张

会计主管   记账   稽核   出纳   制单   领款人盖章

表 2-8 转账凭证   出纳编号：

贷方科目   年   月   日   制单编号：

对方单位（或领款人）	摘要	借方		贷方		金额										记账符号
		总账科目	明细科目	总账科目	明细科目	千	百	十	万	千	百	十	元	角	分	

附凭证   张

会计主管   记账   稽核   出纳   制单   领缴款人

行政单位和事业单位会计在编制和保管记账凭证时,一般应按下列方法进行:

①记账凭证一般根据每项经济业务的原始凭证编制。当天发生的同类会计事项可以适当归并后编制。不同会计事项的原始凭证,不得合并编制一张记账凭证,也不得把几天的会计事项加在一起作一个记账凭证。

②记账凭证必须附有原始凭证。一张原始凭证涉及几张记账凭证的,可以把原始凭证附在主要的一张记账凭证后面,在其他记账凭证上注明附有原始凭证的记账凭证的编号。结账和更正错误的记账凭证,可以不附原始凭证,但应经主管会计人员签章。

③记账凭证必须清晰、工整、不得潦草。记账凭证由指定人员复核,并经会计主管人员签章后据以记账。

④记账凭证应按照会计事项发生的日期、顺序整理制证记账。按照制证的顺序,每月从第1号起编一个连续号。

⑤记账凭证每月应按顺序号整理,连同所附的原始凭证加上封面,装订成册保管。

3.错误更正

会计人员填制的记账凭证发生错误时,不得挖补、涂抹、刮擦或用化学药水消字,应按下列方法更正:

(1)发现未登记账簿的记账凭证错误,应将原记账凭证作废,重新编制记账凭证。

(2)发现已经登记账簿的记账凭证错误,应采用"红字冲正法"或"补充登记法"更正。采用计算机做记账凭证的,用"红字冲正法"时,以负数表示。

三、会计账簿

(一)会计账簿的概念和作用

各类资金活动引起的收支业务,都要在有关会计凭证上加以反映,证明收支已经发生。但是,由于凭证数量多、种类杂,又比较分散,而且每张凭证只能反映个别业务情况,不能全面地、连续地反映在一定时期内同类或全部预算收支的完成情况。因此,就有必要设置账簿,将会计凭证所提供的各种各类分散资料加以归类,登记到各种专设的账簿中去。

会计账簿是会计核算过程中,以会计凭证为依据,运用会计账户全面、系统、连续地记录核算事业单位资金活动及其结果的簿籍。它是反映和监督各项预算收支、往来款项和保护国家资金、财产安全的核算工具。设置和登记账簿,是正确组织会计核算的重要环节。会计账簿具有以下作用:

1.全面反映预算收支,考核预算的执行情况

账簿作为系统、连续和全面记录各项经济活动的工具,可以全面反映预算收支,并将其记录数据与单位预算对比分析,便可以考核单位预算执行情况。

2.促使单位合理、节约地使用预算资金

账簿记录能把大量分散的原始核算资料分别以不同账户加以归类汇总,及时地提供总括和明细的预算收支变化情况及其结存数额。根据这些记录,随时或定期与各项财产物资、库存现金、银行存款的实存数核对,发现差异,查找原因,提出措施,改进管理,有效地保护国家财产物资安全、完整,促使单位合理节约地使用预算资金,提高预算资金的使用效益。

3.促进往来款项及时结算

根据账簿记录中登记的往来款项情况,可促使单位与有关单位、个人按时对账、查账,及时

办理结算,结清各种往来账款。

4.为编制会计报表提供基础资料

账簿的各种记录,是编制各种预算会计报表的合法依据和准确资料。

(二)会计账簿的种类和使用要求

1.会计账簿的种类

预算会计的会计账簿一般分为总账和明细账。

(1)总账。总账是按总账科目设置的,是反映资金活动的总括情况的账簿,用以记录核算资产、负债、净资产、收入、支出、结余的总括情况,平衡账务,也是控制、核对各明细账,编制资产负债表的根据。总账一般采用三栏式订本账簿,其一般格式如表2-9所示。

表 2 - 9　总　账

科目名称＿＿＿＿＿＿＿＿＿
户　　　名＿＿＿＿＿＿＿＿＿

年		凭单号	摘要	借方金额										贷方金额										借或贷	余　额									
																										金　　额									
月	日			千	百	十	万	千	百	十	元	角	分	千	百	十	万	千	百	十	元	角	分		千	百	十	万	千	百	十	元	角	分

(2)明细账。明细账是按明细科目设置的,用以对总账科目进行明细核算的账簿。主要包括:

①收入明细账。主要包括:a.财政总预算会计核算中的一般预算收入明细账、基金预算收入明细账、专用基金收入明细账、上解收入明细账、财政周转金明细账等;b.事业单位会计核算中的财政补贴收入明细账、事业收入明细账、经营收入明细账、拨入专款明细账、附属单位缴款明细账及其他收入明细账;c.行政单位会计核算中的拨入经费明细账、预算外资金收入明细账及其他收入明细账。

②支出明细账。主要包括:a.财政总预算会计核算中的一般预算支出明细账、基金预算支出明细账、补助支出明细账、财政周转金支出明细账等;b.事业单位会计核算中的拨出经费明细账、拨出专款明细账、专项资金支出明细账、事业支出明细账、经营支出明细账及对所属单位补助明细账等;c.行政单位会计核算中的拨出经费明细账、经常性支出明细账、专项资金支出明细账。

③往来款项明细账。主要包括:a.财政总预算会计核算中的暂付款明细账、暂存款明细账、与下级往来明细账、财政周转金明细账、借出财政周转金明细账等;b.事业单位会计核算中的应收账款明细账、其他应收款明细账、应付账款明细账、其他应付款明细账等;c.行政单位会计核算中的暂付款明细账、暂存款明细账。明细账的格式一般采用三栏式或多栏式。

④材料明细账。凡总账设置"材料"科目的单位,均需设置材料明细账。用以具体核算各种材料的收、发和结存情况,按照材料的分类和品名设账户。

⑤固定资产明细账。具体核算和控制各种固定资产增减变动和结存情况,按照固定资产分类和名称设账户,各单位都必须设固定资产明细账。固定资产明细账一般采用三栏式账簿。

明细账格式有三栏式和多栏式,单位可根据账户设置的需要选择不同的格式,其三栏式格式如表2-10所示。

表 2 - 10　明　细　账

明细科目或户名：　　　　　　　　　　　　　　　　　　　　　　　　　第　页

年		凭证号	摘　要	借方	贷方	余额	借(贷)方余额分析
月	日						

(3)日记账。日记账又称序时账,是按经济业务发生的先后顺序连续进行登记的账簿。它主要是结算和控制各项货币资金。日记账分为现金日记账和银行存款日记账。日记账采用三栏式订本账,不能采用活页账。

2. 会计账簿的使用要求

(1)会计账簿的使用,以每一会计年度为限。每一账簿启用时,应填写"经管人员一览表"和"账簿目录",附于账簿扉页上。

(2)手工记账必须使用蓝、黑色墨水书写,不得使用铅笔、圆珠笔。红色墨水除登记收入负数使用外,只能在划线、改错、冲账时使用。账簿必须按照编定的页数连续记载,不得隔页、跳行。如因工作疏忽发生跳行或隔页时,应当将空行、空页划线注销,并由记账人员签名盖章。登记账簿要及时准确,日清月结,文字和数字的书写要清晰整洁。

(3)会计账簿应根据已经审核过的会计凭证登记。记账时,将记账凭证的编号记入账簿内;记账后,在记账凭证上用"√"符号注明,表示已登记入账。

(4)各种账簿记录应按月结账,求出本期发生额和余额。

3. 会计账簿的错误更正

账簿记录如发生错误,不能挖补、涂抹、刮擦或用化学药水除迹,应按正规方法更正。由于发生错误的具体情况不同,发生错误的时间先后不同,更正错误的方法也不尽相同。

(1)划线更正法。

在结账以前,如果发现账簿记录文字或数字计算错误,而记账凭证并无错误,应采用划线更正法更正。更正时,应先在错误的文字或数字正中横划一条红线,表示注销,但原有字迹仍可辨认,以备考查。然后将正确的文字或数字用蓝字写在划线上面,并由记账人员在更正处盖章,以明确责任。

(2)红字更正法。

月份结账后,发现账簿登记串户,但记账凭证并无错误,可直接在原错记的账户中用红字冲去原记人的数字,再在应计的账户中补记相同的数字,并由记账人员在账上更正处签章证明。如果发现由于记账凭证错误而使账簿登记发生错误,则不论在月份结账前后,均应使用

"红字更正法"。更正时,先用红字填制一张与原错误记账凭证内容完全相同的记账凭证,并据以用红字登记入账,冲销原错误记录。然后,再用蓝字填制一张正确的记账凭证,并据以用蓝字登记入账。

四、会计报表

(一)预算会计报表的概念与编制要求

会计报表是会计主体在一定期间内价值运动的过程及其结果的反映,也是会计主体在一定期间财务状况的书面文件。预算会计报表是财政总预算及行政事业单位会计根据账簿记录及其他有关资料,按照统一规定的内容和格式,采用规定的方法编制的反映财政总预算及行政事业单位一定时日财务状况和一定时期内收支情况及其结果的书面报告。预算会计报表,既是本期预算执行情况的反映,又是编制下期预算的参考资料。因此,各级领导、管理部门和单位管理人员对会计报表都非常重视。

预算会计报表是财政总预算及行政事业单位重要的经济档案。《中华人民共和国会计法》和《中华人民共和国预算法》都规定,会计报表必须准确、及时和完整。财政总预算及行政事业单位在编制预算会计报表时应遵循如下基本要求:

(1)数字真实。就是要求会计报表中的各项数字能如实反映财政总预算及行政事业单位的财务状况和收支情况,不能以凭空捏造的数字代替实际数字。

(2)计算准确。就是要求会计报表中的数字在计算时不能出现差错。

(3)内容完整。就是要求对于按规定上报的会计报表及各项指标,其内容的填列必须完整,不能漏报漏填。

(4)报送及时。就是要求财政总预算及行政事业单位在会计期间结束时及时编制会计报表,如期报出会计报表。

(二)预算会计报表的种类

预算会计报表可以从不同角度进行分类,按时间可划分为旬报、月报和年报(即决算);按编报单位可划分为财政总预算会计报表和单位会计报表;按其编制的范围,可分为本级报表和汇总报表;按内容划分,一般包括资产负债表(静态表,反映一定日期的财务状况)、预算执行情况表、收入支出表(动态表,反映会计期间的收、支、余状况)、附表及说明书等。附表一般作为报表中某些科目的明细内容或未列入报表中的重要经济业务活动或基础材料;说明书是对报表中某些事项的补充及情况说明。

由于财政总预算和行政事业单位的经济业务内容存在着一定的差异,因此,财政总预算会计报表和行政事业单位会计报表也不尽相同。有关财政总预算会计报表和行政事业单位会计报表的具体内容及编制方法,将在以后有关章节中详细介绍。

五、会计方法

(一)记账符号

预算会计采用国际通用的借贷记账法。所谓借贷记账法,是指以"借"和"贷"作为记账符号来记录和反映会计要素增减变动情况及其结果的一种复式记账法。

在预算会计中,借贷记账法中的"借"表示资产和支出类账户的增加以及负债、净资产和收入类账户的减少或转销,"贷"表示资产和支出类账户的减少或转销以及负债、净资产和收入类账户的增加。借贷记账法在预算会计中的运用如表 2-11 所示。

表 2-11　各类账户的基本结构

账户类别	借　方	贷　方	余　额　方　向
资产类	＋	－	借方
负债类	－	＋	贷方
净资产	－	＋	贷方
收入类	－	＋	平时余额在贷方,年终结转后一般无余额
支出类	＋	－	平时余额在借方,年终结转后一般无余额

(二)记账原理

借贷记账法的一般原理是:资产＝负债＋所有者权益,即资产等于负债总额与所有者权益总额之和。由于预算会计要素分为资产、负债、净资产、收入和支出,所以,借贷记账法的记账原理在预算会计中具体表现为:

$$资产＝负债＋净资产$$

即资产总额等于负债总额与净资产总额之和。它是预算会计记账、试算平衡和编制资产负债表的理论依据。因此,无论发生什么样的会计事项,其记账结果必然符合上式要求。

(三)记账规则

根据复式记账原理,结合借贷记账法下的账户结构,对于任何一项经济业务,都可以按照资金运动的方向,一方面记入一个或几个账户的借方,另一方面必然要记入一个或几个账户的贷方,而且记入借方和贷方的数额又必然是相等的。简言之,就是"有借必有贷,借贷必相等"。即不论是资金投入单位的业务,还是退出单位的业务,或是资金在单位内部循环与周转的业务,都是一方面记入有关账户的借方,另一方面记入有关账户的贷方,借方与贷方的数额必然相等。

(四)试算平衡方法

在每期业务终了后,都要检验账户记录是否正确,结出的账户余额有无差错。借贷记账法的试算平衡方法主要有发生额法和余额法两种。

1.发生额法

发生额法是利用各账户所登记的发生额对账目进行试算平衡。其平衡公式如下:

$$所有账户本期借方发生额合计＝所有账户本期贷方发生额合计$$

2.余额法

余额法是利用各账户余额对账目进行试算平衡。其平衡公式如下:

$$所有账户本期借方余额合计＝所有账户本期贷方余额合计$$

利用此公式,主要对账户记录关系进行试算平衡。

关键术语

财政总预算会计　　预算管理　　会计核算　　预算资金调度　　会计科目

复习思考题

1. 简述预算会计核算的基本前提。

2. 简述预算会计核算的一般原则。

3. 预算会计核算的基本要素有哪些？

4. 预算会计科目是如何设置的？

5. 总预算会计、行政单位和事业单位会计在填制和保管记账凭证时，一般应采用什么方法？符合哪些要求？

6. 简述会计账簿的概念与作用。

7. 借贷记账法在预算会计中是如何运用的？

8. 预算会计中的原始凭证主要有哪些？

9. 简述预算会计报表及其编制要求。

第二篇

财政总预算会计

第三章 财政总预算会计概述

财政总预算会计是各级政府财政部门核算、反映和监督政府预算执行和财政周转金等各项财政性资金活动的一门专业会计。财政部门的总预算会计除了日常的会计核算外,在政府预算执行中处于枢纽地位,负责预算资金的筹集、调度和分配,并对政府预算、部门预算及单位预算的执行负有监督职能;负责指导本地区的预算会计工作,管理本地区的会计管理事务。财政部门总预算会计与行政、事业单位会计以及企业会计相比,具有在会计科目设置上服务于预算管理需要,以收付实现制为会计基础,不进行成本核算,不涉及现金、材料、固定资产核算等特点。本章主要介绍财政总预算会计的概念、特点、任务和会计科目的设置等基础知识,是进一步学习财政总预算会计的前提和基础。通过本章学习,应重点了解财政总预算会计的特点、任务和会计科目的设置的具体内容。

第一节 财政总预算会计任务

一、财政总预算会计的概念

财政总预算会计是各级政府财政部门核算、反映和监督政府预算执行和财政周转金等各项财政性资金活动的一门专业会计。

财政总预算会计是政府预算的一个组成部分,其组成体系与政府预算组成体系相一致。我国的政府预算按照"统一领导,分级管理"的原则,实行一级政府一级预算,设立中央,省、自治区、直辖市,设立区的市、自治州,县、自治县、不设区的市、市辖区,乡、民族乡、镇五级预算。各级政府预算均设立相应的财政总预算会计,负责核算、反映和监督本级政府预算的执行。中央政府财政部设立中央财政总预算会计;省、自治区、直辖市财政厅(局)设立省(自治区、直辖市)财政总预算会计;设立区的市、自治州财政局设立市(州)财政总预算会计;县、自治县、不设区的市、市辖区财政局设立县(市、区)财政总预算会计;乡、民族乡、镇财政所设立乡(镇)财政总预算会计。各级财政总预算会计在全国组成一个相互联系的信息网络。

二、财政总预算会计的基本任务

财政总预算会计在预算会计体系中居主导地位,其基本任务是:

(一)正确办理财政总预算会计的日常核算事务

财政总预算会计应当正确办理各项财政收支、资金调拨及往来款项的会计核算工作,及时组织年度政府决算、行政事业单位决算的编审工作和汇总工作,办理上下级财政之间的年终结算工作。

(二)合理调度财政资金,提高财政资金的使用效益

财政总预算会计应当根据财政收支的特点,妥善解决财政资金库存和用款单位需求之间的矛盾,在保证按计划及时供应财政资金的基础上,合理调度财政资金,提高财政资金使用效益。

(三)实行会计监督,参与预算管理

财政总预算会计应当在正确组织会计核算的基础上,提出预算执行情况分析意见,并对财政总预算、部门预算和单位预算的执行实行会计监督。财政总预算会计应当负责协调参与预算执行的国库会计、收入征解会计等专业会计之间的业务关系,与其共同做好预算执行的核算、反映和监督工作。财政总预算会计还应当积极参与预算管理工作,对预算执行过程中出现的问题,应当及时提出意见和建议,供有关领导决策时参考。

(四)组织和指导本行政区域的预算会计工作

各级财政总预算会计应当负责制定本行政区域有关预算会计具体核算办法的补充规定,负责检查和指导下级财政总预算会计和本级行政、事业单位会计的工作,负责组织预算会计人员进行培训,不断提高预算会计人员的政策和业务水平。

(五)做好预算会计的事务管理工作

财政总预算会计应当负责做好预算会计的各项事务管理工作,参与预算会计人员专业技术资格考试的工作,参与评定及核发会计证的工作。

三、财政总预算会计的核算对象

各级政府财政部门负责具体执行各级总预算。一方面,按照核定的预算,从国民经济各部门取得的总预算收入,包括一般公共预算本级收入、政府性基金预算本级收入和国有资本经营预算本级收入;另一方面,又按照核定的预算,将集中起来的预算资金再分配出去,用于各项支出,形成总预算支出;总预算收入与总预算支出的差额,形成预算收支结余。同时,在执行总预算的过程中,由一级财政部门掌管的货币资金和债权形成一级财政的资产;由发行公债、与上下级财政、与预算单位之间的应付款项形成一级财政的负债;各项结余和基金形成一级财政的净资产。因此,财政总预算会计的核算对象,就是各级政府总预算执行过程中的预算收入、预算支出和预算结余,以及在资金运动过程中所形成的资产、负债和净资产。

第二节　财政总预算会计科目

一、财政总预算会计科目设置的原则、分类和编号

(一)会计科目设置的原则

会计科目是对会计核算对象按其经济内容或用途所作的科学分类,是设置账户和核算、归集各项经济业务的依据。科学地设置会计科目,正确地使用会计科目,是做好会计核算工作的重要条件。财政总预算会计关于会计科目的设置应遵循以下原则:

1.统一性原则

《中华人民共和国会计法》规定,全国统一的预算会计制度由财政部负责制定,一级科目必须统一。各省、自治区、直辖市在征得财政部同意以后,可做必要的补充,但总账科目的名称不得自行更改。会计科目的统一性,保证了国家预算执行中会计核算的一致性。

2.与政府预算科目相适应的原则

根据国家预算管理的需要,预算会计的会计科目要与政府预算收支科目相适应,即预算收支科目表示的内容,要有相应的会计科目与此对应,以及会计科目所记录和反映的内容与预算执行情况作比较,满足预算管理的需要。

3.简明实用原则

会计科目的设置,既要能全面系统地核算和监督预算资金执行情况,又要尽量简化核算事务,力求科目含义确切、简明扼要、科学实用,特别是一级科目宜简不宜繁。

(二)会计科目的分类

财政总预算会计科目与会计要素相适应,分为资产类、负债类、净资产类、收入类、支出类等五大类。

财政部门的资产是一级财政掌管或控制的能以货币计量的经济资源。资产类科目包括财政性存款(包括财政零余额账户存款)、其他财政存款、有价证券、暂付及应收款项等。

财政部门的负债是一级财政所承担的能以货币计量、需以资产偿付的债务。负债类科目包括应付及暂收款项、按法定程序及核定预算举借的债务等。

财政部门的净资产指资产减去负债的差额,净资产类科目包括各项预算结余、预算周转金、资产基金和待偿债净资产等。

财政部门的收入是国家为实现职能,根据法令和法规所取得的非偿还性资金,是一级财政的资金来源。收入类科目包括一般公共预算本级收入、政府性基金预算本级收入、专用基金收入、资金调拨收入等。

财政部门的支出是一级政府为实现其职能,对财政资金的再分配。支出类科目包括一般公共预算本级支出、政府性基金预算本级支出、专用基金支出、资金调拨支出等。

财政总预算会计的会计科目按核算层次不同可分为总账科目和明细科目两大类。总账科目是对核算对象的总分类,是设置总账的依据;明细科目是对某总账科目核算内容的进一步分类的科目,是设置明细账的依据。

(三)会计科目的编号

为便于编制会计凭证、登记账簿、查阅账目和实行会计电算化的要求,财政总预算会计规定了统一的会计科目编号。会计科目编号由3位数字组成,百分位上的数字代表会计科目的类别,其中,资产类为"1××",负债类为"2××",净资产类为"3××",收入类为"4××",支出类为"5××"。预算会计在填制会计凭证、登记账簿时,应填列会计科目的名称或者同时填制会计科目的名称和会计科目编号。

根据现行财政总预算会计制度的规定,各级财政总预算会计统一适用的会计科目表如表3-1所示。

表 3-1 财政总预算会计科目表

序　号	科目编号	会计科目名称
一、资产类		
1	1001	国库存款
2	1003	国库现金管理存款
3	1004	其他财政存款
4	1005	财政零余额账户存款
5	1006	有价证券
6	1007	在途款
7	1011	预拨经费
8	1021	借出款项
9	1022	应收股利
10	1031	与下级往来
11	1036	其他应收款
12	1041	应收地方政府债券转贷款
13	1045	应收主权外债转贷款
14	1071	股权投资
15	1081	待发国债
二、负债类		
16	2001	应付短期政府债券
17	2011	应付国库集中支付结余
28	2012	与上级往来
19	2015	其他应付款
20	2017	应付代管资金
21	2021	应付长期政府债券
22	2022	借入款项
23	2026	应付地方政府债券转贷款
24	2027	应付主权外债转贷款
25	2045	其他负债
26	2091	已结报支出

序　号	科目编码	会计科目名称
三、净资产类		
27	3001	一般公共预算结转结余
28	3002	政府性基金预算结转结余
29	3003	国有资本经营预算结转结余
30	3005	财政专户管理资金结余
31	3007	专用基金结余
32	3031	预算稳定调节基金
33	3033	预算周转金
34	3081	资产基金
	308101	应收地方政府债券转贷款
	308102	应收主权外债转贷款
	308103	股权投资
	308104	应收股利
35	3082	待偿债净资产
	308201	应付短期政府债券
	308202	应付长期政府债券
	308203	借入款项
	308204	应付地方政府债券转贷款
	308205	应付主权外债转贷款
	308206	其他负债
四、收入类		
36	4001	一般公共预算本级收入
37	4002	政府性基金预算本级收入
38	4003	国有资本经营预算本级收入
39	4005	财政专户管理资金收入
40	4007	专用基金收入
41	4011	补助收入
42	4012	上解收入
43	4013	地区间援助收入
44	4021	调入资金
45	4031	动用预算稳定调节基金
46	4041	债务收入
47	4042	债务转贷收入

序　号	科目编码	会计科目名称
五、支出类		
48	5001	一般公共预算本级支出
49	5002	政府性基金预算本级支出
50	5003	国有资本经营预算本级支出
51	5005	财政专户管理资金支出
52	5007	专用基金支出
53	5011	补助支出
54	5012	上解支出
55	5013	地区间援助支出
56	5021	调出资金
57	5031	安排预算稳定调节基金
58	5041	债务还本支出
59	5042	债务转贷支出

二、财政总预算会计总账科目设置

为了保证会计信息的可比性,使财政总预算会计核算所提供的指标在国民经济各部门口径一致,便于有关部门和单位对会计指标的逐级汇总和分析利用,财政部统一规定了财政总预算会计的会计科目。财政总预算会计有关总账科目设置及使用除了遵循统一性、适应性和简明性原则外,还应注意以下两个方面:

第一,按照统一会计制度的规定设置,按科目使用说明使用,不需要的可以不用,不得擅自更改总账科目名称。

第二,应与政府预算收支科目相适应。总预算会计的会计科目应与政府预算收支分类相适应,使会计记录和反映的结果能与预算相对应,便于分析和比较,更好地为预算管理服务。

三、财政总预算会计明细科目设置

在财政总预算会计的核算中,根据预算管理的需要,会计科目既要提供总括的核算结果,又要反映明细的核算资料。总账科目是按照统一会计制度的规定设置的,而明细科目是根据核算需要设置的。明细科目的设置一般有以下两种情况:

第一,按照《政府预算收支科目》的规定设置明细科目。例如,财政部门的预算收入和预算支出,是按政府预算收支的"类""款"级科目设置明细科目的。

第二,按结算单位、个人名称或事项设置明细科目。例如,各种往来款项,要按结算单位或个人名称或某一事项分别设置明细科目。

从总账科目和明细科目的关系来看,总账科目是设置总账账户的依据,明细科目是设置明细账户的依据。总账科目是明细科目的综合,它对明细科目起控制作用;明细科目是总账科目的详细分类,是总账科目的具体说明,它对总账起补充作用。

关键术语

财政总预算会计　　总预算会计任务　　　总预算会计科目

复习思考题

1. 简述财政总预算会计的任务。
2. 设置财政总预算会计科目应坚持什么原则？
3. 财政总预算会计科目按会计要素分为哪几大类？

第四章　财政总预算会计资产的核算

本章主要介绍财政总预算会计资产的管理与核算。财政部门的资产是指一级财政掌管或控制的能以货币计量的经济资源。它有可能为各级政府在目前或未来带来经济利益和社会利益,是各级政府实现其职能的物质基础,具体包括财政性存款、有价证券、暂付及应收款项、预拨经费、在途款、股权投资、待发国债等。本章在介绍财政部门资产含义的基础上,深入地介绍了财政部门资产管理的具体内容及核算方法。通过本章学习,应该掌握财政总预算会计资产的内容、资产管理的原则以及各项资产的账务处理要求和核算方法,重点掌握预算管理制度改革后对财政总预算会计核算中资产管理和核算方面的新规定和新要求,尤其是国库集中支付执行机构有关业务的内容与核算。

第一节　资产的管理

一、资产的概念与内容

(一)资产的概念

财政部门的资产是指一级财政掌管或控制的能以货币计量的经济资源。它有可能为各级政府的目前或未来带来经济利益和社会利益,是各级政府实现其职能的物质基础。

(二)资产的内容

财政部门的资产具体包括财政性存款、有价证券、暂付及应收款项、预拨经费、在途款、股权投资、待发国债等。

1. 财政性存款

财政性存款是财政部门代表政府所掌管的财政资金,包括国库存款、国库现金管理存款以及其他财政存款等。其中国库存款是指各级总预算会计在国库的一般公共预算资金、政府性基金预算资金和国有资本经营预算资金;国库现金管理存款是指政府财政实行国库现金管理业务存放在商业银行的款项;其他财政存款是指未设国库的乡(镇)财政在专业银行的预算资金存款以及部分由财政部指定存入专业银行的专用基金存款等。

2. 有价证券

这里所说的有价证券,是指中央财政以信用方式发行的国家公债。地方各级财政部门只能用各项财政结余购买国家指定的有价证券。

有价证券购入时,财政总会计不作预算支出核算,应冲减预算结余(包括一般预算结余和基金结余)。有价证券到期兑换时,其本金按原资金渠道,恢复预算结余(包括一般预算结余和基金结余）。当期取得有价证券的兑付利息及转让有价证券取得的收入与账面成本的差额,记入当期收入。

3. 借出款项

借出款项是指政府财政按照对外借款管理相关规定借给预算单位临时急需,并需按期收回的款项。

4. 暂付及应收款项

暂付及应收款项是指政府财政业务活动中形成的债权,包括与下级往来和其他应收款等。暂付及应收款项应当及时清理结算,不得长期挂账。

5. 应收转贷款

应收转贷款是指政府财政将借入的资金转贷给下级政府财政的款项,包括应收地方政府债券转贷款、应收主权外债转贷款等。

6. 在途款

在途款是指在规定的库款报解整理期和决算清理期内,收到的应属于上年度收入的款项和收回的不应在上年度列支的款项或其他需要作为在途款过渡的资金数。

7. 预拨经费

预拨经费是用预算资金拨付给用款单位的款项。凡是在会计年度终了前财政会计用预算资金预拨给用款单位的下年度经费款项及年度预算执行中预拨款应在以后各期列支的款项,应作预拨经费管理。

预拨经费应按实际预拨数额记账,且应在年终前转列支出或清理收回。

对行政事业单位拨款,应按照单位领报关系转拨。凡有上级主管部门的单位,不能越过主管部门直接与财政部门发生领报关系。

8. 股权投资

股权投资是指政府持有的各类股权投资资产,包括国际金融组织股权投资、投资基金股权投资、国有企业股权投资等。

9. 应收股利

应收股利是指政府因持有股权投资应当收取的现金股利或利润。

10. 待发国债

待发国债是指为弥补中央财政预算收支差额,中央财政预计发行国债与实际发行国债之间的差额。

二、资产管理的原则

(一)财政性存款的管理原则

财政性存款的支配权属于同级财政部门,并由财政总预算会计负责管理,统一收付。财政总预算会计在管理财政存款时,应当遵循以下管理原则:

(1)集中资金,统一调度。各种应由财政部门掌管的资金,都应纳入财政会计的存款户。在资金调度中,应首先根据事业进度和资金使用情况,保证满足计划内各项正常支出的需要;其次,要尽量发挥资金效益,把资金用活用好。

(2)严格控制存款开户。财政部门的预算资金除财政部有明确规定外,一律由总预算会计统一在国库或指定的银行开立存款账户,不得在国家规定之外将预算资金或其他财政性资金任意转存其他金融机构。

(3)根据核定的年度预算或季度分月计划拨付资金,不得办理超预算、无计划的拨款。按预算和计划拨付资金,有利于保证政府财政总预算的执行,发挥财政的监督职能,提高财政资金的使用效益。

(4)转账结算,不提现金。财政会计的各种会计凭证不得用以提取现金。因为财政的职能是分配资金,不直接使用资金,虽然财政机关也经办一部分直接支出,但都不涉及现金结算,这种支出与预算单位花钱办事有原则区别。财政的出纳机关是国库。财政总会计不需要也不应当专设"出纳"。财政机关自身的行政经费,属于行政单位会计管理范畴,财政总会计不能兼办自身行政经费的单位会计核算业务。

(5)在存款余额内支取,不能透支。财政预算资金与银行信贷资金是两个不同的资金筹集和分配渠道。银行与存款客户,双方是一种有偿的信用关系。因此,财政的各种国库存款,只能在存款余额内支取,银行不能透支垫付。

(二)财政性存款的账户管理制度——国库单一账户制度

1.国库单一账户制度

所谓国库单一账户制度,是指将政府所有财政性资金,包括预算内资金和预算外资金,集中在国库或国库指定的代理银行开设账户,所有财政收入直接缴入这一账户,所有财政支出直接通过这一账户进行拨付的财政资金管理制度。实行国库单一账户制度,从收入方面讲,意味着所有财政收入将直接缴入国库,而不通过有关部门或单位设置的收入过渡账户;从支出方面讲,意味着财政资金将在实际使用时从国库账户直接划入供货商或劳务提供者开户银行账户,而不通过有关部门或单位设置的财政资金管理账户。实行国库单一账户制度,对于从根本上解决有关部门和人员滥设过渡账户、随意截留和挪用财政资金,以及由于财政资金分散管理而形成的财政资金使用效率和效益不高、财政宏观调控能力不强等问题,都具有重要的现实意义。我国的财政国库管理制度改革的主要内容是:按照财政国库管理制度的基本发展要求,建立国库单一账户体系,所有财政性资金都纳入国库单一账户体系管理,收入直接纳入国库或财政专户,支出通过国库单一账户体系支付给商品和劳务供应者或用款单位。

2.国库单一账户体系

国库单一账户体系由财政部门开设的银行账户、财政部门为预算单位开设的银行账户以及特设银行账户组成。

(1)财政部门开设的银行账户。①在中国人民银行开设的国库单一账户。该账户为国库存款账户,用于记录、核算和反映纳入预算管理的财政收入和支出活动,并用于与财政部门在商业银行开设的财政零余额账户以及财政部门为预算单位在商业银行开设的预算单位零余额账户进行清算,实行支付。②在商业银行开设的财政零余额账户。该账户用于财政直接支付以及与国库单一账户进行清算。该账户为过渡性质的账户。代理银行根据财政部门开具的支付指令向有关货品或劳务供应商支付款项,并按日向国库单一账户申请清算后,该账户的余额即为零。因此,它也称为财政零余额账户。③在商业银行开设的预算外资金专户。该账户用于记录、核算和反映预算外资金的收入和支出活动,并用于预算外资金日常收支清算。

(2)财政部门为预算单位开设的银行账户。该账户是财政部门为预算单位在商业银行开设的零余额账户,主要用于财政授权支付,以及与国库单一账户进行清算。该账户为过渡性质的账户,是预算单位的一个授权支付用款额度。代理银行根据预算单位开具的支付指令向有关货品或劳务供应商支付款项,并按日向国库单一账户申请清算后,该账户的余额即为零。因此,它也称为预算单位的零余额账户。

(3)特设银行账户。该账户是指经国务院和省级人民政府批准或授权财政部门开设的特殊过渡性专户。该账户用于记录、核算和反映预算单位的特殊专项支出活动,并用于与国库单一账户进行清算。一般情况下,该账户为实存资金账户。

3.国库单一账户制度下的收入收缴方式和程序

在国库单一账户制度下,财政收入的收缴方式分为直接缴库和集中汇缴两种方式。

(1)直接缴库。这是指缴款单位或缴款人按有关法律、法规规定,直接将应缴收入缴入国库单一账户或预算外资金专户的收缴方式。在直接缴库方式下,直接缴库的税收收入,由纳税人或税务代理人提出纳税申报,经征收机关审核无误后,由纳税人通过开户银行将税款缴入财政国库单一账户。财政总预算会计根据国库单一账户入库数额,作出相应的会计处理,确认国库存款的增加,并确认相应的预算收入等。直接缴库的其他收入,比照上述程序缴入国库单一账户或预算外资金财政专户。

(2)集中汇缴。这是指由征收机关按有关法律、法规规定,将所收的应缴收入汇总缴入国库单一账户或预算外资金专户的收缴方式。在集中汇缴方式下,小额零散税收和法律另有规定的应缴收入,由征收机关收缴收入的当日汇总缴入国库单一账户。在集中汇缴方式下,财政总预算会计根据国库存款账户的入账数额,作出相应的会计处理,确认国库存款的增加,并确认相应的预算收入等。

与国库单一账户制度下的直接缴库和集中汇缴这两种财政收入收缴方式相对应,尚未实行国库单一账户制度的缴库方式为部门或单位自收汇缴方式。这是一种传统的财政收入收缴方式。在部门或单位自收汇缴方式下,有关部门或单位按照规定收取财政收入后,存入各自的开户银行。然后,再通过各自的开户银行,将收取的款项汇入财政国库存款账户。财政总预算会计根据财政国库存款账户的入账数额,作出相应的会计处理,确认国库存款的增加,并确认相应的预算收入等。在部门或单位自收汇缴方式下,有关部门或单位在开户银行开设的有关账户,成为财政收入在收缴过程中的过渡账户。

4.国库单一账户制度下的支出支付方式和程序

在国库单一账户制度下,财政支出的方式分为财政直接支付和财政授权支付两种。这两种支付方式也可合称为国库集中支付方式,它与财政部门将财政资金拨付到预算单位基本存款账户的实拨资金方式相对应。

(1)财政直接支付。财政直接支付是指由财政部门开具支付令,通过国库单一账户体系,直接将财政资金支付到商品或劳务供应者账户的支付方式。实行财政直接支付的支出主要包括工资支出、工程采购支出、物品和服务采购支出、转移支出等。财政直接支付的具体支出项目,由财政部门在确定部门预算时,或制定财政资金支付管理办法时确定。

在财政直接支付方式下,预算单位按照批复的部门预算和资金使用计划,向财政国库支付执行机构提出《财政直接支付申请书》。财政国库支付执行机构根据批复的部门预算和资金使用计划及相关要求对预算单位提出的《财政直接支付申请书》审核无误后,开具《财政直接支付清算汇总通知单》和《财政直接支付凭证》,经财政国库管理机构盖章后,分别送中国人民银行和代理银行。代理银行根据收到的《财政直接支付凭证》,将资金直接支付给商品或劳务供应者。之后,代理银行开具《财政直接支付入账通知书》,发给有关的预算单位,作为预算单位取得财政拨款的依据;代理银行再填写《财政直接支付申请划款凭证》,向中国人民银行提出清算申请。中国人民银行将代理银行发来的《财政直接支付申请划款凭证》与财政国库支付执行机构发来的《财政直接支付清算汇总通知单》核对无误后,办理资金清算手续,将资金划给代理银行。国库支付执行机构应当按日向国库管理机构报送《预算支出结算清单》,其中,列明财政直接支付的数额和其他相关信息。财政总预算会计根据财政国库支付执行机构报来的《预算支出结算清单》,经与中国人民银行报来的财政直接支付申请划款凭证核对无误后,作出相应的会计处理,确认国库存款的减少,并确认相应的预算支出。

(2)财政授权支付。财政授权支付是指预算单位根据财政部门的授权,自行开具支付令,通过国库单一账户体系将资金支付到商品或劳务供应者账户的支付方式。实行财政授权支付的支出主要包括未纳入财政直接支付的购买性支出和零星支出。财政授权支付的具体支出项目,由财政部门在确定部门预算时,或制定财政资金支付管理办法时确定。

在财政授权支付方式下,预算单位按照规定的时间和程序向财政部门申请授权支付用款额度。财政部门批准后,分别向中国人民银行和代理银行签发《财政授权支付汇总清算额度通知书》和《财政授权支付额度通知书》。代理银行凭据《财政授权支付额度通知书》受理预算单位支付指令,并与国库单一账户进行资金清算。代理银行在收到《财政授权支付额度通知书》后,向预算单位发送《财政授权支付额度到账通知书》,作为预算单位零余额账户用款额度增加的依据。预算单位凭据《财政授权支付额度到账通知书》,自行签发财政授权支付指令,通知代理银行办理资金支付业务。代理银行根据预算单位提交的财政授权支付指令,对其审核后,办理现金支付或转账支付的资金支付业务。之后,代理银行根据已办理支付的资金,填写《财政授权支付申请划款凭证》,按日向中国人民银行提出资金清算申请。中国人民银行在对《财政授权支付申请划款凭证》审核无误后,通过国库单一账户与代理银行进行资金清算,将款项划给代理银行。代理银行应当按日向财政国库支付执行机构报送《财政支出日报表》。财政国库支付执行机构应当按日向财政国库管理机构报送《预算支出结算清单》,其中,列明财政授权支付的数额和其他相关信息。

财政总预算会计根据财政国库支付执行机构报来的《预算支出结算清单》,经与中国人民银行报来的财政授权支付申请划款凭证核对无误后,作出相应的会计处理,确认国库存款减少,并确认相应的预算支出。

在财政授权支付方式下,中国人民银行与预算单位的代理银行办理资金清算业务。因此,不需要使用财政零余额账户。

与国库集中支付方式相对应的支付方式是实拨资金方式,这是一种传统的财政资金支付方式。在实拨资金支付方式下,预算单位根据单位预算向财政部门提交《预算经费请拨单》,申请拨付预算经费。经财政部门审核批准后,财政总预算会计将财政资金从人民银行国库存款账户拨付至预算单位在商业银行开设的基本存款账户。预算单位在使用财政资金时,再从其基本存款账户中将款项支付给商品或劳务供应商。在实拨资金方式下,当财政资金从国库存款账户拨付至预算单位的基本存款账户时,财政总预算会计作出相应的会计处理,确认国库存款的减少,并确认相应的预算支出。在实拨资金支付方式下,预算单位在商业银行开设的基本存款账户,成为财政资金在分配和使用过程中的过渡账户。

5.财政直接支付与政府采购的关系

政府采购,也称公共采购,是指各级政府及其所属机构为了开展日常政务活动或为公众提供公共服务的需要,在财政的监督下,以法定的方式、方法和程序,对货物、工程或服务的购买。政府采购资金来源渠道包括财政性资金以及与财政性资金相配套的单位自筹资金。其中,财政性资金包括预算资金和预算外资金。财政直接支付与政府采购间存在着密切的联系,但两者的管理重点和适用范围有所不同。当预算单位使用财政性资金集中采购目录中的货物、工程和服务,或者采购规定限值标准以上的货物、工程和服务时,在采购环节应当依法实行政府采购;如果有关的支出同时达到了财政直接支付的规定标准,那么,在支付资金时必须实行财政直接支付。

根据现行有关标准,中央单位工程采购财政直接支付标准为 200 万元。列入《政府采购品目分类表》中的商品和服务采购支出,单件商品或单项服务购买额不足 50 万元,实行财政授权支付。未列入《政府采购品目分类表》,但单件商品或单项服务购买额超过 50 万元的,实行财政直接支付。

(三)有价证券的管理原则

财政部门在管理有价证券时,应当遵循以下原则:

(1)各级财政部门只能用各项财政结余购买债券。不得用当年预算本级收入或专用基金等购买,以免影响当年预算收支平衡或专项任务的完成。

(2)支付购买有价证券的资金不能列作支出。

(3)当期取得有价证券的兑付利息及转让有价证券取得的收入与账面成本的差额,记入当期收入。

(4)有价证券应视同货币保管,保证账实相符。

(四)暂付及应收款项管理的原则

财政部门在管理暂付及应收款项时,应当遵循暂付及应收款项的管理要求,应按实际发生数额记账,并及时清理结算,不得长期挂账。

各级财政机关对于上、下级财政之间的往来借垫款,属于预算补助范围以内的,应直接用"补助支出"科目拨款,不得长年用往来科目挂账;非预算补助范围内的借款,应随时清理。上、下级财政之间借出或归还款项时,应尽可能在当月汇入对方账户,以利双方对账。

(五)预拨经费管理的原则

(1)根据批准的年度预算和季度(分月)用款计划拨付,不得办理无预算、无用款计划、超预算、超计划的拨款。

(2)根据用款单位的申请,按照用款单位的预算级次和审定的用款计划,逐级转拨,不得越级办理拨款。

(3)根据用款单位的实际用款进度情况拨付。既要保证资金需要,又要防止积压浪费;既要考虑本期计划需要,又要掌握上期资金使用和结存情况,以促进各单位有效地使用预算资金。

(4)根据财政部门的国库存款情况拨付,以保证资金调度的平衡。

通常情况下,财政对行政事业经费的拨款实行划拨资金方式。但是随着国库集中收付制度改革,财政部门对行政事业单位的预算拨款改为财政直接支付和财政授权支付,预拨款项业务将越来越少。

(六)在途款管理的原则

为清理和核实一年的财政收支,保证属于当年的财政收支能全部反映到当年的财政决算中,根据国库制度的规定,年度终了后,支库应设置 10 天的库款报解整理期。在设置决算清理期的年度,库款报解整理期相应顺延。在库款报解整理期和决算清理期内,有些属于上年度的收入需要补充缴库,有些不合规定的支出需要收回。这些资金活动虽发生在新年度,但其会计事项应属于上一年度,单位应根据要求及时清理和核实各项在途款项,以保证财政决算报表的编制。

第二节　资产的核算

一、财政性存款的核算

(一)国库存款的核算

为了核算国库各项存款的增减变动情况,各级财政总会计应在资产类科目中设置"国库存款"总账账户。"国库存款"账户用来核算各级财政总会计在国库的预算资金(含一般公共预算、政府性基金预算和国有资本经营预算)存款,本账户借方登记国库存款增加数,贷方登记国库存款减少数。本账户期末借方余额,反映国库存款的结存数。本账户按一般公共预算存款、政府性基金预算存款和国有资本经营预算存款进行明细核算。财政总预算会计收到预算收入时,根据国库报来的预算收入日报表入账。办理库款支付时,根据支付凭证回单入账。

【例 4-1】某市财政总预算会计收到国库报来"预算收入日报表"列明当日一般公共预算本级收入为 1 000 000 元,政府性基金预算本级收入 120 000 元,国有资本经营预算本级收入 50 000 元。财政总预算会计应当编制如下会计分录:

借:国库存款——一般公共预算存款　　　　　　　　　　　　　　1 000 000
　　　　　　——政府性基金预算存款　　　　　　　　　　　　　　120 000
　　　　　　——国有资本经营预算存款　　　　　　　　　　　　　 50 000
　贷:一般公共预算本级收入　　　　　　　　　　　　　　　　　 1 000 000
　　　政府性基金预算本级收入　　　　　　　　　　　　　　　　　 120 000
　　　国有资本经营预算本级收入　　　　　　　　　　　　　　　　 50 000

【例 4-2】某市财政总预算会计根据国库报来的有关结算凭证记载,下级上解收入为 60 000 元。财政总预算会计应当编制如下会计分录:

借:国库存款——一般公共预算存款　　　　　　　　　　　　　　 60 000
　贷:上解收入　　　　　　　　　　　　　　　　　　　　　　　　 60 000

【例 4-3】某市财政总预算会计收到国库转来的有关结算凭证,收到上级省财政按财政体制关系拨来的一般预算补助款 150 000 元。财政总预算会计应当编制如下会计分录:

借:国库存款——一般公共预算存款　　　　　　　　　　　　　 150 000
　贷:补助收入　　　　　　　　　　　　　　　　　　　　　　　 150 000

【例 4-4】某市财政总预算会计收到财政国库支付执行机构报来的预算支出结算清单,财政国库支付执行机构以财政直接支付的方式,通过财政零余额账户存款账户支付有关预算单位的属于一般公共预算本级支出的工资支出 1 000 000 元。财政总预算会计经与中国人民银行财政直接支付划款凭证核对无误后,以国库存款账户与财政零余额账户存款账户进行清算,支付上述工资支出。财政总预算会计应当编制如下会计分录:

借:一般公共预算本级支出   1 000 000

  贷:国库存款——一般公共预算存款   1 000 000

【例 4-5】 某市财政总预算会计收到财政国库支付执行机构报来的预算支出结算清单,财政国库支付执行机构以财政直接支付的方式,通过财政零余额账户存款账户支付有关预算单位的属于政府性基金预算本级支出的交通运输费用 90 000 元。财政总预算会计经与中国人民银行财政直接支付划款凭证核对无误后,以国库存款账户与财政零余额账户存款账户进行清算,支付交通运输费用。财政总预算会计应当编制如下会计分录:

借:政府性基金预算本级支出   90 000

  贷:国库存款——政府性基金预算存款   90 000

【例 4-6】 某市财政总预算会计收到财政国库支付执行机构报来的预算支出结算清单,有关预算单位采用财政授权支付方式,通过单位财政零余额账户存款账户支付属于一般公共预算本级支出的款项 450 000 元,属于政府性基金预算本级支出的款项 80 000 元,属于国有资本经营预算本级支出的款项 20 000 元。财政总预算会计经与中国人民银行财政直接支付划款凭证核对无误后,以国库存款账户与财政零余额账户存款账户进行清算,支付相关款项。财政总预算会计应当编制如下会计分录:

借:一般公共预算本级支出   450 000

  政府性基金预算本级支出   80 000

  国有资本经营预算本级支出   20 000

  贷:国库存款——一般公共预算存款   450 000

        ——政府性基金预算存款   80 000

        ——国有资本经营预算存款   20 000

【例 4-7】 某市财政总预算会计按照财政体制向上级省财政上解一般公共预算本级收入 620 000 元。财政总预算会计应当编制如下会计分录:

借:上解支出   620 000

  贷:国库存款——一般公共预算存款   620 000

【例 4-8】 某市财政总预算会计以国库存款向所属下级某县财政作专项补助 200 000 元。财政总预算会计应当编制如下会计分录:

借:补助支出   200 000

  贷:国库存款——一般公共预算存款   200 000

(二)国库现金管理存款的核算

为了核算国库现金管理存款的增减变动情况,各级财政总会计应在资产类科目中设置"国库现金管理存款"账户。国库现金管理存款是指政府财政实行国库现金管理业务存放在商业银行的款项。按照国库现金管理有关规定,将库款转存商业银行时,按照存入商业银行的金额,借记本科目,贷记"国库存款"科目。国库现金管理存款收回国库时,按照实际收回的金额,借记"国库存款"科目,按照原存入商业银行的存款本金金额,贷记本科目,按照两者的差额,贷记"一般公共预算本级收入"科目。本科目期末借方余额反映政府财政实行国库现金管理业务持有的存款。

【例 4-9】 某省财政总预算会计根据国库现金管理的有关规定,将库款 500 000 元转存商业银行。转存期满后,国库现金管理存款收回国库,实际收到金额 506 000 元。财政总预算会计应编制如下会计分录：

(1)将库款转存商业银行时。

借：国库现金管理存款　　　　　　　　　　　　　　　　500 000

　贷：国库存款　　　　　　　　　　　　　　　　　　　　500 000

(2)国库现金管理存款收回国库时。

借：国库存款　　　　　　　　　　　　　　　　　　　506 000

　贷：国库现金管理存款　　　　　　　　　　　　　　　500 000

　　一般公共预算本级收入　　　　　　　　　　　　　　　6 000

(三)其他财政存款的核算

各级财政为了核算未列入"国库存款"和"国库现金管理存款"账户反映的各项财政性存款的增减变化情况，应在资产类科目中设置"其他财政存款"总账账户。"其他财政存款"包括未设国库的乡(镇)财政存在专业银行的预算资金存款和部分由财政部指定存入专业银行的专用基金存款等。本账户借方登记其他财政存款增加数，贷方登记其他财政存款减少数，本账户借方余额，反映其他财政存款的实际结存数，其年终余额结转下年。"其他财政存款"应根据经办银行报来的收入日报表或银行收款通知入账，按交存地点和资金性质分设明细账。

【例4-10】 某市财政总预算会计收到上级省财政拨入的专用基金345 000元，款项按规定存入某专业银行的专用基金存款账户。财政总预算会计应编制如下会计分录：

借：其他财政存款——专用基金存款　　　　　　　　　345 000

　贷：专用基金收入　　　　　　　　　　　　　　　　345 000

【例4-11】 某市财政收到按规定实行财政专户管理的教育收费共计278 000元。同日，通过财政专户向有关教育单位拨付教育收费共计145 000元。财政总预算会计应编制如下会计分录：

(1)收到财政专户管理资金时。

借：其他财政存款——财政专户管理资金存款　　　　　278 000

　贷：财政专户管理资金收入　　　　　　　　　　　　278 000

(2)拨付财政专户管理资金时。

借：财政专户管理资金支出　　　　　　　　　　　　　145 000

　贷：其他财政存款——财政专户管理资金存款　　　　145 000

【例4-12】 某市财政总预算会计办理农村义务教育中央专项资金财政直接支付业务，支付金额352 000元。财政总预算会计应编制如下会计分录：

借：专用基金支出　　　　　　　　　　　　　　　　　352 000

　贷：其他财政存款——中央专项资金存款　　　　　　352 000

【例4-13】 某省财政根据中央专项资金特设账户代理银行转来的收款凭证，收到中央专项资金226 000元。省财政总预算会计应编制如下会计分录：

借：其他财政存款——中央专项资金存款　　　　　　　226 000

　贷：与上级往来　　　　　　　　　　　　　　　　　226 000

财政总预算会计收到上级专项转移支付资金时，先做与上级往来处理，年终根据相关文件再转补助收入。

【例4-14】 某省财政通过财政专户办理中央专项资金财政直接支付业务，向有关货品和

服务供应商支付金额 78 000 元。省财政总预算会计应编制如下会计分录:

  借:一般公共预算本级支出   78 000

   贷:其他财政存款——中央专项资金存款   78 000

(四)国库集中支付执行机构的有关业务核算

  财政国库支付执行机构是财政部门审核、监督财政资金收付工作的延伸。目前,在财政部层面,财政国库支付执行机构称为国库支付中心;在地方层面,有的称国库支付局,有的也称国库支付中心。财政国库支付执行机构的重要职责之一,是办理财政资金的支付业务。财政国库支付执行机构会计是财政总预算会计的延伸,其会计核算执行《财政总预算会计制度》。根据财政国库支付执行机构业务活动的特点,会计核算时需要设置"财政零余额账户存款"和"已结报支出"两个特殊总账账户。其中,"财政零余额账户存款"账户用于核算财政国库支付执行机构在代理银行办理财政直接支付的业务,该账户贷方登记财政国库支付执行机构当天发生的财政直接支付资金数,借方登记当天国库单一账户存款划入的冲销数,该账户当天资金结算后余额为零。"已结报支出"账户用于核算财政国库资金已结清的支出数额,当天业务结束后,该科目余额应等于一般公共预算本级支出、政府性基金预算本级支出和国有资本经营预算本级支出的合计数。

  【例 4-15】 某市财政国库支付执行机构以财政直接支付的方式,通过财政零余额账户支付有关预算单位的属于一般公共预算本级支出的款项共计 38 400 元。财政国库支付执行机构应编制如下会计分录:

  借:一般公共预算本级支出   38 400

   贷:财政零余额账户存款   38 400

  【例 4-16】 某市财政国库支付执行机构收到代理银行报来的财政支出日报表,有关预算单位通过财政授权支付方式从预算单位零余额账户中支付属于一般公共预算本级支出的款项共计 12 800 元。财政国库支付执行机构应编制如下会计分录:

  借:一般公共预算本级支出   12 800

   贷:已结报支出——财政授权支付   12 800

  代理银行应当按照有关预算单位开出的支付指令及时通过预算单位零余额账户以垫付资金的方式向有关方面支付资金。

  【例 4-17】 某市财政国库支付执行机构汇总编制当日《预算支出结算清单》。其中,当日财政直接支付的资金数额为 212 000 元。财政国库支付执行机构将《预算支出结算清单》报送财政国库管理部门的财政总预算会计。财政国库支付执行机构应编制如下会计分录:

  借:财政零余额账户存款   212 000

   贷:已结报支出——财政直接支付   212 000

  【例 4-18】 年终,财政国库支付执行机构有关账户的借方或贷方余额为:"已结报支出——财政直接支付"账户贷方余额 634 000 元,"已结报支出——财政授权支付"账户贷方余额 347 000 元;"一般公共预算本级支出"账户借方余额 763 000 元,"政府性基金预算本级支出"账户借方余额 185 000 元,"国有资本经营预算本级支出"账户借方余额 33 000 元。财政国库支付执行机构将有关账户的记录与相关方面核对一致。财政国库支付执行机构应编制如下会计分录:

  借:已结报支出——财政直接支付   634 000

已结报支出——财政授权支付	347 000
贷:一般公共预算本级支出	763 000
政府性基金预算本级支出	185 000
国有资本经营预算本级支出	33 000

二、有价证券的核算

　　为核算各级政府按国家统一规定用各项财政结余购买的有价证券,各级财政总会计应在资产类科目中设置"有价证券"账户。该账户借方登记有价证券的增加数,贷方登记有价证券的减少数,期末借方余额反映政府财政持有的有价证券金额。本账户应按有价证券种类和资金性质设置明细账,进行明细分类核算。单位购入有价证券时,应按实际取得时支付的价款借记本账户,贷记"国库存款""其他财政存款"账户;转让或到期兑换有价证券时,按实际收到的金额,借记"国库存款""其他财政存款"等账户,贷记本账户,按其差额,贷记"一般公共预算收入"等账户。

　　【例4-19】某市财政总预算会计按规定动用一般公共预算结余资金购买国库券100 000元,凭预算拨款凭证回单和同值国库券收据入账。财政总预算应编制如下会计分录:

借:有价证券——国库券	100 000
贷:国库存款——一般公共预算存款	100 000

　　【例4-20】某市财政总预算会计以前年度一般公共预算结余购买国库券到期兑付本金100 000元,利息收入20 000元。

　　(1)收回本金,存入国库存款:

借:国库存款——一般公共预算存款	100 000
贷:有价证券——国库券	100 000

　　(2)将利息收入作为预算收入入账:

借:国库存款——一般公共预算存款	20 000
贷:一般公共预算本级收入	20 000

　　【例4-21】某市财政总预算会计用政府性基金预算结余购买的特种国债到期兑付本金50 000元,利息收入7 000元。款项已经存入国库。

　　(1)收回本金:

借:国库存款——政府性基金预算存款	50 000
贷:有价证券——特种国债	50 000

　　(2)收到利息收入:

借:国库存款——政府性基金预算存款	7 000
贷:政府性基金预算本级收入	7 000

三、借出款项的核算

　　为核算借出款项业务,各级财政总会计应在资产类账户中设置"借出款项"科目。本科目核算政府财政按照对外借款管理相关规定借给预算单位临时急需的,并需按期收回的款项。本科目应当按照借款单位等进行明细核算。本科目期末借方余额反映政府财政借给预算单位尚未收回的款项,将款项借出时,按照实际支付的金额,借记本科目,贷记"国库存款"等科目。

收回借款时,按照实际收到的金额,借记"国库存款"等科目,贷记本科目。

【例4-22】某市财政因所属单位临时急需资金,借给该单位一般公共预算款项15 000元。半个月后,市财政全额收回了向该所属单位借出的款项15 000元。财政总预算会计应编制如下会计分录:

(1)借出款项时:

借:借出款项　　　　　　　　　　　　　　　　　　　　　　　　15 000
　　贷:国库存款——一般公共预算存款　　　　　　　　　　　　　　　15 000

(2)收回款项时:

借:国库存款——一般公共预算存款　　　　　　　　　　　　　　15 000
　　贷:借出款项　　　　　　　　　　　　　　　　　　　　　　　　15 000

四、与下级往来的核算

预算收入和预算支出在年度内并不总是平衡的,财政总预算在年度的某个时期有可能出现支出大于收入的情况。此时,如果动用了预算后备,预算收支仍然不能平衡,下级财政可以向上级财政申请短期借款,上级财政也可以向有结余的下级财政借入款项。这些款项就是上下级财政之间的往来款项。在年终决算时,全年上下级财政的实际上解或补助款,与应上解或应补助款之间有可能存在差额,对此也要在上下级财政之间办理清理结算,也会发生上下级财政之间的往来款项。

为了核算上下级财政之间的往来款项,各级财政总会计应设置"与下级往来"和"与上级往来"两个账户。"与下级往来"账户,是用来核算本级财政与下级财政之间发生的往来待结算的款项。该账户的借方登记本级财政借给下级财政数以及体制结算中应由下级财政上解的收入数,贷方登记本级财政借款收回数或转作补助支出数以及年终体制结算应对下级财政的补助支出数,本账户借方余额反映下级财政欠本级财政的款项;本账户贷方余额,反映本级财政欠下级财政的款项。本账户应及时清理结算,对转作补助支出的部分,应在当年结清,其他年终未能结清的余额,结转下年。本账户属于往来性质的账户,如发生贷方余额,在编制"资产负债表"时应以负数反映。本账户应按资金性质和下级财政部门名称设置明细账。各级财政机关,借给下级财政款时,借记"与下级往来"账户,贷记"国库存款"账户。体制结算中应由下级财政上解的收入数,借记"与下级往来"账户,贷记"上解收入"账户;借款收回、转作补助支出或体制结算应补助下级财政数时,借记"国库存款""补助支出"等有关账户,贷记"与下级往来"账户。"与上级往来"账户将在第五章的第二节中介绍。

【例4-23】某市财政总预算会计同意某县财政局申请,借给临时周转金150 000元。财政总预算应编制如下会计分录:

借:与下级往来　　　　　　　　　　　　　　　　　　　　　　　150 000
　　贷:国库存款——一般公共预算存款　　　　　　　　　　　　　　150 000

【例4-24】经审批,某市财政总预算会计将借给所属县的往来款项100 000元转作对该县的补助。财政总预算应编制如下会计分录:

借:补助支出　　　　　　　　　　　　　　　　　　　　　　　　100 000
　　贷:与下级往来　　　　　　　　　　　　　　　　　　　　　　　100 000

【例4-25】财政总预算会计收回某县向市财政局借款50 000元。财政总预算应编制如下会计分录：

借：国库存款——一般公共预算存款　　　　　　　　　　　50 000

　　贷：与下级往来　　　　　　　　　　　　　　　　　　50 000

五、其他应收款的核算

其他应收款是指政府财政临时发生的其他应收、暂付、垫付款项。项目单位拖欠外国政府和国际金融组织贷款本息和相关费用导致相关政府财政履行担保责任，代偿的贷款本息费，也属于其他应收款核算的范畴。

为了核算其他应收款业务，财政总预算会计应设置"其他应收款"总账科目，本科目借方登记增加数，贷方登记减少数，本科目应及时清理结算。年终，本科目原则上应无余额。本科目应当按照资金性质、债务单位进行明细核算。

其他应收款的主要账务处理如下：

（1）发生其他应收款项时，借记本科目，贷记"国库存款""其他财政存款"等科目。

（2）收回或转作预算支出时，借记"国库存款""其他财政存款"或有关支出科目，贷记本科目。

（3）政府财政对使用外国政府和国际金融组织贷款资金的项目单位履行担保责任，代偿贷款本息费时，借记本科目，贷记"国库存款""其他财政存款"等科目。政府财政行使追索权，收回项目单位贷款本息费时，借记"国库存款""其他财政存款"等科目，贷记本科目。政府财政最终未收回项目单位贷款本息费，经核准列支时，借记"一般公共预算本级支出"等科目，贷记本科目。

【例4-26】某省财政代所属某市财政发行一批地方政府债券。该批地方政府债券由该市财政负责偿付本息，但由省财政负责统一办理。即偿付债券的资金由市财政负责提供，省财政负责向债券投资者支付。该批市政府债券到达支付利息的时间，但市财政尚未向省财政提供支付利息的资金。省财政通过垫付资金的方式，向市财政债券投资者支付到期利息42 000元。2个月后，该市财政向省财政偿还了垫付的市政府债券利息42 000元。省财政总预算会计应编制如下会计分录：

（1）为所属市财政垫付市政府债券到期利息时：

借：其他应收款　　　　　　　　　　　　　　　　　　　42 000

　　贷：国库存款——一般公共预算存款　　　　　　　　　42 000

（2）收到所属市财政偿还的市政府债券利息时：

借：国库存款——一般公共预算存款　　　　　　　　　　42 000

　　贷：其他应收款　　　　　　　　　　　　　　　　　　42 000

六、应收转贷款的核算

应收转贷款是指政府财政将借入的资金转贷给下级政府财政的款项，包括应收地方政府债券转贷款、应收主权外债转贷款等。

（一）应收地方政府债券转贷款

应收地方政府债券转贷款是指本级政府财政转贷给下级政府财政的地方政府债券资金的本金及利息。

为了核算应收地方政府债券转贷款业务，财政总预算会计应设置"应收地方政府债券转贷款"总账科目。本科目借方登记增加数,贷方登记减少数,期末借方余额反映政府财政应属未收的地方政府债券转贷款本金和利息。本科目下应当设置"应收地方政府一般债券转贷款"和"应收地方政府专项债券转贷款"明细科目,其下分别设置"应收本金"和"应收利息"两个明细科目,并按照转贷对象进行明细核算。

应收地方政府债券转贷款的主要账务处理如下:

(1)向下级政府财政转贷地方政府债券资金时,按照转贷的金额,借记"债务转贷支出"科目,贷记"国库存款"科目;根据债务管理部门转来的相关资料,按照到期应收回的转贷本金金额,借记本科目,贷记"资产基金——应收地方政府债券转贷款"科目。

(2)期末确认地方政府债券转贷款的应收利息时,根据债务管理部门计算出的转贷款本期应收未收利息金额,借记本科目,贷记"资产基金——应收地方政府债券转贷款"科目。

(3)收回下级政府财政偿还的转贷款本息时,按照收回的金额,借记"国库存款"等科目,贷记"其他应付款"或"其他应收款"科目;根据债务管理部门转来的相关资料,按照收回的转贷款本金及已确认的应收利息金额,借记"资产基金——应收地方政府债券转贷款"科目,贷记本科目。

(4)扣缴下级政府财政的转贷款本息时,按照扣缴的金额,借记"与下级往来"科目,贷记"其他应付款"或"其他应收款"科目;根据债务管理部门转来的相关资料,按照扣缴的转贷款本金及已确认的应收利息金额,借记"资产基金——应收地方政府债券转贷款"科目,贷记本科目。

【例 4 - 27】某省财政发行一批地方政府债券。同时,向所属下级某市财政转贷 500 000 元,用以支持该市财政的一项公共设施建设。该转贷款项每年利息费用 6 000 元,转贷期限为 3 年,每年支付一次利息。省财政总预算会计应编制如下会计分录:

(1)向下级市政府财政转贷省政府债券款项时:

借:债务转贷支出　　　　　　　　　　　　　　　　　　　　　500 000
　　贷:国库存款——一般公共预算存款　　　　　　　　　　　　　　500 000
同时:
借:应收地方政府债券转贷款　　　　　　　　　　　　　　　　　500 000
　　贷:资产基金——应收地方政府债券转贷款　　　　　　　　　　　500 000

(2)每年确认省政府债券转贷款的应收利息时:

借:应收地方政府债券转贷款　　　　　　　　　　　　　　　　　　6 000
　　贷:资产基金——应收地方政府债券转贷款　　　　　　　　　　　　6 000

(3)按时收到下级市政府财政支付的省政府债券转贷款利息时:

借:国库存款——一般公共预算存款　　　　　　　　　　　　　　　6 000
　　贷:其他应付款　　　　　　　　　　　　　　　　　　　　　　　6 000
同时:
借:资产基金——应收地方政府债券转贷款　　　　　　　　　　　　6 000
　　贷:应收地方政府债券转贷款　　　　　　　　　　　　　　　　　6 000

(4)按时收回下级市政府财政偿还的省政府债券转贷款本金时:

借:国库存款——一般公共预算存款　　　　　　　　　　　　　　500 000
　　贷:其他应付款　　　　　　　　　　　　　　　　　　　　　　500 000

同时：

借：资产基金——应收地方政府债券转贷款 500 000

　　贷：应收地方政府债券转贷款 500 000

（二）应收主权外债转贷款

应收主权外债转贷款是指本级政府财政转贷给下级政府财政的外国政府和国际金融组织贷款等主权外债资金的本金及利息。

为了核算应收主权外债转贷款业务，财政总预算会计应设置"应收主权外债转贷款"总账科目。本科目借方登记增加数，贷方登记减少数，期末借方余额反映政府财政应属未收的主权外债转贷款本金和利息。本科目下应当设置"应收本金"和"应收利息"两个明细科目，并按照转贷对象进行明细核算。

应收主权外债转贷款的主要账务处理如下：

（1）本级政府财政向下级政府财政转贷主权外债资金，且主权外债最终还款责任由下级政府财政承担的，相关账务处理如下：

首先，本级政府财政支付转贷资金时，根据转贷资金支付相关资料，借记"债务转贷支出"科目，贷记"其他财政存款"科目；根据债务管理部门转来的相关资料，按照实际持有的债权金额，借记本科目，贷记"资产基金——应收主权外债转贷款"科目。

其次，外方将贷款资金直接支付给用款单位或供应商时，本级政府财政根据转贷资金支付相关资料，借记"债务转贷支出"科目，贷记"债务收入"或"债务转贷收入"科目；根据债务管理部门转来的相关资料，按照实际持有的债权金额，借记本科目，贷记"资产基金——应收主权外债转贷款"科目；同时，借记"待偿债净资产"科目，贷记"借入款项"或"应付主权外债转贷款"科目。

（2）期末确认主权外债转贷款的应收利息时，根据债务管理部门计算出转贷款的本期应收未收利息金额，借记本科目，贷记"资产基金——应收主权外债转贷款"科目。

（3）收回转贷给下级政府财政主权外债的本息时，按照收回的金额，借记"其他财政存款"科目，贷记"其他应付款"或"其他应收款"科目；根据债务管理部门转来的相关资料，按照实际收回的转贷款本金及已确认的应收利息金额，借记"资产基金——应收主权外债转贷款"科目，贷记本科目。

（4）扣缴下级政府财政的转贷款本息时，按照扣缴的金额，借记"与下级往来"科目，贷记"其他应付款"或"其他应收款"科目；根据债务管理部门转来的相关资料，按照扣缴的转贷款本金及已确认的应收利息金额，借记"资产基金——应收主权外债转贷款"科目，贷记本科目。本科目期末借方余额反映政府财政应收未收的主权外债转贷款本金和利息。本科目下应当设置"应收本金"和"应收利息"两个明细科目，并按照转贷对象进行明细核算。

【例 4－28】 某省政府向某国际金融组织贷款 650 000 元，用于该省范围内的公共基础设施建设。该省政府将相应贷款的一部分资金计 280 000 元转贷给所属某市政府，用以具体落实在该市范围内的相应建设项目。根据约定，相应贷款的期限为 5 年，每年的贷款利息为3 080 元，该市政府应按期向省政府偿付贷款利息。省政府总预算会计应编制如下会计分录：

（1）向下级市政府财政转贷省政府主权外债资金时：

借：债务转贷支出 280 000

　　贷：其他财政存款 280 000

同时：

借：应收主权外债转贷款	280 000
贷：资产基金——应收主权外债转贷款	280 000

(2)每年确认省政府主权外债转贷款的应收利息时：

借：应收主权外债转贷款	3 080
贷：资产基金——应收主权外债转贷款	3 080

(3)按时收到下级市政府财政支付的省政府主权外债转贷款利息时：

借：其他财政存款	3 080
贷：其他应付款	3 080

同时：

借：资产基金——应收主权外债转贷款	3 080
贷：应收主权外债转贷款	3 080

(4)省政府主权外债转贷款到期，所属市政府财政未按时偿还贷款本金，省政府财政予以扣缴时：

借：与下级往来	280 000
贷：其他应付款	280 000

同时：

借：资产基金——应收主权外债转贷款	280 000
贷：应收主权外债转贷款	280 000

七、预拨经费的核算

各级财政总预算会计为了核算预拨经费的增减情况，应在资产类科目中设置"预拨经费"账户。"预拨经费"账户，用来核算财政部门预拨给行政事业单位，尚未列作本期总预算支出的经费。凡拨出经费属于本期支出的，应直接通过有关支出账户核算。该账户借方登记财政拨款数，贷方登记各单位财政缴回数。借方余额反映尚未转列支出或尚待收回的预拨经费数，本账户应按拨款单位名称设明细账。财政部门预拨经费时，借记"预拨经费"账户，贷记"国库存款""其他财政存款"账户；转列支出或收到用款单位缴回数时，借记"一般公共预算本级支出""国库存款""其他财政存款"等账户，贷记"预拨经费"账户。

【例4-29】财政总预算会计预拨市直属单位经费600 000元。应编制如下会计分录：

借：预拨经费	600 000
贷：国库存款——一般公共预算存款	600 000

【例4-30】财政总预算会计将预拨给市直属单位的经费560 000元转为一般公共预算本级支出，收回余款40 000元。应编制如下会计分录：

借：一般公共预算本级支出	560 000
国库存款——一般公共预算存款	40 000
贷：预拨经费	600 000

八、在途款的核算

为了在年终决算中全面反映各级财政部门的实际收入总额，解决上下年度间的库款结算问题,各级总会计应在资产类科目中设置"在途款"账户。"在途款"账户核算决算清理期和库款报解整理期内发生的上下年度收入、支出业务及需要通过本账户过渡处理的资金数。决算清理期内收到属于上年度收入时,借记本账户,贷记"一般公共预算本级收入""补助收入""上解收入"等收入账户;收回已拨用款单位的拨款或已列支出时,借记本账户,贷记"预拨经费"或"一般公共预算本级支出"等账户;冲转在途款时,借记"国库存款"账户,贷记本账户。

【例4-31】某市在库款报解整理期内收到属于上一年度的一般公共预算本级收入60 000元。财政总预算会计应编制如下会计分录:

(1)在上年度账上:

借:在途款   60 000

  贷:一般公共预算本级收入   60 000

(2)在新年度账上:

借:国库存款   60 000

  贷:在途款   60 000

【例4-32】某市在库款报解整理期内收到属于上一年度已列支的一般公共预算本级支出15 200元。财政总预算会计应编制如下会计分录:

(1)在上年度账上:

借:在途款   15 200

  贷:一般公共预算本级支出   15 200

(2)在新年度账上:

借:国库存款   15 200

  贷:在途款   15 200

九、股权投资的核算

股权投资是指政府持有的各类股权投资资产,包括国际金融组织股权投资、投资基金股权投资、企业股权投资等。

为核算政府持有的各类股权投资业务,财政总预算会计应设置"股权投资"科目。本科目应当按照"国际金融组织股权投资""投资基金股权投资""企业股权投资"设置一级明细科目,在一级明细科目下,可根据管理需要,按照被投资主体进行明细核算。对每一被投资主体还可按"投资成本""收益转增投资""损益调整""其他权益变动"进行明细核算。本科目借方余额反映政府持有的各种股权投资金额。

股权投资一般采用权益法进行核算。其主要账务处理如下所述。

(一)国际金融组织股权投资

(1)政府财政代表政府认缴国际金融组织股本时,按照实际支付的金额,借记"一般公共预算本级支出"等科目,贷记"国库存款"科目;根据股权投资确认相关资料,按照确定的股权投资成本,借记本科目,贷记"资产基金——股权投资"科目。

(2)从国际金融组织撤出股本时,按照收回的金额,借记"国库存款"科目,贷记"一般公共预算本级支出"科目;根据股权投资清算相关资料,按照实际撤出的股本,借记"资产基金——股权投资"科目,贷记本科目。

(二)投资基金股权投资

(1)政府财政对投资基金进行股权投资时,按照实际支付的金额,借记"一般公共预算本级支出"等科目,贷记"国库存款"等科目;根据股权投资确认相关资料,按照实际支付的金额,借记本科目(投资成本),按照确定的在被投资基金中占有的权益金额与实际支付金额的差额,借记或贷记本科目(其他权益变动),按照确定的在被投资基金中占有的权益金额,贷记"资产基金——股权投资"科目。

(2)年末,根据政府财政在被投资基金当期净利润或净亏损中占有的份额,借记或贷记本科目(损益调整),贷记或借记"资产基金——股权投资"科目。

(3)政府财政将归属财政的收益留作基金滚动使用时,借记本科目(收益转增投资),贷记本科目(损益调整)。

(4)被投资基金宣告发放现金股利或利润时,按照应上缴政府财政的部分,借记"应收股利"科目,贷记"资产基金——应收股利"科目;同时按照相同的金额,借记"资产基金——股权投资"科目,贷记本科目(损益调整)。

(5)被投资基金发生除净损益以外的其他权益变动时,按照政府财政持股比例计算应享有的部分,借记或贷记本科目(其他权益变动),贷记或借记"资产基金——股权投资"科目。

(6)投资基金存续期满、清算或政府财政从投资基金退出需收回出资时,政府财政按照实际收回的资金,借记"国库存款"等科目,按照收回的原实际出资部分,贷记"一般公共预算本级支出"等科目,按照超出原实际出资的部分,贷记"一般公共预算本级收入"等科目;根据股权投资清算相关资料,按照因收回股权投资而减少在被投资基金中占有的权益金额,借记"资产基金——股权投资"科目,贷记本科目。

(三)企业股权投资

企业股权投资的账务处理,根据管理条件和管理需要,参照投资基金股权投资的账务处理。

【例4-33】某市政府为支持国有企业战略性重组和产业结构调整,推动国有资本投向重点行业和关键领域,根据经批准的预算,使用国有资本经营预算资金向某国有企业拨付款项366 000元,作为对该国有企业注入的资本金。市财政总预算会计应编制如下会计分录:

借:国有资本经营预算本级支出 366 000
　　贷:国库存款——国有资本经营预算存款 366 000
同时:
借:股权投资——投资成本 366 000
　　贷:资产基金——股权投资 366 000

十、应收股利的核算

应收股利是指政府因持有股权投资应当收取的现金股利或利润。

为了核算政府因持有股权投资应当收取的现金股利或利润,财政总预算会计应设置"应收股利"科目。持有股权投资期间被投资主体宣告发放现金股利或利润的,按应上缴政府财政的部分,借记本科目,贷记"资产基金——应收股利"科目;按照相同的金额,借记"资产基金——股权投资"科目,贷记"股权投资——损益调整"科目。实际收到现金股利或利润,借记"国库存款"等科目,贷记有关收入科目;按照相同的金额,借记"资产基金——应收股利"科目,贷记本科目。本科目期末借方余额反映政府尚未收回的现金股利或利润,本科目应当按照被投资主体进行明细核算。

【例 4-34】某市政府持有 A 企业的股权。A 企业宣告发放现金股利 100 000 元,该市政府财政按持股比例应分得其中的 80 000 元。1 个月后,A 企业支付宣告的现金股利 100 000 元,市政府财政同时收到相应的股利数额 80 000 元。根据相关规定,该部分现金股利纳入该市政府财政的国有资本经营预算。财政总预算应编制如下会计分录:

(1)A 企业宣告现金股利时:

借:应收股利 80 000
　贷:资产基金——应收股利 80 000

同时:

借:资产基金——股权投资 80 000
　贷:股权投资——损益调整 80 000

(2)市财政收到现金股利时:

借:国库存款 80 000
　贷:国有资本经营预算本级收入 80 000

同时:

借:资产基金——应收股利 80 000
　贷:应收股利 80 000

十一、待发国债的核算

待发国债是指为弥补中央财政预算收支差额,中央财政预计发行国债与实际发行国债之间的差额。

为核算待发国债业务,财政总预算会计应设置"待发国债"科目。年度终了,实际发行国债收入用于债务还本支出后,小于为弥补中央财政预算收支差额中央财政预计发行国债时,按两者的差额,借记本科目,贷记相关科目;实际发行国债收入用于债务还本支出后,大于为弥补中央财政预算收支差额中央财政预计发行国债时,按两者的差额,借记相关科目,贷记本科目。本科目期末借方余额反映中央财政尚未使用的国债发行额度。

【例 4-35】年度终了,经计算,中央财政实际发行国债收入用于债务还本支出后,小于为弥补中央财政预算收支差额中央财政预计发行国债的数额,两者的差额为 53 000 元。中央财政总预算会计应编制如下会计分录:

借:待发国债 53 000
　贷:应付长期政府债券 53 000

关键术语

财政性存款　财政零余额账户存款　有价证券　借出款项　与下级往来　其他应收款
应收地方政府债券转贷款　应收主权外债转贷款　在途款　预拨经费　股权投资　应收股利
待发国债

复习思考题

1.什么是财政总预算会计的资产？包括哪些内容？

2.什么是国库单一账户制度？实行国库单一账户体系由哪些账户组成？各账户的用途分别是什么？

3.什么是财政性存款？其管理的原则是什么？主要包括哪些内容？如何核算？

4.财政国库资金的拨付方式共有哪几种？其中,哪两种是属于国库单一账户制度下的资金拨付方式？

5.什么是有价证券？其管理和核算时应遵循哪些原则？

6.什么是暂付及应收款项？应当如何核算？

7.什么是借出款项？应当如何核算？

8.什么是在途款的业务？应当如何核算？

9.什么是预拨经费？其管理的基本原则是什么？

10.什么是应收转贷款的业务？应当如何核算？

11.什么是股权投资的业务？应当如何核算？

12.什么是待发国债业务？应当如何核算？

练习题

练习一

1.目的:练习国库存款的核算。

2.要求:根据下列资料编制有关会计分录。

3.资料:某财政部门 2017 年发生的部分经济业务如下:

(1)收到国库报来的一般预算收入日报表,当日收到预算收入共计 123 400 元。其中,一般公共预算本级收入 112 000 元,政府性基金预算本级收入 11 400 元。

(2)财政总预算会计收到财政国库支付执行机构报来的预算支出结算清单,财政国库支付执行机构以财政直接支付的方式支付有关预算单位的款项共计 43 000 元,其中:属于一般公共预算本级支出的款项共计 29 000 元,属于政府性基金预算支出的款项共计 7 900 元,属于国有资本经营预算支出的款项共计 6 100 元。

(3)财政总预算会计收到财政国库支付执行机构报来的预算支出结算清单,有关预算单位采用财政授权支付的方式支付属于公共财政预算支出的款项 3 000 元。

(4)财政总预算会计按照财政体制向上级省财政上解一般公共预算本级收入 853 000 元。

(5)财政总预算会计按照财政体制向所属下级某县财政作一般公共预算补助 660 000 元。

(6)财政总预算会计通过财政国库账户向所属下级财政转贷债务收入 25 000 元。

(7)通过财政国库向中央财政上缴由本级政府承担的地方政府债券还本资金共计 20 000 元。

练习二

1.目的:练习其他财政存款的核算。

2.要求:根据下列资料编制有关会计分录。

3.资料:某财政部门 2017 年发生的部分经济业务如下:

（1）收到上级财政拨入的专用基金 523 000 元,款项按规定存入某专业银行的专用基金存款账户。

（2）根据上级财政的要求,使用收到的专用基金存款 523 000 元。

（3）根据中央专项资金特设账户代理银行转来的收款凭证,收到农村义务教育中央专项资金 500 000 元。

（4）办理农村义务教育中央专项资金财政直接支付业务,支付金额 600 000 元。

练习三

1.目的:练习有价证券业务核算。

2.要求:根据下列资料编制有关会计分录。

3.资料:某市财政局 2017 年发生的经济业务如下:

（1）用一般公共预算结余 150 000 元购入国债。

（2）转让原一般公共预算结余购入国债 50 000 元,转让价 52 000 元。

（3）兑付原一般公共预算结余购入国债 100 000 元,利息 12 000 元。

（4）用政府性基金预算结余购买有价证券 35 000 元。

（5）收到用政府性基金预算结余购入的有价证券的利息 8 000 元。

练习四

1.目的:练习借出款项的核算。

2.根据下列资料编制有关会计分录。

3.资料:某市财政局 2017 年发生的经济业务如下:

（1）因所属某预算单位特殊情况急需资金,临时借给该预算单位一般公共预算款项 15 000 元。

（2）经研究,对借给的某预算单位的 15 000 元款项落实预算,转作一般公共预算本级支出。

练习五

1.目的:练习与下级往来的核算。

2.根据下列资料编制有关会计分录。

3.资料:某市财政局 2017 年发生的经济业务如下:

（1）借给下级甲财政局临时急用预算款 200 000 元。

（2）在财政体制结算中,某县财政应上缴款项 188 000 元。

（3）在财政体制结算中,应补助所属某财政款项 76 000 元。

（4）为满足所属某县财政厅资金周转调度的需要,以一般公共预算存款借给其款项 35 000 元。

练习六

1.目的:练习在途款和预拨经费的核算。

2.根据下列资料编制有关会计分录。

3.资料:某市财政局 2017 年发生的经济业务如下:

（1）在库款报解整理期内收到属于上一年度的一般公共预算收入 120 000 元。

（2）在决算清理期间内收到上年度已列支的政府性基金预算支出 85 000 元。

（3）预拨行政机关下年经费 54 000 元。

第五章　总预算会计负债和净资产的核算

财政总预算会计的负债是指政府财政承担的能以货币计量、需以资产偿付的债务。具体包括应付国库集中支付结余、暂收及应付款项、借入款项、应付政府债券、应付转贷款、应付代管资金与其他负债等。财政总预算会计的净资产是指政府财政资产减去负债的差额，主要包括一般公共预算结转结余、政府性基金预算结转结余、国有资本经营预算结转结余、财政专户管理资金结余、专用基金结余、预算稳定调节基金、预算周转金、资产基金和待偿债净资产。本章在介绍财政总预算会计负债和净资产含义的基础上，着重介绍了财政总预算会计负债和净资产的内容及核算方法。通过本章学习，应该掌握财政总预算会计负债和净资产的内容、管理原则以及各项负债与净资产的账务处理要求和核算方法。

第一节　负债的管理

一、负债的概念与内容

（一）负债的概念

财政总预算会计的负债是指政府财政承担的能以货币计量、需以资产偿付的债务。

（二）负债的内容

财政总预算会计的负债具体包括应付国库集中支付结余、暂收及应付款项、借入款项、应付政府债券、应付转贷款、应付代管资金与其他负债等。负债按照流动性，分为流动负债和非流动负债。流动负债是指预计在 1 年内（含 1 年）偿还的负债；非流动负债是指流动负债以外的负债。

1. 应付国库集中支付结余

应付国库集中支付结余是指国库集中支付中，按照财政部门批复的部门预算，当年未支而需结转下一年度支付的款项采用权责发生制列支后形成的债务。

财政总预算会计实行收付实现制。但对于年终预算结转和结余资金，应当按照规定采用权责发生制处理。在财政国库集中支付制度下，预算单位在年终尚未使用的财政预算资金留存在财政总预算会计账上，这部分财政预算资金形成预算单位的年终结转和结余资金。由于预算单位年终预算结转和结余资金原则上仍然归预算单位使用，财政总预算会计为不虚增当年度财政结转和结余数额，年终对这部分资金数额应当按规定采用权责发生制，确认预算支出，减少预算结转和结余。由于年终财政总预算会计并未实际从国库拨付这部分财政资金，因此，将相应的数额作为应付国库集中支付结余予以记录。财政总预算会计在平时不对预算单位的财政预算资金结转和结余数额做账务处理,年终一次核定。

2.暂收及应付款项

暂收及应付款项,是在预算执行期间,上下级财政或财政与其他部门结算中形成的债务,包括与上级往来和其他应付款等。与上级往来是指上下级财政之间由于财政资金的周转调度以及预算补助、上解结算等事项而形成的债务。如本级财政因资金调度困难而向上级财政借款周转和归还借款;在财政体制年终结算中发生本级财政应上解款或上级财政应补助款等。其他应付款是指政府财政临时发生的暂收、应付和收到的不明性质款项。税务机关代征入库的社会保险费、项目单位使用并承担还款责任的外国政府和国际金融组织贷款,也属于其他应付款的内容。

3.借入款项

借入款是指按法定程序和核定预算举借的债务,是指中央财政按全国人民代表大会批准的数额举借的国内和国外债务,以及地方财政根据国家法律或国务院特别规定举借的债务。其主要包括政府借款收入、向国际组织借款收入、其他国外借款收入、发行国库券收入等。

4.应付政府债券

应付政府债券是指政府财政采用发行政府债券方式筹集资金而形成的负债,包括应付短期政府债券和应付长期政府债券。应付短期政府债券是指政府财政部门以政府名义发行的期限不超过 1 年(含 1 年)的国债和地方政府债券。应付长期政府债券是指政府财政部门以政府名义发行的期限超过 1 年的国债和地方政府债券。

5.应付转贷款

应付转贷款是指地方政府财政向上级政府财政借入转贷资金而形成的负债,包括应付地方政府债券转贷款和应付主权外债转贷款等。应付地方政府债券转贷款是指地方政府财政从上级政府财政借入的地方政府债券转贷款。应付主权外债转贷款是指本级政府从上级政府财政借入的主权外债转贷款。

6.应付代管资金

应付代管资金是指政府财政代为管理的、使用权属于被代管主体的资金。

7.其他负债

其他负债是指政府财政因有关政策明确要求其承担支出责任的事项而形成的应付未付款项。

二、负债管理的要求

(1)财政总预算会计的各种负债应按实际发生额和偿还数额记账。

(2)财政总预算会计的各种负债应及时清算。属于应付暂收款及性质不明的款项应及时清理转账。

第二节　负债的核算

一、应付国库集中支付结余的核算

为了核算政府财政采用权责发生制列支、预算单位尚未使用的国库集中支付结余资金,财政总预算会计应设置"应付国库集中支付结余"科目。本科目应当根据管理需要,按照政府收支分类科目等进行相应明细核算。本科目期末贷方余额反映政府财政尚未支付的国库集中支付结余。

应付国库集中支付结余的主要账务处理如下:

(1)年末,对当年形成的国库集中支付结余采用权责发生制列支时,借记"一般公共预算本年支出"等科目,贷记"应付国库集中支付结余"科目。

(2)以后年度实际支付国库集中支付结余资金时,分以下情况处理:

一是按原结转预算科目支出的,借记"应付国库集中支付结余"科目,贷记"国库存款"科目。

二是调整支出预算科目的,应当按原结转预算科目作冲销处理,借记"应付国库集中支付结余"科目,贷记"一般公共预算本年支出"等科目。同时,按实际支出预算科目作列支账务处理,借记"一般公共预算本年支出"等科目,贷记"国库存款"科目。

【例5-1】某市财政总预算会计发生如下业务:

(1)年终核定当年确实无法实现拨款、按规定应留归预算单位在下一年度继续使用的本年终预算结转和结余资金共计80 000元。其会计分录为:

借:一般公共预算本年支出　　　　　　　　　　　　　　　　　　80 000

　　贷:应付国库集中支付结余　　　　　　　　　　　　　　　　　　80 000

(2)下一年按原结转预算科目支出资金时,其会计分录为:

借:应付国库集中支付结余　　　　　　　　　　　　　　　　　　80 000

　　贷:国库存款　　　　　　　　　　　　　　　　　　　　　　　　80 000

预算单位在次年使用上年结转和结余资金时,财政总预算会计尽管拨付财政预算资金,但不确认预算支出,而是冲减上年年终记录的应付国库集中支付结余的数额。

二、暂收及应付款项的核算

(一)与上级往来

为核算与上级往来业务,财政总预算会计应设置"与上级往来"科目。本科目核算本级财政与上级政府财政的往来待结算款项。本科目应当按照往来款项的类别和项目等进行明细核算。本科目期末贷方余额反映本级政府财政欠上级政府财政的款项,借方余额反映上级政府财政欠本级政府财政的款项。本科目应及时清理结算,年终未能结清的余额,结转下年。本科目是往来性质的科目,如有借方余额,在编制"资产负债表"时,应以负数反映。

与上级往来的主要账务处理如下:

(1)本级政府财政从上级政府财政借入款或体制结算中发生应上缴上级政府财政款项时,借记"国库存款""上解支出"等科目,贷记"与上级往来"科目。

(2)本级政府财政归还借款、转作上级补助收入或体制结算中应由上级补给款项时,借记"与上级往来"科目,贷记"国库存款""补助收入"等科目。

【例5-2】某市财政总预算会计发生如下与上级往来业务:

(1)在财政体制结算中,应上缴省财政一般公共预算款项1 200 000元。其会计分录为:

借:上解支出　　　　　　　　　　　　　　　　　　　　　　　1 200 000

　　贷:与上级往来　　　　　　　　　　　　　　　　　　　　　　1 200 000

(2)在财政体制结算中,省财政应对本市财政提供一般公共预算补助 600 000 元。其会计分录为:

借:与上级往来   600 000

 贷:补助收入   600 000

(二)其他应付款

为核算其他应付款业务,财政总预算会计应设置"其他应付款"科目。本科目核算政府财政临时发生的暂收、应付和收到的不明性质款项。税务机关代征入库的社会保险费、项目单位使用并承担还款责任的外国政府和国际金融组织贷款,也通过本科目核算。本科目应当按照债权单位或资金来源等进行明细核算。本科目期末贷方余额反映政府财政尚未结清的其他应付款项。

其他应付款的主要账务处理如下:

(1)收到暂存款项时,借记"国库存款""其他财政存款"等科目,贷记"其他应付款"科目。

(2)将暂存款项清理退还或转作收入时,借记"其他应付款"科目,贷记"国库存款""其他财政存款"或有关收入科目。

(3)社会保险费代征入库时,借记"国库存款"科目,贷记"其他应付款"科目。社会保险费国库缴存社保基金财政专户时,借记"其他应付款"科目,贷记"国库存款"科目。

(4)收到项目单位承担还款责任的外国政府和国际金融组织贷款资金时,借记"其他财政存款"科目,贷记"其他应付款"科目;付给项目单位时,借记"其他应付款"科目,贷记"其他财政存款"科目。收到项目单位偿还贷款资金时,借记"其他财政存款"科目,贷记"其他应付款"科目;付给外国政府和国际金融组织项目单位还款资金时,借记"其他应付款"科目,贷记"其他财政存款"科目。

【例 5-3】某市财政国库存款账户收到某单位性质不明的缴款 8 400 元。该市财政经查明,该单位性质不明的缴款 8 400 元属于误入,予以退回。其会计分录为:

(1)收到某单位性质不明的缴款时:

借:国库存款   8 400

 贷:其他应付款   8 400

(2)退回误入款项时:

借:其他应付款   8 400

 贷:国库存款   8 400

【例 5-4】某省财政收到所属某市财政缴来的转贷省政府债券按年付息资金 18 000 元,准备按规定向省政府债券投资者支付。省财政在上年末对该批转贷债券确认了应收利息 6 000 元。当年收到利息后,省财政按时通过相关代办付息机构向省政府债券投资者支付了一年的债券利息 18 000 元。其会计分录为:

(1)收到所属某市财政缴来的转贷省政府债券按年付息资金时:

借:国库存款   18 000

 贷:其他应付款   18 000

同时:

借:资产基金——应收地方政府债券转贷款   6 000

 贷:应收地方政府债券转贷款   6 000

（2）通过相关代办机构向省政府债券投资者支付一年的债券利息时：

借：其他应付款　　　　　　　　　　　　　　　　　　　　　　　18 000

　　贷：国库存款　　　　　　　　　　　　　　　　　　　　　　　　　18 000

三、借入款项的核算

为了核算借入款项，财政总预算会计应在负债类科目中设置"借入款项"科目。本科目核算政府财政部门以政府名义向外国政府和国际金融组织等借入的款项，以及经国务院批准的其他方式借入的款项。为了全面反映政府会计的预算执行情况和财务状况，本科目业务需要采用"双分录"来核算。一方面反映政府会计预算收支执行情况，另一方面反映政府会计主体的财务状况，在核算过程中除了涉及债务收支相关科目外，还应该设置"借入款项"和"待偿债净资产——借入款项"科目。在"借入款项"科目下还应当设置"应付本金""应付利息"明细科目，分别对借入款项的应付本金和利息进行明细核算，还应当按照债权人进行明细核算。债务管理部门应当设置相应的辅助账，详细记录每笔借入款项的期限、借入日期、偿还及付息情况等。本科目期末贷方余额反映本级政府财政尚未偿还的借入款项本金和利息。

借入款项的主要账务处理如下：

（一）借入主权外债的账务处理

（1）本级政府财政收到借入的主权外债资金时，借记"其他财政存款"科目，贷记"债务收入"科目；根据债务管理部门转来的相关资料，按照实际承担的债务金额，借记"待偿债净资产——借入款项"科目，贷记本科目。

（2）本级政府财政借入主权外债，且由外方将贷款资金直接支付给用款单位或供应商时，应根据以下情况分别处理：

①本级政府财政承担还款责任，贷款资金由本级政府财政同级部门（单位）使用的，本级政府财政部门根据贷款资金支付相关资料，借记"一般公共预算本级支出"等科目，贷记"债务收入"科目；根据债务管理部门转来的相关资料，按照实际承担的债务金额，借记"待偿债净资产——借入款项"科目，贷记本科目。

②本级政府财政承担还款责任，贷款资金由下级政府财政同级部门（单位）使用的，本级政府财政部门根据贷款资金支付相关资料及预算指标文件，借记"补助支出"科目，贷记"债务收入"科目；根据债务管理部门转来的相关资料，按照实际承担的债务金额，借记"待偿债净资产——借入款项"科目，贷记本科目。

③下级政府财政承担还款责任，贷款资金由下级政府财政同级部门（单位）使用的，本级政府财政部门根据贷款资金支付相关资料，借记"债务转贷支出"科目，贷记"债务收入"科目；根据债务管理部门转来的相关资料，按照实际承担的债务金额，借记"待偿债净资产——借入款项"科目，贷记本科目；同时，借记"应收主权外债转贷款"科目，贷记"资产基金——应收主权外债转贷款"科目。

（3）期末确认借入主权外债的应付利息时，根据债务管理部门计算出的本期应付未付利息金额，借记"待偿债净资产——借入款项"科目，贷记本科目。

（4）偿还本级政府财政承担的借入主权外债本金时，借记"债务还本支出"科目，贷记"国库存款""其他财政存款"等科目；根据债务管理部门转来的相关资料，按照实际偿还的本金金额，借记本科目，贷记"待偿债净资产——借入款项"科目。

(5)偿还本级政府财政承担的借入主权外债利息时,借记"一般公共预算本级支出"等科目,贷记"国库存款""其他财政存款"等科目;实际偿还利息金额中属于已确认的应付利息部分,还应根据债务管理部门转来的相关资料,借记本科目,贷记"待偿债净资产——借入款项"科目。

(6)偿还下级政府财政承担的借入主权外债的本息时,借记"其他应付款"或"其他应收款"科目,贷记"国库存款""其他财政存款"等科目;根据债务管理部门转来的相关资料,按照实际偿还的本金及已确认的应付利息金额,借记本科目,贷记"待偿债净资产——借入款项"科目。

(7)被上级政府财政扣缴借入主权外债的本息时,借记"其他应收款"科目,贷记"与上级往来"科目;根据债务管理部门转来的相关资料,按照实际扣缴的本金及已确认的应付利息金额,借记本科目,贷记"待偿债净资产——借入款项"科目。列报支出时,对应由本级政府财政承担的还本支出,借记"债务还本支出"科目,贷记"其他应收款"科目;对应由本级政府财政承担的利息支出,借记"一般公共预算本级支出"等科目,贷记"其他应收款"科目。

(8)债权人豁免本级政府财政承担偿还责任的借入主权外债本息时,根据债务管理部门转来的相关资料,按照被豁免的本金及已确认的应付利息金额,借记本科目,贷记"待偿债净资产——借入款项"科目。

债权人豁免下级政府财政承担偿还责任的借入主权外债本息时,根据债务管理部门转来的相关资料,按照被豁免的本金及已确认的应付利息金额,借记本科目,贷记"待偿债净资产——借入款项"科目;同时,借记"资产基金——应收主权外债转贷款"科目,贷记"应收主权外债转贷款"科目。

(二)其他借入款项的账务处理

其他借入款项账务处理参照本科目使用说明中借入主权外债业务的账务处理。

【例5-5】中央财政发生下列业务:

(1)本级政府财政部门收到从某外国政府或者国际金融组织借入的主权外债资金折合人民币5 000 000 000元。财政总预算会计应当编制如下会计分录:

借:其他财政存款　　　　　　　　　　　　　　　　　　　5 000 000 000
　　贷:债务收入　　　　　　　　　　　　　　　　　　　　　5 000 000 000

同时:

借:待偿债净资产——借入款项　　　　　　　　　　　　　5 000 000 000
　　贷:借入款项　　　　　　　　　　　　　　　　　　　　　5 000 000 000

(2)如果上例中本级政府财政部门借入的主权外债,是由外方将贷款资金直接支付给用款单位或供应商,而本级政府财政部门代表本级政府承担还款责任,贷款资金由本级政府财政同级部门(单位)使用的,本级政府财政部门根据贷款资金支付相关资料,编制如下会计分录:

借:一般公共预算本级支出　　　　　　　　　　　　　　　5 000 000 000
　　贷:债务收入　　　　　　　　　　　　　　　　　　　　　5 000 000 000

同时:

借:待偿债净资产——借入款项　　　　　　　　　　　　　5 000 000 000
　　贷:借入款项　　　　　　　　　　　　　　　　　　　　　5 000 000 000

(3)如果上例中本级政府财政部门借入的主权外债,是由外方将贷款资金直接支付给用款单位或供应商,而本级政府财政部门代表本级政府承担还款责任,贷款资金由下级政府财政同级部门(单位)使用的,本级政府财政部门根据贷款资金支付相关资料,编制如下会计分录:

借:补助支出　　　　　　　　　　　　　　　　　　5 000 000 000
　贷:债务收入　　　　　　　　　　　　　　　　　　　　5 000 000 000
同时:
借:待偿债净资产——借入款项　　　　　　　　　　5 000 000 000
　贷:借入款项　　　　　　　　　　　　　　　　　　　　5 000 000 000

(4)如果上例中本级政府财政部门借入的主权外债,是由外方将贷款资金直接支付给用款单位或供应商,而下级政府财政承担还款责任,贷款资金由下级政府财政同级部门(单位)使用的,本级政府财政部门根据贷款资金支付相关资料及预算指标文件,编制如下会计分录:

借:债务转贷支出　　　　　　　　　　　　　　　　5 000 000 000
　贷:债务收入　　　　　　　　　　　　　　　　　　　　5 000 000 000
根据债务管理部门转来的相关资料,按照实际承担的债务金额。
借:待偿债净资产——借入款项　　　　　　　　　　5 000 000 000
　贷:借入款项　　　　　　　　　　　　　　　　　　　　5 000 000 000
同时:
借:应收主权外债转贷款　　　　　　　　　　　　　5 000 000 000
　贷:资产基金——应收主权外债转贷款　　　　　　　　　5 000 000 000

(5)如果上例中借款期末确认借入主权外债的应付利息为5 000 000元,则编制如下会计分录:

借:待偿债净资产——借入款项　　　　　　　　　　　5 000 000
　贷:借入款项　　　　　　　　　　　　　　　　　　　　　5 000 000

(6)借入主权外债到期,偿还本级政府财政承担的借入主权外债本金50亿元,根据债务管理部门转来的相关资料,编制如下会计分录:

借:债务还本支出　　　　　　　　　　　　　　　　5 000 000 000
　贷:其他财政存款　　　　　　　　　　　　　　　　　　5 000 000 000
同时:
借:借入款项　　　　　　　　　　　　　　　　　　5 000 000 000
　贷:待偿债净资产——借入款项　　　　　　　　　　　　5 000 000 000

(7)偿还本级政府财政承担的借入主权外债利息15 000 000元,其中5 000 000元已于前期确认入账,根据债务管理部门转来的相关资料,编制如下会计分录:

借:一般公共预算本级支出　　　　　　　　　　　15 000 000 000
　贷:其他财政存款　　　　　　　　　　　　　　　　　15 000 000 000
同时:
借:借入款项　　　　　　　　　　　　　　　　　　5 000 000 000
　贷:待偿债净资产——借入款项　　　　　　　　　　　　5 000 000 000

四、应付政府债券的核算

(一)应付短期政府债券

为了核算应付短期政府债券业务,财政总预算会计应设置"应付短期政府债券"科目。本科目核算政府财政部门以政府名义发行的期限不超过1年(含1年)的国债和地方政府债券的应付本金和利息。本科目下应当设置"应付国债""应付地方政府一般债券""应付地方政府专项债券"等一级明细科目,在一级明细科目下,再分别设置"应付本金""应付利息"明细科目,分别核算政府债券的应付本金和利息。债务管理部门应当设置相应的辅助账,详细记录每期政府债券金额、种类、期限、发行日、到期日、票面利率、偿还本金及付息情况等。本科目期末贷方余额,反映政府财政尚未偿还的短期政府债券本金和利息。

应付短期政府债券的主要账务处理如下:

(1)实际收到短期政府债券发行收入时,按照实际收到的金额,借记"国库存款"科目,按照短期政府债券实际发行额,贷记"债务收入"科目,按照发行收入和发行额的差额,借记或贷记有关支出科目;根据债券发行确认文件等相关债券管理资料,按照到期应付的短期政府债券本金金额,借记"待偿债净资产——应付短期政府债券"科目,贷记"应付短期政府债券"科目。

(2)期末确认短期政府债券的应付利息时,根据债务管理部门计算出的本期应付未付利息金额,借记"待偿债净资产——应付短期政府债券"科目,贷记"应付短期政府债券"科目。

(3)实际支付本级政府财政承担的短期政府债券利息时,借记"一般公共预算本级支出"或"政府性基金预算本级支出"科目,贷记"国库存款"等科目;实际支付利息金额中属于已确认的应付利息部分,还应根据债券兑付确认文件等相关债务管理资料,借记"应付短期政府债券"科目,贷记"待偿债净资产——应付短期政府债券"科目。

(4)实际偿还本级政府财政承担的短期政府债券本金时,借记"债务还本支出"科目,贷记"国库存款"等科目;根据债券兑付确认文件等相关债券管理资料,借记"应付短期政府债券"科目,贷记"待偿债净资产——应付短期政府债券"科目。

(5)省级财政部门采用定向承销方式发行短期地方政府债券置换存量债务时,根据债权债务确认相关资料,按照置换本级政府存量债务的额度,借记"债务还本支出"科目,贷记"债务收入"科目;根据债务管理部门转来的相关资料,按照置换本级政府存量债务的额度,借记"待偿债净资产——应付短期政府债券"科目,贷记"应付短期政府债券"科目。

【例5-6】中央财政发生如下业务:

(1)1月1日,根据全国人民代表大会的决定在国内发行1年期国债10 000 000 000元,承销费用50 000 000元。其会计分录为:

借:国库存款　　　　　　　　　　　　　　　　　　　　9 950 000 000

　　一般公共预算本级支出　　　　　　　　　　　　　　　　50 000 000

　　贷:债务收入　　　　　　　　　　　　　　　　　　　　10 000 000 000

同时:

借:待偿债净资产——应付短期政府债券　　　　　　　　10 000 000 000

　　贷:应付短期政府债券——应付国债——应付本金　　　　10 000 000 000

(2)1—11月,每月末确认短期政府债券的应付利息10 000 000元。其会计分录为:

借:待偿债净资产——应付短期政府债券　　　　　　　　　　10 000 000

　　贷:应付短期政府债券——应付国债——应付本金　　　　　　10 000 000

(3)12月31日,偿还1年期国债的利息120 000 000元,其会计分录为:

借:一般公共预算本级支出　　　　　　　　　　　　　　　120 000 000

　　贷:国库存款　　　　　　　　　　　　　　　　　　　　　120 000 000

同时:

借：应付短期政府债券——应付国债——应付利息　　　　110 000 000

　　贷：待偿债净资产——应付短期政府债券　　　　　　　　　110 000 000

(4)12 月 31 日,偿还 1 年期国债本金 10 000 000 000 元时。其会计分录为：

借：债务还本支出　　　　　　　　　　　　　　　　　　10 000 000 000

　　贷：国库存款　　　　　　　　　　　　　　　　　　　　10 000 000 000

同时：

借：应付短期政府债券——应付国债——应付本金　　　　10 000 000 000

　　贷：待偿债净资产——应付短期政府债券　　　　　　　　　10 000 000 000

(二)应付长期政府债券

为了核算应付长期政府债券业务,财政总预算会计应设置"应付长期政府债券"科目。本科目核算政府财政部门以政府名义发行的期限超过 1 年的国债和地方政府债券的应付本金和利息。本科目下应当设置"应付国债""应付地方政府一般债券""应付地方政府专项债券"等一级明细科目,在一级明细科目下,再分别设置"应付本金""应付利息"明细科目,分别核算政府债券的应付本金和利息。债务管理部门应当设置相应的辅助账,详细记录每期政府债券金额、种类、期限、发行日、到期日、票面利率、偿还本金及付息情况等。本科目期末贷方余额反映政府财政尚未偿还的长期政府债券本金和利息。

应付长期政府债券的主要账务处理如下：

(1)实际收到长期政府债券发行收入时,按照实际收到的金额,借记"国库存款"科目,按照长期政府债券实际发行额,贷记"债务收入"科目,按照发行收入和发行额的差额,借记或贷记有关支出科目;根据债券发行确认文件等相关债券管理资料,按照到期应付的长期政府债券本金金额,借记"待偿债净资产——应付长期政府债券"科目,贷记"应付长期政府债券"科目。

(2)期末确认长期政府债券的应付利息时,根据债务管理部门计算出的本期应付未付利息金额,借记"待偿债净资产——应付长期政府债券"科目,贷记"应付长期政府债券"科目。

(3)实际支付本级政府财政承担的长期政府债券利息时,借记"一般公共预算本级支出"或"政府性基金预算本级支出"科目,贷记"国库存款"等科目;实际支付利息金额中属于已确认的应付利息部分,还应根据债券兑付确认文件等相关债券管理资料,借记"应付长期政府债券"科目,贷记"待偿债净资产——应付长期政府债券"科目。

(4)实际偿还本级政府财政承担的长期政府债券本金时,借记"债务还本支出"科目,贷记"国库存款"等科目;根据债券兑付确认文件等相关债券管理资料,借记"应付长期政府债券"科目,贷记"待偿债净资产——应付长期政府债券"科目。

(5)本级政府财政偿还下级政府财政承担的地方政府债券本息时,借记"其他应付款"或"其他应收款"科目,贷记"国库存款"科目;根据债券兑付确认文件等相关债券管理资料,按照实际偿还的长期政府债券本金及已确认的应付利息金额,借记"应付长期政府债券"科目,贷记"待偿债净资产——应付长期政府债券"科目。

(6)省级财政部门采用定向承销方式发行长期地方政府债券置换存量债务时,根据债权、债务确认相关资料,按照置换本级政府存量债务的额度,借记"债务还本支出"科目,按照置换下级政府存量债务的额度,借记"债务转贷支出"科目,按照置换存量债务的总额度,贷记"债务收入";根据债务管理部门转来的相关资料,按照置换存量债务的总额度,借记"待偿债净资产——应付长期政府债券"科目,贷记"应付长期政府债券"科目。同时,按照置换下级政府存量债务额度,借记"应收地方政府债券转贷款"科目,贷记"资产基金——应收地方政府债券转贷款"科目。

【例5-7】中央财政发行一批3年期电子式储蓄国债,票面年利率为3.8%,实际发行债券面值金额为450 000元,实际收到债券发行收入450 000元,实际债券发行额为450 000元,经确认的到期应付债券本金金额为450 000元。该期债券每年支付一次利息,到期偿还本金并支付最后一年利息。中央财政向相关债券承销团成员按承销债券面值的0.1%支付债券发行手续费共计450元。债券发行3个月后到达期末,该期债券计算3个月的应计利息4 275元。1年后,该期债券支付1年的利息17 100元(450 000×3.8%)。3年后,该期债券偿还本金450 000元并支付最后1年利息17 100元。财政总预算会计应编制如下会计分录:

(1)实际收到长期政府债券发行收入时:

借:国库存款　　　　　　　　　　　　　　　　　450 000
　　贷:债务收入　　　　　　　　　　　　　　　　　　　450 000

同时:

借:待偿债净资产——应付长期政府债券　　　　　450 000
　　贷:应付长期政府债券　　　　　　　　　　　　　　　450 000

(2)向债券承销团成员支付债券发行手续费时:

借:一般公共预算本级支出　　　　　　　　　　　450
　　贷:国库存款　　　　　　　　　　　　　　　　　　　450

(3)期末确认长期政府债券的应付利息时:

借:待偿债净资产——应付长期政府债券　　　　　4 275
　　贷:应付长期政府债券　　　　　　　　　　　　　　　4 275

(4)实际支付长期政府债券利息时:

借:一般公共预算本级支出　　　　　　　　　　　17 100
　　贷:国库存款　　　　　　　　　　　　　　　　　　　17 100

同时:

借:应付长期政府债券　　　　　　　　　　　　　4 275
　　贷:待偿债挣资产——应付长期政府债券　　　　　　　4 275

(5)实际偿付长期政府债券本金并支付最后一年利息时:

借:债务还本支出　　　　　　　　　　　　　　　450 000
　　一般公共预算本级支出　　　　　　　　　　　17 100
　　贷:国库存款　　　　　　　　　　　　　　　　　　　467 100

同时:

借:应付长期政府债券　　　　　　　　　　　　　454 275
　　贷:待偿债净资产——应付长期政府债券　　　　　　　454 275

五、应付转贷款的核算

(一)应付地方政府债券转贷款

为了核算应付地方政府债券转贷款业务,财政总预算会计应设置"应付地方政府债券转贷款"科目。本科目核算地方政府财政从上级政府财政借入的地方政府债券转贷款的本金和利息。本科目下应当设置"应付地方政府一般债券转贷款"和"应付地方政府专项债券转贷款"一级明细科目,在一级明细科目下再分别设置"应付本金"和"应付利息"两个明细科目,分别对应付本金和利息进行明细核算。本科目期末贷方余额反映本级政府财政尚未偿还的地方政府债券转贷款的本金和利息。

应付地方政府债券转贷款的主要账务处理如下:

(1)收到上级政府财政转贷的地方政府债券资金时,借记"国库存款"科目,贷记"债务转贷收入"科目;根据债务管理部门转来的相关资料,按照到期应偿还的转贷款本金金额,借记"待偿债净资产——应付地方政府债券转贷款"科目,贷记"应付地方政府债券转贷款"科目。

(2)期末确认地方政府债券转贷款的应付利息时,根据债务管理部门计算出的本期应付未付利息金额,借记"待偿债净资产——应付地方政府债券转贷款"科目,贷记"应付地方政府债券转贷款"科目。

(3)偿还本级政府财政承担的地方政府债券转贷款本金时,借记"债务还本支出"科目,贷记"国库存款"等科目;根据债务管理部门转来的相关资料,按照实际偿还的本金金额,借记"应付地方政府债券转贷款"科目,贷记"待偿债净资产——应付地方政府债券转贷款"科目。

(4)偿还本级政府财政承担的地方政府债券转贷款的利息时,借记"一般公共预算本级支出"或"政府性基金预算本级支出"科目,贷记"国库存款"等科目;实际支付利息金额中属于已确认的应付利息部分,还应根据债务管理部门转来的相关资料,借记"应付地方政府债券转贷款"科目,贷记"待偿债净资产——应付地方政府债券转贷款"科目。

(5)偿还下级政府财政承担的地方政府债券转贷款的本息时,借记"其他应付款"或"其他应收款"科目,贷记"国库存款"等科目;根据债务管理部门转来的相关资料,按照实际偿还的本金及已确认的应付利息金额,借记"应付地方政府债券转贷款"科目,贷记"待偿债净资产——应付地方政府债券转贷款"科目。

(6)被上级政府财政扣缴地方政府债券转贷款本息时,借记"其他应收款"科目,贷记"与上级往来"科目;根据债务管理部门转来的相关资料,按照实际扣缴的本金及已确认的应付利息金额,借记"应付地方政府债券转贷款"科目,贷记"待偿债净资产——应付地方政府债券转贷款"科目。列报支出时,对本级政府财政承担的还本支出,借记"债务还本支出"科目,贷记"其他应收款"科目;对本级政府财政承担的利息支出,借记"一般公共预算本级支出"或"政府性基金预算本级支出"科目,贷记"其他应收款"科目。

(7)采用定向承销方式发行地方政府债券置换存量债务时,省级以下(不含省级)财政部门根据上级财政部门提供的债权、债务确认相关资料,按照置换本级政府存量债务的额度,借记"债务还本支出"科目,按照置换下级政府存量债务的额度,借记"债务转贷支出"科目,按照置换存量债务的总额度,贷记"债务转贷收入"科目;根据债务管理部门转来的相关资料,按照置换存量债务的总额度,借记"待偿债净资产——应付地方政府债券转贷款"科目,贷记"应付地方政府债券转贷款"科目。同时,按照置换下级政府存量债务额度,借记"应收地方政府债券转贷款"科目,贷记"资产基金——应收地方政府债券转贷款"科目。

【例5-8】某省财政发行一批地方政府一般债券。同时,向所属下级某市财政转贷500 000元,用以支持该市政府的一项公共设施建设。该转贷款项每年利息费用为6 000元,转贷期限为3年,每年支付一次利息。市财政总预算会计应编制如下会计分录:

(1)收到上级省政府财政转贷的地方政府债券资金时:

借:国库存款   500 000

  贷:债务转贷收入   500 000

同时:

借:待偿债净资产——应付地方政府债券转贷款   500 000

  贷:应付地方政府债券转贷款   500 000

(2)每年确认省政府债券转贷款的应付利息时:

借:待偿债净资产——应付地方政府债券转贷款   6 000

  贷:应付地方政府债券转贷款   6 000

(3)按时支付由市政府财政承担的省政府债券转贷款利息时:

借:一般公共预算本级支出   6 000

  贷:国库存款   6 000

同时:

借:应付地方政府债券转贷款   6 000

  贷:待偿债净资产——应付地方政府债券转贷款   6 000

(4)按时偿还由市政府财政承担的省政府债券转贷款本金时:

借:债务还本支出   500 000

  贷:国库存款   500 000

同时:

借:应付地方政府债券转贷款   500 000

  贷:待偿债净资产——应付地方政府债券转贷款   500 000

(二)应付主权外债转贷款

为了核算应付主权外债转贷款业务,财政总预算会计应设置"应付主权外债转贷款"科目。本科目核算本级政府财政从上级政府财政借入的主权外债转贷款的本金和利息。本科目下应当设置"应付本金""应付利息"两个明细科目,分别对应付本金和利息进行明细核算。本科目期末贷方余额反映本级政府财政尚未偿还的主权外债转贷款本金和利息。

应付主权外债转贷款的主要账务处理如下:

(1)收到上级政府财政转贷的主权外债资金。收到上级政府财政转贷的主权外债资金时,借记"其他财政存款"科目,贷记"债务转贷收入"科目;根据债务管理部门转来的相关资料,按照实际承担的债务金额,借记"待偿债净资产——应付主权外债转贷款"科目,贷记"应付主权外债转贷款"科目。

(2)从上级政府财政借入主权外债转贷款,且由外方将贷款资金直接支付给用款单位或供应商。应根据以下情况分别处理:

①本级政府财政承担还款责任,贷款资金由本级政府财政同级部门(单位)使用的,本级政府财政根据贷款资金支付相关资料,借记"一般公共预算本级支出"等科目,贷记"债务转贷收入"科目;根据债务管理部门转来的相关资料,按照实际承担的债务金额,借记"待偿债净资产——应付主权外债转贷款"科目,贷记"应付主权外债转贷款"科目。

②本级政府财政承担还款责任,贷款资金由本级政府财政同级部门(单位)使用的,本级政府财政部门根据贷款资金支付相关资料及预算指标文件,借记"补助支出"科目,贷记"债务转贷收入"科目;根据债务管理部门转来的相关资料,按照实际承担的债务金额;借记"待偿债净

资产——应付主权外债转贷款"科目,贷记"应付主权外债转贷款"科目。

③下级政府财政承担还款责任,贷款资金由下级政府财政同级部门(单位)使用的,本级政府财政部门根据贷款资金支付相关资料,借记"债务转贷支出"科目,贷记"债务转贷收入"科目;根据债务管理部门转来的相关资料,按照实际承担的债务金额,借记"待偿债净资产——应付主权外债转贷款"科目,贷记"应付主权外债转贷款"科目;同时,借记"应收主权外债转贷款"科目,贷记"资产基金——应收主权外债转贷款"科目。

(3)期末确认主权外债转贷款的应付利息。期末确认主权外债转贷款的应付利息时,按照债务管理部门计算出的本期应付未付利息金额,借记"待偿债净资产——应付主权外债转贷款"科目,贷记"应付主权外债转贷款"科目。

(4)偿还本级政府财政承担的借入主权外债转贷款的本息。

①偿还本级政府财政承担的借入主权外债转贷款的本金时,借记"债务还本支出"科目,贷记"其他财政存款"等科目;根据债务管理部门转来的相关资料,按照实际偿还的本金金额,借记"应付主权外债转贷款"科目,贷记"待偿债净资产——应付主权外债转贷款"科目。

②偿还本级政府财政承担的借入主权外债转贷款的利息时,借记"一般公共预算本级支出"等科目,贷记"其他财政存款"等科目;实际偿还利息金额中属于已确认的应付利息部分,还应根据债务管理部门转来的相关资料,借记"应付主权外债转贷款"科目,贷记"待偿债净资产——应付主权外债转贷款"科目。

(5)偿还下级政府财政承担的借入主权外债转贷款的本息。偿还下级政府财政承担的借入主权外债转贷款的本息时,借记"其他应付款"或"其他应收款"科目,贷记"其他财政存款"等科目;根据债务管理部门转来的相关资料,按照实际偿还的本金及已确认的应付利息金额,借记"应付主权外债转贷款"科目,贷记"待偿债净资产——应付主权外债转贷款"科目。

(6)被上级政府财政扣缴借入主权外债转贷款的本息。被上级政府财政扣缴借入主权外债转贷款的本息时,借记"其他应收款"科目,贷记"与上级往来"科目;根据债务管理部门转来的相关资料,按照被扣缴的本金及已确认的应付利息金额,借记"应付主权外债转贷款"科目,贷记"待偿债净资产——应付主权外债转贷款"科目。列报支出时,对本级政府财政承担的还本支出,借记"债务还本支出"科目,贷记"其他应收款"科目;对本级政府财政承担的利息支出,借记"一般公共预算本级支出"等科目,贷记"其他应收款"科目。

(7)上级政府财政豁免主权外债转贷款本息。根据以下情况分别处理:

①豁免本级政府财政承担偿还责任的主权外债转贷款本息时,根据债务管理部门转来的相关资料,按照豁免转贷款的本金及已确认的应付利息金额,借记"应付主权外债转贷款"科目,贷记"待偿债净资产——应付主权外债转贷款"科目。

②豁免下级政府财政承担偿还责任的主权外债转贷款本息时,根据债务管理部门转来的相关资料,按照豁免转贷款的本金及已确认的应付利息金额,借记"应付主权外债转贷款"科目,贷记"待偿债净资产——应付主权外债转贷款"科目;同时,借记"资产基金——应收主权外债转贷款"科目,贷记"应收主权外债转贷款"科目。

【例5-9】某省政府向某国际金融组织贷款650 000元,用于该省范围内的公共基础设施建设。该省政府将相应贷款的一部分资金计280 000元转贷给所属某市政府,用以具体落实在该市范围内的相应建设项目。根据约定,相应贷款的期限为5年,每年的贷款利息为3 080元,该市政府应按期向省政府偿付贷款本息。市财政总预算会计应编制如下会计分录:

(1)收到上级省政府财政转贷的主权外债资金时：

借：其他财政存款　　　　　　　　　　　　　　　　　　　　280 000
　贷：债务转贷收入　　　　　　　　　　　　　　　　　　　　280 000

同时：

借：待偿债净资产——应付主权外债转贷款　　　　　　　　　280 000
　贷：应付主权外债转贷款　　　　　　　　　　　　　　　　　280 000

(2)每年确认市政府主权外债转贷款的应付利息时：

借：待偿债净资产——应付主权外债转贷款　　　　　　　　　3 080
　贷：应付主权外债转贷款　　　　　　　　　　　　　　　　　3 080

(3)按时向上级省政府财政支付主权外债转贷款利息时：

借：一般公共预算本级支出　　　　　　　　　　　　　　　　3 080
　贷：其他财政存款　　　　　　　　　　　　　　　　　　　　3 080

同时：

借：应付主权外债转贷款　　　　　　　　　　　　　　　　　3 080
　贷：待偿债净资产——应付主权外债转贷款　　　　　　　　　3 080

(4)上级省政府主权外债转贷款到期，市政府财政未按时偿还贷款本金，被省政府财政扣缴时：

借：其他应收款　　　　　　　　　　　　　　　　　　　　　280 000
　贷：与上级往来　　　　　　　　　　　　　　　　　　　　　280 000

同时：

借：应付主权外债转贷款　　　　　　　　　　　　　　　　　280 000
　贷：待偿债净资产——应付主权外债转贷款　　　　　　　　　280 000

(5)列报债务还本支出时：

借：债务还本支出　　　　　　　　　　　　　　　　　　　　280 000
　贷：其他应收款　　　　　　　　　　　　　　　　　　　　　280 000

六、应付代管资金的核算

为了核算应付代管资金业务，财政总预算会计应设置"应付代管资金"科目。本科目核算政府代为管理的、使用权属于被代管主体的资金。本科目应当根据管理需要进行相关明细核算。本科目期末贷方余额反映政府财政尚未支付的代管资金。

应付代管资金的主要账务处理如下：

(1)收到代管资金时，借记"其他财政存款"等科目，贷记"应付代管资金"科目。

(2)支付代管资金时，借记"应付代管资金"科目，贷记"其他财政存款"等科目。

(3)代管资金产生的利息收入按照相关规定仍属于代管资金的，借记"其他财政存款"等科目，贷记"应付代管资金"科目。

【例5-10】某日，财政代管银行存款账户收到预算单位缴入的代管资金7 550元。次日，有关预算单位使用财政代管资金，财政部门通过财政代管银行存款账户为其支付代管资金3 220元。财政总预算会计应编制如下会计分录：

(1)收到代管资金时：

借:其他财政存款　　　　　　　　　　　　　　　　　7 550

　　贷:应付代管资金　　　　　　　　　　　　　　　　　　　7 550

(2)支付代管资金时:

借:应付代管资金　　　　　　　　　　　　　　　　　3 220

　　贷:其他财政存款　　　　　　　　　　　　　　　　　　　3 220

七、其他负债的核算

为了核算其他负债业务,财政总预算会计应设置"其他负债"科目。本科目核算政府财政因有关政府明确要求其承担支出责任的事项而形成的应付未付款项。本科目应当按照债权单位和项目等进行明细核算。本科目贷方余额反映政府财政承担的尚未支付的其他负债余额。

其他负债的主要账务处理如下:

(1)有关政策已明确政府财政承担的支出责任,按照确定应承担的负债金额,借记"待偿债净资产"科目,贷记"其他负债"科目。

(2)实际偿还负债时,借记有关支出等科目,贷记"国库存款"等科目,同时,按照相同的金额,借记"其他负债科目",贷记"待偿债净资产"科目。

第三节　净资产的管理

一、净资产的概念与内容

(一)净资产的概念

财政总预算会计核算的净资产是指政府财政资产减去负债的差额,主要包括一般公共预算结转结余、政府性基金预算结转结余、国有资本经营预算结转结余、财政专户管理资金结余、专用基金结余、预算稳定调节基金、预算周转金、资产基金和待偿债净资产。

(二)净资产的内容

1.结转结余

结转结余是收入减去支出后的差额。它是各级财政执行政府预算的结果,是各级财政下年度可以结转使用或重新安排使用的资金。

财政总预算会计核算的结余包括一般公共预算结转结余、政府性基金预算结转结余、国有资本经营预算结转结余、财政专户管理资金结余、专用基金结余。一般公共预算结转结余是指一般公共预算类收入与一般公共预算类支出相抵后的差额,是各级财政执行政府一般公共预算的执行结果;政府性基金预算结转结余是指政府性基金预算类收支相抵后的差额,它是各级财政执行政府性基金预算收支的执行结果;国有资本经营预算结转结余是指国有资本经营预算类收入减去国有资本经营预算类支出后的差额;财政专户管理资金结余是指财政专户管理资金收入减去财政专户管理资金支出后的差额;专用基金结余是指专用基金收入与专用基金支出相抵后的差额,它是各级总预算会计管理的专用基金的年终执行结果。

2.预算周转金

预算周转金是指政府财政为调剂预算年度内季节性收支差额,保证及时用款而设置的库款周转资金。设置必要的预算周转金,是各级财政灵活调度预算资金的重要保证。

3. 预算稳定调节基金

预算稳定调节基金是指各级财政为平衡各预算年度之间预算收支的差异,保证各年度预算资金的收支平衡和预算稳定而设置的调节基金。

4. 资产基金

资产基金是指政府财政持有的债权和股权投资等资产(与其相关的资金收支纳入预算管理)在净资产中占用的金额。

5. 待偿债净资产

待偿债净资产是指政府财政承担应付短期政府债券、应付长期政府债券、借入款项、应付地方政府债券转贷款、应付主权外债转贷款、其他负债等负债(与其相关的资金收支纳入预算管理)而相应需在净资产中冲减的金额。

二、净资产管理的要求

(一)结余的管理要求

(1)各项结余应分别核算,不得混淆。

(2)各项结余应每年结算一次。年终将各项收入与相应的支出冲销后,即成为该项资金的当年结余。当年结余加上年年末滚存结余为本年年末滚存结余。

(二)预算周转金设置和动用的原则

(1)预算周转金一般从年度预算结余中提取设置、补充或由上级财政部门拨入。

(2)预算周转金由本级政府财政部门管理,只供平衡预算收支的临时周转使用,不能用于财政开支。

(3)已设置或补充的预算周转金,未经上级财政部门批准,不能随意减少。年终,必须保持原核定数额,逐年结转。

(4)预算周转金的数额,应与预算支出规模相适应。随着预算支出的逐年增长,预算周转金也应相应地补充。

第四节　净资产的核算

一、结转结余的核算

(一)一般公共预算结转结余

为核算政府财政纳入一般公共预算管理的收支相抵形成的结转结余,财政总预算会计应设置"一般公共预算结转结余"科目。本科目年终贷方余额反映一般公共预算收支相抵后的滚存结转结余。

一般公共预算结转结余的主要账务处理如下:

(1)年终转账时,将一般公共预算的有关收入科目贷方余额转入本科目的贷方,借记"一般公共预算本级收入""补助收入——一般公共预算补助收入""上解收入——一般公共预算上解收入""地区间援助收入""调入资金——般公共预算调入资金""债务收入(一般债务收入)""债务转贷收入(地方政府一般债务转贷收入)""动用预算稳定调节基金"等科目,贷记"一般公共预算结转结余"科目;将一般公共预算的有关支出科目借方余额转入本科目的借方,借记"一般公共预算结转结余"科目,贷记"一般公共预算本级支出""上解支出——一般公共预算上解支出""补助支出——一般公共预算补助支出""地区间援助支出""调出资金——一般公共预算调出资金""安排预算稳定调节基金""债务转贷支出(地方政府一般债务转贷支出)""债务还本支出(一般债务还本支出)"等科目。

(2)设置和补充预算周转金时,借记"一般公共预算结转结余"科目,贷记"预算周转金"科目。

【例 5-11】某省财政 2017 年年终结账时,有关一般公共预算类收支科目的余额如表5-1和表5-2所示。

表 5-1　一般公共预算类收入科目贷方余额　　　　　单位:元

总账科目	金额
一般公共预算本级收入	914 000
补助收入——一般公共预算补助收入	260 000
上解收入——一般公共预算上解收入	13 000
调入资金——一般公共预算调入资金	11 000
债务收入	120 000
动用预算稳定调节基金	9 000
地区间援助收入	4 000
合计	1 331 000

表 5-2　一般公共预算类支出科目借方余额　　　　　单位:元

总账科目	金额
一般公共预算本级支出	920 000
补助支出——一般公共预算补助支出	230 000
上解支出——一般公共预算上解支出	80 000
债务转贷支出——地方性政府一般债务转贷支出	40 000
债务还本支出——一般债务还本支出	60 000
合计	1 330 000

根据表5-1和表5-2,将上述一般公共预算类收支科目的余额转入"一般公共预算结转结余"科目。其会计分录为:

借:一般公共预算本级收入　　　　　　　　　　　　914 000
　　补助收入——一般公共预算补助收入　　　　　　260 000
　　上解收入——一般公共预算上解收入　　　　　　13 000
　　调入资金——一般公共预算调入资金　　　　　　11 000
　　债务收入　　　　　　　　　　　　　　　　　　120 000
　　动用预算稳定调节基金　　　　　　　　　　　　9 000

地区间援助收入	4 000
贷:一般公共预算结转结余	1 331 000

同时,结清所有一般公共预算类收入科目的明细账的余额。

借:一般公共预算结转结余	1 330 000
贷:一般公共预算本级支出	920 000
补助支出——一般公共预算补助支出	230 000
上解支出——一般公共预算上解支出	80 000
债务转贷支出——地方性政府一般债务转贷支出	40 000
债务还本支出——一般债务还本支出	60 000

同时,结清所有一般公共预算类支出科目的明细账。

(二)政府性基金预算结转结余

为了核算政府财政纳入政府性基金预算管理的收支相抵形成的结转结余,总预算会计应设置"政府性基金预算结转结余"科目。本科目应当根据管理需要,按照政府性基金的种类进行明细核算。本科目年终贷方余额反映政府性基金预算收支相抵后的滚存结转结余。

政府性基金预算结转结余的主要账务处理如下:

年终转账时,应将政府性基金预算的有关收入科目贷方余额按照政府性基金种类分别转入本科目下相应明细科目的贷方,借记"政府性基金预算本级收入""补助收入——政府性基金预算补助收入""上解收入——政府性基金预算上解收入""调入资金——政府性基金预算调入资金""债务收入——专项债务收入""债务转贷收入——地方政府专项债务转贷收入"等科目,贷记"政府性基金预算结转结余"科目;将政府性基金预算的有关支出科目借方余额按照政府性基金种类分别转入本科目下相应明细科目的借方,借记"政府性基金预算结转结余"科目,贷记"政府性基金预算本级支出""上解支出——政府性基金预算上解支出""补助支出——政府性基金预算补助支出""调出资金——政府性基金预算调出资金""债务还本支出——专项债务还本支出""债务转贷支出——地方政府专项债务转贷支出"等科目。

【例5-12】某市财政年终结算时,有关政府性基金预算类收支科目的余额如表5-3所示。

表5-3　政府性基金预算类收支科目的余额　　　　　　　　　　　单位:元

总账科目	金额	
	借方	贷方
政府性基金预算本年收入		525 600
补助收入——政府性基金预算补助收入		81 400
上解收入——政府性基金预算上解收入		1 200
政府性基金预算类收入合计		608 200
政府性基金预算本年支出	576 300	
补助支出——政府性基金预算补助支出	2 100	
上解支出——政府性基金预算上解支出	2 500	
调出资金——政府性基金预算调出资金	23 000	
政府性基金预算类支出合计	603 900	

根据表 5 – 3,上述政府性基金预算类收支科目的余额转入"政府性基金预算结转结余"科目。其会计分录为:

借:政府性基金预算本年收入　　　　　　　　　　　　　　　　　　　525 600
　　补助收入——政府性基金预算补助收入　　　　　　　　　　　　　 81 400
　　上解收入——政府性基金预算上解收入　　　　　　　　　　　　　　1 200
　　贷:政府性基金预算结转结余　　　　　　　　　　　　　　　　　　608 200

同时,结清所有政府性基金预算类收入科目的明细账。

借:政府性基金预算结转结余　　　　　　　　　　　　　　　　　　　603 900
　　贷:政府性基金预算本年支出　　　　　　　　　　　　　　　　　　576 300
　　　补助支出——政府性基金预算补助支出　　　　　　　　　　　　　2 100
　　　上解支出——政府性基金预算上解支出　　　　　　　　　　　　　2 500
　　　调出资金——政府性基金预算调出资金　　　　　　　　　　　　 23 000

同时,结清所有政府性基金预算类支出科目的明细账。

(三)国有资本经营预算结转结余

为核算国有资本经营预算结余,财政总预算会计应设置"国有资本经营预算结转结余"总账科目。本科目年终贷方余额反映国有资本经营预算收支相抵后的滚存结转结余。

国有资本经营预算结转结余的主要账务处理如下:

年终转账时,应将国有资本经营预算的有关收入科目贷方余额转入本科目贷方,借记"国有资本经营预算本级收入"等科目,贷记"国有资本经营预算结转结余"科目;将国有资本经营预算的有关支出科目借方余额转入本科目借方,借记"国有资本经营预算结转结余"科目,贷记"国有资本经营预算本级支出""调出资金——国有资本经营预算调出资金"等科目。

【例 5 – 13】某市财政年终结账时,有关国有资本经营预算收支科目余额如表 5 – 4 所示。

表 5 – 4　　国有资本经营预算收支科目余额　　　　　　　　　　单位:元

总账科目	金额
国有资本经营预算收入	152 000(贷方)
国有资本经营类预算支出	149 000(借方)

根据表 5 – 4,将上述国有资本经营预算类收支科目余额转入"国有资本经营预算结转结余"科目。其会计分录为:

借:国有资本经营预算本级收入　　　　　　　　　　　　　　　　　　152 000
　　贷:国有资本经营预算结转结余　　　　　　　　　　　　　　　　　152 000

同时,结清所有国有资本经营预算本级收入科目的明细账。

借:国有资本经营预算结转结余　　　　　　　　　　　　　　　　　　149 000
　　贷:国有资本经营预算本级支出　　　　　　　　　　　　　　　　　149 000

同时,结清所有国有资本经营预算本级支出科目的明细账。

(四)财政专户管理资金结余

为核算政府财政纳入财政专户管理的教育收费等资金收支相抵后形成的结余,财政总预算会计应设置"财政专户管理资金结余"总账科目。本科目应当根据管理需要,按照部门(单位)等进行明细核算。本科目年终贷方余额反映政府财政纳入财政专户管理的资金收支相抵后的滚存结余。

财政专户管理资金结余的主要账务处理如下：

年终转账时,将财政专户管理资金的有关收入科目贷方余额转入本科目贷方,借记"财政专户管理资金收入"等科目,贷记"财政专户管理资金结余"科目;将财政专户管理资金的有关支出科目借方余额转入本科目借方,借记"财政专户管理资金结余"科目,贷记"财政专户管理资金支出"等科目。

【例 5 - 14】某市财政年终结账时,"财政专户管理资金收入"科目的贷方余额为 38 000 元,"财政专户管理资金支出"科目的借方余额为 37 700 元。财政总预算会计结转财政专户管理资金收支时,其会计分录为：

借:财政专户管理资金收入　　　　　　　　　　　　　　　　38 000
　贷:财政专户管理资金结余　　　　　　　　　　　　　　　　　38 000

同时,财政总预算会计应结清所有财政专户管理资金收入明细账的余额。

借:财政专户管理资金结余　　　　　　　　　　　　　　　　37 700
　贷:财政专户管理资金支出　　　　　　　　　　　　　　　　　37 700

同时,财政总预算会计应结清所有财政专户管理资金支出明细账的余额。

(五)专用基金结余

为核算政府财政管理的专用基金收支相抵形成的结余,财政总预算会计应设置"专用基金结余"科目。本科目应当根据专用基金的种类进行明细核算。本科目年终贷方余额,反映本年专用基金的滚存结余。

专用基金结余业务的主要账务处理如下：

年终转账时,将"专用基金收入"科目余额转入本科目,借记"专用基金收入"等科目,贷记"专用基金结余"科目;将"专用基金支出"科目余额转入本科目,借记"专用基金结余"科目,贷记"专用基金支出"科目。

【例 5 - 15】某省财政年终结账时,"专用基金收入——粮食风险基金"科目的贷方余额为 50 000 元,"专用基金支出——粮食风险基金"科目的借方余额为 49 500 元。财政总预算会计结转专用基金收入和专用基金支出科目余额时,其会计分录为：

借:专用基金收入——粮食风险基金　　　　　　　　　　　　50 000
　贷:专用基金结余——粮食风险基金　　　　　　　　　　　　　50 000

同时,结清所有专用基金收入科目的明细账。

借:专用基金结余——粮食风险基金　　　　　　　　　　　　49 500
　贷:专用基金支出——粮食风险基金　　　　　　　　　　　　　49 500

同时,结清所有专用基金支出科目的明细账。

二、预算周转金与预算稳定调节资金的核算

(一)预算周转金

为核算预算周转金业务,财政总预算会计应设置"预算周转金"科目。本科目核算政府财政设置的用于调剂预算年度内季节性收支差额周转使用的资金。预算周转金应根据《中华人民共和国预算法》要求设置。本科目贷方余额反映预算周转金的规模。

预算周转金的主要账务处理如下：

(1)设置和补充预算周转金时,借记"一般公共预算结转结余"科目,贷记"预算周转金"科目。

(2)将预算周转金调入预算稳定调节基金时,借记"预算周转金"科目,贷记"预算稳定调节基金"科目。

【例5-16】 某县政府财政总预算会计发生如下有关预算周转金的事项：

(1)经上级财政批准,从本县政府财政上年结余中设置预算周转金500 000元。其会计分录为：

借：一般公共预算结转结余 500 000
    贷：预算周转金 500 000

(2)将预算周转金400 000元调入预算稳定调节基金。其会计分录为：

借：预算周转金 400 000
    贷：预算稳定调节基金 400 000

(二)预算稳定调节资金

为核算预算稳定调节基金业务,财政总预算会计应设置"预算稳定调节基金"总账户。本科目核算政府财政设置的用于弥补以后年度预算资金不足的储备资金。本科目期末余额在贷方,反映可以动用的预算稳定调节基金数额。

预算稳定调节基金的主要账务处理如下：

(1)使用超收收入或一般公共预算结余补充预算稳定调节基金时,借记"安排预算稳定调节基金"科目,贷记"预算稳定调节基金"科目。

(2)将预算周转金调入预算稳定调节基金时,借记"预算周转金"科目,贷记"预算稳定调节基金"科目。

(3)调用预算稳定调节基金时,借记"预算稳定调节基金"科目,贷记"动用预算稳定调节基金"科目。

【例5-17】 某市财政年终发生财政超收,即财政收入大于财政支出,决定将一部分超收安排预算稳定调节基金,安排金额为135 000元。其会计分录为：

借：安排预算稳定调节基金 135 000
    贷：预算稳定调节基金 135 000

【例5-18】 某市财政年终发生财政短收,即财政收入小于财政支出,决定调入以前年度从财政超收中安排的一部分预算稳定调节基金,调入金额为24 500元。其会计分录为：

借：预算稳定调节基金 24 500
    贷：动用预算稳定调节基金 24 500

三、资产基金与待偿债净资产的核算

(一)资产基金

为了核算资产基金业务,财政总预算会计应设置"资产基金"科目,本科目核算政府财政持有的应收地方政府债券转贷款、应收主权外债转贷款、股权投资和应收股利等资产(与其相关的资金收支纳入预算管理)在净资产中占用的金额,财政总预算会计应设置"资产基金"科目。本科目下应当设置"应收地方政府债券转贷款""应收主权外债转贷款""股权投资""应收股利"

等明细科目,进行明细核算。本科目期末贷方余额,反映政府财政持有应收地方政府债券转贷款、应收主权外债转贷款、股权投资和应收股利等资产(与其相关的资金收支纳入预算管理)在净资产中占用的金额。

资产基金的账务处理参见"应收地方政府债券转贷款""应收主权外债转贷款""股权投资""应收股利"等科目的使用说明。

(二)待偿债净资产

为了核算待偿债净资产业务,财政总预算会计应设置"待偿债净资产"科目。本科目核算政府财政因发生应付政府债券、借入款项、应付地方政府债券转贷款、应付主权外债转贷款、其他负债等负债(与其相关的资金收支纳入预算管理)相应需在净资产中冲减的金额。本科目下应当设置"应付短期政府债券""应付长期政府债券""借入款项""应付地方政府债券转贷款""应付主权外债转贷款""其他负债"等明细科目,进行明细核算。本科目期末余额在借方,反映政府财政承担应付政府债券、借入款项、应付地方政府债券转贷款、应付主权外债转贷款和其他负债等负债(与其相关的资金收支纳入预算管理)而相应需冲减净资产的金额。

待偿债净资产的账务处理参见"应付短期政府债券""应付长期政府债券""借入数项""应付地方政府债券转贷款""应付主权外债转贷款""其他负债"等科目的使用说明。

关键术语

财政部门负债   应付国库集中支付结余   暂收及应付款项   应付转贷款   应付代管资金   结转结余   预算周转金   预算稳定调节基金   资产基金   待偿债净资产

复习思考题

1.什么是财政总预算会计的负债? 财政总预算会计的负债包括哪些内容?

2.什么是应付国库集中支付结余? 应当如何核算?

3.什么是与上级往来和其他应付款? 应当如何核算?

4.什么是借入款项? 应当如何核算?

5.什么是借入应付政府债券? 应当如何核算?

6.什么是应付转贷款?

7.什么是其他负债和应付代管资金? 应当如何核算?

8.什么是财政总预算会计的净资产? 具体包括哪些内容?

9.什么是财政总预算会计的结余? 财政总预算会计的结余包括哪些种类?

10.什么是一般公共预算结转结余? 应当如何核算?

11.什么是政府性基金预算结转结余? 应当如何核算? 政府性基金预算结转结余与一般公共预算结转结余在核算时有什么不同?

12.什么是国有资本经营预算结转结余? 应当如何核算?

13.什么是专用基金结余? 应当如何核算?

14.什么是预算周转金? 预算周转金的来源渠道有哪些? 应当如何核算?

15.什么是预算稳定调节基金? 各级财政为什么要设置预算稳定调节基金?

练 习 题

练习一

1. 目的：练习财政总预算会计负债的核算。

2. 要求：根据以下经济业务，为该市财政总预算会计编制有关会计分录。

3. 资料：某市财政 2017 年发生如下经济业务：

(1) 根据财政体制结算规定计算出的本级财政应向上级省财政上解的预算款项计 75 500 元。其中，一般公共预算款项 63 300 元，政府性基金预算款项 12 200 元。

(2) 以国库存款上缴与上级往来款项 75 500 元。

(3) 根据财政体制结算规定计算出的本级财政应获得上级省财政补助的一般公共预算款项计 15 200 元。

(4) 收到与上级往来的款项 15 200 元。

(5) 因财政预算资金周转的需要，向上级省财政借入一般公共预算款项 30 000 元。

(6) 向上级省财政偿还因财政预算资金周转的需要而借入的一般公共预算款项 30 000 元。

(7) 按时向上级省财政上缴转贷地方政府债券还本资金 120 000 元、债券付息资金 2 000 元，省财政准备按规定再转交中央财政，由中央财政代为偿付地方政府债券本息 122 000 元（120 000＋2 000）。

练习二

1. 目的：练习财政总预算会计净资产的核算。

2. 要求：根据以下资料，为该市财政总预算会计编制有关年终结账的会计分录，并分别计算一般预算结转结余、政府性基金预算结转结余、国有资本经营预算结转结余、专用基金结余和财政专户管理资金结余的数额。

3. 资料：某市财政 2017 年年终进行结账，有关收入和支出类科目的余额资料分别如表 5－5 和表 5－6 所示。

表 5－5　一般公共预算类收入科目的贷方余额　　　　单位：元

一般公共预算本级收入	1 246 000
债务转贷收入	500 000
债务收入	244 000
补助收入——一般性公共预算补助收入	732 000
上解收入——一般性公共预算上解收入	110 000
调入资金——一般性公共预算调入资金	46 000
一般公共预算类收入总计	2 878 000
政府性基金预算本级收入	1 051 200
补助收入——政府性基金预算补助收入	162 800
上解收入——政府性基金预算上解收入	2 400

续表 5 - 5

政府性基金预算类收入合计	1 216 400
国有资本经营预算收入	304 000
国有资本经营预算收入合计	304 000
专用基金收入	52 640
财政专户管理资金收入	179 660

表 5 - 6 一般公共预算类支出科目的借方余额   单位:元

一般公共预算本级支出	1 550 000
债务还本支出	300 000
债务支出	210 000
补助支出——一般性公共预算补助支出	430 000
上解支出——一般性公共预算上解支出	148 000
安排预算稳定调节资金	196 000
一般公共预算类支出总计	2 834 000
政府性基金预算本级支出	1 152 600
补助支出——政府性基金预算补助支出	4 200
上解支出——政府性基金预算上解支出	5 000
调出资金——政府性基金预算调出资金	46 000
政府性基金预算类支出总计	1 207 800
国有资本经营预算本级支出	298 000
国有资本经营预算支出合计	298 000
专用基金支出	52 360
财政专户管理资金支出	179 100

第六章　总预算会计收入的核算

财政总预算会计的收入是指政府财政为实现政府职能,根据法律、法规等所筹集的资金。包括一般公共预算本级收入、政府性基金预算本级收入、国有资本经营预算本级收入、财政专户管理资金收入、专用基金收入、转移性收入、债务收入、债务转贷收入等。本章在介绍财政总预算会计收入含义的基础上,着重介绍了财政总预算会计收入的内容和各项收入的具体核算方法。通过本章的学习,重点要掌握财政总预算会计收入的具体内容、对各项收入的管理要求以及各项收入的会计核算方法。

第一节　收入的管理

一、收入的概念与内容

(一)收入的概念

财政总预算会计的收入是指政府财政为实现政府职能,根据法律、法规等所筹集的资金。包括一般公共预算本级收入、政府性基金预算本级收入、国有资本经营预算本级收入、财政专户管理资金收入、专用基金收入、转移性收入、债务收入、债务转贷收入等。

(二)收入的内容

1.一般公共预算本级收入

一般公共预算本级收入是指政府财政筹集的纳入本级一般公共预算管理的税收收入和非税收入。一般公共预算本级收入是各级政府最主要的财力来源。

财政总预算会计核算的一般公共预算本级收入,应当按《政府收支分类科目》中的一般公共预算收入科目进行分类,并且仅包括一般公共预算收入科目中的税收收入和非税收入科目,按照现行《政府收支分类科目》规定,一般公共预算收入科目依次分为类、款、项、目四级,四级科目,逐级递进,内容也逐级细化。一般而言,《政府收支分类科目》每年都会根据经济社会发展的情况修改,以适应预算管理的需要。

(1)税收收入。税收收入是政府从开征的各种税收中取得的收入,是财政收入的最主要的来源。该类级科目分设如下21个款级科目:

①增值税。本科目反映按《中华人民共和国增值税暂行条例》,以及"营改增"的有关规定征收的国内增值税、进口货物增值税和经审批退库的出口货物增值税。

②消费税。本科目反映按《中华人民共和国消费税暂行条例》征收的国内消费税、进口消费品消费税和经审批退库的出口消费品消费税。

③企业所得税。本科目反映按《中华人民共和国企业所得税法》征收的企业所得税。本科目分设国有冶金工业所得税、国有有色金属工业所得税、国有煤炭工业所得税、国有电力工业所得税、集体企业所得税、股份制企业所得税、私营企业所得税等项级科目。

④企业所得税退税。本科目反映财政部门按"先征后退"政策审批退库的企业所得税。其口径与"企业所得税"相同。

⑤个人所得税。本科目反映按《中华人民共和国个人所得税法》《对储蓄存款利息所得征收个人所得税的实施办法》征收的个人所得税。本科目分设个人所得税及个人所得税税款滞纳金、罚款收入等项级科目。

⑥资源税。本科目反映按《中华人民共和果资源税暂行条例》征收的资源税。本科目分设海洋石油资源税、其他资源税等项级科目。

⑦城市维护建设税。本科目反映按《中华人民共和国城市维护建设税暂行条例》征收的城市维护建设税。本科目分设国有企业城市维护建设税、集体企业城市维护建设税、股份制企业城市维护建设税等项级科目。

⑧房产税。本科目反映按《中华人民共和国房产税暂行条例》征收的房产税以及依照《城市房地产税暂行条例》征收的城市房地产税。本科目分设国有企业房产税、集体企业房产税等项级科目。

⑨印花税。本科目反映按《中华人民共和国印花税暂行条例》征收的印花税。本科目分设证券交易印花税、其他印花税等项级科目。

⑩城镇土地使用税。本科目反映按《中华人民共和城镇土地使用税暂行条例》征收的城镇土地使用税。本科目分设国有企业城镇土地使用税、集体企业城镇土地使用税、股份制企业城镇土地使用税等项级科目。

⑪土地增值税。本科目反映按《中华人民共和国土地增值税暂行条例》征收的土地增值税。本科目分设国有企业土地增值税、集体企业土地增值税、股份制企业土地增值税等项级科目。

⑫车船税。本科目反映按《中华人民共和国车船税暂行条例》征收的车船税。本科目分设车船税以及车船税税款滞纳金、罚款收入等项级科目。

⑫船舶吨税。本科目反映船舶吨税收入。本科目分设船舶吨税以及船舶吨税税款滞纳金、罚款收入等项级科目。

⑭车辆购置税。本科目反映按《中华人民共和国车辆购置税暂行条例》征收的车辆购置税。本科目分设车辆购置税以及车辆购置税税款滞纳金、罚款收入等项级科目。

⑮关税。本科目反映按《中华人民共和国进出口关税条例》征收的关税,按《中华人民共和国反倾销条例》征收的反倾销税,按《中华人民共和国反补贴条例》征收的反补贴税,按《中华人民共和国保障措施条例》征收的保障措施关税以及财政部按"先征后退"政策审批退税的关税。本科目分设关税、特定区域进口自用物资关税、关口退税等项级科目。

⑯耕地占用税。本科目反映按《中华人民共和国耕地占用税暂行条例》征收的耕地占用税。本科目分设耕地占用税、耕地占用税退税等项级科目。

⑰契税。本科目反映按《中华人民共和国契税暂行条例》征收的契税。本科目分设契税以及契税税款滞纳金、罚款收入等项级科目。

⑱烟叶税。本科目反映按《中华人民共和国烟叶税暂行条例》征收的烟叶税。本科目分设

烟叶税以及烟叶税税款滞纳金、罚款收入等项级科目。

⑲其他税收收入。本科目反映除上述项目以外的其他税收收入。

（2）非税收入。

①专项收入。反映按照有关规定，如按照《排污费征收使用管理条例》《矿产资源补偿费征收管理规定》等规定征收的专项收入。该科目分设排污费收入、水资源费收入、教育费附加收入、矿产资源补偿费收入、公路运输管理费收入、水路运输管理费收入等多个项级科目。

②行政事业性收费收入。反映依据法律、行政法规、国务院有关规定、国务院财政部门与计划部门共同发布的规章或者规定，以及省、自治区、直辖市的地方性法规、政府规章或者规定，省、自治区、直辖市人民政府财政部门与计划（物价）部门共同发布的规定，收取的各项收费收入。该科目分设公安行政事业性收费收入、法院行政事业性收费收入、司法行政事业性收费收入、工商行政事业性收费收入、财政行政事业性收费收入、税务行政事业性收费收入、审计行政事业性收费收入、教育行政事业性收费收入等多个项级科目。在以上有关项级科目中，各科目再分设目级科目。

③罚没收入。反映执法机关依法收缴的罚款、没收款、赃款以及没收物资、赃物的变价款收入。该科目分设一般罚没收入、缉私罚没收入等多个项级科目。在以上有关项级科目中，一般罚没收入科目再分设公安罚没收入、检察院罚没收入、工商罚没收入、卫生罚没收入、交通罚没收入等多个目级科目；缉私罚没收入科目再分设公安缉私罚没收入、工商缉私罚没收入、海关缉私罚没收入等多个目级科目。

④国有资本经营收入。反映经营、使用国有财产等取得的收入。该科目分设国有资本投资收益、国有企业计划亏损补贴、产权转让收入等3个项级科目。

⑤国有资源（资产）有偿使用收入。反映有偿转让国有资源（资产）使用费而取得的收入。该科目分设海域使用金收入、场地和矿区使用费收入、非经营性国有资产出租收入等多个项级科目。

⑥其他收入。该科目分设捐赠收入、主管部门集中收入、乡镇自筹和统筹收入、免税商品特许经营费收入等多个项级科目。

2.政府性基金预算本级收入

政府性基金预算本级收入是指各级人民政府及其所属部门根据法律、行政法规规定并经国务院或财政部批准，向公民、法人和其他组织征收的政府性基金，以及参照政府性基金管理或纳入政府性基金预算、具有特定用途的财政资金。其中，政府性基金是指各级人民政府及其所属部门根据法律、行政法规和中共中央、国务院文件规定，为支持特定公共基础设施建设和公共事业发展，向公民、法人和其他组织无偿征收的具有专项用途的财政资金。政府性基金预算纳入政府的财政预算。

财政总预算会计核算的政府性基金预算收入，应当按照《政府收支分类科目》中的政府性基金预算收入科目进行分类，并且仅包括政府性基金预算收入科目中的非税收入科目，不包括转移性收入科目。按照《政府收支分类科目》，政府性基金预算收入科目分设类、款、项、目四级，各级科目逐级递进，内容也逐级细化。根据现行《政府收支分类科目》，非税收入类级科目下设政府性基金收入款级科目。该款级科目下按政府性基金的种类或项目名称设项级科目，项级科目下再分设目级科目。现行政府性基金预算收入的项级科目包括：

（1）农网还贷资金收入。本科目反映按《农网还贷资金征收使用管理办法》征收的农网还贷资金收入。

（2）山西省煤炭可持续发展基金收入。本科目反映山西省按规定征收的煤炭可持续发展基金收入。

（3）铁路建设基金收入。本科目反映铁路运输部门按《铁路建设基金管理办法》征收的铁路建设基金收入。

（4）民航发展基金收入。本科目反映民航部门按《民航发展基金征收使用管理暂行办法》征收的民航发展基金收入。

（5）海南省高等级公路车辆通行附加费收入。本科目反映海南省征收的高等级公路车辆通行附加费收入。

（6）转让政府还贷道路收费权收入。本科目反映转让政府还贷公路和城市道路收费权收入。

（7）港口建设费收入。本科目反映交通部门按《港口建设费征收办法》征收的港口建设费。

（8）散装水泥专项资金收入。本科目反映按《散装水泥专项资金征收和使用管理办法》征收的散装水泥专项资金收入。

（9）新型墙体材料专项基金收入。本科目反映按《新型墙体材料专项基金征收和使用管理办法》收取的新型墙体材料专项基金收入。

（10）旅游发展基金收入。本科目反映按《旅游发展基金管理暂行办法》征收的旅游发展基金收入。

（11）文化事业建设费收入。本科目反映税务部门按《文化事业建设费征收管理暂行办法》征收的文化事业建设费。

（12）地方教育附加收入。本科目反映辽宁、安徽、福建、四川、江苏、广西、宁夏、贵州、青海、河北、山东、浙江、内蒙古、云南、黑龙江、湖南、湖北等省份征收的地方教育附加收入。

（13）国家电影事业发展专项资金收入。本科目反映广电部门按《国家电影事业发展专项资金管理办法》从电影票房收入中收取的电影事业发展专项资金。

（14）新菜地开发建设基金收入。本科目反映按《国家建设征用菜地缴纳新菜地开发建设基金管理暂行办法》征收的新菜地开发建设基金收入。

（15）新增建设用地土地有偿使用费收入。本科目反映各级政府按规定征收和分享的新增建设用地土地有偿使用费。

（16）育林基金收入。本科目反映林业部门从木材、竹材销售收入中按规定收取的育林专项资金。

（17）森林植被恢复费。本科目反映林业部门按《森林植被恢复费征收使用管理暂行办法》征收的森林植被恢复费。

（18）中央水利建设基金收入。本科目反映从车辆购置税和相关中央政府性基金中提取的水利建设基金收入，以及经国务院批准的其他可用于水利建设基金的资金。

（19）地方水利建设基金收入。本科目反映从地方政府性基金中提取的水利建设基金收入，以及经省、自治区、直辖市人民政府批准征收的用于水利工程和防洪设施建设的各项基金。

（20）南水北调工程基金收入。本科目反映北京、天津、河北、江苏、山东、河南 6 省市征收的用于南水北调工程建设的基金收入。

（21）残疾人就业保障金收入。本科目反映地方按《残疾人就业保障金管理暂行办法》征收的残疾人就业保障金。

（22）政府住房基金收入。本科目反映住房公积金管理机构按照《住房公积金管理条例》规定从住房公积金增值收益中上缴同级财政的管理费用、计提用于廉租住房的资金，按《财政部关于贯彻落实国务院关于解决城市低收入家庭住房困难若干重见的通知》规定收取的廉租住房租金收入，以及其他住房基金收入。

（23）城市公用事业附加收入。本科目反映按《关于征收城市公用事业附加的几项规定》征收的公用事业附加收入。

（24）国有土地使用权出让金收入。本科目反映以招标、拍卖、挂牌和协议方式出让国有土地使用权所确定的总成交价款扣除财政部门已经划转的国有土地收益基金和农业土地开展资金后的余额，土地使用者以划拨方式取得国有土地使用权依法向市、县人民政府缴纳的土地补偿费、安置补助费、地上附着物和春苗补偿费、拆迁补偿费等费用，以及其他有关国有土地使用权出让收入。

（25）国有土地收益基金收入。本科目反映从招标、拍卖、挂牌和协议方式出让国有土地使用权所确定的总成交价款中按规定比例计提的国有土地收益基金收入。

（26）农业土地开发资金收入。本科目反映从招标、拍卖、挂牌和协议方式出让国有土地使用权所确定的总成交价款中按规定比例计提的农业土地开发资金收入。

（27）大中型水库移民后期扶持基金收入。本科目反映按《大中型水库移民后期扶持基金征收使用管理暂行办法》规定征收的大中型水库移民后期扶持基金收入。

（28）大中型水库库区基金收入。本科目反映按《大中型水库库区基金征收使用管理暂行办法》征收的库区基金收入。

（29）三峡水库库区基金收入。本科目反映按《财政部关于三峡水库库区基金有关问题的通知》征收的三峡水库库区基金收入。

（30）中央特别国债经营基金收入。本科目反映特别国债购买的外汇。

（31）中央特别国债经营基金财务收入。本科目反映使用特别国债所购外汇资金取得的收入。

（32）彩票公益金收入。本科目反映按《财政部关于印发彩票公益金管理办法的通知》征收的彩票公益金收入。

（33）城市基础设施配套费收入。本科目反映地方政府按《财政部关于城市基础设施配套费性质的批复》规定，经财政部批准征收的城市基础设施配套费。

（34）小型水库移民扶助基金收入。本科目反映地方按《国务院关于完善大中型水库移民后期扶助政策的意见》征收的小型水库移民扶助基金。

（35）国家重大水利工程建设基金收入。本科目反映国家为支持南水北调工程建设、解决三峡库区遗留问题以及加强中西部地区重大水利工程建设，利用三峡工程建设基金停征后的电价空间设立的政府性基金。

（36）车辆通行费。本科目反映交通部门收到的用于偿还公路等建设贷款的车辆通行费。

（37）船舶港务费。本科目反映按《长江干线船舶港务费征收办法》规定收取的船舶港务费收入。

（38）核电站乏燃料处理处置基金收入。本科目反映按《核电站乏燃料处理处置基金征收使用管理暂行办法》征收的核电站乏燃料处理处置基金收入。

(39)可再生能源电价附加收入。本科目反映按《可再生能源发展基金征收使用管理办法》征收的可再生能源发展基金。

(40)长江口航道维护收入。本科目反映交通运输部集中的航道维护收入。

(41)船舶油污损害赔偿基金收入。本科目反映按《船舶油污损害赔偿基金征收使用管理办法》征收的船舶油污损害赔偿基金。

(42)铁路资产变现收入。本科目反映按《财政部关于铁路运输企业出售国有资产变现收入管理有关问题的通知》取得的收入。

(43)电力改革预留资产变现收入。本科目反映电力体制改革中预留的920万千瓦和647万千瓦发电资产变现收入。

(44)无线电频率占用费。本科目反映国家无线电管理机构按照有关规定向公众通信网络运营商收取的收入。

(45)废弃电器电子产品处理基金收入。本科目反映按《废弃电器电子产品处理基金征收使用管理办法》征收的废弃电器电子产品处理基金。

(46)其他政府性基金收入。本科目反映除上述项目以外的其他政府性基金收入。

3.国有资本经营预算本级收入

国有资本经营预算本级收入是指各级人民政府及其部门以所有者身份依法取得的国有资本收益,主要包括国有独资企业按规定上缴国家的利润、国有控股或参股企业国有股权股份获得的股利股息、企业国有产权或国有股份的转让收入以及国有独资企业清算净收入、国有控股或参股企业国有股权股份分享的公司清算净收入等。

财政总预算会计核算的国有资本经营预算本级收入,应当按照《政府收支分类科目》中的国有资本经营预算收入科目进行分类。按照现行《政府收支分类科目》,国有资本经营预算收入科目分设类、款、项、目四级,各级科目逐级递进,内容也逐级细化。国有资本经营预算收入科目的类级科目为非税收入,款级科目为国有资本经营收入。款级科目下按国有资本经营收入的来源渠道设置项级科目和目级科目。国有资本经营预算收入科目下设有转移性收入科目。现行国有资本经营预算收入设置的项级科目如下:

(1)利润收入。本科目反映国有独资企业等按规定上缴政府的利润。本科目下再设烟草企业利润收入、石油石化企业利润收入、电力企业利润收入、电信企业利润收入、煤炭企业利润收入、钢铁企业利润收入、运输企业利润收入、建筑施工企业利润收入、房地产企业利润收入、医药企业利润收入等目级科目,分别反映不同渠道的利润收入来源。按照规定,中国人民银行上缴收入、金融企业利润收入纳入中央和地方财政的一般公共预算本级收入,不作为国有资本经营预算收入。

(2)股利、股息收入。本科目反映国有控股、参股企业国有股权股份获得的股利股息收入。本科目下再设国有控股公司股利股息收入、国有参股公司股利股息收入等目级科目,分别反映不同渠道的股利股息收入来源。按照规定,金融业公司股利股息收入纳入中央和地方财政的一般公共预算本级收入,不作为国有资本经营预算收入。

(3)产权转让收入。本科目反映国有资产股权转让或出售收入。本科目下再设国有股权股份转让收入、国有独资企业产权转让收入等目级科目,分别反映不同渠道的产权转让收入来源。按照规定,国有股减持收入、铁路资产变现收入等纳入中央财政的一般公共预算本级收入,不作为国有资本经营预算收入。

（4）清算收入。本科目反映国有独资企业清算收入（扣除清算费用）以及国有控股参股企业国有股权股份分享的公司清算收入（扣除清算费用）。本科目下再设国有股权股份清算收入、国有独资企业清算收入等目级科目，分别反映不同渠道的清算收入来源。

（5）其他国有资本经营预算收入。本科目反映以上内容之外的其他国有资本经营预算收入来源。

4.专用基金收入

专用基金是指财政总预算会计管理的各项具有专门用途的资金，如粮食风险基金等。专用基金收入是财政部门取得的作为专用基金管理的资金收入。

5.财政专户管理资金收入

财政专户管理资金收入是指未纳入预算并实行财政专户管理的资金收入，目前主要是各种教育收费收入。除教育收费外，另一项目前纳入财政专户管理的资金是彩票发行机构和彩票销售机构的业务费用。

（1）教育收费。

按照《政府收支分类科目》，目前反映教育部门教育收费的科目主要有普通高中学费、普通高中住宿费、中等职业学校学费、中等职业学校住宿费、高等学校学费、高等学校住宿费、高等学校委托培养费、函大电大夜大及短训班培训费、考试考务费、中央广播电视大学中专学费等。教育部门收取的各种教育收费属于教育行政事业性收费收入，相应款项缴入财政专户，实行财政专户管理。财政部门通过财政专户返还给教育部门的教育收费，教育部门作为事业收入处理。

其他相关部门的教育收费，分别在相应的行政事业性收费收入科目下开设教育收费明细科目。如公安行政事业性收费收入、法院行政事业性收费收入、财政行政事业性收费收入、审计行政事业性收费收入、税务行政事业性收费收入、海关行政事业性收费收入、体育行政事业性收费收入、卫生行政事业性收费收入等科目下分别开设教育收费明细科目，反映相应部门收取的缴入财政专户、实行专项管理的教育收费。

党校行政事业性收费收入科目下开设了函授学院办学收费、委托培养在职研究生学费、短期培训进修费、教材费等教育收费明细科目，分别反映各项纳入财政专户管理的资金收入。

缴入财政专户的教育收费也属于政府的非税收入，但相应款项缴入财政部门在商业银行开设的财政专户中，而不是缴入财政部门在中国人民银行开设的国库中。尽管如此，教育收费的收缴管理仍然比照纳入政府预算的非税收入收缴管理制度执行。教育收费应当严格按照国家规定的范围和标准进行收取，不能随意扩大收费范围、提高收费标准。各级财政部门和执收单位应当加强对教育收费的管理。

（2）彩票发行机构和彩票销售机构的业务费用。

按照彩票机构财务管理相关办法的规定，彩票资金是指彩票销售实现后取得的资金，包括彩票奖金、彩票发行费和彩票公益金，具体提取比例按照彩票游戏规则的有关规定执行。其中，彩票发行费应当专项用于彩票发行机构、彩票销售机构的业务费用支出以及彩票代销者的销售费用支出。彩票发行机构、彩票销售机构的业务费用，由彩票发行机构、彩票销售机构按照彩票销售额的一定比例提取，专项用于彩票发行销售活动。彩票发行机构、彩票销售机构应当将提取的业务费用按规定分别上缴中央财政专户和省级财政专户，实行收支两条线管理，不得隐瞒、滞留、挤占和挪用。彩票销售机构业务费用实行省级集中统一管理。彩票发行机构和彩票销售机构的业务费用属于政府非税收入中的其他收入。目前我国发行的彩票主要有福利彩票和体育彩票,其发行和管理机构分别是中国福利彩票发行管理中心、国家体育总局体育彩票管理中心。

按照现行《政府收支分类科目》,在非税收入的其他收入科目下,彩票发行机构和彩票销售机构的业务费用项级科目设置了福利彩票发行机构的业务费用、体育彩票发行机构的业务费用、福利彩票销售机构的业务费用、体育彩票销售机构的业务费用、彩票兑奖周转金、彩票发行销售风险基金等目级科目。

6.债务收入

债务收入是指政府通过发行债券或借款等方式取得的资金收入。债务收入形成政府可以安排使用的公共资金,与此同时,债务收入又被列入政府公共财政预算,因此,债务收入与税收收入、非税收入等并列为政府公共财政预算收入的资金来源。政府公共财政预算可以编制赤字预算,即公共财政预算收不抵支的差额,可以通过发行政府债券弥补。政府性基金预算和国有资本经营预算以收支平衡为原则,不列赤字。债务收入还形成政府需要偿还的债务,因此,债务收入也需要作为政府的负债予以记录,包括正式的会计分录记录或者备查账簿记录。

财政总预算会计核算的债务收入,应当按照《政府收支分类科目》中公共财政预算收入科目下的债务收入科目进行分类。按照现行《政府收支分类科目》,债务收入类级科目下设置的预算科目如下:

(1)中央政府债务收入。本科目反映中央政府取得的债务收入。本款级科目下设中央政府国内债务收入、中央政府国外债务收入两个项级科目,分别反映中央政府从国外、国内取得的收入。

(2)地方政府债务收入。本科目反映地方政府取得的债务收入。本款级科目下设一般债务收入和专项债务收入两个项级科目,分别反映地方政府取得的一般债务收入和专项债务收入。其中一般债务收入科目下再设地方政府一般债券收入、地方政府向外国政府借款收入、地方政府向国际组织借款收入、地方政府其他一般债务收入四个目级科目。

7.转移性收入

转移性收入是指根据财政管理体制规定,在各级财政间进行资金转移以及在本级财政各项资金间进行资金调剂所形成的收入。例如,下级财政收到上级财政的一般性转移支付收入、专项转移支付收入,本级公共财政预算从政府性基金预算中调入一部分资金等,都会形成转移性收入,相对应的一方形成转移性支出。

按照《政府收支分类科目》,转移性收入是与税收收入、非税收入、债务收入相并列的一个收入种类,属于类级科目。按照政府财政总预算的种类,转移性收入还可以分别有属于公共财政预算的转移性收入、属于政府性基金预算的转移性收入。目前,国有资本经营预算和社会保险基金预算没有设置转移性收入科目。

(1)公共财政预算中的转移性收入分类。根据现行《政府收支分类科目》,公共财政预算中的转移性收入类级科目设置如下款级科目:

①返还性收入。本科目反映下级政府收到上级政府的返还性收入。本科目分设增值税和消费税税收返还收入、所得税基数返还收入等项级科目,分别反映不同来源渠道的返还性收入。

②一般性转移支付收入。本科目反映政府间一般性转移支付收入。本科目分设体制补助

收入、均衡性转移支付收入、革命老区及民族和边境地区转移支付收入、调整工资转移支付补助收入、农村税费改革补助收入、县级基本财力保障机制奖补资金收入、结算补助收入、体制上解收入、出口退税专项上解收入、化解债务补助收入、资源枯竭型城市转移支付补助收入、企业事业单位划转补助收入、基层公检法司转移支付收入、义务教育等转移支付收入、基本养老金保险和低保等转移支付收入、重点生态功能区转移支付收入等项级科目,分别反映下级政府收到上级政府相应原因的一般性转移支付补助收入,或者上级政府收到下级政府相应原因的一般性转移支付上解收入。

③专项转移支付收入。本科目反映政府间专项转移支付收入。本科目分一般公共服务、外交、国防、公共安全、教育、科学技术、文化体育与传媒、社会保障和就业、医疗卫生、节能环保、城乡社区、农林水、金融、国土海洋气象等、住房保障、粮油物资储备、专项上解收入等项级科目,分别反映下级政府收到上级政府的相应专项补助收入,或者上级政府收到下级政府的相应专项上解收入。

④上年结余收入。本科目反映各类资金的上年结余。本科目设公共财政预算上年结余收入项级科目,反映公共财政预算资金的上年结余。

⑤调入资金。本科目反映不同性质资金之间的调入收入。本科目设公共财政预算调入资金项级科目,反映从其他预算调入公共财政预算的资金。

⑥债券转贷收入。本科目设转贷地方政府债券收入项级科目,反映下级政府收到的上级政府转贷的地方政府债券收入。

⑦接受其他地区援助收入。本科目反映受援方政府接受的可统筹使用的各类援助、捐赠等资金收入。

(2)政府性基金预算中的转移性收入分类。根据现行《政府收支分类科目》,政府性基金预算中的转移性收入类级科目设置如下款级科目:

①政府性基金转移收入。本科目反映政府性基金的转移收入。本科目分设政府性基金补助收入、政府性基金上解收入等项级科目,分别反映下级政府收到的上级政府性基金补助收入,以及上级政府收到的下级政府性基金上解收入。

②上年结余收入。本科目反映各类资金的上年结余。本科目设政府性基金预算上年结余收入项级科目,反映政府性基金的上年结余。

③调入资金。本科目反映不同性质资金之间的调入收入。本科目设政府性基金预算调入资金项级科目,反映从其他预算调入政府性基金预算的资金。

二、收入管理的要求

(一)一般公共预算收入收缴方式和程序

在国库单一账户制度下,财政收入的收缴分为直接缴库与集中汇缴两种收缴方式。

1. 直接缴库

直接缴库是指缴款单位或缴款人按有关法律、法规规定,直接将应缴收入缴入国库单一账户的收缴方式。在直接缴库方式下,直接缴库的税收收入,由纳税人或税务代理人提出纳税申报,经征收机关审核无误后,由纳税人通过开户银行将税款缴入财政国库单一账户。财政总预算会计根据国库单一账户入库数额,作出相应的会计处理,确认国库存款的增加,并确认相应的预算收入等。

直接缴库的非税收入,比照上述程序缴入财政国库存款账户。

2.集中汇缴

集中汇缴是指由征收机关按有关法律、法规规定,将所收的应缴收入汇总缴入国库单一账户的收缴方式。在集中汇缴方式下,小额零散税收和法律另有规定的应缴非税收入,尤其是非税收收入中的现金缴款,由征收机关于收缴收入的当日汇总缴入国库单一账户。在集中汇缴方式下,财政总预算会计根据国库存款账户的入账数额,作出相应的会计处理,确认国库存款的增加,并确认相应的预算收入等。

非税收入中的现金缴款,比照上述程序缴入财政国库存款账户。

无论是直接缴库还是集中汇缴,征收机关都不需要设立应缴款项的过渡账户。即征收机关不需要将收到的应缴款项先存入自身在银行开立的专门账户,然后,再通过该专门账户将应缴款项缴入财政国库存款账户。

与国库单一账户制度下的直接缴库和集中汇缴这两种财政收入收缴方式相对应,尚未实行国库单一账户制度的缴库方式为部门或单位自收汇缴方式。这是一种传统的财政收入收缴方式。在部门或单位自收汇缴方式下,有关部门或单位按照规定收取财政收入后,存入各自的开户银行。然后,再通过各自的开户银行,将收取的款项汇入财政国库存款账户。财政总预算会计根据财政国库存款账户的入账数额,作出相应的会计处理,确认国库存款的增加,并确认相应的预算收入等。

在部门或单位自收汇缴方式下,有关部门或单位在开户银行开设的有关账户,成为财政收入在收缴过程中的过渡账户。

(二)一般公共预算收入的划分、报解与列报基础

1.一般公共预算收入的划分

无论一般公共预算本级收入是采用直接缴库、集中汇缴的方式,还是采用部门或单位自收汇缴的方式,中国人民银行国库在收到一般公共预算本级收入后,都应按照财政管理体制的要求,将一般公共预算本级收入在中央财政与地方财政之间,以及在地方各级财政之间进行划分。一般公共预算本级收入在中央财政与地方财政之间的划分情况为:

(1)中央财政固定收入,包括消费税(含进口环节海关代征的部分)、车辆购置税、关税、海关代征的进口环节增值税等。

(2)地方财政固定收入,包括城镇土地使用税、耕地占用税、土地增值税、房产税、城市房地产税、车船税、契税等。

(3)中央财政与地方财政共享收入,包括增值税、企业所得税、个人所得税、资源税、城市维护建设税、印花税等。

2.一般公共预算收入的报解

在公共财政预算收入缴库和划分之后,中国人民银行国库就需要对公共财政预算收入进行报解。公共财政预算收入的报解包含报和解两层含义。报就是国库要向各级财政机关报告公共财政预算收入的收取情况,以便各级财政机关掌握公共财政预算收入的收取进度和相关情况。解就是国库要在对公共财政预算收入进行划分的基础上,将财政库款解缴到各级财政的国库存款账户上。

3.一般公共预算收入的列报基础

一般公共预算本级收入的列报基础是指财政总预算会计确认和报告公共财政预算收入的

基本依据。根据现行财政总预算会计制度的规定,一般公共预算本级收入以实际缴入财政国库的数额为准。财政总预算会计凭中国人民银行国库报来的预算收入日报表及其所附有关凭证,列报一般公共预算本级收入。即一般公共预算本级收入采用收付实现制基础确认,税收收入、非税收入以及退税等都以中国人民银行国库实际入库或实际退库的数额为依据。这样,一般公共预算本级收入的确认数额比较接近财政可以调度使用的财政资金数额,这与政府预算采用收付实现制基础编制的主要原因相符合。

4.专用基金收入的管理要求

专用基金收入必须专款专用,不能随意改变用途,且都必须做到先收后支,量入为支。专用基金收入是财政部门按规定设置或取得的资金收入,一般需要通过开设银行存款专户进行储存,单独管理。

(三)一般公共预算收入的审核与退库

1.一般公共预算收入的审核

财政总预算会计核算一般公共预算收入的原始凭证主要有国库编报的各种日报表,包括:"一般公共预算收入日报表""分成收入计算日报表"和所附的各种收入缴库凭证等。财政总预算会计对国库每天报来的各种一般公共预算收入凭证经认真审核无误后,才能做账。除一般数字关系等技术性审核外,还应该着重审核预算级次、分成比例及预算科目的正确性。

2.一般公共预算收入的退库

在政府预算执行过程中,已入库的各项预算收入,一般不予退库,但确有正当理由,符合国家规定退库范围的,可按规定审批程序办理退库。

目前国家规定的退库范围有以下 4 种情况:

第一,由于工作疏忽,发生技术性差错需要退库的。如:收入错缴、多缴。

第二,改变企业隶属关系办理财务结算需要退库的。

第三,企业按计划上缴税利,超过实际应缴的过多,不宜下期抵缴,需要退库的。

第四,财政部明文规定或者专项批准的其他退库项目。

一般公共预算收入的退库办理,必须由申请退库的单位向征收机关提出"收入退库申请书",经征收机关审批后,签发"收入退还书",申请退库单位持收入退还书到指定国库办理退库。

一般公共预算收入的退库,应按照预算级次办理,并且只转账办理,不提现金。

第二节　收入的核算

一、一般公共预算本级收入的核算

为核算一般公共预算本级收入,财政总预算会计应设置"一般公共预算本级收入"科目。本科目核算政府财政筹集的纳入一般公共预算管理的税收收入和非税收入。本科目应根据《政府收支分类科目》中"一般公共预算收入科目"规定进行明细核算。本科目平时余额在贷方,反映一般公共预算本级收入累计数。年终结账后,本科目应无余额。

一般公共预算本级收入的主要账务处理如下:

(1)收到款项时,根据当日预算收入日报表所列一般公共预算本级收入数,借记"国库存款"科目,贷记"一般公共预算本级收入"科目;如果当日的收入数为负数,则以红字或负数记入。

(2)年终结账时,将"一般公共预算本级收入"科目的贷方余额转入"一般公共预算结转结余"科目,即借记"一般公共预算本级收入"科目,贷记"一般公共预算结转结余"科目。

1.收到税收收入

【例6-1】某市财政总预算会计收到中国人民银行国库报来的"一般公共预算本级收入日报表"以及所附收入凭证,列示当日一般公共预算本级收入 780 000 元。其中,"税收收入——增值税——国内增值税"450 000 元,"税收收入——企业所得税——国有保险企业所得税"150 000 元,"税收收入——个人所得税——个人所得税"150 000 元,"税收收入——房产税——私营企业房产税"30 000 元。其会计分录为:

　　借:国库存款——一般公共预算存款　　　　　　　　　　780 000
　　　　贷:一般公共预算本级收入　　　　　　　　　　　　　　780 000

同时,在"一般公共预算本级收入"总账科目的贷方登记明细账如下:

　　税收收入——增值税——国内增值税　　　　　　　　　　450 000
　　税收收入——企业所得税——国有保险企业所得税　　　　150 000
　　税收收入——个人所得税——个人所得税　　　　　　　　150 000
　　税收收入——房产税——私营企业房产税　　　　　　　　 30 000

2.收到专项收入、行政事业性收费收入和罚没收入

【例6-2】某市财政总预算会计收到中国人民银行国库报来的"一般公共预算本级收入日报表"以及所附收入凭证,列示当日一般公共预算本级收入 190 000 元。其中,"非税收入——专项收入——教育费附加收入"25 000 元,"非税收入——专项收入——排污收入"50 000 元,"非税收入——行政事业性收费收入——工商行政事业性收费收入"25 000 元,"非税收入——罚没收入——一般罚没收入"35 000 元。其会计分录为:

　　借:国库存款——一般公共预算存款　　　　　　　　　　190 000
　　　　贷:一般公共预算本级收入　　　　　　　　　　　　　　190 000

同时,在"一般公共预算本级收入"总账科目的贷方登记明细账如下:

　　非税收入——专项收入——教育费附加收入　　　　　　　 25 000
　　非税收入——专项收入——排污费收入　　　　　　　　　 50 000
　　非税收入——行政事业性收费收入——公安行政事业性收费收入　　55 000
　　非税收入——行政事业性收费收入——工商行政事业性收费收入　　25 000
　　非税收入——罚没收入——一般罚没收入　　　　　　　　 35 000

3.收到国有资本经营收入、国有资源(资产)有偿使用收入和其他收入

【例6-3】某市财政收到中国人民银行国库报来的"一般预算本级收入日报表",列明一般公共预算本级收入合计 850 000 元。其中,"非税收入——国有资本经营收入——利润收入"630 000 元,"非税收入——国有资源(资产)有偿使用收入——场地和矿区使用费收入"220 000 元,"非税收入——其他收入——捐赠收入"5 000 元。其会计分录为:

　　借:国库存款——一般公共预算存款　　　　　　　　　　855 000
　　　　贷:一般公共预算本级收入　　　　　　　　　　　　　　855 000

同时,在"一般公共预算本级收入"总账科目的贷方登记明细账如下:

非税收入——国有资本经营收入——利润收入 630 000

非税收入——国有资源(资产)有偿使用收入——场地和矿区使用费收入 220 000

非税收入——其他收入——捐赠收入 5 000

4. 一般公共预算本级收入的年终结转

【例6-4】某市财政年终将"一般公共预算本级收入"科目贷方余额879 000元全数转入"一般公共预算结转结余"科目。其会计分录为：

借：一般公共预算本级收入 879 000

　　贷：一般公共预算结转结余 879 000

同时，财政总预算会计应结清所有"一般公共预算本级收入"科目的明细账。

二、政府性基金预算本级收入的核算

为核算政府性基金预算本级收入业务，财政总预算会计应设置"政府性基金预算本级收入"科目。本科目核算政府财政筹集的纳入本级政府性基金预算管理的非税收入。本科目应按《政府收支分类科目》中的政府性基金预算本级收入科目设置明细账。本科目平时贷方余额，反映当年政府性基金预算本级收入累计数。年终结账后，本科目应无余额。

政府性基金预算本级收入业务的主要账务处理如下：

(1)收到款项时，根据当日"预算收入日报表"所列政府性基金预算本级收入数，借记"国库存款"科目，贷记"政府性基金预算本级收入"科目。

(2)年终转账时，将本科目贷方余额全数转入"政府性基金预算结转结余"科目，借记"政府性基金预算本级收入"科目，贷记"政府性基金预算结转结余"科目。

【例6-5】某市财政总预算会计收到中国人民银行国库报来的"预算收入日报表"以及所附收入凭证，列示当日政府性基金预算本级收入1 150 000元。其中，"非税收入——政府性基金收入——农网还贷资金收入——地方农网还贷资金收入"150 000元，"非税收入——政府性基金收入——国有土地使用权出让收入——土地出让价款收入"500 000元，"非税收入——政府性基金收入——政府住房基金收入——计提廉租住房资金"450 000元，"非税收入——政府性基金收入——车辆通行费"50 000元。其会计分录为：

借：国库存款——政府性基金预算存款 1 150 000

　　贷：政府性基金预算本级收入 1 150 000

同时，在"政府性基金预算本级收入"总账科目的贷方登记明细账如下：

农网还贷资金收入——地方农网还贷资金收入 150 000

国有土地使用权出让收入——土地出让价款收入 500 000

政府住房基金收入——计提廉租住房资金 450 000

车辆通行费 50 000

年终，总预算会计应将"政府性基金预算本级收入"科目贷方余额全数转入"政府性基金预算结转结余"科目，同时结清所有政府性基金预算本级收入明细账的余额。

三、国有资本经营预算本级收入的核算

为核算国有资本经营预算本级收入业务，财政总预算会计应设置"国有资本经营预算本级收入"总账科目。本科目核算政府财政筹集的纳入本级固有资本经营预算管理的非税收入。

本科目应当根据《政府收支分类科目》中"国有资本经营预算收入"科目规定进行明细核算。本科目平时为贷方余额,表示当年国有资本经营预算本级收入的累计数。年终结转后,本科目无余额。

国有资本经营预算本级收入的主要账务处理如下:

(1)收到款项时,根据当日预算收入日报表所列国有资本经营预算本级收入数,借记"国库存款"等科目,贷记"国有资本经营预算本级收入"科目。

(2)年终转账时,本科目贷方余额全数转入"国有资本经营预算结转结余"科目,借记"国有资本经营预算本级收入"科目,贷记"国有资本经营预算结转结余"科目。

【例6-6】某市财政总预算会计发生如下业务:

(1)收到中国人民银行国库报来的预算收入日报表。其中,国有资本经营收入合计1 250 000元,具体为:"非税收入——国有资本经营收入——利润收入——电力企业利润收入"250 000元,"非税收入——国有资本经营收入——股利股息收入——国有控股公司股利股息收入"500 000元,"非税收入——国有资本经营收入——产权转让收入——国有股权股份转让收入"500 000元。其会计分录为:

借:国库存款——国有资本经营预算存款   1 250 000

 贷:国有资本经营预算本级收入   1 250 000

同时,在"国有资本经营预算本级收入"总账科目的贷方登记明细账如下:

利润收入——电力企业利润收入   250 000

股利股息收入——国有控股公司股利股息收入   500 000

产权转让收入——国有股权股份转让收入   500 000

(2)年终,将"国有资本经营预算本级收入"科目贷方余额1 250 000元全数转入"国有资本经营预算结转结余"科目。其会计分录为:

借:国有资本经营预算本级收入   1 250 000

 贷:国有资本经营预算结转结余   1 250 000

同时,财政总预算会计应结清所有国有资本经营预算本级收入科目的明细账。

四、专用基金收入的核算

为核算专用基金收入业务,财政总预算会计应设置"专用基金收入"科目。本科目核算政府财政按照法律法规和国务院、财政部规定设置或取得的粮食风险基金等专用基金收入。本科目应根据专用基金的种类设置明细账。平时本科目为贷方余额,反映本年专用基金收入的累计数。年终转账后,本科目无余额。

专用基金收入业务的主要账务处理如下:

(1)通过预算支出安排取得专用基金收入转入财政专户的,借记"其他财政存款"科目,贷记"专用基金收入"科目;同时,借记"一般公共预算本级支出"等科目,贷记"国库存款""补助收入"等科目。退回专用基金收入时,借记"专用基金收入"科目,贷记"其他财政存款"科目。

(2)通过预算支出安排取得专用基金收入仍存在国库的,借记"一般公共预算本级支出"等科目,贷记"专用基金收入"科目。

(3)年终转账时,本科目贷方余额全数转入"专用基金结余"科目,借记"专用基金收入"科目,贷记"专用基金结余"科目。

【例6-7】某省财政总预算会计发生如下专用基金收入业务：

(1)收到中央财政拨入的粮食风险基金55 000元,相应款项已存入粮食风险基金财政专户。其会计分录为：

借：其他财政存款　　　　　　　　　　　　　　　　55 000
　　贷：专用基金收入　　　　　　　　　　　　　　　　55 000

同时,在"专用基金收入"总账科目的贷方登记明细账如下：

粮食风险基金——中央财政拨入　　　　　　　　　55 000

同时：

借：一般公共预算本级支出　　　　　　　　　　　　55 000
　　贷：补助收入　　　　　　　　　　　　　　　　　　55 000

(2)通过本级一般公共预算安排取得粮食风险基金69 000元。相应款项已从财政国库转入粮食风险基金财政专户。其会计分录为：

借：一般公共预算本级支出　　　　　　　　　　　　69 000
　　贷：国库存款　　　　　　　　　　　　　　　　　　69 000

同时：

借：其他财政存款　　　　　　　　　　　　　　　　69 000
　　贷：专用基金收入　　　　　　　　　　　　　　　　69 000

同时,在"专用基金收入"总账科目的贷方登记明细账如下：

粮食风险基金——本级财政预算安排　　　　　　　69 000

(3)年终,将"专用基金收入"科目贷方余额158 000全数转入"专用基金结余"科目,其会计分录为：

借：专用基金收入　　　　　　　　　　　　　　　158 000
　　贷：专用基金结余　　　　　　　　　　　　　　　158 888

五、财政专户管理资金收入的核算

为核算财政专户管理资金收入业务,财政总预算会计应设置"财政专户管理资金收入"科目。本科目核算政府财政纳入财政专户管理的教育收费等资金收入。本科目应当按照《政府收支分类科目》中收入分类科目规定进行明细核算。同时,根据管理需要,按部门(单位)等进行明细核算。平时本科目为贷方余额,反映本年财政专户管理资金收入的累计数。年终转账后,本科目无余额。

财政专户管理资金收入的主要账务处理如下：

(1)收到财政专户管理资金时,借记"其他财政存款"科目,贷记"财政专户管理资金收入"科目。

(2)年终转账时,本科目贷方余额全数转入"财政专户管理资金结余"科目,借记"财政专户管理资金收入"科目,贷记"财政专户管理资金结余"科目。

【例6-8】其市财政发生如下业务：

(1)收到财政专户管理的资金收入共计345 000元。其中"教育行政事业性收费收入——高等学校学费"215 000元,"教育行政事业性收费收入——高等学校住宿费"85 000元,"卫生行政事业性收费收入——教育收费"25 000元,"党校行政事业性收费收入——短期培训进修费"9 000元,"非税收入——其他收入——彩票发行机构和彩票销售机构的业务费用——体育彩票销售机构的业务费用"11 000元。其会计分录为:

借:其他财政存款　　　　　　　　　　　　　　　　　345 000
　贷:财政专户管理资金收入　　　　　　　　　　　　　　　　345 000

同时,在"财政专户管理资金收入"总账科目的贷方登记明细账如下:

教育行政事业性收费收入——高等学校学费　　　　　　　　215 000
教育行政事业性收费收入——高等学校住宿费　　　　　　　　85 000
卫生行政事业性收费收入——教育收费　　　　　　　　　　　25 000
党校行政事业性收费收入——短期培训进修费　　　　　　　　9 000
彩票发行机构和彩票销售机构的业务费用——体育彩票销售机构的业务费用 11 000

(2)年终"财政专户管理资金收入"总账科目贷方余额为345 000元,将其全数转入"财政专户管理资金结余"总账科目。其会计分录为:

借:财政专户管理资金收入　　　　　　　　　　　　　345 000
　贷:财政专户管理资金结余　　　　　　　　　　　　　　　345 000

同时,财政总预算会计应结清所有财政专户管理资金收入明细账余额。

六、债务收入的核算

为了核算债务收入业务,财政总预算会计应设置"债务收入"总账科目。本科目核算政府财政按照国家法律、国务院规定以发行债券等方式取得的,以及向外国政府、国际金融组织等机构借款取得的纳入预算管理的债务收入。本科目应当按照《政府收支分类科目》中"债务收入"科目的规定进行明细核算。本科目平时贷方余额反映债务收入的累计数。年终结转后,本科目无余额。

债务收入的主要账务处理如下:

(1)省级以上政府财政收到政府债券发行收入时,按照实际收到的金额,借记"国库存款"科目,按照政府债券实际发行额,贷记"债务收入"科目,按照发行收入和发行额的差额,借记或贷记有关支出科目;根据债务管理部门转来的债券发行确认文件等相关资料,按照到期应付的政府债券本金金额,借记"待偿债净资产——应付短期政府债券(或应付长期政府债券)"科目,贷记"应付短期政府债券""应付长期政府债券"等科目。

(2)政府财政向外国政府、国际金融组织等机构借款时,按照借入的金额,借记"国库存款""其他财政存款"等科目,贷记"债务收入"科目;根据债务管理部门转来的相关资料,按照实际承担的债务金额,借记"待偿债净资产——借入款项"科目,贷记"借入款项"科目。

(3)本级政府财政借入主权外债,且由外方将贷款资金直接支付给用款单位或供应商时,应根据以下情况分别处理:

一是本级政府财政承担还款责任,贷款资金由本级政府财政同级部门(单位)使用的,本级政府财政根据贷款资金支付相关资料,借记"一般公共预算本级支出"科目,贷记"债务收入"科目;根据债务管理部门转来的相关资料,按照实际承担的债务金额,借记"待偿债净资产——借入款项"科目,贷记"借入款项"科目。

二是本级政府财政承担还款责任,贷款资金由下级政府财政同级部门(单位)使用的,本级政府财政根据贷款资金支付相关资料及预算指标文件,借记"补助支出"科目,贷记"债务收入"

科目;根据债务管理部门转来的相关资料,按照实际承担的债务金额,借记"待偿债净资产——借入款项"科目,贷记"借入款项"科目。

三是下级政府财政承担还款责任,贷款资金由下级政府财政同级部门(单位)使用的,本级政府财政根据贷款资金支付相关资料,借记"债务转贷支出"科目,贷记"债务收入"科目;根据债务管理部门转来的相关资料,按照实际承担的债务金额,借记"待偿债净资产——借入款项"科目,贷记"借入款项"科目;同时,借记"应收主权外债转贷款"科目,贷记"资产基金——应收主权外债转贷款"科目。

(4)年终转账时,本科目下"专项债务收入"明细科目的贷方余额应按照对应的政府性基金种类分别转入"政府性基金预算结转结余"相应明细科目,借记"债务收入"科目(专项债务收入明细科目),贷记"政府性基金预算结转结余"科目;本科目下其他明细科目的贷方余额全数转入"一般公共预算结转结余"科目,借记"债务收入"科目(其他明细科目),贷记"一般公共预算结转结余"科目。

【例6-9】中央政府财政发生如下业务:

(1)发行1年期国债5 000 000 000元。总预算会计收到中国人民银行国库报来的"一般公共预算本级收入日报表",具体情况为:"债务收入——中央政府债务收入——中央政府国内债务收入"5 000 000 000元,当日共收到国债发行收入4 995 000 000元。其会计分录为:

借:国库存款——一般公共预算存款　　　　　　　　　　　　4 995 000 000
　　一般公共预算本级支出　　　　　　　　　　　　　　　　　　5 000 000
　贷:债务收入——中央政府债务收入——中央政府国内债务收入　5 000 000 000

同时:

借:待偿债净资产——应付短期政府债券　　　　　　　　　　5 000 000 000
　贷:应付短期政府债券　　　　　　　　　　　　　　　　　　5 000 000 000

(2)年终"债务收入"总账科目贷方余额为550 200 000 000元,财政总预算会计将其全数转入"一般公共预算结转结余"总账科目。其会计分录为:

借:债务收入　　　　　　　　　　　　　　　　　　　550 200 000 000
　贷:一般公共预算结转结余　　　　　　　　　　　　550 200 000 000

同时,财政总预算会计应结清所有债务收入明细账的余额。

七、转移性收入的核算

为了核算转移性收入业务,财政总预算会计应设置"补助收入""上解收入""调入资金""动用预算稳定调节基金""债务转贷收入""地区间援助收入"科目。

(一)补助收入

为了核算补助收入业务,财政总预算会计应设置"补助收入"科目。本科目核算上级政府财政按照财政体制规定或因专项需要补助给本级政府财政的款项,包括税收返还、转移支付等。本科目下应当按照不同的资金性质设置"一般公共预算补助收入""政府性基金预算补助收入"等明细科目。本科目平时为贷方余额,反映取得的上级补助收入累计数。年终结转以后,本科目应无余额。

补助收入的主要账务处理如下:

(1)收到上级政府财政拨入的补助款时,借记"国库存款""其他财政存款"科目,贷记"补助收入"科目。

(2)专项转移支付资金实行特设专户管理的,政府财政应当根据上级政府财政下达的预算文件确认补助收入。年度当中收到资金时,借记"其他财政存款"科目,贷记"与上级往来"等科目;年度终了,根据专项转移支付资金预算文件,借记"与上级往来"科目,贷记"补助收入"科目。

(3)从"与上级往来"科目转入本科目时,借记"与上级往来"科目,贷记"补助收入"科目。

(4)有主权外债业务的财政部门,贷款资金由本级政府财政同级部门(单位)使用,且贷款的最终还款责任由上级政府财政承担的,本级政府财政部门收到贷款资金时,借记"其他财政存款"科目,贷记"补助收入"科目;外方将贷款资金直接支付给供应商或用款单位时,借记"一般公共预算本级支出",贷记"补助收入"科目。

(5)年终与上级政府财政结算时,根据预算文件,按照尚未收到的补助款金额,借记"与上级往来"科目,贷记"补助收入"科目。退还或核减补助收入时,借记"补助收入"科目,贷记"国库存款""与上级往来"等科目。

(6)年终转账时,本科目贷方余额应根据不同资金性质分别转入对应的结转结余科目,借记"补助收入"科目,贷记"一般公共预算结转结余""政府性基金预算结转结余"等科目。

【例6-10】某市财政发生如下业务:

(1)收到中国人民银行国库报来的"预算收入日报表",当日收到省一般公共预算转移性收入合计345 000元。具体:"转移性收入——返还性收入——增值税和消费税返还收入"200 000元,"转移性收入——一般性转移支付收入——化解债务补助收入"45 000元,"转移性收入——专项转移性支付收入——环境保护专项补助收入"100 000元。其会计分录为:

```
借:国库存款——一般公共预算存款                          345 000
　贷:补助收入——返还性收入——增值税和消费税返还收入        200 000
　　　　　　　——一般性转移交付收入——化解债务补助收入       45 000
　　　　　　　——专项转移性支付收入——环境保护专项补助收入   100 000
```

(2)根据财政体制结算,计算应得上级省财政的补助收入500 000元。具体科目为"转移性收入——一般性转移支付收入——均衡性转移支付收入"。其会计分录为:

```
借:上级往来                                            500 000
　贷:补助收入——一般性转移交付收入——均衡性转移支付收入    500 000
```

(3)确认应收上级省财政的补助收入200 000元。具体为"转移性收入——政府性基金转移收入——政府性基金补助收入"200 000元。其会计分录为:

```
借:与上级往来                                          200 000
　贷:补助收入——政府性基金转移收入——政府性基金补助收入    200 000
```

(4)年终将"补助收入"科目贷方余额850 000元(其中,属于一般公共预算的补助收入550 000元,属于政府性基金预算的补助收入300 000元)转入"一般公共预算结转结余""政府性基金预算结转结余"科目。其会计分录为:

```
借:补助收入                                            850 000
　贷:一般公共预算结转结余                                550 000
　　　政府性基金预算结转结余                              300 000
```

同时,财政总预算会计应结清所有补助收入明细科目。

(二)上解收入

为核算上解收入业务,财政总预算会计应设置"上解收入"科目。本科目核算按照体制规定由下级政府财政上交给本级政府财政的款项。本科目下应当按照不同资金性质设置"一般公共预算上解收入""政府性基金预算上解收入"等明细科目。同时,还应当按照上解地区进行明细核算。本科目平时余额在贷方,反映下级财政上解本级财政收入累计数,年终结转以后应无余额。

上解收入的主要账务处理如下:

(1)收到下级政府财政的上解款时,借记"国库存款"等科目,贷记"上解收入"科目。

(2)年终与下级政府财政结算时,根据预算文件,按照尚未收到的上解款金额,借记"与下级往来"科目,贷记"上解收入"科目。退还或核减上解收入时,借记"上解收入"科目,贷记"国库存款""与下级往来"等科目。

(3)年终转账时,本科目贷方余额应根据不同资金性质分别转入对应的结转结余科目,借记"上解收入"科目,贷记"一般公共预算结转结余""政府性基金预算结转结余"等科目。

【例6-11】某省财政总预算会计发生如下业务:

(1)收到中国人民银行国库报来的"一般公共预算收入日报表"。其中:当日收到所属某市一般公共预算转移性收入合计350 000元。具体:"转移性收入——一般性转移支付收入——体制上解收入"200 000元,"转移性收入——专项转移性支付收入——专项上解收入"100 000元,"转移性收入——政府性基金转移收入——政府性基金上解收入"50 000元。其会计分录为:

借:国库存款——一般公共预算存款　　　　　　　　　　　　350 000
　　贷:上解收入——一般性转移支付收入——体制上解收入　　　　200 000
　　　　　　——专项转移性交付收入——专项上解收入　　　　　　100 000
　　　　　　——政府性基金转移收入——政府性基金上解收入　　　50 000

(2)确认应收下级某市财政的上解收入120 000元。具体:"转移性收入——一般性转移支付收入——体制上解收入"100 000元,"转移性收入——政府性基金转移收入——政府性基金上解收入"20 000元。其会计分录为:

借:与下级往来　　　　　　　　　　　　　　　　　　　　　120 000
　　贷:上解收入——一般性转移交付收入——体制上解收入　　　　100 000
　　　　　　——政府性基金转移收入——政府性基金上解收入　　　20 000

(3)年终,将"上解收入"科目贷方余额470 000元按资金性质分别转入"一般公共预算结转结余"和"政府性基金预算结转结余"科目,其会计分录为:

借:上解收入　　　　　　　　　　　　　　　　　　　　　　470 000
　　贷:一般公共预算结转结余　　　　　　　　　　　　　　　　400 000
　　　　政府性基金预算结转结余　　　　　　　　　　　　　　　70 000

同时,财政总预算会计应结清所有上解收入科目的明细科目。

(三)调入资金

为核算调入资金的业务,财政总预算会计应设置"调入资金"科目。本科目核算政府财政为平衡某类预算收支、从其他类型预算资金及其他渠道调入的资金。本科目下应当按照不同资金性质设置"一般公共预算调入资金""政府性基金预算调入资金"等明细科目。本科目平时贷方余额反映调入资金的累计数。年终结转后,本科目无余额。

调入资金的主要账务处理如下:

(1)从其他类型预算资金及其他渠道调入一般公共预算时,按照调入的资金金额,借记"调出资金——政府性基金预算调出资金""调出资金——国有资本经营预算调出资金""国库存款"等科目,贷记"调入资金"科目(一般公共预算调入资金)。

(2)从其他类型预算资金及其他渠道调入政府性基金预算时,按照调入的资金金额,借记"调出资金——一般公共预算调出资金""国库存款"等科目,贷记"调入资金"科目(政府性基金预算调入资金)。

(3)年终转账时,本科目贷方余额分别转入相应的结转结余科目,借记"调入资金"科目,贷记"一般公共预算结转结余""政府性基金预算结转结余"等科目。

【例6-12】某市财政总预算会计发生如下业务:

(1)为平衡一般预算,经批准从政府性基金预算结余中调入资金150 000元,其会计分录为:

借:调出资金——政府性基金预算调出资金　　　　　　　　150 000
　　贷:调入资金——一般公共预算调入资金　　　　　　　　　　150 000

(2)年终,将"调入资金——一般公共预算调入资金"科目贷方余额150 000元,转入"一般公共预算结转结余"科目。其会计分录为:

借:调入资金　　　　　　　　　　　　　　　　　　　　　　150 000
　　贷:一般公共预算结转结余　　　　　　　　　　　　　　　　150 000

同时,财政总预算会计应结清所有调入资金明细分类科目。

(四)动用预算稳定调节基金

为核算动用预算稳定调节基金业务,财政总预算会应设置"动用预算稳定调节基金"科目。本科目核算政府财政为弥补本年度预算资金的不足,调用的预算稳定调节基金。本科目平时贷方余额反映动用预算稳定调节基金的累计数。年终结转后,本科目无余额。

动用预算稳定调节基金的主要账务处理如下:

(1)调用预算稳定调节基金时,借记"预算稳定调节基金"科目,贷记"动用预算稳定调节基金"科目。

(2)年终转账时,本科目贷方余额全数转入"一般公共预算结转结余"科目,借记"动用预算稳定调节基金"科目,贷记"一般公共预算结转结余"科目。

【例6-13】某省财政年终发生财政短收,即财政收入小于财政支出,决定调用预算稳定调节基金35 000元。其会计分录为:

借:预算稳定调节基金　　　　　　　　　　　　　　　　　　35 000
　　贷:动用预算稳定调节基金　　　　　　　　　　　　　　　　35 000

(五)债务转贷收入

为核算债务转贷收入业务,财政总预算会应设置"债务转贷收入"科目。本科目核算省级以下(不含省级)政府财政收到上级政府财政转贷的债务收入。本科目下应当设置"地方政府一般债务转贷收入""地方政府专项债务转贷收入"明细科目。本科目平时贷方余额反映债务转贷收入的累计数。年终结转后,本科目无余额。

债务转贷收入的主要账务处理如下:

（1）省级以下（不含省级）政府财政收到地方政府债券转贷收入时，按照实际收到的金额，借记"国库存款"科目，贷记"债务转贷收入"科目；根据债务管理部门转来的相关资料，按照到期应偿还的转贷款本金金额，借记"待偿债净资产——应付地方政府债券转贷款"科目，贷记"应付地方政府债券转贷款"科目。

（2）省级以下（不含省级）政府财政收到主权外债转贷收入的具体账务处理如下：

一是本级财政收到主权外债转贷资金时，借记"其他财政存款"科目，贷记"债务转贷收入"科目；根据债务管理部门转来的相关资料，按照实际承担的债务金额，借记"待偿债净资产——应付主权外债转贷款"科目，贷记"应付主权外债转贷款"科目。

二是从上级政府财政借入主权外债转贷款，且由外方将贷款资金直接支付给用款单位或供应商时，应根据以下情况分别处理：

其一，本级政府财政承担还款责任，贷款资金由本级政府财政同级部门（单位）使用的，本级政府财政根据贷款资金支付相关资料，借记"一般公共预算本级支出"科目，贷记"债务转贷收入"科目；根据债务管理部门转来的相关资料，按照实际承担的债务金额，借记"待偿债净资产——应付主权外债转贷款"科目，贷记"应付主权外债转贷款"科目。

其二，本级政府财政承担还款责任，贷款资金由下级政府财政同级部门（单位）使用的，本级政府财政根据贷款资金支付相关资料及预算文件，借记"补助支出"科目，贷记"债务转贷收入"科目；根据债务管理部门转来的相关资料，按照实际承担的债务金额，借记"待偿债净资产——应付主权外债转贷款"科目，贷记"应付主权外债转贷款"科目。

其三，下级政府财政承担还款责任，贷款资金由下级政府财政同级部门（单位）使用的，本级政府财政根据转贷资金支付相关资料，借记"债务转贷支出"科目，贷记"债务转贷收入"科目；根据债务管理部门转来的相关资料，按照实际承担的债务金额，借记"待偿债净资产——应付主权外债转贷款"科目，贷记"应付主权外债转贷款"科目；同时，借记"应收主权外债转贷款"科目，贷记"资产基金——应收主权外债转贷款"科目。下级政府财政根据贷款资金支付相关资料，借记"一般公共预算本级支出"科目，贷记"债务转贷收入"科目；根据债务管理部门转来的相关资料，按照实际承担的债务金额，借记"待偿债净资产——应付主权外债转贷款"科目，贷记"应付主权外债转贷款"科目。

（3）年终转账时，本科目下"地方政府一般债务转贷收入"明细科目的贷方余额全数转入"一般公共预算结转结余"科目，借记"债务转贷收入"科目，贷记"一般公共预算结转结余"科目。本科目下"地方政府专项债务转贷收入"明细科目的贷方余额按照对应的政府性基金种类分别转入"政府性基金预算结转结余"相应明细科目，借记"债务转贷收入"科目，贷记"政府性基金预算结转结余"科目。

【例6-14】某市财政总预算会计发生如下业务：

（1）实际收到来自上级省财政部门的债务转贷收入1 500 000元。其会计分录为：

借：国库存款　　　　　　　　　　　　　　　　　　　　　　1 500 000
　　贷：债务转贷收入——地方政府一般债务转贷收入　　　　　　　1 500 000
同时：
借：待偿债净资产——应付地方政府债券转贷款　　　　　　　1 500 000
　　贷：应付地方政府债券转贷款　　　　　　　　　　　　　　　1 500 000

地方各级政府财政部门需要上缴由本级政府财政承担的地方政府债券发行费用未按时上

缴的,通过年终结算扣缴。

(2)年终"债务转贷收入——地方政府一般债务转贷收入"科目的贷方余额为 205 000 元,财政总预算会计将其全数转入"一般公共预算结转结余"科目。其会计分录为:

借:债务转贷收入 205 000

　　贷:一般公共预算结转结余 205 000

同时,财政总预算会计应结清所有债务转贷收入明细账的余额。

(六)地区间援助收入

为核算地区间援助收入业务,财政总预算会计应设置"地区间援助收入"总账科目。本科目核算受援方政府财政收到援助方政府财政转来的可统筹使用的各类援助、捐赠等资金收入。本科目应按援助地区及管理要求进行明细核算。本科目平时贷方余额,反映当年收到的地区间援助收入累计数。年终结账后,本科目应无余额。

地区间援助收入的主要账务处理如下:

(1)收到援助方政府财政转来的资金时,借记"国库存款"科目,贷记"地区间援助收入"科目。

(2)年终转账时,本科目贷方余额全数转入"一般公共预算结转结余"科目,借记"地区间援助收入"科目,贷记"一般公共预算结转结余"科目。

【例6-15】 甲市财政总预算会计发生如下业务:

(1)收到乙市财政转来的可统筹使用的援助资金 250 000 元。其会计分录为:

借:国库存款 250 000

　　贷:地区间援助收入——接受其他地区援助收入——乙市财政 250 000

(2)年终"地区间援助收入"总账科目贷方余额为 250 000 元,财政总预算会计将其全数转入"一般公共预算结转结余"总账科目。其会计分录为:

借:地区间援助收入 250 000

　　贷:一般公共预算结转结余 250 000

同时,财政总预算会计应结清所有调入资金明细分类科目。

关键术语

一般公共预算本级收入　　税收收入　　非税收入　　政府性基金预算本级收入　　国有资本经营预算本级收入　　专用基金收入　　财政专户管理资金收入　　债务收入　　转移性收入

复习思考题

1.什么是财政总预算会计的收入?具体包括哪些内容?

2.什么是一般公共预算本级收入?一般公共预算本级收入是如何分类的?按照现行《政府收支分类科目》,一般公共预算收入科目共分设几级?

3.一般公共预算收入的收缴方式和程序是怎样的?

4.什么是政府性基金预算收入?按照现行《政府收支分类科目》,政府性基金预算收入可分成哪些主要类别?政府性基金预算收入管理的基本要求有哪些?

5.什么是国有资本经营预算收入?按照现行《政府收支分类科目》,国有资本经营预算收入可分成哪些主要类别?国有资本经营预算收入管理的基本要求有哪些?

6.什么是专用基金收入？它与基金预算收入在管理要求上有什么不同？

7.什么是转移性收入？按照现行《政府收支分类科目》,一般公共预算本级收入科目下设置了哪几个转移性收入的款级科目？它主要包括哪几项内容？如何进行核算？

8.什么是债务收入？什么是债务转贷收入？两者有什么相同和不同的地方？

练习题

1.目的:练习财政总预算会计收入的核算。

2.要求:根据以下经济业务,为该市财政总预算会计编制有关的会计分录。

3.资料:某市财政2017年发生如下经济业务:

(1)收到增值税收入555 300元,款项已存入国库。

(2)收到营业税收入88 200元,款项已存入国库。

(3)收到企业所得税收入456 800元,款项已存入国库。

(4)收到城市维护建设税收入53 600元,款项已存入国库。

(5)收到行政事业性收费收入8 800元,款项已存入国库。

(6)收到罚没收入9 700元,款项已存入国库。

(7)收到纳入公共财政预算的国有资本经营收入66 300元,款项已存入国库。

(8)收到国有资源(资产)有偿使用收入38 300元,款项已存入国库。

(9)收到上级财政一般性转移支付收入233 300元,款项已存入国库。

(10)收到下级财政专项转移支付收入4 500元,款项已存入国库。

(11)收到债券转贷收入89 000元,款项已存入国库。

(12)收到政府住房基金收入67 400元,款项已存入国库。

(13)收到彩票公益金收入99 500元,款项已存入国库。

(14)收到国有土地使用权出让收入435 300元,款项已存入国库。

(15)收到纳入国有资本经营预算的利润收入235 000元,款项已存入国库。

(16)收到纳入国有资本经营预算的清算收入78 600元,款项已存入国库。

(17)收到纳入财政专户资金管理的中等职业学校学费收入45 400元,款项已存入财政专户。

(18)收到纳入财政专户资金管理的普通高中住宿费收入28 300元,款项已存入财政专户。

(19)收到纳入财政专户资金管理的体育彩票销售机构的业务费用收入1 000元,款项已存入财政专户。

(20)从政府性基金预算结余中调出一笔资金45 000元至一般公共预算。

第七章 总预算会计支出的核算

财政总预算会计的支出是指政府为实现政府职能,对财政资金的分配和使用。它主要包括一般公共预算本级支出、政府性基金预算本级支出、国有资本经营预算本级支出、财政专户管理资金支出、专用基金支出、补助支出、上解支出、地区间援助支出、调出资金、债务还本支出、债务转贷支出等。其中,补助支出、上解支出、地区间援助支出、调出资金等种类可合称为转移性支出。除此之外,债务还本支出和债务转贷支出尽管具有偿还债务和形成债权的特征,但由于它们也属于一级政府安排的预算支出,因此,也作为支出进行核算。本章在介绍财政支出含义的基础上,着重介绍了财政支出的内容和各项支出的具体核算方法。通过本章学习,重点要掌握预算支出的具体内容、对各项支出的管理要求以及各项支出的会计核算方法。

第一节 支出的管理

一、支出的概念与内容

(一)支出的概念

财政总预算会计的支出是指政府为实现政府职能,对财政资金的分配和使用。它主要包括一般公共预算本级支出、政府性基金预算本级支出、国有资本经营预算本级支出、财政专户管理资金支出、专用基金支出、补助支出、上解支出、地区间援助支出、调出资金、债务还本支出、债务转贷支出等。

(二)支出的内容

1.一般公共预算本级支出

一般公共预算本级支出是指政府财政管理的由本级政府使用的列入一般公共预算的支出,是政府对集中的一般公共预算收入有计划地进行分配和使用而发生的支出。

财政总预算会计核算的一般公共预算本级支出,应当按照《政府收支分类科目》中的一般公共预算本级支出科目进行分类,并且仅包括其中的一般公共服务支出、外交支出等相关科目,不包括其中的国债还本相关科目和转移性支出科目。按照现行《政府收支分类科目》,一般公共预算支出科目分设类、款、项三级,各级科目逐级递进,内容也逐级细化。一般公共预算支出科目的类、款级科目的设置情况及其反映的主要内容如下所述:

(1)一般公共服务支出。一般公共服务科目反映政府提供一般公共服务的支出。本科目分设如下 29 个款级科目:

①人大事务。本科目反映各级人民代表大会的支出。

②政协事务。本科目反映各级政治协商会议的支出。

③政府办公厅(室)及相关机构事务。本科目反映各级政府办公厅(室)及相关机构的支出。

④发展与改革事务。本科目反映发展与改革事务方面的支出。

⑤统计信息事务。本科目反映统计、信息事务方面的支出。

⑥财政事务。本科目反映财政事务方面的支出。

⑦税收事务。本科目反映税收征管方面的支出。

⑧审计事务。本科目反映政府审计方面的支出。

⑨海关事务。本科目反映海关事务方面的支出。

⑩人事事务。本科目反映人事、机构编制、军转、外专等方面的支出。

⑪纪检监察事务。本科目反映纪检、监察方面的支出。

⑫人口与计划生育事务。本科目反映人口与计划生育方面的支出。

⑬商贸事务。本科目反映商贸事务方面的支出。

⑭知识产权事务。本科目反映知识产权等方面的支出。

⑮工商行政管理事务。本科目反映工商行政管理事务方面的支出。

⑯质量技术监督与检验检疫事务。本科目反映质量技术监督、出入境检验检疫等方面的支出。

⑰民族事务。本科目反映用于民族事务管理方面的支出。

⑱宗教事务。本科目反映用于宗教事务管理方面的支出。

⑲港澳台侨事务。本科目反映用于港澳台侨事务方面的支出。

⑳档案事务。本科目反映档案事务方面的支出。

㉑民主党派及工商联事务。本科目反映各民主党派及办事机构的支出,工商联的支出。

㉒群众团体事务。本科目反映各级人民团体、社会团体、群众团体以及工会、妇联、共青团组织等的支出。

㉓党委办公厅及相关机构事务。本科目反映党委办公厅及相关机构的支出。

㉔宣传事务。本科目反映中国共产党宣传部门的支出。

㉕组织事务。本科目反映中国共产党组织部门的支出。

㉖统战事务。本科目反映中国共产党统战部门的支出。

㉗对外联络事务。本科目反映中国共产党对外联络部门的支出。

㉘其他共产党事务支出。本科目反映上述款项以外其他用于中国共产党事务的支出。

㉙其他一般公共服务支出。本科目反映上述项目未包括的一般公共服务支出。

(2)外交支出。外交科目反映政府外交事务支出。本科目分设如下8个款级科目:

①外交管理事务。本科目反映政府外交管理事务支出。

②驻外机构。本科目反映驻外使领馆、公署、办事处、留守组及驻国际机构代表团、代表处等方面的支出。

③对外援助。本科目反映对外国政府(地区)提供的各种援助和技术合作支出。

④国际组织。本科目反映向国际组织交纳的会费、捐款、联合国维和摊款以及股金、基金等支出。

⑤对外合作与交流。本科目反映外交部门和党政、人大、政协领导人出国访问、出席国际

会议支出，招待来访、参观以及来华参加各项国际活动的外国代表团的支出，在我国召开国际会议的支出等。

⑥对外宣传。本科目反映用于外交目的的对外宣传支出。

⑦边界勘界联检。本科目反映我国在与周边国家划界、勘界和联合检查等方面的支出。

⑧其他外交支出。本科目反映除上述项目以外其他用于外交方面的支出。

（3）国防支出。国防科目反映政府用于现役部队、国防后备力量、国防动员等方面的支出。本科目分设如下 5 个款级科目：

①现役部队。本科目反映用于现役部队管理与建设等方面的支出。

②国防科研事业。本科目反映用于国防科研方面的支出。

③专项工程。本科目反映用于国防专项工程方面的支出。

④国防动员。本科目反映用于国防动员方面的支出。

⑤其他国防支出。本科目反映用于其他国防方面的支出。

（4）公共安全支出。公共安全科目反映政府维护社会公共安全方面的支出。本科目分设如下 11 个款级科目：

①武装警察。本科目反映内卫、边防、消防、警卫、黄金、森林、水电、交通等武装警察部队的支出。

②公安。本科目反映公安事务及管理的支出。

③国家安全。本科目反映国家安全部门的支出。

④检察。本科目反映检察事务的支出。

⑤法院。本科目反映法院的支出。

⑥司法。本科目反映司法行政事务的支出。

⑦监狱。本科目反映监狱管理事务支出。

⑧劳教。本科目反映劳动教养管理事务支出。

⑨国家保密。本科目反映国家保密事务支出。

⑩缉私警察。本科目反映海关缉私警察的支出。

⑪其他公共安全支出。本科目反映除上述项目以外其他用于公共安全方面的支出。

（5）教育支出。教育科目反映政府教育事务支出。本科目分设如下 10 个款级科目：

①教育管理事务。本科目反映教育管理方面的支出。

②普通教育。本科目反映各类普通教育支出。

③职业教育。本科目反映各部门举办的各类职业教育支出。

④成人教育。本科目反映各部门举办函授、夜大、自学考试等成人教育的支出。

⑤广播电视教育。本科目反映广播电视教育支出。

⑥留学教育。本科目反映经国家批准，由教育部门统一归口管理的出国、来华留学生支出。

⑦特殊教育。本科目反映各部门举办的盲童学校、聋哑学校、智力落后儿童学校、其他生理缺陷儿童学校和工读学校支出。

⑧教师进修及干部继续教育。本科目反映教师进修及干部继续教育方面的支出。

⑨教育附加及基金支出。本科目反映用教育费附加及教育基金安排的支出。

⑩其他教育支出。本科目反映除上述项目以外其他用于教育方面的支出。

(6)科学技术支出。科学技术科目反映用于科学技术方面的支出。本科目分设如下 10 个款级科目：

①科学技术管理事务。本科目反映各级政府科学技术管理事务方面的支出。

②基础研究。本科目反映从事基础研究、近期无法取得实用价值的应用研究机构的基本支出。

③应用研究。本科目反映在基础研究成果上，针对某一特定的实际目的或目标进行的创造性研究工作的支出。

④技术研究与开发。本科目反映用于技术研究与开发等方面的支出。

⑤科技条件与服务。本科目反映用于完善科技条件及从事科技标准、计量和检测，科技数据、种质资源、标本、基因的收集、加工处理和服务，科技文献信息资源的采集、保存、加工和服务等为科技活动提供基础性、通用性服务的支出。

⑥社会科学。本科目反映用于社会科学方面的支出。

⑦科学技术普及。本科目反映科学技术普及方面的支出。

⑧科技交流与合作。本科目反映科技交流与合作方面的支出。

⑨科技重大专项。本科目反映用于科技重大专项的经费支出。

⑩其他科学技术支出。本科目反映除以上项目以外其他用于科技方面的支出，包括科技奖励支出等。

(7)文化体育与传媒支出。文化体育与传媒科目反映政府在文化、文物、体育、广播影视、新闻出版等方面的支出。本科目分设如下 6 个款级科目：

①文化。本科目反映政府用于公共文化设施、艺术表演团体及文化艺术活动等方面的支出。

②文物。本科目反映文物保护和管理等方面的支出。

③体育。本科目反映体育方面的支出。

④广播影视。本科目反映广播、电影、电视等方面的支出。

⑤新闻出版。本科目反映新闻出版方面的支出。

⑥其他文化体育与传媒支出。本科目反映除上述项目以外其他用于文化体育与传媒方面的支出。

(8)社会保障和就业支出。社会保障和就业科目反映政府在社会保障和就业方面的支出。本科目分设如下 19 个款级科目：

①社会保障和就业管理事务。本科目反映社会保障和就业管理事务支出。

②民政管理事务。本科目反映民政管理事务支出。

③财政对社会保险基金的补助。本科目反映财政对社会保险基金的补助支出。

④补充全国社会保障基金。本科目反映用于补充全国社会保障基金的支出。

⑤行政事业单位离退休。本科目反映用于行政事业单位离退休方面的支出。

⑥企业改革补助。本科目反映财政用于企业改革的补助支出。

⑦就业补助。本科目反映财政用于就业方面的补助支出。

⑧抚恤。本科目反映用于各类优抚对象和优抚事业单位的支出。

⑨退役安置。本科目反映用于退伍军人的安置和军队移交政府的离退休人员安置及管理机构的支出。

⑩社会福利。本科目反映社会福利事务支出。

⑪残疾人事业。本科目反映政府在残疾人事业方面的支出。

⑫城市居民最低生活保障。本科目反映财政对城市居民最低生活保障对象的救济支出。

⑬其他城镇社会救济。本科目反映除城市居民最低生活保障之外,用于城镇贫困人员基本生活保障的其他支出。

⑭自然灾害生活救助。本科目反映用于自然灾害生活救助方面的支出。

⑮红十字事业。本科目反映政府支持红十字会开展红十字社会公益活动等方面的支出。

⑯农村最低生活保障。本科目反映用于农村最低生活保障方面的支出。

⑰其他农村社会救济。本科目反映用于农村五保户及其他农村社会救济方面的支出。

⑱保障性住房支出。本科目反映用于保障性住房方面的支出。

⑲其他社会保障和就业支出。本科目反映除上述项目以外其他用于社会保障和就业方面的支出。

(9)医疗卫生支出。医疗卫生科目反映政府医疗卫生方面的支出。本科目分设如下 8 个款级科目:

①医疗卫生管理事务。本科目反映卫生、中医等管理事务方面的支出。

②公立医院。本科目反映公立医院方面的支出。

③基层医疗卫生机构。本科目反映用于基层医疗卫生机构方面的支出。

④公共卫生。本科目反映公共卫生支出。

⑤医疗保障。本科目反映用于医疗保障方面的支出。

⑥中医药。本科目反映中医药方面的支出。

⑦食品和药品监督管理事务。本科目反映食品药品监督管理方面的支出。

⑧其他医疗卫生支出。本科目反映除上述项目以外其他用于医疗卫生方面的支出。

(10)节能环保支出。节能保护科目反映政府环境保护支出。本科目分设如下 15 个款级科目:

①环境保护管理事务。本科目反映政府环境保护管理事务支出。

②环境监测与监察。本科目反映政府环境监测与监察支出。

③污染防治。本科目反映大气、水体、噪声、固体废弃物、放射性物质等方面的污染治理支出。

④自然生态保护。本科目反映自然生态保护、生态修复、生物多样性保护、农村环境保护和生物安全管理等方面的支出。

⑤天然林保护。本科目反映专项用于天然林资源保护工程的各项补助支出。

⑥退耕还林。本科目反映专项用于退耕还林工程的各项补助支出。

⑦风沙荒漠治理。本科目反映用于风沙荒漠治理方面的支出。

⑧退牧还草。本科目反映退牧还草方面的支出。

⑨已垦草原退耕还草。本科目反映已垦草原退耕还草方面的支出。

⑩能源节约利用。本科目反映用于能源节约利用方面的支出。

⑪污染减排。本科目反映用于污染减排方面的支出。

⑫可再生能源。本科目反映用于可再生能源方面的支出。

⑬资源综合利用。本科目反映对废旧废弃资源综合利用方面的支出。

⑭能源管理事务。本科目反映能源管理事务方面的支出。

⑮其他环境保护支出。本科目反映除上述项目以外其他用于环境保护方面的支出。

(11)城乡社区支出。城乡社区事务科目反映政府城乡社区事务支出。本科目分设如下 6 个款级科目：

①城乡社区管理事务。本科目反映城乡社区管理事务支出。

②城乡社区规划与管理。本科目反映城乡社区、名胜风景区、防灾减灾、历史名城规划制定与管理等方面的支出。

③城乡社区公共设施。本科目反映城乡社区道路、桥梁、供水、排水、燃气、供暖、公共交通、道路照明等公共设施建设维护与管理方面的支出。

④城乡社区环境卫生。本科目反映城乡社区道路清扫、垃圾清运和处理、公厕建设与维护、园林绿化等方面的支出。

⑤建设市场管理与监督。本科目反映各类建筑工程强制性和推荐性标准及规范的制定与修改、建筑工程招投标等市场管理、建筑工程质量与安全监督等方面的支出。

⑥其他城乡社区事务支出。本科目反映除上述项目以外其他用于城乡社区事务方面的支出。

(12)农林水支出。农林水事务科目反映政府农林水事务支出。本科目分设如下 8 个款级科目：

①农业。本科目反映财政用于种植业、畜牧业、渔业、兽医、农机、农垦、农场、农业产业化经营组织、农村和垦区公益事业、农产品加工等方面的支出。

②林业。本科目反映财政用于林业方面的支出。

③水利。本科目反映财政用于水利方面的支出。

④南水北调。本科目反映政府用于南水北调工程方面的支出。

⑤扶贫。本科目反映用于农村扶贫开发等方面的支出。

⑥农业综合开发。本科目反映政府用于农业综合开发方面的支出。

⑦农村综合改革。本科目反映用于农村综合改革方面的支出。

⑧其他农林水事务支出。本科目反映除上述项目以外其他用于农林水事务方面的支出。

(13)交通运输支出。交通运输科目反映政府交通运输方面的支出。本科目分设如下 6 个款级科目：

①公路水路运输。本科目反映与公路、水路运输相关的支出。

②铁路运输。本科目反映与铁路运输相关的支出。

③民用航空运输。本科目反映与民用航空运输相关的支出。

④石油价格改革对交通运输的补贴。本科目反映石油价格改革财政对城市公交、农村道路客运和出租车的补贴支出。

⑤邮政业支出。本科目反映与邮政业相关的支出。

⑥其他交通运输支出。本科目反映除上述项目以外其他用于交通运输方面的支出。

(14)资源勘探电力信息等支出。该支出反映政府对采掘电力信息等事务支出。该类级科目分设 9 个款级科目：

①资源勘探开发。本科目反映煤炭、石油和天然气、黑色金属、有色金融、非金属矿等采掘业的支出。

②制造业。本科目反映纺织、轻工、化工、医药、机械、冶炼、建材、交通运输设备、烟草、兵器、核工、航空、航天、船舶、电子及通信设备等制造业支出。

③建筑业。本科目反映土木工程建筑业以及线路、管道和设备安装业等方面的支出。

④电力监管支出。本科目反映电力监管方面的支出。

⑤工业和信息产业监管支出。本科目反映工业和信息产业监管方面的支出。

⑥安全生产监管。本科目反映国家安全生产监督管理部门、煤矿安全监察部门的支出。

⑦国有资产监管。本科目反映国有资产监督管理委员会的支出。

⑧支持中小企业发展和管理支出。本科目反映用于中小企业管理及支持中小企业发展方面的支出。

⑨其他采掘电力信息等事务支出。本科目反映除上述项目以外用于其他采掘电力信息等事务方面的支出。

(15)商业服务业等支出。商业服务业等支出反映商业服务业等方面的支出。该类级科目分设如下 4 个款级科目：

①商业流通事务。本科目反映各级供销社的行政事业支出及商业物质和供销社专项补贴支出。

②旅游业管理与服务支出。本科目反映旅游业管理与服务方面的支出。

③涉外发展服务支出。本科目反映对从事外贸业务单位、外商投资单位、从事对外经济合作单位和境外单位的资助而形成的支出。

④其他商业服务业等支出。本科目反映除上述项目以外其他用于商业服务业等方面的支出。

(16)金融支出。该支出反映金融保险业监管等事务方面的支出。该类级科目分设如下 5 个款级科目：

①金融部门行政支出。本科目反映金融部门行政支出。

②金融部门监管支出。本科目反映金融部门监管支出。

③金融发展支出。本科目反映金融发展支出。

④金融调控支出。本科目反映金融调控支出。

⑤其他金融支出。本科目反映除上述项目以外其他用于金融监管等事务方面的支出。

(17)援助其他地区支出。援助其他地区支出科目反映援助方政府安排并管理的对其他地区各类援助、捐赠等资金支出。该类级科目分设如下 9 个款级科目：

①一般公共服务。本科目反映援助其他地区资金中用于一般公共服务的支出。

②教育。本科目反映援助其他地区资金中用于教育的支出。

③文化体育与传媒。本科目反映援助其他地区资金中用于文化体育与传媒的支出。

④医疗卫生。本科目反映援助其他地区资金中用于医疗卫生的支出。

⑤节能环保。本科目反映援助其他地区资金中用于节能环保的支出。

⑥农业。本科目反映援助其他地区资金中用于农业的支出。

⑦交通运输。本科目反映援助其他地区资金中用于交通运输的支出。

⑧住房保障。本科目反映援助其他地区资金中用于住房保障的支出。

⑨其他支出。本科目反映援助其他地区资金中除上述项目以外的其他支出。

(18)国土海洋气象等支出。国土海洋气象等支出科目反映政府用于国土资源、海洋、测验、地震、气象等公益服务事业方面的支出。该类级科目分设如下 6 个款级科目：

①国土资源事务。本科目反映国土资源管理等方面的支出。

②海洋管理事务。本科目反映用于海洋管理事务方面的支出。

③测绘事务。本科目反映用于国家测绘事务方面的支出。

④地震事务。本科目反映地震事务的支出。

⑤气象事务。本科目反映用于气象事务方面的支出。

⑥其他国土海洋气象等支出。本科目反映除上述项目以外其他用于国土海洋气象等方面的支出。

(19)住房保障支出。住房保障支出科目反映政府用于住房方面的支出。本类级科目分设如下 3 个款级科目：

①保障性安居工程支出。本科目反映用于保障性住房方面的支出。

②住房改革支出。本科目反映行政事业单位用财政拨款资金和其他资金管安排的住房改革支出。

③城乡社区住宅。本科目反映城乡社区廉租房规划建设维护、住房制度改革、产权产籍管理、房地产市场监督等方面的支出。

(20)粮油物资储备支出。粮油物资储备支出科目反映政府用于粮油物资储备方面的支出。本类级科目分设如下 5 个款级科目：

①粮油事务。本科目反映粮油事务方面的支出。

②物资事务。本科目反映物资储备部门支出。

③能源储备。本科目反映国家能源储备的有关支出。

④粮油储备。本科目反映国家粮油储备的有关支出。

⑤重要商品储备。本科目反映除能源、粮油项目以外的其他重要商品物资储备支出。

(21)预备费。预备费科目反映预算中安排的预备费。

依据《中华人民共和国预算法》的相关规定，各级政府预算应当按照本级政府预算支出额的 1‰～3‰ 设置预备费，用于当年预算执行中的自然灾害救灾开支及其他难以预见的特殊开支。预备费科目只有年初预算数，年度预算执行中动用预备费时按具体使用项目归入相应的支出科目。

(22)债务还本支出。债务还本支出科目反映归还债务本金方面的支出。本类级科目分设如下 2 个款级科目：

①中央政府债务还本支出。本科目反映中央政府用于偿还债务本金所发生的支出。

②地方政府债务还本支出。本科目反映地方政府用于偿还债务本金所发生的支出。

(23)债务付息支付。债务付息支付科目反映用于偿付债务利息所发生的支出。本类级科目分设如下 2 个款级科目：

①中央政府债务付息支出。本科目反映中央政府用于归还债务利息所发生的支出。

②地方政府债务付息支出。本科目反映地方政府用于归还债务利息所发生的支出。

(24)债务发行费用支出。本类级科目下设如下 2 个款级科目：

①中央政府债务发行费用支出。本科目反映中央政府用于债务发行兑付费用的支出。

②地方政府债务发行费用支出。本科目反映地方政府用于债务发行兑付费用的支出。

(25)其他支出。其他支出科目反映不能划分到上述功能科目的其他政府支出。

2. 政府性基金预算本级支出

政府性基金预算支出是指用政府性基金预算收入安排的支出。政府性基金预算支出具有专款专用的特征,并纳入政府预算管理。

财政总预算会计核算的政府性基金预算支出,应当按照《政府收支分类科目》中的政府性基金预算支出科目进行分类,并且只包括政府性基金预算支出科目中的城乡社区支出、农林水支出、交通运输支出等功能支出科目,不包括转移性支出科目。按照现行《政府收支分类科目》,政府性基金预算支出科目分设类、款、项三级,各级科目逐级递进,内容也逐级细化。

(1)教育支出。教育支出科目反映政府教育事务支出。该类级科目分设如下款级科目:地方教育附加安排的支出。本科目反映用地方教育附加安排的支出。

(2)科学技术支出。科学技术支出科目反映用于科学技术方面的支出。本类级科目分设如下款级科目:核电站乏燃料处理处置基金支出。本科目反映核电站乏燃料处理处置基金安排的支出。

(3)文化体育与传媒支出。文化体育与传媒支出科目反映政府在文化、文物、体育、广播影视新闻出版等方面的支出。本类级科目分设如下 2 个款级科目:

①文化事业建设费安排的支出。本科目反映用文化事业建设费安排的支出。

②国家电影事业发展专项资金支出。本科目反映用国家电影事业发展专项资金安排的支出。

(4)社会保障和就业支出。社会保障和就业支出科目反映政府在社会保障和就业方面的支出。该类级科目分设如下 3 个款级科目:

①大中型水库移民后期扶持基金支出。本科目反映用大中型水库移民后期扶持基金安排的支出。

②小型水库移民扶助基金支出。本科目反映用小型水库移民扶助基金安排的支出。

③残疾人就业保障金支出。本科目反映用残疾人就业保障金安排的支出。

(5)节能环保支出。节能环保支出科目反映政府节能环保支出。该类级科目分设如下 2 个款级科目:

①可再生能源电价附加收入安排的支出。本科目反映用可再生能源电价附加收入安排的支出。

②废弃电器电子产品处理基金支出。本科目反映用废弃电器电子产品处理基金收入安排的支出。

(6)城乡社区支出。城乡社区支出科目反映政府城乡社区事务支出。本类级科目分设如下 7 个款级科目:

①政府住房基金支出。本科目反映用政府住房基金安排的支出。

②国有土地使用权出让收入安排的支出。本科目反映用不含计提和划转部分的国有土地使用权出让收入安排的支出。

③城市公用事业附加安排的支出。本科目反映用公用事业附加收入安排的支出。

④国有土地收益基金支出。本科目反映从国有土地收益基金收入中安排用于土地收购储备等支出。

⑤农业土地开发资金支出。本科目反映从计提的农业土地开发资金中安排用于农业土地开发的支出。

⑥新增建设用地土地有偿使用费安排的支出。本科目反映用新增建设用地土地有偿使用费收入安排的支出。

⑦城市基础设施配套费安排的支出。本科目反映用城市基础设施配套费安排的支出。

(7)农林水支出。农林水支出科目反映政府农林水事务支出。该类级科目分设如下9个款级科目:

①新菜地开发建设基金支出。本科目反映用新菜地开发建设基金安排的支出。

②育林基金支出。本科目反映用育林基金安排的支出。

③森林植被恢复费安排的支出。本科目反映用森林植被恢复费安排的支出。

④中央水利建设基金支出。本科目反映用中央水利建设基金安排的支出。

⑤地方水利建设基金支出。本科目反映用地方水利建设基金安排的支出。

⑥大中型水库库区基金支出。本科目反映用大中型水库库区基金安排的支出。

⑦三峡水库库区基金支出。本科目反映用三峡水库库区基金安排的支出。

⑧南水北调工程基金支出。本科目反映用南水北调工程基金安排的支出。

⑨国家重大水利工程建设基金支出。本科目反映用国家重大水利工程建设基金安排的支出。

(8)交通运输支出。交通运输支出科目反映交通运输和邮政业方面的支出。该类级科目分设如下9个款级科目:

①公路水路运输。本科目下设船舶港务费安排的支出、长江口航道维护支出项级科目,分别反映用船舶港务费安排的支出、用交通运输部集中的航道维护收入安排的支出。

②铁路运输。本科目下设铁路资产变现收入安排的支出项级科目,反映用铁路资产变现收入安排的支出。

③海南省高等级公路车辆通行附加费安排的支出。本科目反映用海南省高等级公路车辆通行附加费安排的支出。

④转让政府还贷道路收费权收入安排的支出。本科目反映用转让政府还贷道路收费权收入安排的支出。

⑤车辆通行费安排的支出。本科目反映用车辆通行费安排的支出。

⑥港口建设费安排的支出。本科目反映用港口建设费安排的支出。

⑦铁路建设基金支出。本科目反映用铁路建设基金安排的支出。

⑧船舶油污损害赔偿基金支出。本科目反映用船舶油污损害赔偿基金收入安排的支出。

⑨民航发展基金支出。本科目反映用民航发展基金收入安排的支出。

(9)资源勘探电力信息等支出。资源勘探电力信息等支出科目反映资源勘探、制造业、建筑业、电力信息等方面的支出。该类级科目分设如下6个款级科目:

①工业和信息产业监管。本科目下设无线电频率占用费安排的支出项级科目,反映用无线电频率占用费安排的支出。

②散装水泥专项资金支出。本科目反映用散装水泥专项资金安排的支出。

③新型墙体材料专项基金支出。本科目反映用新型墙体材料专项基金安排用于技术改造和设备更新的贴息和补助支出。

④农网还贷资金支出。本科目反映用农网还贷资金收入安排用于农村电网改造贷款还本付息的支出。

⑤山西省煤炭可持续发展基金支出。本科目反映用山西省煤炭可持续发展基金安排的支出。

⑥电力改革预留资产变现收入安排的支出。本科目反映用电力改革预留资产变现收入安排的支出。

(10)商业服务业等支出。商业服务业等支出科目反映商业服务业等方面的支出。本类级科目分设如下款级科目:旅游发展基金收入。本科目反映用旅游发展基金安排的支出。

(11)金融支出。金融支出科目反映金融方面的支出。该类级科目分设如下款级科目:金融调控支出。该款级科目下设中央特别国债经营基金支出、中央特别国债经营基金财务支出项级科目,分别反映使用中央特别国债经营基金所形成的支出、中央特别国债利息及有关费用支出。

(12)其他支出。其他支出科目反映不能划分到上述功能科目的其他政府支出。该类级科目分设如下 2 个款级科目:

①其他政府性基金支出。本科目反映除上述项目以外的其他政府性基金支出。

②彩票公益金安排的支出。本科目反映用彩票公益金安排的支出。

3.国有资本经营预算本级支出

国有资本经营预算本级支出是指用国有资本经营预算类收入安排的支出。其范围主要包括资本性支出、费用性支出和其他支出等。其中,资本性支出是指根据产业发展规划、国有经济布局和结构调整、国有企业发展要求以及国家战略、安全等需要安排的支出。费用性支出是指用于弥补国有企业改革成本等方面的支出。国有资本经营预作单独编制,预算支出按照当年预算收入规模安排,不列赤字。

根据现行《政府收支分类科目》,国有资本经营预算本级支出科目设置教育支出、科学技术支出、文化体育与传媒支出、社会保障和就业支出、节能环保支出、城乡社区支出、农林水支出、交通运输支出、资源勘探电力信息等支出、商业服务业等支出和其他支出等类级科目。其中,社会保障和就业支出类级科目下,设置补充全国社会保障基金款级科目,之下设置国有资本经营预算补充基金支出项级科目。教育支出、科学技术支出、文化体育与传媒支出等其他类级科目下统一设置国有资本经营预算支出款级科目,之下再统一设置如下 6 个项级科目:

(1)国有经济结构调整支出。本科目反映用国有资本经营预算收入安排的支持企业之间的战略兼并重组,理顺多元投资主体公司股权关系,保持和增强对关系国家安全和国民经济命脉重要子企业的控制力,以及解决企业历史遗留问题等支出。

(2)重点项目支出。本科目反映用国有资本经营预算收入安排的支持企业涉及国家安全、国家核心竞争力和综合国力等具有国家战略意义的重大项目支出。

(3)产业升级与发展支出。本科目反映用国有资本经营预算收入安排的增强企业自主创新能力,推动重大技术创新和科技成果产业化,支持企业节能减排工作,支持企业内部产业整合,促进教育、农业、文化等相关产业发展等方面的支出。

(4)境外投资及对外经济技术合作支出。本科目反映用国有资本经营预算收入安排的支持企业收购兼并境外战略性资源和境外企业,境外投资,以及企业实施的对外承包工程项目等方面的支出。

(5)困难企业职工补助支出。本科目反映用国有资本经营预算收入安排的用于支持企业进一步完善离退休人员社会保障机制等方面的支出。

(6)其他国有资本经营预算支出。本科目反映用国有资本经营预算收入安排的除上述项目以外的其他支出。

4.专用基金支出

专用基金支出是各级财政用专用基金收入安排的支出,目前主要是用粮食风险基金收入安排的支出。财政总预算会计在安排各项专用基金支出时,应按规定的用途拨付,并做到先收后支,量入为出。同时,财政总预算会计应当在开设的相应财政专户中拨付使用专用基金。

5.财政专户管理资金支出

财政专户管理资金支出是指用未纳入预算并实行财政专户管理的资金安排的支出。目前主要是各种教育收费安排的支出。除用教育收费安排的支出外,另一项目前纳入财政专户管理的资金支出是用彩票发行机构和彩票销售机构的业务费用安排的支出。

(1)用教育收费安排的支出。各种教育收费由各教育单位按规定标准收取,并按规定缴入财政专户,实行收支两条线管理。教育收费的内容主要有普通高中学费、普通高中住宿费、中等职业学校学费、中等职业学校住宿费、高等学校学费、高等学校住宿费、高等学校委托培养费、函大电大夜大及短训班培训费、考试考务费、中央广播电视大学中专学费等。各种教育收费应当纳入教育单位的部门预算,实行预算管理。各种教育收费应当按预算规定的用途使用。例如,普通高中学费应当安排用于普通高中的教学活动,普通高中住宿费应当安排用于学生住宿费用开支,考试考务费应当安排用于相应的考试考务活动开支。财政部门通常采用返还教育收费的方式向有关教育单位拨付财政专户资金,并监督其按部门预算的规定用途使用。

尽管教育收费的收入科目按照收费单位所属预算部门可以有教育行政事业性收费收入、公安行政事业性收费收入、法院行政事业性收费收入、财政行政事业性收费收入、审计行政事业性收费收入等,但用教育收费安排的支出均属于教育支出,如属于普通教育、职业教育、成人教育等支出,它们不属于公安、法院、财政事务等支出。

(2)用彩票发行机构和彩票销售机构的业务费用安排的支出。按照彩票机构财务管理相关办法的规定,彩票发行机构、彩票销售机构的业务费用,由彩票发行机构、彩票销售机构按照彩票销售额的一定比例提取,并按规定分别上缴中央财政专户和省级财政专户,实行收支两条线管理。彩票机构发行和销售彩票所需的业务费用,应当纳入彩票机构的单位预算,实行预算管理。财政部门采用返还业务费用的方式向有关彩票机构拨付财政专户资金,并监督其按单位预算的规定用途使用。

按照相关规定,彩票机构作为一级预算单位管理,单位预算和决算不纳入其行政主管部门的部门预算和决算,直接报同级财政部门审批。其中,彩票发行机构预算和决算报财政部审批,彩票销售机构预算和决算报所在地省、自治区、直辖市人民政府财政部门审批。财政部门应当根据批准的预算,以及彩票机构业务费上缴情况,按照财政国库管理制度等有关规定向彩票机构拨付资金。中央财政和省级财政未拨付的彩票机构业务费,专项用于支持彩票发行机构、彩票销售机构以后年度彩票事业发展,不得用于平衡一般公共预算或者其他支出。

6.债务还本支出

债务还本支出是指各级财政部门偿还债务本金的支出。由于政府债券的发行存在不同的情况,或者政府债务收入存在不同的来源渠道,如国内借款、国外借款、中央政府发行债券、地方政府发行债券等,因此,偿还债务本金的具体内容也有所不同。

财政总预算会计核算的债务还本支出,应当按照《政府收支分类科目》中一般公共预算支出科目下的债务还本支出科目进行分类。按照现行《政府收支分类科目》,债务还本支出类级科目下设款级、项级科目,各级科目逐级递进,内容也逐级细化。债务还本支出类级科目下设置的涉及的款级科目如下:

(1)中央政府债务还本支出。本科目反映中央政府用于归还债务本金所发生的支出。

(2)地方政府债务还本支出。本科目反映地方政府用于归还债务本金所发生的支出。

债务付息支出和债务发行费用支出等款级科目,作为"一般公共预算本级支出"会计科目的核算内容,不作为债务还本支出的核算内容。

与债务收入一样,由于债务还本支出需要安排预算资金予以偿还,因此,从政府财政总预算角度看,它是政府的财政支出,它与支付政府的一般公共服务支出等没有什么不一样。但债务还本支出来源于债务收入,债务收入在取得时除了形成可供使用财政资金即财政资金收入外,也形成政府在以后需要偿还的负债。因此,从政府主体角度看,债务还本支出也是政府负债的减少或偿还,它与支付政府的一般公共服务支出等又很不一样。财政总预算会计应当全面反映债务收入和债务还本支出的相关信息,包括使用会计分录反映和使用文字解释、说明等方式反映。

7.转移性支出

转移性支出与转移性收入相对应,是指根据财政管理体制规定在各级财政间进行资金转移以及在本级财政各项资金间进行资金调剂所形成的支出。例如,上级财政支付给下级财政的一般性转移支付、专项转移支付,本级政府从政府性基金预算中调出一部分结余资金给一般公共预算使用等,都会形成转移性支出,相对应的一方形成转移性收入。

按照《政府收支分类科目》,转移性支出是与一般公共服务支出、外交支出、国防支出、公共安全支出、教育支出等功能支出相并列的一个支出种类,属于类级科目。按照政府财政总预算的种类,转移性支出还可以分别有属于一般公共预算的转移性支出、属于政府性基金预算的转移性支出、属于国有资本经营预算的转移性支出。

(1)一般公共预算中的转移性支出。根据现行《政府收支分类科目》,一般公共预算中的转移性支出类级科目设置如下款级科目:

①返还性支出。本科目反映上级政府对下级政府的税收返还和所得税基数返还等支出。本科目分设增值税和消费税税收返还支出、所得税基数返还支出等项级科目,分别反映不同内容的返还性支出。

②一般性转移支付。本科目反映政府间一般性转移支付支出。本科目分设体制补助支出、均衡性转移支付支出、革命老区及民族和边境地区转移支付支出、调整工资转移支付支出、农村税费改革转移支付支出、县级基本财力保障机制奖补资金支出、结算补助支出、体制上解支出、出口退税专项上解支出、化解债务补助支出、资源枯竭型城市转移支付补助支出、企业事业单位划转补助支出、基层公检法司转移支付支出、义务教育等转移支付支出、基本养老金保险和低保等转移支付支出、重点生态功能区转移支付支出等项级科目,分别反映上级政府对下级政府相应原因的一般性转移支付补助支出,或者下级政府向上级政府相应原因的一般性转移支付上解支出。

③专项转移支付。本科目反映政府间专项转移支付。本科目分设一般公共服务、外交、国防、公共安全、教育、科学技术、文化体育与传媒、社会保障和就业、医疗卫生、节能环保、城乡社区、农林水、金融、国土海洋气象等、住房保障、粮油物资储备、专项上解支出等项级科目,分别

反映上级政府对下级政府的相应专项补助支出,或者下级政府对上级政府的相应专项上解支出。

④调出资金。本科目反映不同预算性质的资金之间相互调出。本科目设一般公共预算调出资金项级科目,反映从一般公共预算中调出的资金。

⑤年终结余。本科目反映政府收支总预算年终结余。本科目设一般公共预算年终结余项级科目,反映一般公共预算收支年终形成的结余。

⑥债券转贷支出。本科目设转贷地方政府债券支出项级科目,反映上级政府对下级政府转贷的地方政府债券支出。

⑦援助其他地区支出。本科目反映援助方政府安排的由受援方政府统筹使用的各类援助、捐赠等资金支出。

(2)政府性基金预算中的转移性支出。根据现行《政府收支分类科目》,政府性基金预算中的转移性支出类级科目设置如下款级科目:

①政府性基金转移支付。本科目反映政府性基金预算中的上级补助支出和下级上解支出。本科目分设政府性基金补助支出、政府性基金上解支出两个项级科目,分别反映上级政府对下级政府的政府性基金补助支出,以及下级政府对上级政府的政府性基金上解支出。

②调出资金。本科目反映不同预算性质的资金之间相互调出。本科目设政府性基金预算调出资金项级科目,反映调出的政府性基金。

③年终结余。本科目反映政府收支总预算年终结余。本科目设政府性基金预算年终结余项级科目,反映政府性基金预算收支年终形成的结余。

(3)国有资本经营预算中的转移性支出。根据现行《政府收支分类科目》,国有资本经营预算中的转移性支出类级科目设置如下款级科目:

①调出资金。调出资金反映不同预算性质的资金之间相互调出。本科目设国有资本经营预算调出资金项级科目,反映从国有资本经营预算调出的资金。

②转移性支出。转移性支出与转移性收入相对应,它们的基本管理要求也一样。转移性支出应当纳入政府预算,实行预算管理。无论是政府间的一般性转移支付、专项转移支付还是不同预算性质资金间的相互调出,都应当提交同级人民代表大会审查和批准。且都应当建立起明确的支出责任,以便切实发挥每一笔财政支出应有的经济社会效益。

二、支出管理的要求

(一)一般公共预算本级支出的管理要求

1.一般公共预算本级支出管理的基本要求

财政总预算会计在管理一般公共预算支出时应当认真做到以下几点基本要求:

(1)审核用款单位编制的月份用款计划和拨款申请。用款单位在需要使用财政资金时,应当向财政部门提出拨款申请,财政部门应当根据月份用款计划及其他相关规定对拨款申请进行审核,避免未经审核直接拨款。

(2)按预算和用款计划拨款。预算拨款要按照经法定程序批准的年度支出预算和季度分月用款计划进行,不能办理无预算、无计划拨款,也不能办理超预算、超计划拨款。如遇特殊情况需要超预算拨款,应当首先办理追加支出预算的手续,经批准后才能办理相应数额的拨款。

(3)按支出用途分类管理财政资金拨款。财政资金应当做到按支出用途拨款,并保证专款专用。用款单位如果需要调整支出用途,应当报请财政部门批准。

(4)综合国库存款余额、本期资金需求和上期资金使用等情况安排拨款。财政部门在安排财政资金拨款时,既要考虑国库存款余额和本期资金需求,又要考虑用款单位上期资金使用情况,如上期资金结转和结余情况等。对于有上期资金结转和结余的用款单位,应当首先安排使用上期结转和结余资金。财政部门既要保证资金需要,又要防止资金积压,要做到财政资金的统一安排、灵活调度和有效使用。

(5)财政直接支付为主、授权用款单位支付为辅原则。在财政直接支付方式下,由财政部门开出支付令,财政资金由国库直接支付到商品或服务供应商。工资支出、大额购买支出通常采用财政直接支付方式。在财政授权支付方式下,由用款单位开出支付令,财政资金由国库直接支付到商品或服务供应商。小额、零星支出通常采用财政授权支付方式。

2.国库单一账户制度下的支出支付方式和程序

在国库单一账户制度下,财政支出的支付方式分为财政直接支付和财政授权支付两种。

(1)财政直接支付。财政直接支付是指由财政部门开具支付令,通过国库单一账户体系,直接将财政资金支付到收款人(即商品和劳务供应者)或用款单位账户的支付方式。实行财政直接支付的支出主要包括工资支出、工程采购支出、物品和劳务采购支出、转移支出等。财政直接支付的具体支出项目,由财政部门在确定部门预算时,或制定财政资金支付管理办法时确定。

在财政直接支付方式下,预算单位按照批复的预算和资金使用计划,向财政国库支付执行机构提出支付申请,经财政国库支付执行机构审核无误后,向代理银行发出支付令,并通知中国人民银行,办理资金清算手续,将资金划给代理银行。也就是通过代理银行进入全国银行清算系统实时清算,财政资金从国库单一账户划拨到收款人的银行账户。

财政总预算会计根据财政国库支付执行机构报来的预算支出结算清单,经与中国人民银行报来的财政直接支付申请划款凭证核对无误后,作出相应的会计处理,确认国库存款的减少,并确认相应的预算支出。

在财政直接支付方式下,财政部门选择有关的商业银行作为代理银行,并在相应的代理银行开设财政零余额账户,用以办理财政直接支付业务。财政零余额账户不是实存财政资金的账户,它只是财政部门与代理银行间的一个临时结算过渡账户。每日终了,该账户的余额为零。

(2)财政授权支付。财政授权支付是指预算单位根据财政部门的授权,自行开具支付令,通过国库单一账户体系将资金支付到货品或劳务供应者账户的支付方式。实行财政授权支付的支出主要包括未纳入财政直接支付的购买支出和零星支出。财政授权支付的具体支出项目,由财政部门在确定部门预算时,或制定财政资金支付管理办法时确定。

在财政授权支付方式下,预算单位按照批复的预算和资金使用计划,向财政国库支付执行机构申请授权支付的月度用款限额,财政国库支付执行机构将批准后的限额通知代理银行和预算单位,并通知中国人民银行国库部门。预算单位在月度用款限额内,自行开具支付令,通过财政国库支付执行机构转由代理银行向收款人付款,并与国库单一账户清算。

财政总预算会计根据财政国库支付执行机构报来的预算支出结算清单,经与中国人民银行报来的财政授权支付申请划款凭证及其他有关凭证核对无误后,作出相应的会计处理,确认国库存款的减少,并确认相应的预算支出。

在财政授权支付方式下,财政部门选择有关的商业银行作为代理银行,并在相应的代理银行开设预算单位零余额账户,用以办理财政授权支付业务。预算单位零余额账户也不是实存财政资金的账户,它也只是财政部门与代理银行间的一个临时结算过渡账户。每日终了,该账户的余额也为零。

以上财政直接支付和财政授权支付两种财政资金支付方式为财政国库单一账户制度下的财政资金支付方式。这两种财政资金支付方式可合称为财政资金集中支付方式或财政国库集中支付方式。

与国库集中支付方式相对应的支付方式是财政实拨资金支付方式。财政实拨资金是指财政部门通过国库存款账户将财政资金实际拨付到预算单位在商业银行开设的银行存款账户上,供预算单位使用的财政资金支付方式。这是一种传统的财政资金支付方式。在财政实拨资金支付方式下,预算单位根据单位预算向财政部门提交"预算经费请拨单",申请拨付预算经费。经财政部门审核批准后,财政总预算会计将财政资金从中国人民银行国库存款账户拨付到预算单位在商业银行开设的基本存款账户。预算单位在使用财政资金时,从其银行存款账户中通过提取现金或者转账的方式,将款项支付给货品或劳务供应商。在财政实拨资金支付方式下,当财政资金从国库存款账户拨付到预算单位的基本存款账户时,财政总预算会计作出相应的会计处理,确认国库存款的减少,并确认相应的预算支出。在财政实拨资金支付方式下,预算单位在商业银行开设的基本存款账户为实存财政资金账户。

3.一般公共预算本级支出的列报基础

财政总预算会计一般采用收付实现制确认和列报一般公共预算支出,即一般公共预算本级支出通常在财政总预算会计从财政国库拨付财政资金时确认和列报。具体来说,在财政直接支付方式下,财政总预算会计应根据财政国库支付执行机构每日报来的"预算支出结算清单",在与中国人民银行报来的"财政直接支付申请划款凭证"核对无误后,列报预算支出。在财政授权支付方式下,财政总预算会计应根据财政国库支付执行机构每日报来的"预算支出结算清单",在与中国人民银行报来的"财政授权支付申请划款凭证"核对无误后,列报预算支出。在财政实拨资金支付方式下,财政总预算会计应根据经审核批准的"预算经费请拨单",按实际财政拨款数列报预算支出。

(二)政府性基金预算支出的管理要求

财政总预算会计在管理政府性基金预算支出时,除了需要遵循一般公共预算支出管理的基本要求外,还应遵循如下基本要求:

(1)先收后支,自求平衡。财政总预算会计应当在已有政府性基金预算收入数额的范围内办理政府性基金预算支出。政府性基金预算收入与政府性基金预算支出应当做到自求平衡。

(2)专款专用,分类核算。财政总预算会计应当按政府收支分类科目中设置的政府性基金预算收支科目设置相应的明细账,分类分项核算各种政府性基金预算的收入、支出和结余情况,不能相互混淆。同时,财政总预算会计还应当强化预算执行,确保政府性基金专款专用。

政府性基金预算支出的支付方式和程序、列报基础等,均比照一般公共预算支出。

(三)债务还本支出管理的基本要求

债务还本支出管理的基本要求主要有以下两方面:

(1)预算管理。各级政府应当将各种债务的还本支出纳入财政预算,报经同级人民代表大会审查批准后,按预算执行。

(2)地方政府债券还本管理。目前我国地方政府债券的发行有财政部代理发行和地方政府自行发行等方式。财政部代理发行的地方政府债券,由财政部代办还本付息和支付发行费。地方财政要足额安排地方政府债券还本付息所需资金,及时向中央财政上缴地方政府债券本息、发行费等资金。地方财政部门未按时足额向中央财政专户缴纳还本付息资金的,财政部采取中央财政垫付方式代为办理地方债还本付息,确保还本付息资金于还本付息日足额划至各债券持有人账户。目前,地方政府自行发行的债券也由财政部代办还本付息。但须在规定时间将财政部代办债券还本付息资金足额上缴中央财政。

第二节 支出的核算

一、一般公共预算本级支出的核算

为核算一般公共预算本级支出业务,财政总预算会计应设置"一般公共预算本级支出"总账科目。本科目核算政府财政管理的由本级政府使用的列入一般公共预算的支出。本科目应当根据《政府收支分类科目》中支出功能分类科目设置明细科目。同时,根据管理需要,按照支出经济分类科目、部门等进行明细核算。本科目平时余额在借方,反映一般公共预算本级支出累计数,年终结转后,本科目应无余额。

一般公共预算本级支出的主要账务处理如下:

(一)实际发生一般公共预算本级支出

实际发生一般公共预算本级支出时,借记"一般公共预算本级支出"科目,贷记"国库存款""其他财政存款"等科目。

1. 行政运行与事业运行支出

在政府收支分类科目中,行政运行科目反映行政单位的基本支出。基本支出是指为保障机构正常运转、完成日常工作任务而发生的人员支出和公用支出。

在政府收支分类科目中,事业运行科目反映事业单位的基本支出。

【例7-1】某市财政总预算会计收到财政国库支付执行机构报来的预算支出结算清单,财政国库支付执行机构以财政直接支付的方式,通过财政零余额账户支付有关预算单位的属于一般公共预算本级支出的款项共计503 400元。具体支付情况为:"一般公共服务支出——发展与改革事务——行政运行"121 000元,"一般公共服务支出——财政事务——行政运行"80 600元,"公共安全支出——公安——行政运行"223 000元,"公共安全支出——法院——行政运行"78 800元。财政总预算会计经与中国人民银行报来的财政直接支付申请划款凭证及其他有关凭证核对无误后,列报一般公共预算本级支出。财政总预算会计应编制如下会计分录:

借:一般公共预算本级支出	503 400
贷:国库存款	503 400

同时,在"一般公共预算本级支出"总账科目的借方登记明细账如下:

一般公共服务支出——发展与改革事务——行政运行	121 000
一般公共服务支出——财政事务——行政运行	80 600
公共安全支出——公安——行政运行	223 000

公共安全支出——法院——行政运行　　　　　　　　　　　78 800

2. 专项支出

在保证相关职能部门日常运行的基础上，政府还需要有针对性地开展相应的专项活动，以完成相关的专门任务，实现有关的专门目的或目标。由此，项级科目还会再根据各政府职能的具体专项活动进行设置。例如，财政事务款级科目下设置预算改革业务、财政国库业务、财政监察等项级科目，税收事务款级科目下设置税务办案、税务登记证及发票管理、税务宣传等项级科目，以分别反映各专项活动或专门职能的支出。

【例 7-2】某市财政总预算会计收到财政国库支付执行机构报来的预算支出结算清单，财政国库支付执行机构以财政直接支付的方式，通过财政零余额账户支付有关预算单位的属于一般公共预算本级支出的款项共计 412 300 元。具体支付情况为："一般公共服务支出——统计信息事务——专项普查活动"152 300 元，"一般公共服务支出——财政事务——信息化建设"260 000 元。有关预算单位通过财政授权支付方式从预算单位零余额账户中支付属于一般公共预算本级支出的款项共计 220 300 元。具体支付情况为："一般公共服务支出——发展与改革事务——物价管理"35 200 元，"一般公共服务支出——审计事务——审计业务"89 500 元，"社会保障和就业支出——人力资源和社会保障管理事务——劳动保障监察"27 000 元，"金融支出——金融部门监管支出——金融稽查与案件处理"68 600 元。财政国库支付执行机构通过财政直接支付和财政授权支付方式共支付财政资金 632 600 元（412 300＋220 300）。财政总预算会计经与中国人民银行报来的财政直接支付申请划款凭证、财政授权支付申请划款凭证及其他有关凭证核对无误后，列报一般公共预算本级支出。财政总预算会计应编制如下会计分录：

借：一般公共预算本级支出　　　　　　　　　　　　　632 600

　　贷：国库存款　　　　　　　　　　　　　　　　　632 600

同时，在"一般公共预算本级支出"总账科目的借方登记明细账如下：

一般公共服务支出——发展与改革事务——物价管理　　　　35 200

一般公共服务支出——统计信息事务——专项普查活动　　　152 300

一般公共服务支出——财政事务——信息化建设　　　　　　260 000

一般公共服务支出——审计事务——审计业务　　　　　　　89 500

社会保障和就业支出——人力资源和社会保障管理事务——劳动保障监察　27 000

金融支出——金融部门监管支出——金融稽查与案件处理　　68 600

3. 公益事业支出

公益性事业支出通常主要是指教育、文化、文物、体育、广播影视、医疗卫生等行业的支出。政府收支分类科目为这些行业设置了专门的支出功能分类科目。通过这些科目的归集和核算，政府在相应社会公益行业方面的支出数额可以得到全面完整的反映。

【例 7-3】某市财政总预算会计收到财政国库支付执行机构报来的预算支出结算清单，当日以财政直接支付和财政授权支付的方式，支付属于一般公共预算本级支出的款项共计 438 100 元。具体支付情况为："教育支出——普通教育——高等教育"182 000 元，"教育支出——职业教育——职业高中教育"32 500 元，"文化体育与传媒支出——文化——图书馆"41 200 元，"文化体育与传媒支出——文物——博物馆"25 500 元，"文化体育与传媒支出——体育——体育场馆"16 300 元，"文化体育与传媒支出——新闻出版广播影视——电视"12 000

元,"医疗卫生与计划生育支出——公立医院——综合医院"105 000 元,"医疗卫生与计划生育支出——基层医疗卫生机构——城市社区卫生机构"23 600 元。财政总预算会计经与中国人民银行报来的财政直接支付申请划款凭证、财政授权支付申请划款凭证及其他有关凭证核对无误后,列报一般公共预算本级支出。财政总预算会计应编制如下会计分录:

借:一般公共预算本级支出   438 100
　贷:国库存款   438 100

同时,在"一般公共预算本级支出"总账科目的借方登记明细账如下:

教育支出——普通教育——高等教育   182 000
教育支出——职业教育——职业高中教育   325 000
文化体育与传媒支出——文化——图书馆   41 200
文化体育与传媒支出——文物——博物馆   25 500
文化体育与传媒支出——体育——体育场馆   16 300
文化体育与传媒支出——新闻出版广播影视——电视   12 000
医疗卫生与计划生育支出——公立医院——综合医院   105 000
医疗卫生与计划生育支出——基层医疗卫生机构——城市社区卫生机构   23 600

4. 政府采购

政府采购是指各级国家机关、事业单位和团体组织,使用财政性资金采购依法制定的集中采购目录以内的或者采购限额标准以上的货物、工程和服务的行为。政府采购是市场经济条件下公共财政支出的一项管理制度,通过确立竞争、公开、公正、公平的支出使用规则,实现财政资金使用的规范性和有效性。

【例 7 - 4】 某市财政总预算会计收到财政国库支付执行机构报来的预算支出结算清单,财政国库支付执行机构以财政直接支付的方式,为相关预算单位采用政府集中采购方式购买货物、工程和服务支付财政预算资金共计 249 000 元。具体支付情况为:"一般公共服务支出——质量技术监督与检验检疫事务——行政运行"25 000 元,"医疗卫生与计划生育支出——食品和药品监督管理事务——食品安全事务"89 000 元,"农林水支出——水利——水利工程建设"135 000 元。财政总预算会计经与中国人民银行财政直接支付申请划款凭证及其他有关凭证核对无误后,列报一般公共预算本级支出。财政总预算会计应编制如下会计分录:

借:一般公共预算本级支出   249 000
　贷:国库存款   249 000

同时,在"一般公共预算本级支出"总账科目的借方登记明细账如下:

一般公共服务支出——质量技术监督与检验检疫事务——行政运行   25 000
医疗卫生与计划生育支出——食品和药品监督管理事务——食品安全事务   89 000
农林水支出——水利——水利工程建设   135 000

(二)年终按权责发生制处理的一般公共预算本年支出

财政总预算会计实行收付实现制,但对于年终国库集中支付结余资金,应当按照规定采用权责发生制处理。借记"一般公共预算本级支出"科目,贷记"应付国库集中支付结余"科目。

【例 7 - 5】 某市财政总预算会计年终核定当年确实无法实现拨款、按规定应留归预算单位在下一年度继续使用的本年终国库集中支付结余资金共计 33 600 元。具体情况为:"国土海洋气象等支出——国土资源事务——行政运行"5 600元,"住房保障支出——保障性安居工程支出——公共租赁住房"28 000元。财政总预算会计应编制如下会计分录:

借:一般公共预算本级支出　　　　　　　　　　　　　　　　　33 600

　　贷:应付国库集中支付结余　　　　　　　　　　　　　　　　　　　33 600

同时,在"一般公共预算本级支出"总账科目的借方登记明细账如下:

国土海洋气象等支出——国土资源事务——行政运行　　　　　　5 600

住房保障支出——保障性安居工程支出——公共租赁住房　　　　28 000

(三)财政实拨资金支出

在财政实拨资金支付方式下,财政总预算会计以拨作支,即以实际拨付数确认预算支出。预算单位在实际使用了财政资金后,仍然需要向财政部门核销。

【例7-6】 某市财政对尚未纳入财政国库集中支付制度改革的有关预算单位采用财政实拨资金支付方式,拨付属于一般公共预算本级支出的资金共计41 000元。根据经批准的预算经费请拨单及其他相关凭证,具体拨付情况为:"资源勘探电力信息等支出——安全生产监管——行政运行"16 000元,"商业服务业等支出——商业流通事务——市场监测及信息管理"25 000元。财政总预算会计应编制如下会计分录:

借:一般公共预算本级支出　　　　　　　　　　　　　　　　　41 000

　　贷:国库存款　　　　　　　　　　　　　　　　　　　　　　　　　41 000

同时,在"一般公共预算本级支出"总账科目的借方登记明细账如下:

资源勘探电力信息等支出——安全生产监管——行政运行　　　　16 000

商业服务业等支出——商业流通事务——市场监测及信息管理　　25 000

(四)一般公共预算本级支出的年终结转

年终转账时,"一般公共预算本级支出"科目借方余额应全数转入"一般公共预算结转结余"科目,借记"一般公共预算结转结余"科目,贷记"一般公共预算本级支出"科目。

【例7-7】 某市财政年终"一般公共预算本级支出"总账科目借方余额为1 556 000元,财政总预算会计将其全数转入"一般公共预算结转结余"总账科目。财政总预算会计应编制如下会计分录:

借:一般公共预算结转结余　　　　　　　　　　　　　　　　　1 556 000

　　贷:一般公共预算本级支出　　　　　　　　　　　　　　　　　　1 556 000

同时,财政总预算会计应结清所有一般公共预算本级支出明细账的余额。

二、政府性基金预算本级支出的核算

为核算政府性基金预算本级支出业务,总预算会计应设置"政府性基金预算本级支出"科目。本科目核算政府财政管理的由本级政府使用的列入政府性基金预算的支出。本科目应当按照《政府收支分类科目》中支出功能分类科目设置明细科目。同时,根据管理需要,按照支出经济分类科目、部门等进行明细核算。本科目平时借方余额反映政府性基金预算本级支出的累计数。年终结转后,本科目无余额。

政府性基金预算本级支出的主要账务处理如下:

(1)实际发生政府性基金预算本级支出时,借记"政府性基金预算本级支出"科目,贷记"国库存款"科目。

（2）年度终了,对纳入国库集中支付管理的、当年未支而需结转下一年度支付的款项（国库集中支付结余）,采用权责发生制确认支出时,借记"政府性基金预算本级支出"科目,贷记"应付国库集中支付结余"科目。

（3）年终转账时,本科目借方余额应全数转入"政府性基金预算结转结余"科目,借记"政府性基金预算结转结余"科目,贷记"政府性基金预算本级支出"科目。

【例7-8】某市财政总预算会计收到财政国库支付执行机构报来的预算支出结算清单,财政国库支付执行机构以财政直接支付的方式,通过财政零余额账户存款账户支付有关预算单位的属于政府性基金预算支出的款项共计295 000元。具体支付情况为:"教育支出——地方教育附加支出"50 000元,"文化体育与传媒支出——文化事业建设费支出"40 000元,"城乡社区支出——政府住房基金支出——廉租住房支出"50 000元,"农林水支出——地方水利建设基金支出——水利工程建设"30 000元,"社会保障和就业支出——残疾人事业——残疾人就业保障金支出"50 000元,"交通运输支出——车辆通行费安排的支出——公路还贷"45 000元,"资源勘探电力信息等支出——农网还贷资金支出——地方农网还贷资金支出"30 000元。财政总预算会计经与中国人民银行财政直接支付划款凭证核对无误后,列报政府性基金预算支出。其会计分录为:

借:政府性基金预算本级支出
　　——教育支出——地方教育附加支出　　　　　　　　　　　　　50 000
　　——文化体育与传媒支出——文化事业建设费支出　　　　　　　40 000
　　——城乡社区支出——政府住房基金支出——廉租住房支出　　　50 000
　　——农林水支出——地方水利建设基金支出——水利工程建设设　30 000
　　——社会保障和就业支出——残疾人就业保障金支出——残疾人事业 50 000
　　——交通运输支出——车辆通行费安排的支出——公路还贷　　　45 000
　　——资源勘探电力信息等支出——农网还贷资金支出——地方农网还贷资金支出
　　　　　　　　　　　　　　　　　　　　　　　　　　　　　　　30 000
　　贷:国库存款　　　　　　　　　　　　　　　　　　　　　　　295 000

年终,财政总预算会计应将"政府性基金预算本级支出"科目的借方余额全数转入"政府性基金预算结转结余"科目。

三、国有资本经营预算本级支出的核算

为核算国有资本经营预算本级支出业务,财政总预算会计应设置"国有资本经营预算本级支出"总账科目。本科目核算政府财政管理的由本级政府使用的列入政府性基金预算的支出。本科目应当按照《政府收支分类科目》中支出功能分类科目设置明细科目。同时,根据管理需要,按照支出经济分类科目、部门等进行明细核算。本科目平时为借方余额,表示国有资本经营预算本级支出累计数。年终结转后,本科目无余额。

国有资本经营预算本级支出的主要账务处理如下:

（1）实际发生国有资本经营预算本级支出时,借记"国有资本经营预算本级支出"科目,贷记"国库存款"科目。

（2）年度终了,对纳入国库集中支付管理的、当年未支而需结转下一年度支付的款项（国库集中支付结余）,采用权责发生制确认支出时,借记"国有资本经营预算本级支出"科目,贷记

"应付国库集中支付结余"科目。

(3)年终转账时,本科目借方余额应全数转入"国有资本经营预算结转结余"科目,借记"国有资本经营预算结转结余"科目,贷记"国有资本经营预算本级支出"科目。

【例7-9】某市财政总预算会计发生如下业务:

(1)某市财政总预算会计收到财政国库支付执行机构报来的预算支出结算清单,财政国库支付执行机构以财政直接支付的方式,通过财政零余额账户存款账户交付有关预算单位的属于基金预算支出的款项共计70 000元。具体支付情况为:"文化体育与传媒支出——产业升级与发展支出"40 000元,"资源勘探电力信息等支出——产业升级与发展支出"30 000元。财政总预算会计经与中国人民银行财政直接支付现款凭证核对无误后,列国有资本经营预算本级支出。其会计分录为:

借:国有资本经营预算本级支出——文化体育与传媒支出——文化事业建设费支出

　　　　　　　　　　　　　　　　　　　　　　40 000

　　　　——资源勘探电力信息等支出——产业升级与发展支出

　　　　　　　　　　　　　　　　　　　　　　30 000

　　贷:国库存款　　　　　　　　　　　　　　70 000

(2)年终,将上述"国有资本经营预算本级支出"科目的借方余额70 000元全数转入"国有资本经营预算结转结余"科目。其会计分录为:

借:国有资本经营预算结转结余　　　　　　　　70 000

　　贷:国有资本经营预算本级支出　　　　　　70 000

同时,财政总预算会计应结清所有国有资本经营预算本级支出明细账。

四、专用基金支出的核算

为核算专用基金支出业务,总预算会计应设置"专用基金支出"科目。本科目核算政府财政用专用基金收入安排的支出。本科目应当根据专用基金的种类设置明细科目。同时,根据管理需要,按部门等进行明细核算。本科目平时借方余数,反映专用基金支出累计数。年终结转后,本科目无余额。

专用基金支出的主要账务处理如下:

(1)发生专用基金支出时,借记"专用基金支出"科目,贷记"其他财政存款"等有关科目。退回专用基金支出时,编制相反的会计分录。

(2)年终转账时,本科目借方余额全数转入"专用基金结余"科目,借记"专用基金结余"科目,贷记"专用基金支出"科目。

【例7-10】某市财政发生如下专用基金支出业务:

(1)用专用基金收入安排粮食风险基金600 000元。其会计分录为:

借:专用基金支出——粮食风险基金　　　　　600 000

　　贷:其他财政存款——专用基金存款　　　600 000

(2)年终,将"专用基金支出"科目借方余额1 000 000元,全数转入"专用基金结余"科目。其会计分录为:

借:专用基金结余　　　　　　　　　　　　1 000 000

　　贷:专用基金支出　　　　　　　　　　1 000 000

同时,财政总预算会计应结清所有专用基金支出明细账。

五、财政专户管理资金支出的核算

为核算财政专户管理资金支出业务,财政总预算会计应设置"财政专户管理资金支出"总账科目。本科目核算政府财政用纳入财政专户管理的教育收费资金安排的支出。本科目应当按照《政府收支分类科目》中支出功能分类科目设置相应明细科目。同时,根据管理需要,按照支出经济分类科目、部门(单位)等进行明细核算。本科目平时借方余额,反映当年财政专户管理资金支出的累计数。年终结账后,本科目应余额。

财政专户管理资金支出的主要账务处理如下:

(1)发生财政专户管理的资金支出时,借记"财政专户管理资金支出"科目,贷记"其他财政存款"等科目。

(2)年终结账时,将本科目借方余额全数转入"财政专户管理资金结余"科目,借记"财政专户管理资金结余"科目,贷记"财政专户管理资金支出"科目。

【例7-11】某市财政总预算会计发生如下业务:

(1)通过财政专户向有关教育单位拨付教育收费共计275 000元。具体"教育支出——普通教育——高等教育——某高等学校"275 000元。其会计分录为:

借:财政专户管理资金支出　　　　　　　　　　　　　　　　275 000
　　贷:其他财政存款　　　　　　　　　　　　　　　　　　　　275 000

同时,在"财政专户管理资金支出"总账科目的借方登记明细账如下:

教育支出——普通教育——高等学校——某高等学校　　　　　275 000

(2)通过财政专户向有关彩票销售机构拨付业务费用共计35 000元。具体"其他支出——彩票发行销售机构业务费安排的支出——福利彩票销售机构的业务费支出——某福利彩票销售机构"35 000元。其会计分录为:

借:财政专户管理资金支出　　　　　　　　　　　　　　　　35 000
　　贷:其他财政存款　　　　　　　　　　　　　　　　　　　　35 000

同时,在"财政专户管理资金支出"总账科目的借方登记明细账如下:

其他支出——彩票发行销售机构业务费安排的支出——福利彩票销售机构的业务费支出——某福利彩票销售机构　　　　　　　　　　　　　　　　35 000

(3)年终"财政专户管理资金支出"总账科目借方余额为335 000元,将其全数转入"财政专户管理资金结余"总账科目。其会计分录为:

借:财政专户管理资金结余　　　　　　　　　　　　　　　　335 000
　　贷:财政专户管理资金支出　　　　　　　　　　　　　　　　335 000

同时,财政总预算会计应结清所有财政专户管理资金支出明细账的余额。

六、债务还本支出的核算

为核算债务还本支出业务,财政总预算会计应设置"债务还本支出"总账科目。本科目核算政府财政偿还本级政府财政承担的纳入预算管理的债务本金支出。本科目应当根据《政府收支分类科目》中"债务还本支出"有关规定设置明细科目。本科目平时借方余额反映本级政府财政债务还本支出的累计数。年终结账后,本科目应无余额。

债务还本支出的主要账务处理如下：

(1)偿还本级政府财政承担的政府债券、主权外债等纳入预算管理的债务本金时，借记"债务还本支出"科目，贷记"国库存款""其他财政存款"等科目；根据债务管理部门转来相关资料，按照实际偿还的本金金额，借记"应付短期政府债券""应付长期政府债券""借入款项""应付地方政府债券转贷款""应付主权外债转贷款"等科目，贷记"待偿债净资产"科目。

(2)偿还截至2014年12月31日本级政府财政承担的存量债务本金时，借记"债务还本支出"科目，贷记"国库存款""其他财政存款"等科目。

(3)年终转账时，本科目下"专项债务还本支出"明细科目的借方余额应按照对应的政府性基金种类分别转入"政府性基金预算结转结余"相应明细科目，借记"政府性基金预算结转结余"科目，贷记"债务还本支出"科目(专项债务还本支出)。本科目下其他明细科目的借方余额全数转入"一般公共预算结转结余"科目，借记"一般公共预算结转结余"科目，贷记"债务还本支出"科目(其他明细科目)。

【例7-12】某省财政总预算会计发生如下业务：

通过财政国库向中央财政上缴由本级政府承担的1年期地方政府债券还本资金共计450 000元。其会计分录为：

借：债务还本支出——地方政府债务还本支出——一般债务还本支出　450 000
　　贷：国库存款　　　　　　　　　　　　　　　　　　　450 000
同时：
借：应付短期政府债券　　　　　　　　　　　　　　　　450 000
　　贷：待偿债净资产　　　　　　　　　　　　　　　　450 000

(2)未按时通过财政国库向中央财政上缴应由本级政府承担的地方政府专项债务还本资金350 000元，中央财政部门通过年终结算扣缴了相应款项。该省财政部门通过核实，列报相应支出350 000元。其会计分录为：

借：债务还本支出——地方政府债务还本交出——专项债务还本支出　350 000
　　贷：与上级往来　　　　　　　　　　　　　　　　　350 000
同时：
借：应付短期政府债券　　　　　　　　　　　　　　　　350 000
　　贷：待偿债净资产　　　　　　　　　　　　　　　　350 000

(3)年终，"债务还本支出"总账科目借方余额为800 000元，其中，属于一般债务还本支出450 000元，属于专项债务还本支出350 000元。财政总预算会计将其分别转入"一般公共预算结转结余"和"政府性基金预算结转结余"科目。其会计分录为：

借：一般公共预算结转结余　　　　　　　　　　　　　450 000
　　政府性基金预算结转结余　　　　　　　　　　　　350 000
　　贷：债务还本交出　　　　　　　　　　　　　　　800 000

同时，财政总预算会计应结清所有债务还本支出明细账的余额。

七、转移性支出的核算

为核算转移性支出业务，财政总预算会计应设置"补助支出""上解支出""调出资金""安排预算稳定调节基金""债务转贷支出""地区间援助支出"等总账科目。

(一)补助支出

为了核算补助支出业务,财政总预算会计设置"补助支出"总账科目。本科目核算本级政府财政按财政体制规定或因专项需要补助给下级政府财政的款项,包括对下级的税收返还、转移支付等。本科目下应当按照不同资金性质设置"一般公共预算补助支出""政府性基金预算补助支出"等明细科目,同时还应当按照补助地区进行明细核算。本科目平时余额在借方,反映补助支出的累计数。年末结账以后本科目无余额。

补助支出的主要账务处理如下:

(1)发生补助支出或从"与下级往来"科目转入时,借记"补助支出"科目,贷记"国库存款""其他财政存款""与下级往来"等科目。

(2)专项转移支付资金实行特设专户管理的,本级政府财政应当根据本级政府财政下达的预算文件确认补助支出,借记"补助支出"科目,贷记"国库存款""与下级往往来"等科目。

(3)有主权外债业务的财政部门,贷款资金由下级政府财政同级部门(单位)使用,且贷款最终还款责任由本级政府财政承担的,本级政府财政部门支付贷款资金时,借记"补助支出"科目,贷记"其他财政存款"科目;外方将贷款资金直接支付给用款单位或供应商时,借记"补助支出"科目,贷记"债务收入""债务转贷收入"等科目。根据债务管理部门转来的相关外债转贷管理资料,按照实际支付的金额,借记"待偿债净资产"科目,贷记"借入款项""应付主权外债转贷款"等科目。

(4)年终与下级政府财政结算时,按照尚未拨付的补助金额,借记"补助支出"科目,贷记"与下级往来"科目。退还或核减补助支出时,借记"国库存款""与下级往来"等科目,贷记"补助支出"科目。

(5)年终转账时,本科目借方余额应根据不同资金性质分别转入对应的结转结余科目,借记"一般公共预算结转结余""政府性基金预算结转结余"等科目,贷记"补助支出"科目。

【例7-13】某省财政总预算会计发生如下业务:

(1)与其下属某市财政年终进行财政体制结算,经计算,省财政应给予所属市财政一般公共预算体制补助款项150 000元。其会计分录为:

借:补助支出——一般公共预算补助支出——体制补助支出——某市　　150 000
　　贷:与下级往来　　　　　　　　　　　　　　　　　　　　　　　　150 000

(2)通过财政直接支付的方式,为所属某市财政支付一笔一般公共预算资金450 000元,用于专项补助该市在医疗卫生方面发生的专项采购支出。其会计分录为:

借:补助支出——一般公共预算补助支出——专项转移支付——某市　　450 000
　　贷:国库存款　　　　　　　　　　　　　　　　　　　　　　　　　450 000

(3)从属于政府性基金收入的国有土地使用权出让收入中拨出一笔资金500 000元,专项用于支持下属省管某县生态环境保护建设,款项已从国库拨出,相应适用"政府性基金补助支出"预算科目。其会计分录为:

借:补助支出——政府性基金补助支出——某县　　　　　　　　　　　500 000
　　贷:国库存款　　　　　　　　　　　　　　　　　　　　　　　　　500 000

(4)年终,"补助支出"总账科目借方余额1 100 000元,其中,属于一般公共预算的补助支出600 000元,属于政府性基金预算补助支出为500 000元,分别转入"一般公共预算结转结余"和"政府性基金预算结转结余"科目。其会计分录为:

借：一般公共预算结转结余　　　　　　　　　　　　　　　　　600 000

　　政府性基金预算结转结余　　　　　　　　　　　　　　　500 000

　　贷：补助支出　　　　　　　　　　　　　　　　　　　　　　　　1 100 000

同时，财政总预算会计应结清所有补助支出明细账。

(二)上解支出

为核算上解支出业务，财政总预算会计应设置"上解支出"科目。本科目核算本级政府财政按照财政体制规定上交给上级政府财政的款项。本科目下应当按照不同资金性质设置"一般公共预算上解支出""政府性基金预算上解支出"等明细科目。本科目平时余额一般在借方，反映本级财政上解上级财政支出的累计数。年终结转后，本科目无余额。

上解支出的主要账务处理如下：

(1)发生上解支出时，借记"上解支出"科目，贷记"国库存款""与上级往来"等科目。

(2)年终与上级政府财政结算时，按照尚未支付的上解金额，借记"上解支出"科目，贷记"与上级往来"科目。退还或核减上解支出时，借记"国库存款""与上级往来"等科目，贷记"上解支出"科目。

(3)年终转账时，本科目借方余额应根据不同资金性质分别转入相应的结转结余科目，借记"一般公共预算结转结余""政府性基金预算结转结余"等科目，贷记"上解支出"科目。

【例7-14】某市财政总预算会计发生如下业务：

(1)按财政管理体制规定通过财政国库向上级省财政上解属于预算的体制上解款项300 000元。其会计分录为：

借：上解支出——一般公共预算上解支出——体制上解支出　　　　300 000

　　贷：国库存款　　　　　　　　　　　　　　　　　　　　　　　　　300 000

(2)按财政管理体制规定通过财政国库向上级省财政上解属于一般公共预算的专项上解款项50 000元。其会计分录为：

借：上解支出——一般公共预算上解支出——专项上解支出　　　　50 000

　　贷：国库存款　　　　　　　　　　　　　　　　　　　　　　　　　50 000

(3)通过财政直接支付的方式，为所属某市财政支付一笔政府性基金预算资金500 000元，用于专项补助该市政府在城乡社区建设方面的专项采购。其会计分录为：

借：上解支出——政府性基金预算上解支出——城乡社区建设　　　500 000

　　贷：国库存款　　　　　　　　　　　　　　　　　　　　　　　　　500 000

(4)年终，"上解支出"科目借方余额230 000元。其中，属于一般公共预算上解支出的借方余额150 000元，属于政府性基金预算上解支出的借方余额80 000元，分别转入"一般公共预算结转结余"和"政府性基金预算结转结余"科目。其会计分录为：

借：一般公共预算结转结余　　　　　　　　　　　　　　　　　150 000

　　政府性基金预算结转结余　　　　　　　　　　　　　　　　80 000

　　贷：上解支出　　　　　　　　　　　　　　　　　　　　　　　　230 000

同时，财政总预算会计应结清所有上解支出明细账。

(三)调出资金

为了核算调出资金业务，财政总预算会计应设置"调出资金"科目。本科目余额平时一般在借方，反映本级财政调出资金的累计数。年终结转后，本科目无余额。本科目下应当设置

"一般公共预算调出资金""政府性基金预算调出资金""国有资本经营预算调出资金"等明细科目。

调出资金的主要账务处理如下：

(1)从一般公共预算调出资金时,按照调出的金额,借记"调出资金"科目(一般公共预算调出资金),贷记"调入资金"相关明细科目。

(2)从政府性基金预算调出资金时,按照调出的金额,借记"调出资金"科目(政府性基金预算调出资金),贷记"调入资金"相关明细科目。

(3)从国有资本经营预算调出资金时,按照调出的金额,借记"调出资金"科目(国有资本经营预算调出资金),贷记"调入资金"相关明细科目。

(4)年终转账时,本科目借方余额分别转入相应的结转结余科目,借记"一般公共预算结转结余""政府性基金预算结转结余""国有资本经营预算结转结余"等科目,贷记"调出资金"科目。

【例7-15】某省财政总预算会计发生如下业务：

(1)为平衡一般预算,从政府性基金预算结余中调出一笔资金600 000元至一般公共预算。其会计分录为：

借：调出资金——政府性基金预算调出资金　　　　　　　　　　　600 000
　　贷：调入资金——一般公共预算调入资金　　　　　　　　　　　　600 000

(2)年终,将"调出资金——政府性基金预算调出资金"科目借方余额600 000元转入"政府性基金预算结转结余"科目。其会计分录为：

借：政府性基金预算结转结余　　　　　　　　　　　　　　　　600 000
　　贷：调出资金　　　　　　　　　　　　　　　　　　　　　　　600 000

同时,财政总预算会计应结清所有调出资金明细账的余额。

(四)安排预算稳定调节基金

为了核算调出资金业务,财政总预算会计应设置"安排预算稳定调节基金"科目。本科目核算政府财政按照有关规定安排的预算稳定调节基金。本科目平时借方余额反映安排预算稳定调节基金的累计数。结转后,本科目无余额。

安排预算稳定调节基金的主要账务处理如下：

(1)补充预算稳定调节基金时,借记"安排预算稳定调节基金"科目,贷记"预算稳定调节基金"科目。

(2)年终转账时,本科目借方余额全数转入"一般公共预算结转结余"科目,借记"一般公共预算结转结余"科目,贷记"安排预算稳定调节基金"科目。

【例7-16】某市财政年终发生财政超收,即财政收入大于财政支出,决定安排预算稳定调节基金25 800元。其会计分录为：

借：安排预算稳定调节基金　　　　　　　　　　　　　　　　25 800
　　贷：预算稳定调节基金　　　　　　　　　　　　　　　　　　25 800

(五)债务转贷支出

为核算债务转贷支出业务,财政总预算会计应设置"债务转贷支出"总账科目。本科目核算本级政府财政向下级政府财政转贷的债务支出。本科目下应当设置"地方政府一般债务转贷支出""地方政府专项债务转贷支出"明细科目,同时还应当按照转贷地区进行明细核算。本科目平时借方余额反映债务转贷支出的累计数。结转后,本科目无余额。

债务转贷支出的主要账务处理如下:

(1)本级政府财政向下级政府财政转贷地方政府债券资金时,借记"债务转贷支出"科目,贷记"国库存款"科目;根据债务管理部门转来的相关资料,按照到期应收回的转贷款本金金额,借记"应收地方政府债券转贷款"科目,贷记"资产基金——应收地方政府债券转贷款"科目。

(2)本级政府财政向下级政府财政转贷主权外债资金,且主权外债最终还款责任由下级政府财政承担的,相关账务处理如下:

当本级政府财政支付转贷资金时,根据转贷资金支付相关资料,借记"债务转贷支出"科目,贷记"其他财政存款"科目;根据债务管理部门转来的相关资料,按照实际持有的债权金额,借记"应收主权外债转贷款"科目,贷记"资产基金——应收主权外债转贷款"科目。

当外方将贷款资金直接支付给用款单位或供应商时,本级政府财政根据转贷资金支付相关资料,借记"债务转贷支出"科目,贷记"债务收入""债务转贷收入"科目。根据债务管理部门转来的相关资料,按照实际持有的债权金额,借记"应收主权外债转贷款"科目,贷记"资产基金——应收主权外债转贷款"科目;同时,借记"待偿债净资产"科目,贷记"借入款项""应付主权外债转贷款"等科目。

(3)年终转账时,本科目下"地方政府一般债务转贷支出"明细科目的借方余额全数转入"一般公共预算结转结余"科目,借记"一般公共预算结转结余"科目,贷记"债务转贷支出——地方政府一般债务转贷支出"科目。本科目下"地方政府专项债务转贷支出"明细科目的借方余额全数转入"政府性基金预算结转结余"科目,借记"政府性基金预算结转结余"科目,贷记"债务转贷支出——地方政府专项债务转贷支出"科目。

【例7-17】某省财政总预算会计发生如下业务:

(1)通过财政国库向所属某市财政拨付债券转贷资金90 000元,用于支持在该市的公益性建设项目。其会计分录为:

借:债务转贷支出——地方政府一般债务转贷支出——某市财政　　　90 000
　　贷:国库存款　　　　　　　　　　　　　　　　　　　　　　　　　90 000

同时:

借:应收地方政府债券转贷款　　　　　　　　　　　　　　　　　　90 000
　　贷:资产基金——应收地方政府债权转贷款　　　　　　　　　　　90 000

(2)年终,将"债务转贷支出"科目借方余额350 000元全数转入"一般公共预算结转结余"科目。其会计分录为:

借:一般公共预算结转结余　　　　　　　　　　　　　　　　　　　350 000
　　贷:债务转贷支出　　　　　　　　　　　　　　　　　　　　　　350 000

同时,财政总预算会计应结清所有债务转贷支出明细账的余额。

(六)地区间援助支出

为核算地区间援助支出业务,财政总预算会计应设置"地区间援助支出"总账科目。本科目核算援助方政府财政安排用于受援方政府财政统筹使用的各类援助、捐赠等资金支出。本科目应当按照受援地区及管理需要进行相应明细核算。本科目平时借方余额反映地区间援助支出的累计数。结转后,本科目无余额。

地区间援助支出的主要账务处理如下：

（1）发生地区间援助支出时，借记"地区间援助支出"科目，贷记"国库存款"科目。

（2）年终转账时，本科目借方余额全数转入"一般公共预算结转结余"科目，借记"一般公共预算结转结余"科目，贷记"地区间援助支出"科目。

【例 7-18】省财政总预算会计发生如下业务：

（1）通过财政国库向乙省财政拨付地区间援助资金 2 500 000 元，供乙省财政统筹安排使用，以缓解其临时财政困难。其会计分录为：

借：地区间援助支出——援助其他地区支出——乙省财政　　　　2 500 000
　贷：国库存款　　　　　　　　　　　　　　　　　　　　　　　　2 500 000

（2）年终"地区间援助支出"总账科目借方余额为 2 500 000 元，将其全数转入"一般公共预算结转结余"科目。其会计分录为：

借：一般公共预算结转结余　　　　　　　　　　　　　　　　　2 500 000
　贷：地区间援助支出　　　　　　　　　　　　　　　　　　　　　2 500 000

同时，财政总预算会计应结清所有地区间援助支出明细账的余额。

关键术语

一般公共预算本级支出　　政府性基金预算支出　　国有资本经营预算本级支出
专用基金支出　　财政专户管理资金支出　　债务还本支出　　转移性支出

复习思考题

1.什么是财政总预算会计的支出？财政总预算会计的支出包括哪些内容？

2.什么是一般公共预算支出？按照现行《政府收支分类科目》，其可分成哪些主要类别？其管理的基本要求有哪些？

3.在财政国库集中支付方式下，一般公共预算支出的支付方式有哪两种？两种支付方式的概念和支付程序分别是怎样的？

4.什么是政府性基金预算本级支出？按照现行《政府收支分类科目》，政府性基金预算本级支出可分成哪些主要类别？政府性基金预算支出管理的基本要求有哪些？

5.什么是国有资本经营预算本级支出？按照现行《政府收支分类科目》，国有资本经营预算支出可分成哪些主要类别？国有资本经营预算支出管理的基本要求有哪些？

6.一般公共预算本级支出的列报基础是怎样的？举例说明。

7.什么是专用基金支出？

8.什么是财政专户管理资金支出？

9.什么是债务还本支出？什么是债务转贷支出？两者有什么相同和不同的地方？

10.什么是转移性支出？按照现行《政府收支分类科目》，转移性支出可分成哪些主要类别？转移性支出管理的基本要求有哪些？

练习题

1.目的：练习财政总预算会计支出的核算。

2.要求：根据以下经济业务，为该市财政总预算会计编制有关会计分录。

3. 资料：某市财政 2017 年发生如下经济业务：

(1)发生一般公共服务支出 55 000 元,具体为审计事务方面的支出,款项已从国库一般公共预算资金支付。

(2)发生一般公共服务支出 40 000 元,具体为统计信息事务方面的支出,款项已从国库一般公共预算资金支付。

(3)发生一般公共服务支出 15 000 元,具体为纪检监察事务方面的支出,款项已从国库一般公共预算资金支付。

(4)发生教育支出 45 000 元,具体为普通教育方面的支出,款项已从国库一般公共预算资金支付。

(5)发生科学技术支出 25 500 元,具体为科技条件与服务方面的支出,款项已从国库一般公共预算资金支付。

(6)发生医疗卫生支出 25 000 元,具体为公共卫生方面的支出,款项已从国库一般公共预算资金支付。

(7)发生节能环保支出 2 000 元,具体为可再生能源电价附加收入安排的支出,款项已从国库政府性基金预算资金支付。

(8)发生农林水支出 14 500 元,具体为地方水利建设基金支出,款项已从国库政府性基金预算资金支付。

(9)发生交通运输支出 35 000 元,具体为产业升级与发展支出,款项已从国库国有资本经营预算资金支付。

(10)发生债务还本支出 35 000 元,具体为上缴由本级政府承担的地方政府债券还本资金,款项已从国库一般公共预算资金支付。

(11)发生债务付息支出 1 500 元,具体为地方政府债券付息,款项已从国库一般公共预算资金支付。

(12)发生补助支出 35 000 元,具体为对下属某县的均衡性转移支付支出,款项已从国库一般公共预算资金支付。

(13)发生财政专户管理资金支出 20 000 元,具体为对某高等职业学校返还教育收费,款项已从财政专户教育收费资金支付。

(14)发生社会保障和就业支出 25 000 元,具体为财政对社会保险基金的补助,款项已从国库一般公共预算资金支付。

(15)发生上解支出 2 500 元,具体为按财政管理体制规定应上解上级的体制上解款项。

(16)发生补助支出 1 500 元,具体为应补助下级的公共财政专项资金,用途为社会保障和就业。

(17)年终发生财政超收,即财政收入大于财政支出,决定安排预算稳定调节基金 6 800 元。

第八章 财政总预算会计报表

财政总预算会计报表是各级预算收支执行情况及其结果的定期书面报告,是各级领导机关和上级财政部门了解情况、掌握政策、指导预算执行工作的重要资料,也是编制下年度预算的数据基础。本章主要介绍财政总预算会计报表的含义、种类;年终清理结算和结账以及会计报表的编制、审核、汇总和分析。通过本章的学习,要掌握财政总预算会计报表的构成及分类、年终清理结算和结账工作、资产负债表、收入支出表、预算执行情况表的内容以及财政总预算会计报表的分析。

第一节 财政总预算会计报表概述

一、财政总预算会计报表及其种类

财政总预算会计报表,是反映各级政府财政预算收支执行情况及其结果的定期书面报告,是各级政府、上级财政部门、各级人民代表大会和社会公众了解情况、掌握政策、指导和监督预算执行工作的重要资料,也是编制下年度政府财政预算的基础。

财政总预算会计报表可以划分为不同的种类。按其性质分类,可以分为资产负债表、收入支出表、预算执行情况表等。财政总预算会计报表还可以按编报的日期分为旬报、月报和年报等三种。财政总预算会计报表按包括的内容范围分为本级报表和汇总报表两种。

二、财政总预算会计报表的编制要求

各级财政总预算会计报表要做到数字正确、内容完整、报送及时。

(1)数字正确。财政总预算会计报表数字,必须根据核对无误的账户记录和所属单位报表汇总。切实做到账表相符,有根有据。不能估列代编,更不能弄虚作假。

(2)内容完整。财政总预算会计报表要严格按照统一规定的种类、格式、内容、计算方法和编制口径填制,以保证全国统一汇总和分析。汇总报表的单位,要把所属单位的报表汇集齐全,防止漏报。

(3)报送及时。各级财政总预算会计要加强日常会计核算工作,督促有关单位及时记账、结账。所有预算会计单位都应在规定的期限内报出报表,以便主管部门和财政部门及时汇总。

三、财政总预算会计报表的编制程序

财政总预算会计报表由乡（镇）、县（市）、市（设区的市）、省（自治区、直辖市）以及计划单列市财政机关，根据统一的总会计账户、统一的编制口径、统一的报送时间，从基层单位开始，逐级汇总编报，不得估列代编。单位预算会计报表是同级总预算会计报表的组成部分，由各级事业行政单位逐级汇总，各主管部门向同级财政机关报送；此外，参与国家预算执行的国家金库和建设银行、农业银行以及办理和监督中央级限额拨款的国家银行也要分别向同级财政机关报送预算收入和预算支出的各种报表，这些报表也是总预算会计报表的组成部分。逐级汇总编成定期的国家预算收支情况报表，由财政部报送国务院。地方各级总预算收支执行情况表，由财政机关同时报送同级人民政府。

第二节　财政总预算会计报表的编制

一、日常报表

（一）资产负债表

1.资产负债表及其格式

资产负债表是反映政府财政在某一特定日期财务状况的报表。按照编报的时间，资产负债表可分为月报和年报两种，分别反映月末和年末一级政府财政的实际财力状况。资产负债表至少按年编制。

财政总预算会计编制的资产负债表采用了"资产＝负债＋净资产"的平衡公式。按照资产、负债和净资产分类、分项列示。其格式如表8－1所示。

表 8－1　资产负债表

会财政 01 表

编制单位：　　　　　　　　　　年　　月　　日　　　　　　　　　　单位:元

资　　　产	年初余额	期末余额	负债和净资产	年初余额	期末余额
流动资产：			流动负债：		
国库存款			应付短期政府债券		
国库现金管理存款			应付利息		
其他财政存款			应付国库集中支付结余		
有价证券			与上级往来		
在途款			其他应付款		
预拨经费			应付代管资金		
借出款项			一年内到期的非流动负债		
应收股利			流动负债合计		
应收利息			非流动负债：		

资　　产	年初余额	期末余额	负债和净资产	年初余额	期末余额
与下级往来			应付长期政府债券		
其他应收款			借入款项		
流动资产合计			应付地方政府债券转贷款		
非流动资产:			应付主权外债转贷款		
应收地方政府债券转贷款			其他负债		
应收主权外债转贷款			非流动负债合计		
股权投资			负债合计		
待发国债			一般公共预算结转结余		
非流动资产合计			政府性基金预算结转结余		
			国有资本经营预算结转结余		
			财政专户管理资金结余		
			专用基金结余		
			预算稳定调节基金		
			预算周转金		
			资产基金		
			减:待偿债净资产		
			净资产合计		
资产总计			负债和净资产合计		

2.资产负债表的编制说明

(1)本表"年初余额"栏的填列方法。

本表"年初余额"栏内各项数字,应当根据上年末资产负债表"期末余额"栏内数字填列。如果本年度资产负债表规定的各个项目的名称和内容同上年度不相一致,应对上年年末资产负债表各项目的名称和数字按照本年度的规定进行调整,填入本表"年初余额"栏内。

(2)本表"期末余额"栏各项目的内容和填列方法。

①资产类项目。

<1>"国库存款"项目,反映政府财政期末存放在国库单一账户的款项金额。本项目应当根据"国库存款"科目的期末余额填列。

<2>"国库现金管理存款"项目,反映政府财政期末实行国库现金管理业务持有的存款金额。本项目应当根据"国库现金管理存款"科目的期末余额填列。

<3>"其他财政存款"项目,反映政府财政期末持有的其他财政存款金额。本项目应当根据"其他财政存款"科目的期末余额填列。

<4>"有价证券"项目,反映政府财政期末持有的有价证券金额。本项目应当根据"有价证券"科目的期末余额填列。

<5>"在途款"项目,反映政府财政期末持有的在途款金额。本项目应当根据"在途款"科目的期末余额填列。

<6>"预拨经费"项目,反映政府财政期末尚未转列支出或尚待收回的预拨经费金额。本项目应当根据"预拨经费"科目的期末余额填列。

<7>"借出款项"项目,反映政府财政期末借给预算单位尚未收回的款项金额。本项目应当根据"借出款项"科目的期末余额填列。

<8>"应收股利"项目,反映政府期末尚未收回的现金股利或利润金额。本项目应当根据"应收股利"科目的期末余额填列。

<9>"应收利息"项目,反映政府财政期末尚未收回应收利息金额。本项目应当根据"应收地方政府债券转贷款"科目和"应收主权外债转贷款"科目下"应收利息"明细科目的期末余额合计数填列。

<10>"与下级往来"项目,正数反映下级政府财政欠本级政府财政的款项金额;负数反映本级政府财政欠下级政府财政的款项金额。本项目应当根据"与下级往来"科目的期末余额填列,期末余额如为借方则以正数填列;如为贷方则以"－"号填列。

<11>"其他应收款"项目,反映政府财政期末尚未收回的其他应收款的金额。本项目应当根据"其他应收款"科目的期末余额填列。

<12>"应收地方政府债券转贷款"项目,反映政府财政期末尚未收回的地方政府债券转贷款的本金金额。本项目应当根据"应收地方政府债券转贷款"科目下"应收本金"明细科目的期末余额填列。

<13>"应收主权外债转贷款"项目,反映政府财政期末尚未收回的主权外债转贷款的本金余额。本项目应当根据"应收主权外债转贷款"科目下的"应收本金"明细科目的期末余额填列。

<14>"股权投资"项目,反映政府期末持有的股权投资的金额,本项目应当根据"股权投资"科目的期末余额填列。

<15>"待发国债"项目,反映中央政府财政期末尚未使用的国债发行额度。本项目应当根据"待发国债"科目的期末余额填列。

②负债类项目。

<16>"应付短期政府债券"项目,反映政府财政期末尚未偿还的发行期限不超过1年(含1年)的政府债券的本金金额。本项目应当根据"应付短期政府债券"科目下的"应付本金"明细科目的期末余额填列。

<17>"应付利息"项目,反映政府财政期末尚未支付的应付利息金额。本项目应当根据"应付短期政府债券""借入款项""应付地方政府债券转贷款""应付主权外债转贷款"科目下的"应付利息"明细科目期末余额,以及属于分期付息到期还本的"应付长期政府债券"的"应付利息"明细科目期末余额计算填列。

<18>"应付国库集中支付结余"项目,反映政府财政期末尚未支付的国库集中支付结余金额。本项目应当根据"应付国库集中支付结余"科目的期末余额填列。

<19>"与上级往来"项目,正数反映本级政府财政期末欠上级政府财政的款项金额;负数反映上级政府财政欠本级政府财政的款项金额。本项目应当根据"与上级往来"科目的期末余额填列,如为借方余额则以"－"号填列。

＜20＞"其他应付款"项目,反映政府财政期末尚未支付的其他应付款的金额。本项目应当根据"其他应付款"科目的期末余额填列。

＜21＞"应付代管资金"项目,反映政府财政期末尚未支付的代管资金金额。本项目应当根据"应付代管资金"科目的期末余额填列。

＜22＞"一年内到期的非流动负债"项目,反映政府财政期末承担的1年以内(含1年)到偿还期的非流动负债。本项目应当根据"应付长期政府债券""借入款项""应付地方政府债券转贷款""应付主权外债转贷款""其他负债"等科目的期末余额及债务管理部门提供的资料分析填列。

＜23＞"应付长期政府债券"项目,反映政府财政期末承担的偿还期限超过1年的长期政府债券的本金金额及到期一次还本付息的长期政府债券的应付利息金额。本项目应当根据"应付长期政府债券"科目的期末余额分析填列。

＜24＞"应付地方政府债券转贷款"项目,反映政府财政期末承担的偿还期限超过1年的地方政府债券转贷款的本金金额。本项目应当根据"应付地方政府债券转贷款"科目下"应付本金"明细科目的期末余额分析填列。

＜25＞"应付主权外债转贷款"项目,反映政府财政期末承担的偿还期限超过1年的主权外债转贷款的本金金额。本项目应当根据"应付主权外债转贷款"科目下"应付本金"明细科目的期末余额分析填列。

＜26＞"借入款项"项目,反映政府财政期末承担的偿还期限超过1年的借入款项的本金金额。本项目应当根据"借入款项"科目下"应付本金"明细科目的期末余额分析填列。

＜27＞"其他负债"项目,反映政府财政期末承担的偿还期限超过1年的其他负债金额。本项目应当根据"其他负债"科目的期末余额分析填列。

③净资产类项目。

＜28＞"一般公共预算结转结余"项目,反映政府财政期末滚存的一般公共预算结转金额。本项目应当根据"一般公共预算结转结余"科目的期末余额填列。

＜29＞"政府性基金预算结转结余"项目,反映政府财政期末滚存的政府性基金预算结转结余金额。本项目应当根据"政府性基金预算结转结余"科目的期末余额填列。

＜30＞"国有资本经营预算结转结余"项目,反映政府财政期末滚存的国有资本经营预算结转结余金额。本项目应当根据"国有资本经营预算结转结余"科目的期末余额填列。

＜31＞"财政专户管理资金结余"项目,反映政府财政期末滚存的财政专户管理资金结余金额。本项目应当根据"财政专户管理资金结余"科目的期末余额填列。

＜32＞"专用基金结余"项目,反映政府财政期末滚存的专用基金结余金额。本项目应当根据"专用基金结余"科目的期末余额填列。

＜33＞"预算稳定调节基金"项目,反映政府财政期末预算稳定调节基金的余额。本项目应当根据"预算稳定调节基金"科目的期末余额填列。

＜34＞"预算周转金"项目,反映政府财政期末预算周转金的余额。本项目应当根据"预算周转金"科目的期末余额填列。

＜35＞"资产基金"项目,反映政府财政期末持有的应收地方政府债券转贷款、应收主权外债转贷款、股权投资和应收股利等资产在净资产中占用的金额。本项目应当根据"资产基金"科目的期末余额填列。

　　<36>"待偿债净资产"项目,反映政府财政期末因承担应付短期政府债券、应付长期政府债券、借入款项、应付地方政府债券转贷款、应付主权外债转贷款、其他负债等负债相应需在净资产中冲减的金额。本项目应当根据"待偿债净资产"科目的期末借方余额以"－"号填列。

　　(二)收入支出表

　　1.收入支出表及其格式

　　收入支出表是反映政府财政在某一会计期间各类财政资金收支余情况的报表。收入支出表根据资金性质按照收入、支出、结转结余的构成分类、分项列示。收入支出表按月度和年度编制。

　　收入支出表的一般格式如表8－2所示。

表 8－2　收入支出表

会财政 02 表

编制单位：　　　　　　　年　　月　　日　　　　　　　　单位:元

项目	一般公共预算		政府性基金预算		国有资本经营预算		财政专户管理资金		专用基金	
	本月数	本年累计数	本月数	本年累计数	本月数	本年累计数	本月数	本年累计数	本月数	本年累计数
年初结转结余										
收入合计										
本级收入										
其中:来自预算安排的收入	－	－	－	－	－	－	－	－		
补助收入										
上解收入										
地区间援助收入			－	－						
债务收入										
债务转贷收入										
动用预算稳定调节基金			－	－						
调入资金										
支出合计										
本级支出										
其中:权责发生制列支									－	－
预算安排专用基金的支出										
补助支出										
上解支出			－	－						
地区间援助支出			－	－					－	－

续表 8－2

项目	一般公共预算		政府性基金预算		国有资本经营预算		财政专户管理资金		专用基金	
	本月数	本年累计数	本月数	本年累计数	本月数	本年累计数	本月数	本年累计数	本月数	本年累计数
债务还本支出					—	—	—	—	—	—
债务转贷支出					—	—	—	—	—	—
安排预算稳定调节基金			—	—	—	—	—	—	—	—
调出资金							—	—	—	—
结余转出			—	—	—	—	—	—	—	—
其中:增设预算周转金			—	—	—	—	—	—	—	—
年末结转结余										

注:表中有"—"的部分不必填列。

2.收入支出表的编制说明

(1)本表"本月数"栏反映各项目的本月实际发生数。

在编制年度收入支出表时,应将本栏改为"上年数"栏,反映上年度各项目的实际发生数;如果本年度收入支出表规定的各个项目的名称和内容同上年度不一致,应对上年度收入支出表各项目的名称和数字按照本年度的规定进行调整,填入本年度收入支出表的"上年数"栏。

本表"本年累计数"栏反映各项目自年初起至报告期末止的累计实际发生数。编制年度收入支出表时,应当将本栏改为"本年数"。

(2)本表"本月数"栏各项目的内容和填列方法。

①"年初结转结余"项目,反映政府财政本年初各类资金结转结余金额。其中,一般公共预算的"年初结转结余"应当根据"一般公共预算结转结余"科目的年初余额填列;政府性基金预算的"年初结转结余"应当根据"政府性基金预算结转结余"科目的年初余额填列;国有资本经营预算的"年初结转结余"应当根据"国有资本经营预算结转结余"科目的年初余额填列;财政专户管理资金的"年初结转结余"应当根据"财政专户管理资金结余"科目的年初余额填列;专用基金的"年初结转结余"应当根据"专用基金结余"科目的年初余额填列。

②"收入合计"项目,反映政府财政本期取得的各类资金的收入合计金额。其中,一般公共预算的"收入合计"应当根据属于一般公共预算的"本级收入""补助收入""上解收入""地区间援助收入""债务收入""债务转贷收入""动用预算稳定调节基金""调入资金"各行项目金额的合计填列;政府性基金预算的"收入合计"应当根据属于政府性基金预算的"本级收入""补助收入""上解收入""债务收入""债务转贷收入""调入资金"各行项目金额的合计填列;国有资本经营预算的"收入合计"应当根据属于国有资本经营预算的"本级收入"项目的金额填列;财政专户管理资金的"收入合计"应当根据属于财政专户管理资金的"本级收入"项目的金额填列;专用基金的"收入合计"应当根据属于专用基金的"本级收入"项目的金额填列。

③"本级收入"项目,反映政府财政本期取得的各类资金的本级收入金额。其中,一般公共

预算的"本级收入"应当根据"一般公共预算本级收入"科目的本期发生额填列;政府性基金预算的"本级收入"应当根据"政府性基金预算本级收入"科目的本期发生额填列;国有资本经营预算的"本级收入"应当根据"国有资本经营预算本级收入"科目的本期发生额填列;财政专户管理资金的"本级收入"应当根据"财政专户管理资金收入"科目的本期发生额填列;专用基金的"本级收入"应当根据"专用基金收入"科目的本期发生额填列。

④"补助收入"项目,反映政府财政本期取得的各类资金的补助收入金额。其中,一般公共预算的"补助收入"应当根据"补助收入"科目下的"一般公共预算补助收入"明细科目的本期发生额填列;政府性基金预算的"补助收入"应当根据"补助收入"科目下的"政府性基金预算补助收入"明细科目的本期发生额填列。

⑤"上解收入"项目,反映政府财政本期取得的各类资金的上解收入金额。其中,一般公共预算的"上解收入"应当根据"上解收入"科目下的"一般公共预算上解收入"明细科目的本期发生额填列;政府性基金预算的"上解收入"应当根据"上解收入"科目下的"政府性基金预算上解收入"明细科目的本期发生额填列。

⑥"地区间援助收入"项目,反映政府财政本期取得的地区间援助收入金额。本项目应当根据"地区间援助收入"科目的本期发生额填列。

⑦"债务收入"项目,反映政府财政本期取得的债务收入金额。其中,一般公共预算的"债务收入"应当根据"债务收入"科目下除"专项债务收入"以外的其他明细科目的本期发生额填列;政府性基金预算的"债务收入"应当根据"债务收入"科目下的"专项债务收入"明细科目的本期发生额填列。

⑧"债务转贷收入"项目,反映政府财政本期取得的债务转贷收入金额。其中,一般公共预算的"债务转贷收入"应当根据"债务转贷收入"科目下"地方政府一般债务转贷收入"明细科目的本期发生额填列;政府性基金预算的"债务转贷收入"应当根据"债务转贷收入"科目下的"地方政府专项债务转贷收入"明细科目的本期发生额填列。

⑨"动用预算稳定调节基金"项目,反映政府财政本期调用的预算稳定调节基金金额。本项目应当根据"动用预算稳定调节基金"科目的本期发生额填列。

⑩"调入资金"项目,反映政府财政本期取得的调入资金金额。其中,一般公共预算的"调入资金"应当根据"调入资金"科目下"一般公共预算调入资金"明细科目的本期发生额填列;政府性基金预算的"调入资金"应当根据"调入资金"科目下"政府性基金预算调入资金"明细科目的本期发生额填列。

⑪"支出合计"项目,反映政府财政本期发生的各类资金的支出合计金额。其中,一般公共预算的"支出合计"应当根据属于一般公共预算的"本级支出""补助支出""上解支出""地区间援助支出""债务还本支出""债务转贷支出""安排预算稳定调节基金""调出资金"各行项目金额的合计填列;政府性基金预算的"支出合计"应当根据属于政府性基金预算的"本级支出""补助支出""上解支出""债务还本支出""债务转贷支出""调出资金"各行项目金额的合计填列;国有资本经营预算的"支出合计"应当根据属于国有资本经营预算的"本级支出"和"调出资金"项目金额的合计填列;财政专户管理资金的"支出合计"应当根据属于财政专户管理资金的"本级支出"项目的金额填列;专用基金的"支出合计"应当根据属于专用基金的"本级支出"项目的金额填列。

⑫"补助支出"项目,反映政府财政本期发生的各类资金的补助支出金额。其中,一般公共预算的"补助支出"应当根据"补助支出"科目下的"一般公共预算补助支出"明细科目的本期发生额填列;政府性基金预算的"补助支出"应当根据"补助支出"科目下的"政府性基金预算补助支出"明细科目的本期发生额填列。

⑬"上解支出"项目,反映政府财政本期发生的各类资金的上解支出金额。其中,一般公共预算的"上解支出"应当根据"上解支出"科目下的"一般公共预算上解支出"明细科目的本期发生额填列;政府性基金预算的"上解支出"应当根据"上解支出"科目下的"政府性基金预算上解支出"明细科目的本期发生额填列。

⑭"地区间援助支出"项目,反映政府财政本期发生的地区间援助支出金额。本项目应当根据"地区间援助支出"科目的本期发生额填列。

⑮"债务还本支出"项目,反映政府财政本期发生的债务还本支出金额。其中,一般公共预算的"债务还本支出"应当根据"债务还本支出"科目下除"专项债务还本支出"以外的其他明细科目的本期发生额填列;政府性基金预算的"债务还本支出"应当根据"债务还本支出"科目下的"专项债务还本支出"明细科目的本期发生额填列。

⑯"债务转贷支出"项目,反映政府财政本期发生的债务转贷支出金额。其中,一般公共预算的"债务转贷支出"应当根据"债务转贷支出"科目下"地方政府一般债务转贷支出"明细科目的本期发生额填列;政府性基金预算的"债务转贷支出"应当根据"债务转贷支出"科目下的"地方政府专项债务转贷支出"明细科目的本期发生额填列。

⑰"安排预算稳定调节基金"项目,反映政府财政本期安排的预算稳定调节基金金额。本项目根据"安排预算稳定调节基金"科目的本期发生额填列。

⑱"调出资金"项目,反映政府财政本期发生的各类资金的调出资金金额。其中,一般公共预算的"调出资金"应当根据"调出资金"科目下"一般公共预算调出资金"明细科目的本期发生额填列;政府性基金预算的"调出资金"应当根据"调出资金"科目下"政府性基金预算调出资金"明细科目的本期发生额填列;国有资本经营预算的"调出资金"应当根据"调出资金"科目下"国有资本经营预算调出资金"明细科目的本期发生额填列。

⑲"增设预算周转金"项目,反映政府财政本期设置和补充预算周转金的金额。本项目应当根据"预算周转金"科目的本期贷方发生额填列。

⑳"年末结转结余"项目,反映政府财政本年末的各类资金的结转结余金额。其中,一般公共预算的"年末结转结余"应当根据"一般公共预算结转结余"科目的年末余额填列;政府性基金预算的"年末结转结余"应当根据"政府性基金预算结转结余"科目的年末余额填列;国有资本经营预算的"年末结转结余"应当根据"国有资本经营预算结转结余"科目的年末余额填列;财政专户管理资金的"年末结转结余"应当根据"财政专户管理资金结余"科目的年末余额填列;专用基金的"年末结转结余"应当根据"专用基金结余"科目的年末余额填列。

(三)预算执行情况表

财政总预算会计编制的预算执行情况表是反映各级政府财政年度预算收支执行情况的报表。一般由一般公共预算执行情况表、政府性基金预算执行情况表、国有资本经营预算执行情况表、财政专户管理资金收支情况表、专用基金收支情况表等组成。财政总预算会计编制预算执行情况表年报,要求根据财政部届时制定的有关规定办理。

1. 一般公共预算执行情况表

一般公共预算执行情况表是反映政府财政在某一会计期间一般公共预算收支执行结果的报表,按照《政府收支分类科目》中一般公共预算收支科目列示。一般公共预算执行情况表应当按旬、月度和年度编制。旬报、月报的报送期限及编报内容应当根据上级政府财政具体要求和本行政区域预算管理的需要办理。

一般公共预算执行情况表的参考格式如表 8-3 所示。

表 8-3 一般公共预算执行情况表

会财政 03-1 表

编制单位: 年   月   旬   单位:元

项目	本月(旬)数	本年(月)累计数
一般公共预算本级收入		
101 税收收入		
10101 增值税		
1010101 国内增值税		
……		
一般公共预算本级支出		
201 一般公共服务支出		
20101 人大事务		
2010101 行政运行		
……		

一般公共预算执行情况表的编制说明:

(1)"一般公共预算本级收入"项目及所属各明细项目,应当根据"一般公共预算本级收入"科目及所属各明细科目的本期发生额填列。在该表中,预算科目一般需要填列到"一般公共预算本级收入"科目的"项"级科目,对于诸如"增值税"等科目还需要填列到"目"级科目。

(2)"一般公共预算本级支出"项目及所属各明细项目,应当根据"一般公共预算本级支出"科目及所属各明细科目的本期发生额填列。

2. 政府性基金预算执行情况表

政府性基金预算执行情况表是反映政府财政在某一会计期间政府性基金预算收支执行结果的报表,按照《政府收支分类科目》中政府性基金预算收支科目列示。政府性基金预算执行情况表应当按旬、月度和年度编制。旬报、月报的报送期限及编报内容应当根据上级政府财政具体要求和本行政区域预算管理的需要办理。

政府性基金预算执行情况表的一般格式如表 8-4 所示。

表 8 - 4 政府性基金预算执行情况表

会财政 03 - 2 表

编制单位: 年 月 旬

单位:元

项 目	本月(旬)数	本年(月)累计数
政府性基金预算本级收入		
10301 政府性基金收入		
1030102 农网还贷资金收入		
103010201 中央农网还贷资金收入		
……		
政府性基金预算本级支出		
206 科学技术支出		
20610 核电站乏燃料处理处置基金支出		
2061001 乏燃料运输		
……		

政府性基金预算执行情况表的编制说明:

(1)"政府性基金预算本级收入"项目及所属各明细项目,应当根据"政府性基金预算本级收入"科目及所属各明细科目的本期发生额填列。

(2)"政府性基金预算本级支出"项目及所属各明细项目,应当根据"政府性基金预算本级支出"科目及所属各明细科目的本期发生额填列。

3. 国有资本经营预算执行情况表

国有资本经营预算执行情况表是反映政府财政在某一会计期间国有资本经营预算收支执行结果的报表,按照《政府收支分类科目》中国有资本经营预算收支科目列示。国有资本经营预算执行情况表应当按旬、月度和年度编制。旬报、月报的报送期限及编报内容应当根据上级政府财政具体要求和本行政区域预算管理的需要办理。

国有资本经营预算执行情况表的一般格式如表 8-5 所示。

国有资本经营预算执行情况表的编制说明:

(1)"国有资本经营预算本级收入"项目及所属各明细项目,应当根据"国有资本经营预算本级收入"科目及所属各明细科目的本期发生额填列。

(2)"国有资本经营预算本级支出"项目及所属各明细项目,应当根据"国有资本经营预算本级支出"科目及所属各明细科目的本期发生额填列。

表 8 - 5 国有资本经营预算执行情况表

会财政 03 - 3 表

编制单位：　　　　　　　　　　年　　月　　旬　　　　　　　　　　单位:元

项　　目	本月(旬)数	本年(月)累计数
国有资本经营预算本级收入		
10306 国有资本经营收入		
1030601 利润收入		
103060103 烟草企业利润收入		
……		
国有资本经营预算本级支出		
208 社会保障和就业支出		
20804 补充全国社会保障基金		
2080451 国有资本经营预算补充社保基金支出		
……		

4. 财政专户管理资金收支情况表

财政专户管理资金收支情况表是反映政府财政在某一会计期间纳入财政专户管理的财政专户管理资金全部收支情况的报表,按照相关政府收支分类科目列示。财政专户管理资金收支情况表应当按月度和年度编制。

财政专户管理资金收支情况表的一般格式如表 8 - 6 所示。

表 8 - 6 财政专户管理资金收支情况表

会财政 04 表

编制单位：　　　　　　　　　　年　　月　　　　　　　　　　　单位:元

项　　目	本月数	本年累计数
财政专户管理资金收入		
财政专户管理资金支出		

财政专户管理资金收支情况表的编制说明：

(1)"财政专户管理资金收入"项目及所属各明细项目,应当根据"财政专户管理资金收入"科目及所属各明细科目的本期发生额填列。

(2)"财政专户管理资金支出"项目及所属各明细项目,应当根据"财政专户管理资金支出"科目及所属各明细科目的本期发生额填列。

5.专用基金收支情况表

专用基金收支情况表是反映政府财政在某一会计期间专用基金全部收支情况的报表,按照不同类型的专用基金分别列示。专用基金收支情况表应当按月度和年度编制。

专用基金收支情况表的一般格式如表8-7所示。

表8-7　专用基金收支情况表

会财政05表

编制单位：　　　　　　　　　年　　月　　　　　　　　　单位:元

项　　　目	本月数	本年累计数
专用基金收入		
粮食风险基金		
……		
专用基金支出		
粮食风险基金		
……		

专用基金收支情况表的编制说明：

(1)"专用基金收入"项目及所属各明细项目,应当根据"专用基金收入"科目及所属各明细科目的本期发生额填列。

(2)"专用基金支出"项目及所属各明细项目,应当根据"专用基金支出"科目及所属各明细科目的本期发生额填列。

6.附注

附注是指对在会计报表中列示项目的文字描述或明细资料,以及对未能在会计报表中列示项目的说明。附注应当至少按年度编制。

财政总预算会计报表附注应当至少披露下列内容：

(1)遵循《财政总预算会计制度》的声明。

(2)本级政府财政预算执行情况和财务状况的说明。

(3)会计报表中列示的重要项目的进一步说明,包括其主要构成、增减变动情况等。

(4)或有负债情况的说明。

(5)有助于理解和分析会计报表的其他需要说明的事项。

二、年报

(一)年终清理结算

政府财政部门应当及时进行年终清理结算。年终清理结算的主要事项如下所述：

1. 核对年度预算

预算是预算执行和办理会计结算的依据。年终前,总会计应配合预算管理部门将本级政府财政全年预算指标与上、下级政府财政总预算和本级各部门预算进行核对,及时办理预算调整和转移支付事项。本年预算调整和对下转移支付一般截至 11 月月底;各项预算拨款,一般截至 12 月 25 日。

2. 清理本年预算收支

认真清理本年预算收入,督促征收部门和国家金库年终前如数缴库。应在本年预算支领列报的款项,非特殊原因,应在年终前办理完毕。

清理财政专户管理资金和专用基金收支。凡属应列入本年的收入,应及时催收,并缴入国库或指定财政专户。

3. 进行年度对账

组织征收部门和国家金库进行年度对账。

4. 清理核对当年拨款支出

总会计对本级各单位的拨款支出应与单位的拨款收入核对无误。属于应收回的拨款,应及时收回,并按收回数相应冲减预算支出。属于预拨下年度的经费,不得列入当年预算支出。

5. 核实股权、债权和债务

财政部门内部相关资产、债务管理部门应于 12 月 20 日前向总会计提供与股权、债权投资、债务等核算和反映相关的资料。总会计对股权投资、借出款项、应收股利、应收地方政府债券转贷款、应收主权外债转贷款、借入款项、应付短期政府债券、应付长期政府债券、应付地方政府转贷款、应付主权外债转贷款、其他负债等余额应与相关管理部门进行核对,记录不一致的要及时查明原因,按规定调整账务,做到账实相符,账账相符。

6. 清理往来款项

政府财政要认真清理其他应收款、其他应付款等各种往来款项,在年度终了前予以收回或归还。应转作收入或支出的各项款项,要及时转入本年有关收支账。

7. 进行年终财政结算

财政预算管理部门要在年终清理的基础上,于次年元月底前结清上下级政府财政的转移支付收支和往来款项。总会计要按照财政管理体制的规定,根据预算结算单,与年度预算执行过程中已补助和已上解数额进行比较,结合往来款和借垫款情况,计算出全年最后应补或应退数额,填制"年终财政决算结算单",经核对无误后,作为年终财政结算凭证,据以入账。

总会计对年终决算清理期内发生的会计事项,应当划清会计年度。属于清理上年度的会计事项,记入上年度会计账;属于新年度的会计事项,记入新年度会计账,防止错记漏记。

(二)年终结账

经过年终清理和结算,把各项结算收支入账后,即可办理年终结账。年终结账工作一般分为年终转账、结清旧账和记入新账三个步骤,依次做账。

1. 年终转账

计算出各科目 12 月份合计数和全年累计数,结出 12 月末余额,编制结账前的"资产负债表",再根据收支余额填制记账凭证,将收支分别转入"一般公共预算结转结余""政府性基金预算结转结余""国有资本经营预算结转结余""专用基金结余""财政专户管理资金结余"等科目冲销。

2.结清旧账

将各个收入和支出科目的借方、贷方结出全年总计数。对年终有余额的科目,在"摘要"栏内注明"结转下年"字样,表示转入新账。

3.记入新账

根据年终转账后的总账和明细账余额编制年终"资产负债表"和有关明细表(不需填制记账凭证),将表列各科目余额直接记入新年度有关总账和明细账年初余额栏内,并在"摘要"栏注明"上年结转"字样,以区别新年度发生数。

决算经本级人民代表大会常务委员会(或人民代表大会)审查批准后,如需更正原报决算草案收入、支出时,则要相应调整有关账目,重新办理结账事项。

第三节　财政总预算会计报表的审核、汇总和分析

为了保证财政总预算会计报表能准确地反映本年度预算执行情况,各级财政总预算会计必须认真组织对本级财政及各主管单位和所属下级财政部门会计报表的审核工作,努力做到数字准确、真实可靠、内容完整,并逐级按时汇总上报。

一、财政总预算会计报表的审核

预算会计报表的审核是一项复杂、细致、政策性和技术性都很强的工作。财政总预算会计报表的审核,主要包括政策性审核和技术性审核两方面。

(一)政策性审核

政策性审核的依据是国家有关财经方针政策和各项财务制度规定。在审核时,可分为财政收入审查和财政支出审查两方面。在财政收入方面,着重审查各项收入是否符合政策规定;是否应缴库的各项财政收入及时足额缴库,有无缴款单位拖欠或截留国家预算收入,或将预算内资金转作预算外资金的行为;要严格审查财政收入退库是否符合有关政策规定,有无乱开口子的退库行为。在支出方面,应着重审查各项财政性支出是否按批复的预算和计划以及规定的开支范围和开支标准执行;是否符合勤俭节约的原则;有无擅自提高开支标准,扩大支出范围和违反财经纪律的开支;有无将预算外支出挤入预算内支出的行为;各项非包干预算经费和专项经费是否按规定要求使用,有无不符合规定的开支等。

(二)技术性审核

技术性审核主要检查预算会计报表中各栏目数字是否填列齐全,所填数字之间的相互关系是否正确;各项目的合计或总计数与所含各子项目明细数之和是否相等;报表中的纵向与横向合计数字是否相符;有无数据计算错误或漏填、错填现象;相关各表格之间的相关数据是否衔接一致,表与表之间项目及数据的勾稽关系是否对应一致。

财政总决算审核工作一般可采取三种形式,即本单位自审、有关部门或地区互审、上级派员审查及送审。为了提高财政总决算的编审质量,必须在基层预算单位自审的基础上,要求主管部门组织联审或集中互审。

各级财政部门和预算单位应按照"财政决算编审工作通知"的要求,对决算审查中发现的问题,根据不同情况,依据有关政策法规严肃处理。

二、财政总预算会计报表的汇总

县及县以上各级财政总预算会计应在编制本级财政总决算报表的同时,将所属各级财政总决算报表与本级财政总决算报表合并编制本行政区域财政总决算报表,并按时报送上级财政部门。

各级财政总预算会计应首先编制本级的财政总决算有关报表,并与所属地区的财政总决算报表汇总编制本地区的财政总决算报表。在汇编过程中,应注意将本地区有关上缴或下拨的科目相互冲销,例如,将"补助支出"与下级财政汇总的"补助收入"冲销,将"与下级往来"与下级财政的"与上级往来"冲销,将"上解收入"与下级财政的"上解支出"冲销等,以免报表数字重复计算。

对由于财政体制等原因产生的结算项目及差额,应在本级财政总决算有关报表中相应做出调整。

县及县以上各级财政部门在汇总编制好本地区财政总决算有关报表的同时,还应认真编写预算执行情况说明书和财政总决算工作总结,以总结和改进财政总决算编审工作。

三、财政总预算会计报表的分析

财政总预算会计报表分析是以总预算会计报表为依据,以预算执行情况为核心,结合调查研究和有关资料,剖析总预算执行情况,它是预算工作的一项重要内容。

(一)分析目的

及时、准确和全面地做好会计报表的分析,掌握预算执行中的情况和问题,提供给领导进行科学决策,是各级财政总预算会计的基本任务。通过会计报表的分析,可以进一步了解收入、支出、平衡情况,进而找出收支执行情况的规律,总结和发现预算管理工作中的经验和问题,肯定成绩,揭露矛盾,改进工作。

(二)分析方法

总预算会计报表的分析方法,一般有对比分析法、综合分析法、专题分析法。

1.对比分析法

对比分析法,又称指标分析法,就是将两个或两个以上有关的可比数字进行比较,得出差额数值,以提示矛盾的分析方法。这是会计报表中最基本的一种分析方法。对比分析,一般有以下三种:

(1)本期实际数与预算数比较。通过本期实际数与预算数比较,计算出增减差额,以检查各项预算执行的进度和完成全年预算收支任务的可能性。

(2)本期实际执行数与上期实际执行数比较,或与历史同期最好水平实际执行数、相近几年同期实际执行数相比较,可以观察某些预算收支和经济活动的变化规律和发展趋势,便于进一步研究预算收支增减原因,以便采取措施,改进工作。

(3)以性质相同的指标,在不同地区、不同部门、不同行业、不同单位之间进行比较,可以观察分析预算执行中的差距,可以集中分析预算收支的原因。

在对比分析中,特别要注意的是指标的口径、计算方法、单位的一致性,否则,不能进行对比分析。

2.综合分析法

综合分析法就是从全局总体出发进行概括分析,对预算执行中的发展趋势、成绩和问题、重点与一般、个别和普遍、经验与教训等,总结其具有规律性的东西,借以指导工作。

3.专题分析法

专题分析法是对具有代表性的局部现象做针对性地解剖分析。通过专题分析,发现问题,解决矛盾,用于指导全局工作。

(三)预算收支执行情况分析

预算收支执行情况分析是国家预算执行的重要环节,它是指在各级政府预算执行过程中,结合事业、经济发展的状况以及国民经济和社会发展计划执行情况,对预算收入超收或短收、支出超支或节支,以及预算执行平衡情况进行的分析。为此财政总预算会计需根据预算会计报表,以及上年同期的发生数、累计数和全年预算数整理成分析表进行分析。同时应搜集同期的影响预算执行的国家宏观经济政策、经济发展速度及其他特殊因素。对影响预算执行较大的因素,还应进行专题分析,情况不明确的,必要时可进行专题调查分析。

1.预算收入执行情况的分析

对预算收入执行情况进行分析,应着重分析主要收入项目完成情况,通过当期和累计完成与上年同期、全年预算的比较,综合社会、经济、政策等因素,分析、预计全年财政收入完成情况。

(1)税收收入完成情况的分析。在分析税收收入完成的情况时,应根据主要税收收入完成情况,分析影响这些收入的因素,一般可从以下几方面考虑:

①国民经济和社会发展计划的执行情况对税收收入完成情况的影响。在分析对,应注意国内生产总值、销售收入、社会商品流转额、运输周转量等经济指标对国家税收收入的影响。

②税制本身和征管办法等对税收任务完成的影响。在分析时,应注意年度预算执行中是否增设或减少了税种,税率是调高还是调低了,征收范围是扩大还是减少了,纳税环节是否变化了,征收手段是否加强了等。

③国家出台的物价和宏观调控政策对税收的影响。通常,税收政策是根据期初的物价水平制定的,作为计税依据的产品销售价格的涨落会影响到增值税等许多税种;政府宏观调控政策将对经济发展产生很大影响,在分析时应多加注意。

(2)企业收入的分析。企业税收的增减变化情况与国有大中型企业的效益有着重要的关系。在分析时,应考虑以下因素:

①大中型和重点企业生产经营状况及实现利润情况。

②应缴预算收入压库和企业欠缴利润的情况、数额和原因。

③财政亏损补贴、应退未退数额及其原因。

(3)各项非税收入分析。各项非税收入分析应着重分析政策性因素和其他一次性因素对非税收入的影响。

2.预算支出执行情况的分析

对预算支出执行情况进行分析,应着重分析支出主要项目完成情况及其原因,对科技、教育、文化、农业投入要做重点分析,对支农资金、专项资金使用情况要进行较详细的调查和分析。

3.预算收支完成总情况的分析

预算收支完成总情况的分析,主要是从总体上分析预算收入和支出的完成情况,预计全年的趋势和财政收支平衡情况。

关键术语

会计报表　　资产负债表　　收入支出表　　预算执行情况表　　年终清理　　年终结账
会计报表审核　　会计报表分析

复习思考题

1.什么是财政总预算会计报表?财政总预算会计报表主要包括哪些种类?

2.什么是财政总预算会计的资产负债表?

3.什么是预算执行情况表?预算执行情况表包括哪些?

4.什么是一般公共预算执行情况表?如何编制一般公共预算执行情况表?

5.什么是政府性基金预算执行情况表?如何编制政府性基金预算执行情况表?

6.什么是国有资本经营预算执行情况表?如何编制国有资本经营预算执行情况表?

7.什么是财政专户管理资金收支何况表?如何编制财政专户管理资金收支情况表?

8.什么是专用基金收支情况表?如何编制专用基金收支情况表?

练 习 题

1.目的:练习财政总预算会计报表的编制。

2.要求:根据以下资料编制年终资产负债表。

3.资料:某市财政 2017 年年终转账后有关总账科目的余额如下:

(1)资产类科目的借方余额:国库存款 7 500 000 元,其他财政存款 1 400 000 元,国库管理现金存款 900 000 元,有价证券 2 000 000 元,与下级往来 800 000 元,借出款项 900 000 元,其他应收款 2 000 000 元。

(2)负债类科目的贷方余额:其他应付款 200 000 元,与上级往来 400 000 元,借入款项 800 000 元。

(3)净资产类科目的贷方余额:一般公共预算结转结余 6 000 000 元,政府性基金预算结转结余 2 000 000 元,国有资本经营预算结转结余 500 000 元,专用基金结余 1 100 000 元,财政专户管理资金结余 500 000 元,预算周转金 3 000 000 元,预算稳定调节基金 1 000 000 元。

第三篇

行政单位会计

第九章　行政单位会计概述

行政单位会计是预算会计体系的重要组成内容,是国家各级行政单位以货币为计量单位,对单位预算资金的运动过程和结果,进行连续、系统、完整地核算、反映和监督的专业会计。其主要职责是进行会计核算,实行会计监督,参与经济事业计划实施的管理。本章主要介绍行政单位会计的概念、特点、任务和账务组织等基础知识,是进一步学习行政单位会计的前提和基础。通过本章学习,应重点了解行政单位会计的特点和任务,掌握行政单位会计科目的设置和会计凭证、账簿的运用。

第一节　行政单位会计任务

一、行政单位及其会计的概念和特点

(一)行政单位的概念和特点

行政单位是指进行国家行政管理,组织经济和文化建设,维护社会公共秩序的单位。主要包括以下组织:

(1)国家行政机关。它是指从事国家行政工作的机关,即各级人民政府及其所属的各行政部门。行政机关是国家权力机关的执行机关,通常也称政府机关。国务院是国家最高行政机关。

(2)国家权力机关。它是指行使国家权力的机关,即各级人民代表大会及其常务委员会。全国人民代表大会是国家最高权力机关。

(3)司法、检察机关等。它是指行使国家审判职能和检察职能等的机关,即各级人民法院和各级人民检察院等。最高人民法院是国家最高审判机关,最高人民检察院是国家最高检察机关。

各党派和人民团体,虽然性质上不属于行政单位,但因其预算管理方式与行政单位相同,因此,在会计核算上也视同行政单位。

行政单位的特点是其人员列入行政编制(公务员编制),所需经费全部由国家预算拨给,不允许其利用自身职权从事生产经营活动。

(二)行政单位会计的概念及特点

行政单位会计是国家各级行政单位以货币为计量单位,对单位预算资金的运动过程和结果,进行连续、系统、完整地核算、反应和监督的专业会计。它是预算会计体系的重要组成内容。

根据国家机构建制和经费领报关系,行政单位会计组织系统分为主管会计单位、二级会计单位和基层会计单位三级。

向行政部门领报经费,并发生预算管理关系的,为主管会计单位;向主管会计单位或上一级会计单位领报经费,并发生预算管理关系,有下一级会计单位的,为二级会计单位;向上一级会计单位领报经费,并发生预算管理关系,没有下级会计单位的,为基层会计单位。向同级财政部门领报经费,没有下级会计单位的,视同基层会计单位。主管会计单位、二级会计单位和基层会计单位实行独立会计核算,负责组织管理本部门、本单位的全部会计工作。

不具备独立核算条件的行政单位,实行单据报账制度,作为"报销单位"管理。行政单位应当根据本单位的业务规模、人员编制以及负担的会计工作任务,设置相应的会计工作机构,配备会计人员,并应建立岗位责任制度和内部稽核制度。

行政单位会计的特点表现为:

1. 不进行成本核算

成本是为获取收入而付出的代价。行政单位的收入来源于无偿拨款,不需要付出代价,因而不进行成本核算。企业会计要进行成本核算,因为企业活动以营利为目的,在管理上强调以本逐利,只有付出一定的代价,才能获得一定的收入和利润。成本核算是加强管理、提高经济效益的重要手段。行政单位虽然不进行成本核算,但应对支出情况进行严格的考核和监督,保证国家预算基金的安全。

2. 不计算盈亏

盈亏是收入成本核算的结果。行政单位不进行成本核算也就不计算盈亏,因为行政单位取得财政资金是无偿的,支出不求直接的资金回报,也没有直接的资金回报,无法计算盈亏。企业会计则不同,它追求经济效益,进行严格的收入成本核算,考核盈亏,追求利润最大化或股东财富最大化。行政单位不计算盈亏,并不是不讲究资金的使用效益,只是讲究资金使用效益的方法不是进行成本核算、盈亏计算,而是采取定员定额、严格预算管理等方式。

3. 资金运动的单向性

企业会计的资金运动则呈循环状态,由货币资金→供应资金(购买原材料)→生产资金(投入生产)→成品资金(产品完工)→货币资金(销售实现),周而复始,循环往复,在循环过程中实现资金增值。各种形态的资金在时间上具有继起性,空间上具有并存性。而行政单位以拨款的方式从财政部门取得经费来源,不需要偿还;办理公务过程中发生的资金支出,不求资金回报,资金呈单向运动状态。

二、行政单位会计的基本任务

根据《中华人民共和国会计法》规定,会计具有核算和监督两大基本职能,行政单位会计作为反映和监督中央与地方各级行政单位预算执行情况的专业会计,其主要职责是进行会计核算,实行会计监督,参与经济事业计划实施的管理。行政单位会计的任务,具体包括如下几个方面:

(一)及时组织资金供应,正确执行单位预算

行政单位的基本资金来源是国家预算拨款,预算资金的供应受财政收入的制约,资金的供应与资金的需求之间往往不均衡,因而行政单位会计应按批准的核定经费总额,及时从国家财政部门取得资金,以满足行政单位执行各项行政任务的需要。同时,要贯彻厉行节约的方针,

合理、节约地使用资金,充分发挥预算资金的经济效益和社会效益。

(二)严格执行国家规定的会计制度,做好日常会计核算工作

行政单位会计应根据会计制度和财务制度的规定,认真做好各项资金的记账、算账、对账、报账等日常会计核算工作,做到凭证合法、手续完备、账目清楚、数字准确,为国家预算管理和行政单位财务管理提供准确的核算资料。

(三)参与预算计算的编制,考核分析预算执行情况

行政单位预算是各级财政总预算的重要组成部分,行政单位会计不仅要发挥反映和监督经济业务的职能,而且应承当会计工作的预测决策职能,主动参与行政业务计划和预算计划的编制工作,并定期检查和分析预算执行情况,当好领导的参谋和助手。

(四)履行会计监督职能,维护国家财经纪律

在正确做好会计核算的基础上,认真进行会计监督是行政单位会计的又一项重要任务。行政单位会计应严格执行各项财政、财务制度,防范一切铺张浪费、弄虚作假、贪污盗窃等违法犯罪行为,保护国家资金、财产和物资的安全与完整,维护国家财经纪律。

三、行政单位会计的核算对象

行政单位主要依靠国家预算拨款履行其立法、行政和司法等管理职能,因此,行政单位向国家取得预算拨款收入,向所属单位拨出经费,自身为行使管理职能而发生的经费支出以及经费结余就是行政单位会计核算的主要内容。

行政单位会计核算的具体内容是行政单位会计的资产、负债、净资产、收入、支出等五大要素。

资产指行政单位占有或者使用的能以货币计量的经济资源,包括各种财产和债权。行政单位的资产分为流动资产和固定资产两大类。流动资产是指可以在一年内变现或者耗用的资产,包括现金、银行存款、有价证券、暂付款以及库存材料。固定资产是指单位价值在规定标准以上,使用期限在一年以上且在使用过程中保持其实物形态的资产。它包括房屋、建筑物、专用设备、一般设备、交通设备、文物和陈列品、图书、其他符合固定资产标准的资产。

负债是指行政单位所承担的能以货币计量,需要以资产或劳务偿付的债务,包括应缴预算款、暂存款、应缴财政专户款等。

净资产是指行政单位的资产总额减去负债总额的差额,是行政单位代表国家掌管的净资产。它包括固定基金和结余两部分。

资产、负债和净资产三要素之间的关系是:

$$资产＝负债＋净资产$$

收入是指行政单位进行公务活动,依法取得的非偿还性资金,包括拨入经费、预算外资金收入、其他收入。

支出是指行政单位为履行其管理职能,进行公务活动所发生的各种开支,包括经费支出、拨出经费、结转自筹基建等。

资产、负债、净资产、收入、支出五要素之间的关系是:

$$资产＝负债＋净资产＋收入－支出$$

或者表示为:

$$资产＋支出＝负债＋净资产＋收入$$

第二节　行政单位会计科目

一、会计要素

行政单位会计核算内容按经济业务事项的特征划分为资产、负债、净资产、收入和支出五大类,又称为五大要素。会计要素构成会计报表的基本框架。资产、负债、净资产三类是时点指标(资产负债表日),收入和支出两类是期间指标(月度或年度),三者存在数量上的恒等关系,即"资产＝负债＋净资产"。而一定时期的收入与支出相抵形成结余,结余转化为期末的净资产,于是演化为"资产＝负债＋净资产＋收入－支出",这一等式是行政单位开设账户、复式记账和编制财务报告的理论依据。

二、会计科目

会计科目是对会计要素具体内容分类核算的项目。按提供信息的详细程度及其统驭关系不同,会计科目分为总分类科目与明细分类科目。前者提供总括信息,称为一级科目,又叫总账科目;后者提供详细信息,又叫二级科目,二级科目根据需要可进一步细分为三级、四级、五级等,二级以下统称为明细科目。

从2014年1月1日起执行的《行政单位会计制度》设置的总账科目共34个。其中:资产类17个,负债类8个,净资产类5个,收入类2个,支出类2个。科目设置的依据是遵循重要性原则,重要的项目需要多级、多维度明细核算,不重要的项目可汇总核算。(会计科目表附后)

三、行政单位会计总账科目的设置原则

行政单位使用会计科目必须满足统一性、明晰性、合法性、相关性、实用性的原则。需要注意以下几点:

①制度列示的科目,不需用的可以不设,需用的要严格按规定使用,在不影响核算、报告前提下,可自行增减、合并制度规定以外的明细科目。

②科目编号统一规定为4位。日常核算中,可以同时使用科目加编号,或只使用科目,但不能只使用编号,编号不得打乱自编。

四、行政单位会计科目表

行政单位会计总账科目名称及其核算内容如表9-1所示。

表9-1　行政单位会计科目表

序号	科目编号	会计科目名称
一、资产类		
1	1001	库存现金
2	1002	银行存款
3	1011	零余额账户用款额度

序号	科目编号	会计科目名称
4	1021	财政应返还额度
	102101	财政直接支付
	102102	财政授权支付
5	1212	应收账款
6	1213	预付账款
7	1215	其他应收款
8	1301	存货
9	1501	固定资产
10	1502	累计折旧
11	1511	在建工程
12	1601	无形资产
13	1602	累计摊销
14	1701	待处理财产损溢
15	1801	政府储备物资
16	1802	公共基础设施
17	1901	受托代理资产
二、负债类		
18	2001	应缴财政款
19	2101	应缴税费
20	2201	应付职工薪酬
21	2301	应付账款
22	2302	应付政府补贴款
23	2305	其他应付款
24	2401	长期应付款
25	2901	受托代理负债
三、净资产类		
26	3001	财政拨款结转
27	3002	财政拨款结余
28	3101	其他资金结转结余
29	3501	资产基金
	350101	预付款项
	350111	存货
	350121	固定资产
	350131	在建工程
	350141	无形资产
	350151	政府储备物资
	350152	公共基础设施
30	3502	待偿债净资产

序号	科目编号	会计科目名称
四、收入类		
31	4001	财政拨款收入
32	4011	其他收入
五、支出类		
33	5001	经费支出
34	5101	拨出经费

关键术语

行政单位会计　　　行政单位会计组织系统　　　行政单位会计科目

复习思考题

1. 行政单位会计组织系统分为几级？各指什么？
2. 简述行政单位的概念及特点。
3. 行政单位会计的任务有哪些？
4. 简述行政单位会计的核算对象。
5. 简述行政单位会计科目设置的原则与分类。

第十章 行政单位资产的核算

本章主要介绍行政单位的管理与核算。行政单位资产是行政单位占有或者使用的,能以货币计量的经济资源,包括流动资产、固定资产、无形资产和在建工程等。通过本章学习,应该掌握行政单位资产的内容、资产管理的原则以及各项资产的账务处理要求和核算方法,重点掌握预算管理制度改革后对行政单位会计核算中资产管理和核算方面的新规定和要求。

第一节 资产的管理

一、资产的概念与内容

(一)资产的概念

资产是指行政单位占有或者使用的,能以货币计量的经济资源。由行政单位直接支配,供社会公众使用的政府储备物资、公共基础设施等,也属于行政单位核算的资产。

(二)资产的内容

行政单位的资产按其流动性分为流动资产与非流动资产。流动资产是指可以在1年以内(含1年)变现或者耗用的资产,包括货币资金、各项债权及存货等。非流动资产是指流动资产以外的资产,包括固定资产、在建工程、无形资产、政府储备物资、公共基础设施和受托代理资产等。

二、资产管理的要求

(一)流动资产的管理

流动资产是指可以在1年以内(含1年)变现或者耗用的资产,包括库存现金、银行存款、零余额账户用款额度、财政应返还额度、应收及预付款项、存货等。

1. 库存现金管理

现金是一种流动性最强的流动资产,它具有普遍的可接受性。现金可以随时用来购买货品、支付费用或偿还债务,也可以随时存入银行,留待以后使用。行政单位的现金指的是库存现金,即行政单位在预算执行过程中为保证日常开支需要而存放在财务部门的货币资金。由于现金具有普遍的可接受性和最强的流动性的特点,因此,行政单位必须加强对现金的管理。行政单位现金管理的基本要求是:

(1)严格遵守银行核定的库存现金限额。库存现金限额是指银行根据规定,对行政单位核定的一个单位可以保留库存现金的最高限额。银行核定单位库存现金限额是,一般以不超过单位的三天零星开支所需的现金为准。行政单位现金的数额,必须严格控制在银行核定的库存现金限额之内,超过限额的部分,必须及时存入银行。

(2)收入的现金,必须及时送存银行,不得随意坐支。坐支是指本单位收入的现金直接支付本单位的支出。行政单位每天收入的现金,必须当天送存银行,不能直接支用。因特殊原因需要坐支现金的,应事先报经开户银行审查批准,由开户银行核定坐支范围和限额。

(3)明确规定现金的使用范围。按照国家有关规定,现金可以在以下范围内使用:职工的工资、奖金、津贴;个人的劳务报酬;根据国家规定颁发给个人的科学技术、文化艺术、体育等各种奖金;各种劳保、福利费用以及国家规定的对个人的其他支出;向个人收购农副产品和其他物资的价款;出差人员必须随时携带的差旅费;银行结算起点以下的零星开支;银行确定需要支付现金的其他支出。行政单位和其他单位的经济往来,除按规定范围可以使用的现金外,均应通过开户银行办理转账结算。

(4)严格现金的收付手续。行政单位向银行提取现金必须如实写明提取现金的用途,将现金存入银行必须写明存入现金的来源。收入现金必须开给交款人正式的收据,支付现金应在付款的原始凭证上加盖"现金付讫"戳记。

(5)钱账分管,相互牵制。这是指钱物和账务分别管理的一种内部牵制制度。行政单位的会计人员和出纳人员应当有明确分工,会计人员管账不管钱,出纳人员管钱不管账(除现金日记账和银行存款明细账外)。会计人员与出纳人员的工作相互牵制。

2. 银行存款账户的开立与管理要求

(1)银行存款账户的开立。行政单位的银行存款主要来自财政预算经费拨款,预算经费拨款应由财务部门统一在同级财政部门或上级主管部门指定的国家银行开户,国家规定凡独立编报预、决算的行政单位,都必须在国家核定设立的银行或其他金融机构开立存款户。行政单位的货币资金,除保留限额内的库存现金外,其余都必须存入开户银行,用于办理转账结算。行政单位在银行或其他金融机构的账户必须由单位财务部门统一开立和管理,避免多头开户。在办理银行存款开户时,应按照银行规定填列"开户申请表",报经上级主管部门和财政部门同意后,连同盖有有权签发支票人的名章及单位财务公章的印鉴卡片,交开户银行办理开户手续。

(2)银行存款账户的管理要求。行政单位在银行开户后,必须严格遵守银行规定的以下管理要求:

①严格遵守银行的各项结算制度和现金管理制度,接受银行的监督和管理。

②银行存款账户只能供本单位使用,不准出租、出借或转让银行存款账户。

③各种收付款凭证必须如实填明款项的来源或用途,不得巧立名目,弄虚作假,严禁利用银行存款账户搞非法活动。

④银行存款账户必须有足额的资金以供支付,不准签发空头支票和其他远期支付凭证。

(3)银行结算方式。根据银行结算制度的规定,银行结算方式主要包括银行汇票、银行本票、商业汇票、汇兑、支票、委托收款、异地托收承付等。由于行政单位涉及银行结算的业务主要是由预算资金的领拨和经费的支用所引起的,因此,在实际工作中,行政单位经常使用的银行的结算方式主要是支票和汇兑。除此之外,还有办理预算拨款的预算拨款凭证等。

①支票结算方式。它是指银行的存款人签发支票给收款人,用来委托开户银行将款项支付给收款人的一种结算方式。支票可以分为现金支票和转账支票两种。现金支票可以提取现

金,也可以办理转账。但转账支票只可以办理转账,不能提取现金。采用支票结算方式,行政单位开出支票付款时,根据开出支票的存根和有关原始凭证,编制付款凭证;收到支票时,应在收到支票的当天填写进账单,并将进账单连同支票一起送交开户银行,根据开户银行盖章退回的进账单和有关原始凭证,编制收款凭证。

②汇兑结算方式。它是银行的存款人委托银行将款项汇给收款人的一种结算方式。汇兑分为信汇和电汇两种。信汇是由银行通过邮递划拨款项的结算方式,电汇是由银行通过电报划转款项的结算方式。采用汇兑结算方式,对于汇入的款项,行政单位在收到银行收款通知时,据以编制收款凭证;对于汇出的款项,行政单位在向银行办理完汇款手续时,根据汇款回单编制付款凭证。

③预算拨款凭证。这主要是财政部门与主管部门或基层单位之间办理预算拨款时使用的一种结算凭证。主管部门或基层单位收到银行转来的"预算拨款凭证"收款通知时,据以编制收款凭证。

3.零余额账户用款额度的概念

纳入财政国库单一账户制度改革的行政单位,财政部门为行政单位在商业银行开设单位零余额账户。该账户用于财政部门对行政单位的授权支付。行政单位根据经批准的单位预算和用款计划,自行向单位零余额账户的代理银行开具支付令,从单位零余额账户向收款人支付款项。代理银行再将行政单位开具的支付令与行政单位的单位预算和用款计划进行核对,并向收款人支付款项后,于当日通过行政单位的零余额账户与财政国库单一账户进行资金核算。资金核算后,行政单位零余额账户的余额为零。因此,行政单位的零余额账户是一个过渡账户,它在财政国库单一账户与收款人之间起一个过渡作用。每日终了,当代理银行与财政部门进行资金清算后,行政单位的零余额账户的余额就为零。行政单位的零余额账户并不实存财政资金,它只是行政单位的一个授权支付额度。在财政国库单一账户制度下,财政预算资金全部存放在国库单一账户。尽管如此,由于行政单位可以随时自行开具支付令使用单位零余额账户中的用款额度实现支付,因此,单位零余额账户用款额度是行政单位的一项特殊的流动资产。

事实上,在国库单一账户制度下,财政部门在商业银行开设的财政零余额账户也与行政单位直接相关。财政零余额账户用于财政直接支付。行政单位根据经批准的预算和用款计划购买物品或服务时,向财政部门申请财政直接支付。财政部门经审核无误,向财政零余额账户的代理银行开具支付令,通过财政零余额账户将款项支付给收款人。每日终了,当代理银行与财政国库单一账户进行资金清算后,财政零余额账户的余额即为零。财政零余额账户也是一个过渡账户,而不是一个实存资金账户。尽管财政零余额账户也可以用来为行政单位支付款项,但由于行政单位无权自行开具支付令支付其中的款项,因此,行政单位在财政零余额账户中的预算额度或用款额度,不作为行政单位的资产反映。

4.财政应返还额度的概念

在财政国库单一账户制度下,行政单位的年度支出预算经批准后,分别构成行政单位的财政直接支付用款额度或预算指标和财政授权支付用款额度或预算指标。年度终了,当行政单位通过财政零余额账户发生的实际财政直接支付数小于财政直接支付用款额度数,行政单位就存在尚未使用的财政直接支付用款额度。同样,当行政单位通过单位零余额账户发生的实际财政授权支付数小于财政授权支付额度数,行政单位也就存在尚未使用的财政授权支付用款额度。财政部门对行政单位尚未使用的财政直接支付用款额度和财政授权支付用款额度，采用先注销后恢复的管理办法。即年度终了，财政部门对行政单位尚未使用的用款额度先进行注销，次年初，财政部门再对行政单位尚未使用的用款额度予以恢复，供行政单位使用。如此，行政单位在年终尚未使用的当年财政直接支付用款额度和当年财政授权支付用款额度，在次年可以继续按计划使用。由此，当年尚未使用的用款额度，即构成行政单位的财政应返还额度。财政应返还额度只有在已经纳入财政国库单一账户制度改革的行政单位才存在，尚未纳入财政国库单一账户制度改革的行政单位，没有财政应返还额度的业务内容。

5.应收及预付款项

(1)应收账款的概念。应收账款是指行政单位出租资产、出售物资等应当收取的款项。行政单位收到的商业汇票，也通过应收账款核算。

(2)预付账款的概念。预付账款是指行政单位按照购货、服务合同规定预付给供应单位（或个人）的款项。行政单位依据合同规定支付的定金，也通过该科目核算。行政单位支付可以收回的订金，不通过该科目核算，应当通过"其他应收款"科目核算。

(3)其他应收款的概念。其他应收款是指行政单位除应收账款、预付账款以外的其他各项应收及暂付款项，如职工预借的差旅费、拨付给内部有关部门的备用金、应向职工收取的各种垫付款项等。

6.存货

(1)存货的概念与管理要求。存货是指行政单位在开展业务活动及其他活动中为耗用而储存的各种物资，包括材料、燃料、包装物和低值易耗品及未达到固定资产标准的家具、用具、装具等的实际成本。行政单位接受委托人指定受赠人的转赠物资，应当通过"受托代理资产"科目核算，不通过该科目核算。行政单位随买随用的零星办公用品等，可以在购进时直接列作支出，不通过该科目核算。

行政单位从以下几个方面加强对存货的管理：

①应当建立、健全存货的购买、验收、入库、保管和领用等一系列管理制度，明确管理责任，保证库存材料的安全和完整。

②应当加强对存货的清查盘点工作。存货应至少每年盘点一次，对于盘盈和盘亏的存货，应及时查明原因，分清责任，并作出相应的处理。

③存货的盘点数与账面数在盘点时应及时进行核对，对于盘点数与账面数的差额应及时进行调整，以保证存货账实相符。

(2)存货的计价。行政单位的存货一般按实际价格计价。

①购入的存货，其成本包括购买价款、相关税费、运输费、装卸费、保险费以及其他使得存货达到目前场所和状态所发生的支出。

②置换换入的存货，其成本按照换出资产的评估价值，加上支付的补价或减去收到的补价，加上为换入存货支付的其他费用（运输费等）确定。

③接受捐赠、无偿调入的存货，其成本按照有关凭据注明的金额加上相关税费、运输费等确定；没有相关凭据可供取得，但依法经过资产评估的，其成本应当按照评估价值加上相关税费、运输费等确定；没有相关凭据可供取得、也未经评估的，其成本比照同类或类似存货的市场价格加上相关税费、运输费等确定；没有相关凭据也未经评估，其同类或类似存货的市场价格无法可靠取得，该存货按照名义金额入账。

④委托加工的存货,其成本按照未加工存货的成本加上加工费用和往返运输费等确定。

对于发出、领用的存货,应当根据实际情况采用先进先出法、加权平均法或者个别计价法确定发出存货的实际成本。计价方法一经确定,不得随意变更。

(二)固定资产的管理

1.固定资产的概念

固定资产是指使用期限超过1年(不含1年)、单位价值在规定标准以上,并在使用过程中基本保持原有物质形态的资产。单位价值虽未达到规定标准,但是耐用时间超过1年(不含1年)的大批同类物资,应当作为固定资产核算。

2.固定资产的分类

行政单位的固定资产种类繁多,规格不一。为加强对固定资产的管理,行政单位应当对固定资产做适当的分类。行政单位的固定资产通常分为如下六类:

(1)房屋和构筑物;

(2)通用设备;

(3)专用设备;

(4)文物和陈列品;

(5)图书、档案;

(6)家具、用具、装具及动植物。

3.固定资产的取得与计价

(1)购入的固定资产,其成本包括实际支付的购买价款、相关税费、使固定资产交付使用前所发生的可归属于该项资产的运输费、装卸费、安装费和专业人员服务费等。

(2)自行建造的固定资产,其成本包括建造该项资产至交付使用前所发生的全部必要支出。

(3)自行繁育的动植物,其成本包括在达到可使用状态前所发生的全部必要支出。

(4)在原有固定资产基础上进行改建、扩建、修缮的固定资产,其成本按照原固定资产的账面价值加上改建、扩建、修缮发生的支出,再扣除固定资产拆除部分账面价值后的金额确定。

(5)置换取得的固定资产,其成本按照换出资产的评估价值加上支付的补价或减去收到的补价,加上为换入固定资产支付的其他费用(运输费等)确定。

(6)接受捐赠、无偿调入的固定资产,其成本按照有关凭据注明的金额加上相关税费、运输费等确定;没有相关凭据可供取得,但依法经过资产评估的,其成本应当按照评估价值加上相关税费、运输费等确定;没有相关凭据可供取得、也未经评估的,其成本比照同类或类似固定资产的市场价格加上相关税费、运输费等确定;没有相关凭据也未经评估,其同类或类似固定资产的市场价格无法可靠取得,所取得的固定资产应当按照名义金额入账。

(三)在建工程的管理

在建工程用于核算行政单位已经发生必要支出,但尚未完工交付使用的各种建筑(包括新建、改建、扩建、修缮等)、设备安装工程和信息系统建设工程的实际成本。不能够增加固定资产、公共基础设施使用效能或延长其使用寿命的修缮、维护等,不通过本科目核算。

(四)无形资产的管理

无形资产是指不具有实物形态而能为行政单位提供某种权利的非货币性资产,包括著作权、土地使用权、专利权、非专利技术等。行政单位购入的不构成相关硬件不可缺少组成部分的软件,应当作为无形资产核算。

第二节 资产的核算

一、流动资产的核算

(一)库存现金的核算

为核算库存现金业务,行政单位应设置"库存现金"账户。收到现金时,借记该账户;支出现金时,贷记该账户。该账户期末借方余额,反映行政单位库存现金数额。

1.库存现金收支的核算

从银行等金融机构提取现金,按照实际提取的金额,借记"库存现金"科目,贷记"银行存款""零余额账户用款额度"等科目;将现金存入银行等金融机构,借记"银行存款",贷记"库存现金"科目;将现金退回单位零余额账户,借记"零余额账户用款额度"科目,贷记"库存现金"科目。

因支付内部职工出差等原因所借的现金,借记"其他应收款"科目,贷记"库存现金"科目;出差人员报销差旅费时,按照应报销的金额,借记有关科目,按照实际借出的现金金额,贷记"其他应收款"科目,按照其差额,借记或贷记"库存现金"科目。

因开展业务或其他事项收到现金,借记"库存现金"科目,贷记有关科目;因购买服务、商品或者其他事项支出现金,借记有关科目,贷记"库存现金"科目。

收到受托代理的现金时,借记本科目,贷记"受托代理负债"科目;支付受托代理的现金时,借记"受托代理负债科目",贷记本科目。

2.现金溢余或短缺的核算

行政单位应当设置"现金日记账",由出纳人员根据收付款凭证,按照业务发生顺序逐笔登记。每日终了,应当计算当日的现金收入合计数、现金支出合计数和结余数,并将结余数与实际库存数核对,做到账款相符。每日终了结算现金收支,核对库存现金时发现有待查明原因的现金短缺或溢余,应通过"待处理财产损溢"账户核算。该账户属于资产类账户,期末如为借方余额,反映尚未处理完毕的各种财产的价值及净损失;期末如为贷方余额,反映尚未处理完毕的各种财产净溢余。年度终了,报经批准处理后,"待处理财产损溢"账户一般应无余额。

(1)属于现金短缺,应当按照实际短缺的金额,借记"待处理财产损溢"科目,贷记"库存现金"科目;待查明原因后,属于应由责任人赔偿或向有关人员追回的部分,借记"其他应收款"科目,贷记"待处理财产损溢"科目;属于无法查明原因的现金短缺,报经批准核销的,借记"经费支出"科目,贷记"待处理财产损溢"科目。

(2)属于现金溢余,应当按照实际溢余的金额,借记"库存现金"科目,贷记"待处理财产损溢"科目。待查明原因后,属于应支付给有关人员或单位的,借记"待处理财产损溢"科目,贷记"其他应付款"科目;属于无法查明原因的现金溢余,报经批准后,借记"待处理财产损溢"科目,贷记"其他收入"科目。

行政单位有外币现金的应当分别按照人民币、外币种类设置"现金日记账"进行明细核算。有关外币现金业务的账务处理参见"银行存款"科目的相关规定。

3.库存现金的主要业务核算举例

【例10-1】某行政单位发生以下业务。要求:编制该单位会计对下述业务进行账务处理的会计分录。

(1)从零余额账户提取现金 4 500 元。

借:库存现金 4 500

 贷:零余额账户用款额度 4 500

(2)收到个人缴纳的办证费 1 060 元,尚未上缴财政。

借:库存现金 1 060

 贷:应缴财政款 1 060

(3)因搬运家具,支付搬家公司工人劳务费现金 1 000 元。

借:经费支出 1 000

 贷:库存现金 1 000

(4)根据捐赠人的要求向捐助对象支付代管的捐赠款 1 230 元。

借:受托代理负债 1 230

 贷:库存现金——受托代理资金 1 230

(5)期末盘点库存现金并对账,发现人民币现金溢余 8.19 元,尚未查明原因。

借:库存现金 8.19

 贷:待处理财产损益——库存现金 8.19

(二)银行存款的核算

1.银行存款的科目设置

为核算银行存款业务,行政单位应设置"银行存款"总账科目。本科目核算行政单位存入银行或者其他金融机构的各种存款。将款项存入银行等金融机构或收到银行存款利息时,借记"银行存款"科目,贷记"库存现金""其他收入"等有关科目;提取和支出存款时,借记有关科目,贷记"银行存款"科目。支付银行手续费或银行扣收罚金等时,借记"经费支出"科目,贷记"银行存款"科目。收到受托代理的银行存款时,借记本科目,贷记"受托代理负债"科目;支付受托代理的存款时,借记"受托代理负债"科目,贷记本科目。

行政单位应当按开户银行或其他金融机构、存款种类及币种等,分别设置"银行存款日记账",由出纳人员根据收付款凭证,按照业务的发生顺序逐笔登记,每日终了应结出余额。"银行存款日记账"应定期与"银行对账单"核对,至少每月核对一次。月度终了,行政单位账面余额与银行对账单余额之间如有差额,必须逐笔查明原因并进行处理,按月编制"银行存款余额调节表",调节相符。

行政单位发生外币业务的,应当按照业务发生当日或当期期初的即期汇率,将外币金额折算为人民币金额记账,并登记外币金额和汇率。期末,各种外币账户的期末余额,应当按照期末的即期汇率折算为人民币,作为外币账户期末人民币余额。调整后的各种外币账户人民币余额与原账面余额的差额,作为汇兑损溢计入当期支出。

(1)以外币购买物资、劳务等,按照购入当日或当期期初的即期汇率将支付的外币或应支付的外币折算为人民币金额,借记有关科目,贷记"银行存款"科目、"应付账款"等科目的外币账户。

(2)以外币收取相关款项等,按照收入确认当日或当期期初的即期汇率将收取的外币或应收取的外币折算为人民币金额,借记"银行存款"科目、"应收账款"等科目的外币账户,贷记有关科目。

（3）期末,根据各外币账户按期末汇率调整后的人民币余额与原账面人民币余额的差额,作为汇兑损溢,借记或贷记"银行存款"科目、"应收账款""应付账款"等科目,贷记或借记"经费支出"等科目。

2.银行存款的主要业务核算举例

【例10-2】某行政单位发生以下与银行存款有关的业务。要求:编制该单位会计对下述业务进行账务处理的会计分录。

（1）用非同级财政拨款资金向下属单位拨付60 000元,作为经费补助。

借:拨出经费　　　　　　　　　　　　　　　　　　　　　　　60 000
　贷:银行存款　　　　　　　　　　　　　　　　　　　　　　　　　60 000

（2）职工出国参加水污染防治国际会议需要借款,预先兑换800美金,存入银行。经费属于其他资金来源的合作项目,兑换支付银行存款4 896.24元。

借:银行存款　　　　　　　　　　　　　　　　　　　　　　　4 896.24
　贷:零余额账户用款额度　　　　　　　　　　　　　　　　　　　　4 896.24

（3）该职工出国报销公务卡支出5 600美元,单位按当期汇率支付公务卡人民币34 228.88元。

借:经费支出——其他货币支出——水体污染防治——项目支出——合作治污
　　　　　　　　　　　　　　　　　　　　　　　　　　　　　34 228.88
　贷:银行存款——人民币　　　　　　　　　　　　　　　　　　　34 228.88

（4）收到代管的某民间非营利组织资金90 000元。

借:银行存款——受托代理资金　　　　　　　　　　　　　　　90 000
　贷:受托代理负债　　　　　　　　　　　　　　　　　　　　　　90 000

（5）开出支票,转账支付该非营利组织承担的支出12 000元。

借:受托代理负债　　　　　　　　　　　　　　　　　　　　　12 000
　贷:银行存款——受托代理资金　　　　　　　　　　　　　　　　12 000

（6）开出银行转账支票,支付合作治污课题研究费20 000元。

借:经费支出——其他货币支出——水体污染防治——项目支出——合作治污
　　　　　　　　　　　　　　　　　　　　　　　　　　　　　20 000
　贷:银行存款　　　　　　　　　　　　　　　　　　　　　　　　20 000

（7）年末,行政单位美元银行存款余额4 800美元,账面价值29 381.76元,期末汇率1美元＝6.1078元人民币。调整账面价值。

借:经费支出　　　　　　　　　　　　　　　　　　　　　　　64.32
　贷:银行存款——美元　　　　　　　　　　　　　　　　　　　　　64.32

（8）收到银行对账单,计息日银行存款获得利息966元。根据规定,利息留归单位使用。

借:银行存款　　　　　　　　　　　　　　　　　　　　　　　966
　贷:其他收入——利息收入　　　　　　　　　　　　　　　　　　　966

(三)零余额账户用款额度的核算

1.零余额账户用款额度的科目设置及账务处理

为核算行政单位在单位零余额账户中的财政授权支付业务,行政单位应设置"零余额账户用款额度"总账科目。本科目核算实行国库集中支付的行政单位根据财政部门批复的用款计划收到和支用的零余额账户用款额度。行政单位收到"财政授权支付额度到账通知书"时,根据通知书所列数额,借记"零余额账户用款额度"科目,贷记"财政拨款收入"科目。行政单位按规定支用额度时,借记"经费支出"等科目,贷记"零余额账户用款额度"科目。行政单位从零余额账户提取现金时,借记"库存现金"科目,贷记"零余额账户用款额度"科目。该科目期末借方余额,反映行政单位尚未支用的零余额账户用款额度。年度终了注销单位零余额账户用款额度后,该科目应无余额。

年末,根据代理银行提供的对账单作银行注销额度的相关账务处理,借记"财政应返还额度——财政授权支付"科目,贷记本科目。如单位本年度财政授权支付预算指标数大于财政授权支付额度下达数,根据两者间的差额,借记"财政应返还额度——财政授权支付"科目,贷记"财政拨款收入"科目。

下年度年初,行政单位根据代理银行提供的额度恢复到账通知书作恢复额度的相关账务处理,借记本科目,贷记"财政应返还额度——财政授权支付"科目。行政单位收到财政部门批复的上年未下达零余额账户用款额度时,借记本科目,贷记"财政应返还额度——财政授权支付"科目。

2.零余额账户用款额度的主要业务核算举例

【例10-3】某行政单位发生以下与零余额账户用款额度有关的业务。要求:编制该单位会计对下述业务进行账务处理的会计分录。

(1)取得代理银行送来的财政授权支付额度到账通知书,本月获得财政授权额度60 000元。

借:零余额账户用款额度	60 000
贷:财政拨款收入	60 000

(2)使用零余额账户用款额度支付本月电费3 000元

借:经费支出	3 000
贷:零余额账户用款额度	3 000

(3)年末,注销尚未用完的零余额账户用款额度4 200元。同时,该单位尚有未下达的财政授权支付额度15 000元。

借:财政应返还额度——财政授权支付	19 200
贷:零余额账户用款额度	4 200
财政拨款收入	15 000

(四)财政应返还额度的核算

行政单位在进行年终结余资金账务处理时,应在资产类设置"财政应返还额度"科目。本科目核算实行国库集中支付的行政单位应收财政返还的资金额度。本科目应当设置"财政直接支付""财政授权支付"两个明细科目进行明细核算。财政直接支付年终结余资金账务处理时,借方登记单位本年度财政直接支付预算指标数与财政直接支付实际支出数的差额,贷方登记下年度实际支出的冲减数;财政授权支付年终结余资金账务处理时,借方登记单位零余额账户注销额度数,贷方登记下年度恢复额度数;如果单位本年度财政授权支付预算指标数大于零余额账户用款额度下达数,借方需同时登记两者差额,贷方登记下年度单位零余额账户用款额度下达数。本科目期末借方余额,反映行政单位应收财政返还的资金额度。

1.财政直接支付年终结余资金

行政单位年终要依据本年度财政直接支付预算指标数与当年财政直接支付实际支出数的差额作相关的账务处理,借记"财政应返还额度——财政直接支付"科目,贷记"财政拨款收入"科目;下年度恢复财政直接支付额度后,行政单位发生实际支出时,借记"经费支出"等支出类科目,贷记"财政应返还额度——财政直接支付"科目。

2.财政授权支付年终结余资金

年度终了,行政单位依据代理银行提供的对账单注销额度时,借记"财政应返还额度——财政授权支付"科目,贷记"零余额账户用款额度"科目;如果本单位年度财政授权支付预算指标数大于零余额用款额度下达数,根据两者差额,借记"财政应返还额度——财政授权支付"科目,贷记"财政拨款收入"。

下年初恢复额度时,行政单位依据代理银行提供的额度恢复到账通知书,借记"零余额账户用款额度"科目,贷记"财政应返还额度——财政授权支付"科目。如果下年度收到财政部门批复的上年未下达零余额账户用款额度,借记"零余额账户用款额度"科目,贷记"财政应返还额度——财政授权支付"科目。

3.财政应返还额度的主要业务核算举例

【例 10-4】某行政单位发生以下与财政应返还额度有关的业务。要求:编制该单位会计下述业务进行账务处理的会计分录。

(1)年末,单位财政直接支付预算指标数与财政直接支付实际支出数差额 130 000 元。次年 1 月,财政部门决定将该单位以前年度未使用的财政直接支付指标中的 30 000 元核减,其余 100 000 万元仍由该单位使用。

①年末确认应返还额度

借:财政应返还额度——财政直接支付	130 000
贷:财政拨款收入	130 000

②收到财政部门下达的财政拨款结余核减审批通知

借:财政拨款结余	30 000
贷:财政应返还额度——财政直接支付	30 000

(2)单位收到财政直接支付入账通知书,使用财政应返还额度支付当月房租 20 000 元。

借:经费支出	20 000
贷:财政应返还额度——财政直接支付	20 000

(3)单位收到财政授权支付额度到账通知书,下达零余额账户用款额度 160 000 元,其中上年未下达的零余额账户用款额度 15 000 元,当期下达的零余额账户用款额度 145 000 元。

借:零余额账户用款额度	160 000
贷:财政拨款收入	145 000
财政应返还额度——财政授权支付	15 000

(五)应收及预付款项的核算

1. 应收账款的核算

为核算单位出租资产、出售物资等应收取的款项,行政单位应设置"应收账款"账户。行政单位收到的商业汇票,也通过本科目核算。该账户借方登记行政单位出租、出售物资应当收取的款项,贷方登记收到的款项,期末借方余额反映行政单位尚未收回的应收账款。该账户应当按照购货、接受服务单位(或个人)或开出、承兑商业汇票的单位等进行明细核算。

(1)出租资产发生应收账款。

出租资产尚未收到款项时,按照应收未收金额或商业汇票的票面金额,借记"应收账款"科目,贷记"其他应付款"科目。收回应收账款时,借记"银行存款"等科目,贷记"应收账款"科目;同时,借记"其他应付款"科目,按照应缴的税费,贷记"应缴税费"科目,按照扣除应缴税费后的净额,贷记"应缴财政款"科目。

行政单位应当设置"商业汇票备查簿",逐笔登记每一笔应收商业汇票的种类、号数、出票日期、到期日、票面金额、交易合同号等相关信息资料。商业汇票到期结清票款或退票后,应当在备查簿内逐笔注销。

(2)出售物资发生应收账款。

出售的物资已发出并到达约定状态且尚未收到款项,或者收到的是商业汇票时,按照应收未收金额或商业汇票的票面金额,借记"应收账款"科目,贷记"待处理财产损溢"科目。收回应收账款时,借记"银行存款"等科目,贷记"应收账款"科目。

(3)核销无法收回的应收账款。

逾期 3 年或以上、有确凿证据表明确实无法收回的应收账款,按规定报经批准后予以核销。核销的应收账款应在备查簿中保留登记。

将无法收回的应收账款转入待处理财产损溢时,按照待核销的应收账款金额,借记"待处理财产损溢"科目,贷记"应收账款"科目。对无法收回的应收账款予以核销时,借记"其他应付款"等科目,贷记"待处理财产损溢"科目。已核销的应收账款在以后期间收回的,借记"银行存款"科目,贷记"应缴财政款"等科目。

(4)应收账款的主要业务核算举例。

【例 10-5】某行政单位发生以下与应收账款有关的业务核算。要求:编制该单位会计下述业务进行账务处理的会计分录。

(1)单位将一处闲置办公用房临时出租给某公司,租期 1 年,约定每月初支付租金 15 000元(含税)。年度,单位尚未收到该公司应付的 12 月份租金。

借:应收账款——某公司　　　　　　　　　　　　　　　　　　　　15 000

　　贷:其他应付款——租金收入　　　　　　　　　　　　　　　　　　15 000

(2)单位收到该公司欠付去年 12 月份的租金 15 000,款项已到该行政单位的银行账户。计算房屋租金收入适用的营业税税率 5%,房产税适用税率为 12%,城市维护建设税税率7%,教育附加费税率 3%。

借:银行存款　　　　　　　　　　　　　　　　　　　　　　　　　15 000

　　贷:应收账款——某公司　　　　　　　　　　　　　　　　　　　15 000

借:其他应付款——租金收入　　　　　　　　　　　　　　　　　　15 000

　　贷:应缴财政款——出租收入　　　　　　　　　　　　　　　　　10 950

应交税费——营业税	750
——房产税	1 800
——城市维护建设税	1 050
——教育税附加	450

(3)单位出售一台打印机(固定资产,未计提折旧),该打印机账面原值6 000元,转让200元,打印机已送达购买单位,双方约定购买单位应于年底前付款。

①出售资产

借:待处理财产损溢——待处理财产价值	6 000
贷:固定资产——通用设备——电脑	6 000
借:应收账欢——XX单位	2 000
贷:待处理财产损溢——处理净收入	2 000

②收到上级单位允许出售固定资产的批复。

借:资产基金——固定资产	6 000
贷:待处理财产损溢——待处理财产价值	6 000

(4)收到购买单位支付的电脑款2 000元,款项已到该行政单位的银行账户。

借:银行存款	2 000
贷:应收账款——XX单位	2 000
借:待处理财产损溢——处理净收入	2 000
贷:应缴财政款	2 000

(5)单位出租一间办公用房给甲公司,租期1年,一次性收到全年租金(含税价)100 000元,当天收到该公司开具的票面金额180 000元的商业汇票。

借:应收账款——甲公司	180 000
贷:其他应付款	180 000

(6)甲公司的商业汇票到期支付,180 000元款项已到该行政单位的银行账户。计算房屋租金收入适用的营业税税率为5%,房产税适用税率为12%,城市维护建设税税率7%,教育费附加费率3%。

借:其他应付款	180 000
贷:应缴税费——营业税	9 000
——城市维护建设税	12 600
——教育费附加	5 400
——房产税	21 600
应缴财政款——出租收入	131 400
借:银行存款	180 000
贷:应收账款——甲公司	180 000

(7)单位一笔房屋租金70 000元逾期3年尚未收回,经查,承租方丙公司已破产清算。

借:待处理财产损溢	70 000
贷:应收账款——丙公司	70 000

(8)报经批准后将应收房租70 000元予以核销。

借:其他应付款	70 000

　　　　贷：待处理财产损溢　　　　　　　　　　　　　　　　　　　　70 000

　　(9)单位收到承租方破产清算后支付的办公用房租金10 000元，款项已到该行政单位的银行账户。

　　　　借：银行存款　　　　　　　　　　　　　　　　　　　　　　　10 000
　　　　　　贷：应缴财政款　　　　　　　　　　　　　　　　　　　　　10 000

　　2.预付账款的核算

　　为核算单位按照购货、服务合同规定预付给供应单位(或个人)的款项，行政单位应设置"预付账款"账户。行政单位依据合同规定支付的定金，也通过本科目核算。行政单位支付可以收回的订金，不通过本科目核算，应通过"其他应收款"科目核算。当发生预付账款时，记入该账户的借方，当收到所购物资或预付账款退回时，记入该账户的贷方，该账户期末借方余额反映行政单位实际预付但尚未结算的款项。该账户应当按照供应单位(或个人)进行明细核算。预付账款应当在已支付款项且尚未收到物资或服务时确认。

　　(1)预付账款的日常业务。

　　行政单位发生预付账款时，借记"预付账款"科目，贷记"资产基金——预付款项"科目；同时，借记"经费支出"科目，贷记"财政拨款收入""零余额账户用款额度""银行存款"等科目。

　　收到所购物资或服务时，按照相应预付账款金额，借记"资产基金——预付款项"科目，贷记"预付账款"科目；发生补付款项的，按照实际补付的款项，借记"经费支出"科目，贷记"财政拨款收入""零余额账户用款额度""银行存款"等科目。收到物资的，同时按照收到所购物资的成本，借记有关资产科目，贷记"资产基金"及相关明细科目。

　　(2)预付账款的退回。

　　行政单位发生当年预付账款退回的，借记"资产基金——预付款项"科目，贷记"预付账款"科目；同时，借记"财政拨款收入""零余额账户用款额度""银行存款"等科目，贷记"经费支出"科目。发生以前年度预付账款退回的，借记"资产基金——预付款项"科目，贷记"预付账款"科目；同时，借记"财政应返还额度""零余额账户用款额度""银行存款"等科目，贷记"财政拨款结转""财政拨款结余""其他资金结转结余"等科目。

　　(3)核销无法收回的预付账款。

　　逾期3年或以上、有确凿证据表明确实无法收到所购物资和服务，且无法收回的预付账款，按照规定报经批准后予以核销。核销的预付账款应在备查簿中保留登记。

　　将无法收回的预付账款转入待处理财产损溢时，按照待核销的预付账款金额，借记"待处理财产损溢"科目，贷记"预付账款"科目。报经批准予以核销时，借记"资产基金——预付款项"科目，贷记"待处理财产损溢"科目。已核销的预付账款在以后期间又收回的，借记"零余额账户用款额度""银行存款"等科目，贷记"财政拨款结转""财政拨款结余""其他资金结转结余"等科目。

　　(4)预付账款的主要业务核算举例。

　　【例10-6】某行政单位发生以下与预付账款有关的业务。要求：编制该单位会计下述业务进行账务处理的会计分录。

　　(1)从其企业购买救灾储备物资，合同总金额2 500 000元，采用财政直接支付方式预付了2 000 000元。

　　　　借：预付账款——某企业　　　　　　　　　　　　　　　　　　2 000 000

贷：资产基金——预付款项	2 000 000
借：经费支出	2 000 000
贷：财政拨款收入	2 000 000

（2）救灾物资运输到灾区，委托当地储备单位存放，合同总金额的余额 500 000 元通过财政直接支付方式付给企业.

借：经费支出	500 000
贷：财政拨款收入	500 000
借：资产基金——预付款项	2 000 000
贷：预付账软	2 000 000
借：政府储备物资	2 500 000
贷：资产基金——政府储备物资	2 500 000

（3）本年通过财政授权支付预付定金的一笔软件开发费用，因业务纠纷，软件开发企业退回该业务定金 10 000 元，并支付赔欢 10 000 元，赔款已经存入该单位银行账户，按照规定应当缴交财政.

借：资产基金——预付款项	10 000
贷：预付账款——某软件开发企业	10 000
借：零余额账户用款额度	10 000
贷：经费支出	10 000
借：银行存款	10 000
贷：应缴财政款	10 000

（4）单位 3 年前使用非财政拨款资金向某仪器公司预付定金 2 000 元定制仪器，因该公司破产清算，预付定金按照规定报经批准后予以核销。

①报批时。

借：待处理财产损溢	2 000
贷：预付账款——某仪器公司	2 000

②批准核销时。

借：资产基金——预付款项	2 000
贷：待处理财产损溢	2 000

（5）收到破产的仪器公司返还的定金 200 元，款项已退回到该行政单位银行账户。

借：银行存款	200
贷：其他资金结转结余	200

3.其他应收款的核算

为核算单位除应收账款、预付账款以外的其他各项应收及暂付款项，如职工预借的差旅费、拨付给内部有关部门的备用金、应向职工收取的各种垫付款项等，行政单位应设置"其他应收款"账户。该账户借方登记发生的其他应收及暂付款，贷方登记收回或转销的款项，期末借方余额反映行政单位尚未收回的其他应收款。该账户应当按照其他应收款的类别以及债务单位（或个人）进行明细核算。

（1）其他应收款的发生、收回或转销。

行政单位发生其他应收及暂付款项时，借记"其他应收款"科目，贷记"零余额账户用款额度""银行存款"等科目。收回或转销上述款项时,借记"银行存款""零余额账户用款额度"或有关支出等科目,贷记"其他应收款"科目。

(2)实行备用金制度。

行政单位内部实行备用金制度的,有关部门使用备用金以后应当及时到财务部门报销并补足备用金。财务部门核定并发放备用金时,借记"其他应收款"科目,贷记"库存现金"等科目。根据报销数用现金补足备用金定额时,借记"经费支出"科目,贷记"库存现金"等科目,报销数和拨补数都不再通过该科目核算。

(3)核销无法收回的其他应收款。

逾期3年或以上、有确凿证据表明确实无法收回的其他应收款,按规定报经批准后予以核销。核销的其他应收款应在备查簿中保留登记。

无法收回的其他应收款转入待处理财产损溢时,按照待核销的其他应收款金额,借记"待处理财产损溢"科目,贷记"其他应收款"科目。报经批准对无法收回的其他应收款予以核销时,借记"经费支出"科目,贷记"待处理财产损溢"科目。已核销的其他应收款在以后期间又收回的,如属于在核销年度内收回的,借记"银行存款"等科目,贷记"经费支出"科目;如属于在核销年度以后收回的,借记"银行存款"等科目,贷记"财政拨款结转""财政拨款结余""其他资金结转结余"等科目。

(4)其他应收款的主要业务核算举例。

【例10-7】某行政单位发生以下与其他应收获有关的业务:

(1)业务部门张三预借8 000元差旅费,款项以现金支付。

借:其他应收款——差旅费——张三　　　　　　　　　　　　　8 000
　贷:库存现金　　　　　　　　　　　　　　　　　　　　　　　　8 000

(2)通过银行转账向某企业支付5 000元,作为订购设备的订金(该订金可收回)。

借:其他应收款——某企业　　　　　　　　　　　　　　　　　5 000
　贷:银行存款　　　　　　　　　　　　　　　　　　　　　　　　5 000

(3)业务部门张三报销7 600元差旅费,同时归还400元预借款。

借:库存现金　　　　　　　　　　　　　　　　　　　　　　　　400
　经费支出　　　　　　　　　　　　　　　　　　　　　　　　7 600
　贷:其他应收款——差旅费——张三　　　　　　　　　　　　　8 000

(4)某业务部门因业务需要需拨付3 000元备用金,款项以现金方式支付。

借:其他应收款——备用金——某业务部门　　　　　　　　　3 000
　贷:库存现金　　　　　　　　　　　　　　　　　　　　　　　　3 000

(5)业务部门报销业务产生的费用2 700元,以现金方式补足备用金。

借:经费支出　　　　　　　　　　　　　　　　　　　　　　　2 700
　贷:库存现金　　　　　　　　　　　　　　　　　　　　　　　　2 700

(六)存货的核算

为核算单位在开展业务活动及其他活动中为耗用而储存的各种物资,包括材料、燃料、包装物和低值易耗品及未达到固定资产标准的家具、用具、装具等的实际成本,行政单位应设置"存货"账户。该账户借方登记存货的增加,贷方登记存货的减少,期末借方余额反映行政单位存货的实际成本。本科目应当按照存货的种类、规格和保管地点等进行明细核算。

1.取得存货的核算

购入的存货验收入库,按照确定的成本,借记"存货"科目,贷记"资产基金——存货"科目;同时,按照实际支付的金额,借记"经费支出"科目,贷记"财政拨款收入""零余额账户用款额度""银行存款"等科目;对于尚未付款的,应当按照应付未付的金额,借记"待偿债净资产"科目,贷记"应付账款"科目。

换入的存货验收入库,按照确定的成本,借记"存货"科目,贷记"资产基金——存货"科目;同时,按实际支付的补价、运输费等金额,借记"经费支出"科目,贷记"财政拨款收入""零余额账户用款额度""银行存款"等科目。

接受捐赠、无偿调入的存货验收入库,按照确定的成本,借记"存货"科目,贷记"资产基金——存货"科目;同时,按实际支付的相关税费、运输费等金额,借记"经费支出"科目,贷记"财政拨款收入""零余额账户用款额度""银行存款"等科目。

委托加工的存货出库,借记"存货"科目下的"委托加工存货成本"明细科目,贷记"存货"科目下的相关明细科目。支付加工费用和相关运输费等时,借记"经费支出"科目,贷记"财政拨款收入""零余额账户用款额度""银行存款"等科目;同时,按照相同的金额,借记"存货"科目下的"委托加工存货成本"明细科目,贷记"资产基金——存货"科目。委托加工完成的存货验收入库时,按照委托加工存货的成本,借记本科目下的相关明细科目,贷记"存货"科目下的"委托加工存货成本"明细科目。

2.存货发出的核算

开展业务活动等领用、发出存货,按照领用、发出存货的实际成本,借记"资产基金——存货"科目,贷记"存货"科目。经批准对外捐赠、无偿调出存货时,按照对外捐赠、无偿调出存货的实际成本,借记"资产基金——存货"科目,贷记"存货"科目。

对外捐赠、无偿调出存货发生由行政单位承担的运输费等支出,借记"经费支出"科目,贷记"财政拨款收入""零余额账户用款额度""银行存款"等科目。

3.存货处置的核算

经批准对外出售、置换换出的存货,应当转入待处理财产损溢,按照相关存货的实际成本,借记"待处理财产损溢"科目,贷记"存货"科目。实现出售、置换换出时,借记"资产基金"及相关明细科目,贷记"待处理财产损溢"科目。

报废、毁损的存货,应当转入待处理财产损溢,按照相关存货的账面余额,借记"待处理财产损溢"科目,贷记"存货"科目。报经批准予以核销时,借记"资产基金"及相关明细科目,贷记"待处理财产损溢"科目。

4.存货清查的核算

行政单位的存货应当定期进行清查盘点,每年至少盘点一次。对于发生的存货盘盈、盘亏,应当及时查明原因,按规定报经批准后进行账务处理。

(1)盘盈的存货,按照取得同类或类似存货的实际成本确定入账价值;没有同类或类似存货的实际成本,按照同类或类似存货的市场价格确定入账价值;同类或类似存货的实际成本或市场价格无法可靠取得,按照名义金额入账。盘盈的存货,按照确定的入账价值,借记"存货"科目,贷记"待处理财产损溢"科目。报经批准予以处理时,借记"待处理财产损溢"科目,贷记"资产基金"及相关明细科目。

(2)盘亏的存货,转入待处理财产损溢时,按照其账面余额,借记"待处理财产损溢"科目,贷记"存货"科目。报经批准予以核销时,借记"资产基金"及相关明细科目,贷记"待处理财产损溢"科目。

5. 存货的主要业务核算举例

【例 10 - 8】某行政单位发生以下与存货有关的业务。要求:编制该单位会计对下述业务进行账务处理的会计分录。

(1)政府采购的 20 000 元办公用品验收入库,款项已通过财政授权支付方式支付。

借:经费支出 20 000
　　贷:零余额账户用款额度 20 000
借:存货——办公用品 20 000
　　贷:资产基金——存货 20 000

(2)单位多余的账面成本 55 000 元的电脑耗材(经评估确定评估价值为 10 000 元)与某事业单位的一批办公用品进行置换,收到对方单位银行转账支付的补价 3 000 元。

①发出电脑耗材。

借:待处理财产损溢——待处理财产价值 55 000
　　贷:存货——电脑耗材 55 000

②收到补价。

借:银行存款 3 000
　　贷:待处理财产损溢——处理净损益 3 000

③置换的办公用品验收入库。

借:存货——办公用品 7 000
　　贷:资产基金——存货 7 000

④将收到的补价上缴财政部门。

借:待处理财产损溢——处理净损益 3 000
　　贷:应缴财政款 3 000
借:应缴财政款 3 000
　　贷:银行存款 3 000

⑤完成置换。

借:资产基金——存货 55 000
　　贷:待处理财产损溢——待处理财产价值 55 000

(3)单位接受其他单位无偿调给本单位的劳动保护用品 30 000 元,并验收。通过单位零余额账户支付相关运输费 1 000 元。

借:存货——劳保用品 31 000
　　贷:资产基金——存货 31 000
借:经费支出 1 000
　　贷:零余额账户用款额度 1 000

(4)单位以成本 15 000 元的一批材料委托加工单位加工制作用具,材料出库运往加工单位,通过单位零余额账户支付相关加工费用、运输费等共 5 000 元,将加工完成的用具(非固定资产)验收入库。

①委托加工材料出库。

借:存货——委托加工存货成本   15 000

  贷:存货——A材料   15 000

②支付加工费和运输费。

借:经费支出   5 000

  贷:零余额账户用款额度   5 000

借:存货——委托加工存货成本   5 000

  贷:资产基金——存货   5 000

③加工完成的用具入库。

借:存货——用具   20 000

  贷:存货——委托加工存货成本   20 000

(5)业务部门领用3 000元办公用品,已办理领用手续。

借:资产基金——存货   3 000

  贷:存货——办公用品   3 000

(6)单位经批准对外出售账面价值1 000元不再使用的办公用品,已办理领用手续。

①出售办公用品。

借:待处理财产损溢——待处理财产价值   1 000

  贷:存货——办公用品   1 000

借:银行存款   200

  贷:待处理财产损溢——处理净收入   200

②收到的资金上缴。

借:待处理财产损溢——处理净收入   200

  贷:应缴财政款   200

借:应缴财政款   200

  贷:银行存款   200

③出售完成。

借:资产基金——存货   1 000

  贷:待处理财产损溢——待处理财产价值   1 000

(7)经批准报废300元库存办公用品。

①盘点报废办公用品时。

借:待处理财产损溢   300

  贷:存货——办公用品   300

②经批准核销时。

借:资产基金——存货   300

  贷:待处理财产损溢   300

(8)年末经盘点盘盈100元材料,盘亏20元办公用品。

①盘点完成时。

借:存货——材料   100

  贷:待处理财产损溢   100

借:待处理财产损溢   20

　　　　贷:存货——办公用品　　　　　　　　　　　　　　　　　　　　　　　　20
　　②批准存货盘点结果时。
　　借:待处理财产损溢　　　　　　　　　　　　　　　　　　　80
　　　　贷:资产基金——存货　　　　　　　　　　　　　　　　　　　　　　　　80
　　(9)年初因质量问题,退回一批去年用其他资金购买的办公耗材4 000元,材料已发出,退
款已收到。
　　借:银行存款　　　　　　　　　　　　　　　　　　　　　4 000
　　　　贷:其他资金结转结余——年初余额调整——项目结转　　　　　　　　　4 000
　　借:资产基金——存货　　　　　　　　　　　　　　　　　4 000
　　　　贷:存货　　　　　　　　　　　　　　　　　　　　　　　　　　　　4 000

二、固定资产的核算

　　为了核算固定资产业务,行政单位应在资产类科目中设置"固定资产"科目。该科目核算
行政单位各类固定资产的原价,其借方登记固定资产的增加数,贷方登记固定资产的减少数,
期末借方余额反映行政单位固定资产的原价。行政单位应当设置"固定资产登记簿"和"固定
资产卡片",按照固定资产类别、项目和使用部门等进行明细核算。出租、出借的固定资产,应
当设置备查簿进行登记。
　　行政单位应当根据固定资产定义、有关主管部门对固定资产的统一分类,结合本单位的具
体情况,制定适合本单位的固定资产目录、具体分类方法,作为进行固定资产核算的依据。
　　固定资产核算的有关说明如下:
　　(1)固定资产的各组成部分具有不同的使用寿命、适用不同折旧率的,应当分别将各组成
部分确认为单项固定资产。
　　(2)购入需要安装的固定资产,应当先通过"在建工程"科目核算,安装完毕交付使用时再
转入本科目核算。
　　(3)行政单位的软件,如果其构成相关硬件不可缺少的组成部分,应当将该软件的价值包
括在所属的硬件价值中,一并作为固定资产,通过本科目进行核算;如果其不构成相关硬件不
可缺少的组成部分,应当将该软件作为无形资产,通过"无形资产"科目核算。
　　(4)行政单位购建房屋及构筑物不能够分清支付价款中的房屋及构筑物与土地使用权部
分的,应当全部作为固定资产,通过本科目核算;能够分清支付价款中的房屋及构筑物与土地
使用权部分的,应当将其中的房屋及构筑物部分作为固定资产,通过本科目核算,将其中的土
地使用权部分作为无形资产,通过"无形资产"科目核算;境外行政单位购买具有所有权的土
地,作为固定资产,通过本科目核算。
　　(5)行政单位借入、以经营租赁方式租入的固定资产,不通过本科目核算,应当设置备查簿
进行登记。
　　本科目核算的固定资产应当按照以下条件确认:
　　(1)购入、换入、无偿调入、接受捐赠不需安装的固定资产,在固定资产验收合格时确认。
　　(2)购入、换入、无偿调入、接受捐赠需要安装的固定资产,在固定资产安装完成交付使用
时确认。
　　(3)自行建造、改建、扩建的固定资产,在建造完成交付使用时确认。

（一）取得固定资产时，应当按照其成本入账

（1）购入的固定资产，其成本包括实际支付的购买价款、相关税费、使固定资产交付使用前所发生的可归属于该项资产的运输费、装卸费、安装费和专业人员服务费等。

以一笔款项购入多项没有单独标价的固定资产，按照各项固定资产同类或类似固定资产市场价格的比例对总成本进行分配，分别确定各项固定资产的入账价值。

购入不需安装的固定资产，按照确定的固定资产成本，借记本科目，贷记"资产基金——固定资产"科目；同时，按照实际支付的金额，借记"经费支出"科目，贷记"财政拨款收入""零余额账户用款额度""银行存款"等科目。

购入需要安装的固定资产，先通过"在建工程"科目核算。安装完工交付使用时，借记本科目，贷记"资产基金——固定资产"科目；同时，借记"资产基金——在建工程"科目，贷记"在建工程"科目。

购入固定资产分期付款或扣留质量保证金的，在取得固定资产时，按照确定的固定资产成本，借记本科目（不需安装）或"在建工程"科目（需要安装），贷记"资产基金——固定资产、在建工程"科目；同时，按照已实际支付的价款，借记"经费支出"科目，贷记"财政拨款收入""零余额账户用款额度""银行存款"等科目；按照应付未付的款项或扣留的质量保证金等金额，借记"待偿债净资产"科目，贷记"应付账款"或"长期应付款"科目。

（2）自行建造的固定资产，其成本包括建造该项资产至交付使用前所发生的全部必要支出。

固定资产的各组成部分需要分别核算的，按照各组成部分固定资产造价确定其成本；没有各组成部分固定资产造价的，按照各组成部分固定资产同类或类似固定资产市场造价的比例对总造价进行分配，确定各组成部分固定资产的成本。

工程完工交付使用时，按照自行建造过程中发生的实际支出，借记本科目，贷记"资产基金——固定资产"科目；同时，借记"资产基金——在建工程"科目，贷记"在建工程"科目；已交付使用但尚未办理竣工决算手续的固定资产，按照估计价值入账，待确定实际成本后再进行调整。

（3）自行繁育的动植物，其成本包括在达到可使用状态前所发生的全部必要支出。

①购入需要繁育的动植物，按照购入的成本，借记本科目（未成熟动植物），贷记"资产基金——固定资产"科目；同时，按照实际支付的金额，借记"经费支出"科目，贷记"财政拨款收入""零余额账户用款额度""银行存款"等科目。

②发生繁育费用，按照实际支付的金额，借记本科目（未成熟动植物），贷记"资产基金——固定资产"科目；同时，借记"经费支出"科目，贷记"财政拨款收入""零余额账户用款额度""银行存款"等科目。

③动植物达到可使用状态时，借记本科目（成熟动植物），贷记本科目（未成熟动植物）。

（4）在原有固定资产基础上进行改建、扩建、修缮的固定资产，其成本按照原固定资产的账面价值（"固定资产"科目账面余额减去"累计折旧"科目账面余额后的净值）加上改建、扩建、修缮发生的支出，再扣除固定资产拆除部分账面价值后的金额确定。

将固定资产转入改建、扩建、修缮时，按照固定资产的账面价值，借记"在建工程"科目，贷记"资产基金——在建工程"科目；同时，按照固定资产的账面价值，借记"资产基金——固定资产"科目，按照固定资产已计提折旧，借记"累计折旧"科目，按照固定资产的账面余额，贷记本科目。

工程完工交付使用时，按照确定的固定资产成本，借记本科目，贷记"资产基金——固定资产"科目；同时，借记"资产基金——在建工程"科目，贷记"在建工程"科目。

(5)置换取得的固定资产，其成本按照换出资产的评估价值加上支付的补价或减去收到的补价，加上为换入固定资产支付的其他费用(运输费等)确定，借记本科目(不需安装)或"在建工程"科目(需安装)，贷记"资产基金——固定资产、在建工程"科目；按照实际支付的补价、相关税费、运输费等，借记"经费支出"科目，贷记"财政拨款收入""零余额账户用款额度""银行存款"等科目。

(6)接受捐赠、无偿调入的固定资产，其成本按照有关凭据注明的金额加上相关税费、运输费等确定；没有相关凭据可供取得，但依法经过资产评估的，其成本应当按照评估价值加上相关税费、运输费等确定；没有相关凭据可供取得、也未经评估的，其成本比照同类或类似固定资产的市场价格加上相关税费、运输费等确定；没有相关凭据也未经评估，其同类或类似固定资产的市场价格无法可靠取得，所取得的固定资产应当按照名义金额入账。

接受捐赠、无偿调入的固定资产，按照确定的成本，借记本科目(不需安装)或"在建工程"科目(需安装)，贷记"资产基金——固定资产、在建工程"科目；按照实际支付的相关税费、运输费等，借记"经费支出"科目，贷记"财政拨款收入""零余额账户用款额度""银行存款"等科目。

(7)按月计提固定资产折旧时，按照实际计提的金额，借记"资产基金——固定资产"科目，贷记"累计折旧"科目。

(二)与固定资产有关的后续支出，分以下情况处理

(1)为增加固定资产使用效能或延长其使用寿命而发生的改建、扩建或修缮等后续支出，应当计入固定资产成本，通过"在建工程"科目核算，完工交付使用时转入本科目。有关账务处理参见"在建工程"科目。

(2)为维护固定资产正常使用而发生的日常修理等后续支出，应当计入当期支出但不计入固定资产成本，借记"经费支出"科目，贷记"财政拨款收入""零余额账户用款额度""银行存款"等科目。

(三)出售、置换换出固定资产

经批准出售、置换换出的固定资产转入待处理财产损溢时，按照固定资产的账面价值，借记"待处理财产损溢"科目，按照已计提折旧，借记"累计折旧"科目，按照固定资产的账面余额，贷记本科目。

(四)无偿调出、对外捐赠固定资产

经批准无偿调出、对外捐赠固定资产时，按照固定资产的账面价值，借记"资产基金——固定资产"科目，按照已计提折旧，借记"累计折旧"科目，按照固定资产的账面余额，贷记本科目。

无偿调出、对外捐赠固定资产发生由行政单位承担的拆除费用、运输费等，按照实际支付的金额，借记"经费支出"科目，贷记"财政拨款收入""零余额账户用款额度""银行存款"等科目。

(五)报废、毁损固定资产

报废、毁损的固定资产转入待处理财产损溢时，按照固定资产的账面价值，借记"待处理财产损溢"科目，按照已计提折旧，借记"累计折旧"科目，按照固定资产的账面余额，贷记本科目。

（六）盘盈、盘亏固定资产

行政单位的固定资产应当定期进行清查盘点，每年至少盘点一次。对于固定资产发生盘盈、盘亏的，应当及时查明原因，按照规定报经批准后进行账务处理。

1.盘盈的固定资产

按照取得同类或类似固定资产的实际成本确定入账价值；没有同类或类似固定资产的实际成本，按照同类或类似固定资产的市场价格确定入账价值；同类或类似固定资产的实际成本或市场价格无法可靠取得，按照名义金额入账。

按照确定的入账价值，借记本科目，贷记"待处理财产损溢"科目。

2.盘亏的固定资产

按照盘亏固定资产的账面价值，借记"待处理财产损溢"科目，按照已计提折旧，借记"累计折旧"科目，按照固定资产账面余额，贷记本科目。

（七）固定资产核算举例

【例10-10】某行政单位2017年1月经批准，通过政府采购购置复印机一台，货款21 000元，增值税为3 570元，验收后交付使用。款项由财政直接支付。预计使用年限5年，计算每月应计提折旧。

借：经费支出——基本支出（公用支出）（专用设备购置费）　　　　24 570
　　贷：财政拨款收入——财政直接支付（基本支出拨款）　　　　　　24 570
借：固定资产　　　　　　　　　　　　　　　　　　　　　　　　　24 570
　　贷：资产基金——固定资产　　　　　　　　　　　　　　　　　　24 570

从2017年2月开始该复印机每月应计提折旧24 570/（12×5）=409.50（元）

借：资产基金——固定资产　　　　　　　　　　　　　　　　　　　409.50
　　贷：累计折旧　　　　　　　　　　　　　　　　　　　　　　　　409.50

【例10-11】经批准报废电视机一台，原价3 200元，累计折旧3 000元，残值收入200元，收进库存现金。

借：待处理财产损溢　　　　　　　　　　　　　　　　　　　　　　200
　　累计折旧　　　　　　　　　　　　　　　　　　　　　　　　3 000
　　　贷：固定资产　　　　　　　　　　　　　　　　　　　　　　　　3 200
借：资产基金——固定资产　　　　　　　　　　　　　　　　　　　200
　　贷：待处理财产损溢　　　　　　　　　　　　　　　　　　　　　200
借：库存现金　　　　　　　　　　　　　　　　　　　　　　　　　200
　　贷：待处理财产损溢　　　　　　　　　　　　　　　　　　　　　200
借：待处理财产损溢　　　　　　　　　　　　　　　　　　　　　　200
　　贷：应缴财政款　　　　　　　　　　　　　　　　　　　　　　　200

【例10-12】通过政府采购购买业务用计算机5台，价款总计73 100元，验收合格，交付使用。款项由财政直接支付。

借：经费支出——基本支出（公用支出）（专用设备购置费）　　　　73 100
　　贷：财政拨款收入——财政直接支付（基本支出拨款）　　　　　　73 100
借：固定资产　　　　　　　　　　　　　　　　　　　　　　　　　73 100
　　贷：资产基金——固定资产　　　　　　　　　　　　　　　　　　73 100

【例 10 - 13】 开出财政授权支付凭证,购买文件柜 5 个,计 2 300 元,验收合格,交付使用。

借:经费支出——基本支出(公用支出)(办公设备值班费) 2 300
　　贷:零余额账户用款额度 2 300
借:固定资产 2 300
　　贷:资产基金——固定资产 2 300

三、在建工程的核算

为核算单位已经发生必要支出,但尚未完工交付使用的各种建筑(包括新建、改建、扩建、修缮等)、设备安装工程和信息系统建设工程的实际成本,行政单位应设置"在建工程"账户。该账户借方登记工程交付使用前发生的支出,当工程完工转入固定资产时,记入该账户的贷方。期末借方余额,反映行政单位尚未完工的在建工程的实际成本。该账户应当按照具体工程项目等进行明细核算;需要分摊计入不同工程项目的间接工程成本,应当通过本科目下设置的"待摊投资"明细科目核算。

(一)建筑工程的核算

(1)将固定资产转入改建、扩建或修缮等时,按照固定资产的账面价值,借记"在建工程"科目,贷记"资产基金——在建工程"科目;同时,按照固定资产的账面价值,借记"资产基金——固定资产"科目,按照固定资产已计提折旧,借记"累计折旧"科目,按照固定资产的账面余额,贷记"固定资产"科目。将改建、扩建或修缮的建筑部分拆除时,按照拆除部分的账面价值,借记"资产基金——在建工程"科目,贷记"在建工程"科目。改建、扩建或修缮的建筑部分拆除获得残值收入时,借记"银行存款"等科目,贷记"经费支出"科目;同时,借记"资产基金——在建工程"科目,贷记"在建工程"科目。

(2)根据工程进度支付工程款时,按照实际支付的金额,借记"经费支出"科目,贷记"财政拨款收入""零余额账户用款额度""银行存款"等科目;同时按照相同的金额,借记"在建工程"科目,贷记"资产基金——在建工程"科目。

(3)建筑工程项目完工交付使用时,按照交付使用工程的实际成本,借记"资产基金——在建工程"科目,贷记"在建工程"科目;同时,借记"固定资产""无形资产"科目(交付使用的工程项目中有能够单独区分成本的无形资产),贷记"资产基金——固定资产、无形资产"科目。

(二)设备安装的核算

购入需要安装的设备,按照购入的成本,借记"在建工程"科目,贷记"资产基金——在建工程"科目;同时,按照实际支付的金额,借记"经费支出"科目,贷记"财政拨款收入""零余额账户用款额度""银行存款"等科目。

发生安装费用时,按照实际支付的金额,借记"在建工程"科目,贷记"资产基金——在建工程"科目;同时,借记"经费支出"科目,贷记"财政拨款收入""零余额账户用款额度""银行存款"等科目。

设备安装完工交付使用时,按照交付使用设备的实际成本,借记"资产基金——在建工程"科目,贷记"在建工程"科目;同时,借记"固定资产""无形资产"科目(交付使用的设备中有能够单独区分成本的无形资产),贷记"资产基金——固定资产、无形资产"科目。

(三)信息系统建设的核算

发生各项建设支出时,按照实际支付的金额,借记"在建工程"科目,贷记"资产基金——在建工程"科目;同时,借记"经费支出"科目,贷记"财政拨款收入""零余额账户用款额度""银行存款"等科目。

信息系统建设完成交付使用时,按照交付使用信息系统的实际成本,借记"资产基金——在建工程"科目,贷记"在建工程"科目;同时,借记"固定资产""无形资产"科目,贷记"资产基金——固定资产、无形资产"科目。

(四)在建工程毁损的核算

毁损的在建工程成本,应当转入"待处理财产损溢"科目进行处理。转入待处理财产损溢时,借记"待处理财产损溢"科目,贷记"在建工程"科目。报经批准予以核销时,借记"资产基金"及相关明细科目,贷记"待处理财产损溢"科目。

(五)在建工程核算举例

【例10-14】为改善办公条件,决定对一栋旧房进行改建,该旧房原价500 000元,累计折旧200 000元。

借:资产基金——固定资产	300 000
累计折旧	200 000
贷:固定资产	500 000
借:在建工程	300 000
贷:资产基金——在建工程	300 000

【例10-15】为房屋改造分期购进各种材料(非政府采购)共计124 000元。

借:经费支出	124 000
贷:零余额账户用款额度——财政授权支付	124 000
借:在建工程	124 000
贷:资产基金——在建工程	124 000

【例10-16】支付人工费用共计18 000元。

借:经费支出	18 000
贷:零余额账户用款额度——财政授权支付	18 000
借:在建工程	18 000
贷:资产基金——在建工程	18 000

【例10-17】房屋改造完成,交付使用。

借:资产基金——在建工程	442 000
贷:在建工程	442 000
借:固定资产	442 000
贷:资产基金——固定资产	442 000

四、无形资产的核算

为核算单位各项无形资产的原价,行政单位应设置"无形资产"账户。该账户借方登记无形资产的增加额,贷方登记无形资产的减少额,期末借方余额反映行政单位无形资产的原价。本科目应按照无形资产的类别、项目等进行明细核算。

（一）无形资产的取得

1. 外购的无形资产

外购的无形资产,其成本包括实际支付的购买价款、相关税费以及可归属于该项资产达到预定用途所发生的其他支出。购入的无形资产,按照确定的成本,借记"无形资产"科目,贷记"资产基金——无形资产"科目;同时,按照实际支付的金额,借记"经费支出"科目,贷记"财政拨款收入""零余额账户用款额度""银行存款"等科目。购入无形资产尚未付款的,取得无形资产时,按照确定的成本,借记"无形资产"科目,贷记"资产基金——无形资产"科目;同时,按照应付未付的款项金额,借记"待偿债净资产"科目,贷记"应付账款"科目。

2. 委托软件公司开发的无形资产

委托软件公司开发软件,视同外购无形资产进行处理。软件开发前按照合同约定预付开发费用时,借记"预付账款"科目,贷记"资产基金——预付款项"科目;同时,借记"经费支出"科目,贷记"财政拨款收入""零余额账户用款额度""银行存款"等科目。

软件开发完成交付使用,并支付剩余或全部软件开发费用时,按照软件开发费用总额,借记"无形资产"科目,贷记"资产基金——无形资产"科目;按照实际支付的金额,借记"经费支出"科目,贷记"财政拨款收入""零余额账户用款额度""银行存款"等科目;按照冲销的预付开发费用,借记"资产基金——预付款项"科目,贷记"预付账款"科目。

3. 自行开发的无形资产

自行开发并按法律程序申请取得的无形资产,按照依法取得时发生的注册费、聘请律师费等费用确定成本。取得无形资产时,按照确定的成本,借记"无形资产"科目,贷记"资产基金——无形资产"科目;同时,按照实际支付的金额,借记"经费支出"科目,贷记"财政拨款收入""零余额账户用款额度""银行存款"等科目。

依法取得前所发生的研究开发支出,应当于发生时直接计入当期支出,但不计入无形资产的成本。借记"经费支出"科目,贷记"财政拨款收入""零余额账户用款额度""财政应返还额度""银行存款"等科目。

4. 置换取得的无形资产

置换取得的无形资产,其成本按照换出资产的评估价值加上支付的补价或减去收到的补价,加上为换入无形资产支付的其他费用(登记费等)确定。

置换取得的无形资产,按照确定的成本,借记"无形资产"科目,贷记"资产基金——无形资产"科目;按照实际支付的补价、相关税费等,借记"经费支出"科目,贷记"财政拨款收入""零余额账户用款额度""银行存款"等科目。

5. 接受捐赠、无偿调入的无形资产

接受捐赠、无偿调入的无形资产,其成本按照有关凭据注明的金额加上相关税费确定;没有相关凭据可供取得,但依法经过资产评估的,其成本应当按照评估价值加上相关税费确定;没有相关凭据可供取得,也未经评估的,其成本比照同类或类似资产的市场价格加上相关税费确定;没有相关凭据也未经评估,其同类或类似无形资产的市场价格无法可靠取得,所取得的无形资产应当按照名义金额入账。

接受捐赠、无偿调入无形资产时,按照确定的无形资产成本,借记"无形资产"科目,贷记"资产基金——无形资产"科目;按照发生的相关税费,借记"经费支出"科目,贷记"零余额账户用款额度""银行存款"等科目。

（二）无形资产的后续支出

与无形资产有关的后续支出，分以下情况处理：

（1）为增加无形资产使用效能而发生的后续支出，如对软件进行升级改造或扩展其功能等所发生的支出，应当计入无形资产的成本，借记"无形资产"科目，贷记"资产基金——无形资产"科目；同时，借记"经费支出"科目，贷记"财政拨款收入""零余额账户用款额度""银行存款"等科目。

（2）为维护无形资产的正常使用而发生的后续支出，如对软件进行的漏洞修补、技术维护等所发生的支出，应当计入当期支出但不计入无形资产的成本，借记"经费支出"科目，贷记"财政拨款收入""零余额账户用款额度""银行存款"等科目。

（三）无形资产的摊销

为了核算无形资产的摊销，行政单位应设置"累计摊销"账户。该账户贷方登记计提的无形资产摊销额，借方登记摊销额的转销，期末余额在贷方，反映计提的无形资产摊销额的累计数。

1. 摊销年限的确定

行政单位应当按照以下原则确定无形资产的摊销年限：

（1）法律规定了有效年限的，按照法律规定的有效年限作为摊销年限；

（2）法律没有规定有效年限的，按照相关合同或单位申请书中的受益年限作为摊销年限；

（3）法律没有规定有效年限、相关合同或单位申请书也没有规定受益年限的，按照不少于10 年的期限摊销；

（4）非大批量购入、单价小于 1 000 元的无形资产，可以于购买的当期，一次将成本全部摊销。

2. 摊销方法的确定

行政单位应当采用年限平均法计提无形资产摊销。

3. 预计净残值的确定

行政单位预计净残值一般为 0，无形资产的应摊销金额为其成本。

按月计提无形资产摊销时，按照应计提的金额，借记"资产基金——无形资产"科目，贷记"累计摊销"科目。

需要注意的是，行政单位应当自无形资产取得当月起，按月计提摊销；无形资产减少的当月，不再计提摊销。无形资产提足摊销后，无论能否继续带来服务潜力或经济利益，均不再计提摊销；核销的无形资产，如果未提足摊销，也不再补提摊销。因发生后续支出而增加无形资产成本的，应当按照重新确定的无形资产成本，重新计算摊销额。

（四）无形资产的处置

1. 出售、置换换成无形资产的处置

无形资产出售、置换时，按照所处置无形资产的账面价值，借记"待处理财产损溢"科目，按照已计提摊销，借记"累计摊销"科目，按照无形资产的账面余额，贷记"无形资产"科目。实现出售、置换换出时，借记"资产基金"及相关明细科目，贷记"待处理财产损溢"科目。

2. 无偿调出、对外捐赠无形资产的处置

无形资产无偿调出、对外捐赠时，按照所处置无形资产的账面价值，借记"资产基金——无形资产"科目，按照已计提摊销，借记"累计摊销"科目，按照无形资产的账面余额，贷记"无形资产"科目。

3. 无形资产的核销

无形资产预期不能为行政单位带来服务潜力或经济利益的，应当按规定报经批准后将无形资产的账面价值予以核销。待核销的无形资产转入待处理财产损溢时,按照待核销无形资产的账面价值,借记"待处理财产损溢"科目,按照已计提摊销,借记"累计摊销"科目,按照无形资产的账面余额,贷记"无形资产"科目。报经批准予以核销时,借记"资产基金——无形资产"科目,贷记"待处理财产损溢"科目。

(五)无形资产核算举例

【例 10 - 18】某单位外购一项专利,开出"财政授权支付凭证"支付价款 100 000 元。

借:无形资产　　　　　　　　　　　　　　　　　　　　100 000
　　贷:资产基金——无形资产　　　　　　　　　　　　　　　　100 000
借:经费支出　　　　　　　　　　　　　　　　　　　　100 000
　　贷:零余额账户用款额度　　　　　　　　　　　　　　　　　100 000

【例 10 - 19】某单位委托甲公司开发软件,开发前按照合同约定预付 50 000 元开发费,开出"财政授权支付凭证"支付。

借:预付账款　　　　　　　　　　　　　　　　　　　　50 000
　　贷:资产基金——预付账款　　　　　　　　　　　　　　　　50 000
借:经费支出　　　　　　　　　　　　　　　　　　　　50 000
　　贷:零余额账户用款额度　　　　　　　　　　　　　　　　　50 000

【例 10 - 20】三个月后,软件开发完成,该单位支付剩余 50 000 元开发费。

借:无形资产　　　　　　　　　　　　　　　　　　　　100 000
　　贷:资产基金——无形资产　　　　　　　　　　　　　　　　100 000
借:经费支出　　　　　　　　　　　　　　　　　　　　100 000
　　贷:零余额账户用款额度　　　　　　　　　　　　　　　　　100 000
借:资产基金——预付账款　　　　　　　　　　　　　　　50 000
　　贷:预付账款　　　　　　　　　　　　　　　　　　　　　　50 000

【例 10 - 21】以上开发的软件按 10 年期限摊销。

借:资产基金——无形资产　　　　　　　　　　　　　　833.33
　　贷:累计摊销　　　　　　　　　　　　　　　　　　　　　　833.33

【例 10 - 22】某单位自行开发出一软件,发生注册费 20 000 元,开出"财政授权支付凭证"支付。

借:无形资产　　　　　　　　　　　　　　　　　　　　20 000
　　贷:资产基金——无形资产　　　　　　　　　　　　　　　　20 000
借:经费支出　　　　　　　　　　　　　　　　　　　　20 000
　　贷:零余额账户用款额度　　　　　　　　　　　　　　　　　20 000

关键术语

行政单位资产　　零余额账户用款额度　　财政应返还额度　　在建工程　　无形资产

复习思考题

1.行政单位的资产包括哪些内容?

2.行政单位库存现金管理的基本要求有什么?

3.行政单位存货的核算有哪些要求？

4.什么是固定资产？行政单位固定资产如何分类？

5.财政应返还额度是怎样产生的？

6.与企业相比,行政单位应收账款业务有什么特点？

7.区分行政单位存货与其他非存货的消耗性物资的关键是什么？

8.行政单位固定资产是否应该计提折旧？如果折旧,是否应该计入支出？

9.行政单位的"待处理财产损溢"科目为什么要设置"待处理财产价值"和"处理净收入"两个明细科目？是否所有的财产处置都需要使用这两个明细科目核算？

10.行政单位受托代理资产的核算与其他资产的核算有什么区别？为什么存在这些区别？

练 习 题

1.目的:练习行政单位资产的核算。

2.要求:请编制相关会计分录(使用总账科目和资产科目的必要明细科目)。

3.资料:某行政单位发生以下资产相关业务。

(1)年初,单位得到通知,某项目 E 的结余对应的财政应返还额度 140 000 元被调剂给其他单位,注销本单位该部分财政应返还额度。

(2)单位得到批准清理出售一批老旧办公设备,账面原值 70 000 元,没有计提过折旧,实际出售取得价款 5 000 元,按照规定上缴财政。

(3)单位出租多余的办公用房给甲单位,取得商业汇票 100 000 元。

(4)1 个月后汇票到期,收到银行存款。计算需要缴纳的相关税费 6 600 元,其余资金需上缴国库。

(5)单位委托软件公司开发一套软件,通过预算单位零余额账户预付开发费 20 000 元,等开发完成再支付剩余的开发费 50 000 元。

(6)财政直接支付储备物资生产企业周转金 1 000 000 元。

(7)从储备物资生产企业调用储备物资,结算价格 200 000 元,财政直接支付补齐周转金。

(8)当年采购的一批业务耗材出现质量问题,退回供应商,材料价值 7 000 元,款项尚未收回。

(9)单位办公大楼进行信息化改造,原有信息系统设备原值 600 000 元,没有计提过折旧。

(10)财政直接支付 500 000 元购入信息化改造相关设备,尚未安装。

(11)改造中拆除原有信息系统损坏的线路设备等,原值 130 000 元。

(12)单位职工王某报告,出差丢失一台笔记本电脑,账面价值 12 000 元,没有计提过折旧。

(13)经过调查,丢失笔记本的使用人王某需要赔偿损失 5 000 元,赔偿金应上缴财政。

(14)单位软件按照 5 年进行摊销,本年软件原值 240 000 元,计提当月的摊销额。

(15)财政直接支付 400 000 元购买应急储备物资,存放在企业的仓库。

(16)用零余额账户支付企业保管应急储备物资的仓库保管费 10 000 元。

(17)一批过期的应急物资账面价值 10 000 元,经批准予以变卖处理。

(18)开发商将某居民小区配套的一条市政道路交付本单位管理,账面成本 10 000 000 元。

(19)通过银行转账从代管的公益组织慈善资金中支付 50 000 元给受益人。

(20)财政直接支付本年单位市政道路日常维护费 200 000 元。

第十一章　行政单位负债和净资产的核算

本章主要介绍行政单位负债和净资产的管理与核算。行政单位负债是行政单位承担的能以货币计量,需要以资产偿付的债务,包括应缴预算款、应缴财政专户款、暂存款等。行政单位净资产是指行政单位资产减负债和收入减支出的差额,包括财政拨款结转、财政拨款结余、其他资金结转结余、资产基金、待偿债净资产等。通过本章学习,应掌握行政单位负债和净资产的内容、管理原则以及各项负债和净资产的账务处理要求和核算方法。重点掌握预算管理制度改革后,对行政单位会计核算中负债和净资产管理以及核算方面的新规定、新要求。

第一节　负债的管理

一、负债的概念与内容

负债是指行政单位所承担的能以货币计量、需要以资产等偿还的债务。按照流动性,负债分为流动负债和非流动负债。流动负债是指预计在 1 年内(含 1 年)偿还的负债,包括应缴财政款、应缴税费、应付职工薪酬、应付及暂存款项、应付政府补贴款等。非流动负债是指长期应付款等。负债应当按照承担的相关合同金额或实际发生额进行计量。

(一)应缴财政款的概念

应缴财政款用于核算行政单位取得的按规定应当上缴财政的款项,包括罚没收入、行政事业性收费、政府性基金、国有资产处置和出租收入等。行政单位按照国家税法等有关规定应当缴纳的各种税费,通过"应缴税费"科目核算,不在该科目核算。

(二)应缴税费的概念

应缴税费用于核算行政单位按照税法等规定应当缴纳的各种税费,包括营业税、城市维护建设税、教育费附加、房产税、车船税、城镇土地使用税等。行政单位代扣代缴的个人所得税,也通过该科目核算。

(三)应付职工薪酬的概念

应付职工薪酬用于核算行政单位按照有关规定应付给职工及为职工支付的各种薪酬,包括基本工资、奖金、国家统一规定的津贴补贴、社会保险费、住房公积金等。

(四)应付及暂存款项

1.应付账款的概念

应付账款用于核算行政单位因购买物资或服务、工程建设等而应付的偿还期限在 1 年以内(含 1 年)的款项。

2.其他应付款的概念

其他应付款用于核算行政单位除应缴财政款、应缴税费、应付职工薪酬、应付政府补贴款、应付账款以外的其他各项偿还期在 1 年以内(含 1 年)的应付及暂存款项,如收取的押金、保证金、未纳入行政单位预算管理的转拨资金、代扣代缴职工社会保险费和住房公积金等。

(五)应付政府补贴款的概念

应付政府补贴款用于核算负责发放政府补贴的行政单位,按照规定应当支付给政府补贴接受者的各种政府补贴款。

(六)长期应付款的概念

长期应付款用于核算行政单位发生的偿还期限超过 1 年(不含 1 年)的应付款项,如跨年度分期付款购入固定资产的价款等。

二、负债管理的要求

(1)行政单位一般不得举借债务,不得对外提供担保。

(2)对各种债务应及时清理结算,该上缴国家的及时上缴,不得滞留、截留、挪用、坐支,一般不存在债权人放弃债权的情况。

(3)不得将应纳入单位的收入列为负债。

(4)行政单位负债一般以国家财政法律、法规、规章约束为前提。

第二节　负债的核算

一、应缴财政款的核算

(一)应缴财政款的账务处理

为了核算应缴财政款业务,行政单位应设置"应缴财政款"账户。该账户核算行政单位取得的按规定上缴财政的款项,包括罚没收入、行政事业性收费、政府性基金、国有资产处置和出租收入等。该账户应当按照应缴财政款项的类别进行明细核算。该账户贷方登记应缴的财政款,借方登记上缴的财政款,期末贷方余额反映行政单位应当上缴财政但尚未缴纳的款项。年终清缴后,该账户一般应无余额。应缴财政款应当在收到应缴财政的款项时确认。

行政单位取得按照规定应当上缴财政的款项时,借记"银行存款"等科目,贷记"应缴财政款"科目。上缴应缴财政的款项时,按照实际上缴的金额,借记"应缴财政款"科目,贷记"银行存款"科目。

(二)应缴财政款的主要业务核算举例

【例 11-1】发放许可证照,收取工本费、手续费 13 620 元,款项已送存银行。

借:银行存款　　　　　　　　　　　　　　　　　　　　　　　13 620

　　贷:应缴财政款　　　　　　　　　　　　　　　　　　　　　　13 620

二、应缴税费的核算

(一)应缴税费的账务处理

为核算单位应缴税费业务,行政单位应设置"应缴税费"账户。该账户核算行政单位按照税法等规定应当缴纳的各种税费,包括城建税、教育费附加、房产税、车船税、城镇土地使用税等。行政单位代扣代缴的个人所得税,也通过本科目核算。该账户贷方登记应缴的税费,借方登记实际缴纳的税费,期末贷方余额反映行政单位应缴未缴的税费金额。该账户应当按应缴纳的税费种类进行明细核算。行政单位涉及的主要税费业务如下:

(1)因资产处置等发生营业税、城市维护建设税、教育费附加等缴纳义务的,按照税法等规定计算的应缴税费金额,借记"待处理财产损溢"科目,贷记"应缴税费"科目;实际缴纳时,借记"应缴税费"科目,贷记"银行存款"等科目。

(2)因出租资产等发生营业税、城市维护建设税、教育费附加等缴纳义务的,按照税法等规定计算的应缴税费金额,借记"应缴财政款"等科目,贷记"应缴税费"科目;实际缴纳时,借记"应缴税费"科目,贷记"银行存款"等科目。

(3)代扣代缴个人所得税,按照税法等规定计算的应代扣代缴的个人所得税金额,借记"应付职工薪酬"科目或"经费支出"科目,贷记"应缴税费"科目。实际缴纳时,借记"应缴税费"科目,贷记"财政拨款收入""零余额账户用款额度""银行存款"等科目。

(二)应缴税费的主要业务核算举例

【例 11-2】 固定资产租用结束,经结算租金收入为 3 000 元,余款退还。

借:其他应付款　　　　　　　　　　　　　　　　　　　　　3 000
　　贷:应缴税费　　　　　　　　　　　　　　　　　　　　　　100
　　　　应缴财政款　　　　　　　　　　　　　　　　　　　　1 900
　　　　银行存款　　　　　　　　　　　　　　　　　　　　　1 000

三、应付职工薪酬的核算

(一)应付职工薪酬的账务处理

为核算应付职工薪酬情况,行政单位应设置"应付职工薪酬"账户。该账户贷方登记应付的职工薪酬,借方登记实际支付的薪酬,期末贷方余额反映行政单位应付未付的职工薪酬。该账户应当根据国家有关规定按照"工资(离退休费)""地方(部门)津贴补贴""其他个人收入"以及"社会保险费""住房公积金"等进行明细核算。

行政单位发生应付职工薪酬时,按照计算出的应付职工薪酬金额,借记"经费支出"科目,贷记"应付职工薪酬"科目。向职工支付工资、津贴补贴等薪酬时,按照实际支付的金额,借记"应付职工薪酬"科目,贷记"财政拨款收入""零余额账户用款额度""银行存款"等科目。

从应付职工薪酬中代扣为职工垫付的水电费、房租等费用时,按照实际扣除的金额,借记"应付职工薪酬"科目(工资),贷记"其他应收款"等科目。从应付职工薪酬中代扣代缴个人所得税,按照代扣代缴的金额,借记"应付职工薪酬"科目(工资),贷记"应缴税费"科目。从应付职工薪酬中代扣代缴社会保险费和住房公积金,按照代扣代缴的金额,借记"应付职工薪酬"科目(工资),贷记"其他应付款"科目。

缴纳单位为职工承担的社会保险费和住房公积金时,借记"应付职工薪酬"科目(社会保险费、住房公积金),贷记"财政拨款收入""零余额账户用款额度""银行存款"等科目。

(二)应付职工薪酬的主要业务核算举例

【例 11-3】 发放本月工资,资料如下:应付基本工资 175 000 元,各种津贴及补贴 65 000元,退休费 23 000 元。在工资中,扣收职工养老保险 12 000 元,医疗保险 4 800 元,失业保险

12 000 元,住房公积金 24 000 元,个人所得税 3 000 元。实发工资中 125 000 元由财政统发,82 200 元由代理银行发放。

```
借:经费支出——基本支出(人员支出)(基本工资)              175 000
          ——基本支出(人员支出)(津贴)                  65 000
          ——基本支出(对个人和家庭的补助支出)(退休费)   23 000
   贷:应付职工薪酬                                              263 000
借:应付职工薪酬                                          263 000
   贷:财政拨款收入——财政直接拨款(基本支出拨款)                125 000
      零余额账户用款额度                                          822 00
      其他应付款——养老保险                                       12 000
              ——医疗保险                                      4 800
              ——失业保险                                     12 000
              ——住房公积金                                    24 000
      应缴税费——个人所得税                                       3 000
```

四、应付及暂存款项

(一)应付账款的核算

为核算应付账款业务,行政单位应设置"应付账款"账户。该账户核算行政单位因购买物资或服务、工程建设等而应付的偿还期限在 1 年以内(含 1 年)的款项。该账户贷方登记应付的款项,借方登记实际支付的款项,期末贷方余额反映行政单位尚未支付的应付账款。该账户应当按照债权单位(或个人)进行明细核算。

行政单位收到所购物资或服务、完成工程但尚未付款时,按照应付未付款项的金额,借记"待偿债净资产"科目,贷记"应付账款"科目。偿付应付账款时,借记"应付账款"科目,贷记"待偿债净资产"科目;同时,借记"经费支出"科目,贷记"财政拨款收入""零余额账户用款额度""银行存款"等科目。

无法偿付或债权人豁免偿还的应付账款,应当按照规定报经批准后进行账务处理。经批准核销时,借记"应付账款"科目,贷记"待偿债净资产"科目。核销的应付账款应在备查簿中保留登记。

【例 11-4】单位从供货商处购入 60 000 元政府储备物资更新已有的旧物资,已到货并验收入库,货款约定 3 个月后支付。

```
借:待偿债净资产                                          60 000
   贷:应付账款——某供应商                                         60 000
借:政府储备物资                                          60 000
   贷:资产基金——政府储备物资                                     60 000
```

(二)其他应付款的核算

为核算其他应付款业务,行政单位应设置"其他应付款"账户。该账户核算行政单位除应缴财政款、应缴税费、应付职工薪酬、应付政府补贴款、应付账款以外的其他各项偿还期在 1 年以内(含 1 年)的应付及暂存款项,如收取的押金、保证金、未纳入行政单位预算管理的转拨资金、代扣代缴职工社会保险费和住房公积金等。该账户贷方登记应付的款项及暂存款,借方登记支付的应付及暂存款,期末贷方余额反映行政单位尚未支付的其他应付款。该账户应当按照其他应付款的类别以及债权单位(或个人)进行明细核算。

发生其他各项应付及暂存款项时,借记"银行存款"等科目,贷记"其他应付款"科目。支付其他各项应付及暂存款项时,借记"其他应付款"科目,贷记"银行存款"等科目。

因故无法偿付或债权人豁免偿还的其他应付款项,应当按规定报经批准后进行账务处理。经批准核销时,借记"其他应付款"科目,贷记"其他收入"科目。核销的其他应付款应在备查簿中保留登记。

【例11-5】外单位租借本单位固定资产,交来保险金3 000元。

借:银行存款　　　　　　　　　　　　　　　　　　　　　　3 000
　　贷:其他应付款　　　　　　　　　　　　　　　　　　　　　　　3 000

【例11-6】开出授权支付凭证,支付职工个人交纳的养老金保险12 000元,医疗保险4 800元,失业保险12 000元,住房公积金24 000元,个人所得税3 000元。

借:其他应付款——养老保险　　　　　　　　　　　　　　12 000
　　　　　　　　——医疗保险　　　　　　　　　　　　　　　4 800
　　　　　　　　——失业保险　　　　　　　　　　　　　　12 000
　　　　　　　　——住房公积金　　　　　　　　　　　　　24 000
　　应缴税费——个人所得税　　　　　　　　　　　　　　　3 000
　　贷:零余额账户用款额度　　　　　　　　　　　　　　　　　55 800

五、应付政府补贴款的核算

为核算应付政府补贴业务,行政单位应设置"应付政府补贴款"账户。本账户核算负责发放政府补贴的行政单位,按照规定应当支付给政府补贴接受者的各种政府补贴款。该账户贷方登记应付的政府补贴款,借方登记支付的政府补贴款,期末贷方余额反映行政单位应付未付的政府补贴金额。该账户应按照应支付的政府补贴种类进行明细核算。行政单位还应当按照补贴接受者建立备查簿,进行相应明细核算。

发生应付政府补贴时,按照规定计算出的应付政府补贴金额,借记"经费支出"科目,贷记"应付政府补贴款"科目。支付应付的政府补贴款时,借记"应付政府补贴款"科目,贷记"零余额账户用款额度""银行存款"等科目。

【例11-7】某行政单位发生以下应付政府补贴款相关业务,要求编制该单位会计对下面业务进行账务处理的会计分录。

(1)经计算,本月应发放各类政府补贴266 500元,其中:困难家庭补助125 000元,失独家庭补贴10 500元,高龄老人补贴131 000元。

借:经费支出　　　　　　　　　　　　　　　　　　　　　266 500
　　贷:应付政府补贴款——困难家庭补助　　　　　　　　　　125 000
　　　　　　　　　　　——失独家庭补贴　　　　　　　　　　10 500
　　　　　　　　　　　——高龄老人补贴　　　　　　　　　　131 000

(2)通过零余额账户将应发放的政府补贴266 500元转入被补贴人的储蓄存款账户。

借:应付政府补贴款——困难家庭补助　　　　　　　　　　125 000
　　　　　　　　　　——失独家庭补贴　　　　　　　　　　　10 500

——高龄老人补贴	131 000
贷：零余额账户用款额度	266 500

六、长期应付款的核算

为核算长期应付款业务，行政单位应设置"长期应付款"账户。该账户核算行政单位发生的偿还期限超过1年（不含1年）的应付款项，如跨年度分期付款购入固定资产的价款等。该账户贷方登记发生的长期应付款，借方登记偿付的长期应付款，期末贷方余额反映尚未支付的长期应付款。该账户应按照长期应付款的类别以及债权单位（或个人）进行明细核算。

发生长期应付款时，按照应付未付的金额，借记"待偿债净资产"科目，贷记"长期应付款"科目。偿付长期应付款时，借记"经费支出"科目，贷记"财政拨款收入""零余额账户用款额度""银行存款"等科目；同时，借记"长期应付款"科目，贷记"待偿债净资产"科目。

无法偿付或债权人豁免偿还的长期应付款，应当按照规定报经批准后进行账务处理。经批准核销时，借记"长期应付款"科目，贷记"待偿债净资产"科目。核销的长期应付款应在备查簿中保留登记。

【例11-8】单位办公楼大修改造工程完工，工程款总额为2 000 000元，通过财政直接支付施工单位1 800 000元，其余200 000元为质量保证金，2年后支付。

借：经费支出	1 800 000
贷：财政拨款收入	1 800 000
借：在建工程	2 000 000
贷：资产基金——在建工程	2 000 000

【例11-9】单位通过财政授权支付前述的储备物资货款60 000元。

借：应付账款——某供应商	60 000
贷：待偿债净资产	60 000
借：经费支出	60 000
贷：零余额账户用款额度	60 000

【例11-10】单位多年前发生的一笔30 000元设备质保金，因对方无法联系，一直无法支付，经批准对尚未支付的设备质保金予以核销。

借：长期应付款——甲公司	30 000
贷：待偿债净资产	30 000

核销的30 000元长期应付款应在备查簿中保留登记。

第三节　净资产的管理与核算

一、净资产的概念与内容

净资产是指行政单位拥有的资产净值，反映了国家和行政单位的资产所有权。在数量上，净资产等于全部资产扣除全部负债后的余额。

行政单位净资产具体包括财政拨款结转、财政拨款结余、其他资金结转结余、资产基金、待偿债净资产等。

二、净资产的核算

(一)财政拨款结转的核算

为了核算财政拨款结转业务,行政单位应设置"财政拨款结转"科目。该科目用于核算行政单位滚存的财政拨款结转资金,包括基本支出结转、项目支出结转。该科目应当设置"基本支出结转""项目支出结转"两个明细科目;在"基本支出结转"明细科目下按照"人员经费"和"日常公用经费"进行明细核算,在"项目支出结转"明细科目下按照具体项目进行明细核算;本科目还应当按照《政府收支分类科目》中"支出功能分类科目"的项级科目进行明细核算。该科目还可以根据管理需要按照财政拨款结转变动原因,设置"收支转账""结余转账""年初余额调整""归集上缴""归集调入""单位内部调剂""剩余结转"等明细科目,进行明细核算。该科目期末贷方余额,反映行政单位滚存的财政拨款结转资金数额。

财政拨款结转的主要账务处理如下:

调整以前年度财政拨款结转,因发生差错更正,以前年度支出收回等原因,需要调增财政拨款结转的,借记有关科目,贷记"财政拨款结转(年初余额调整)",需要调减财政拨款结转的,借记"财政拨款结转(年初余额调整)",贷记有关科目;从其他单位调入财政拨款结余资金时,借记"财政拨款结转""银行存款"等科目,贷记"财政拨款结转(归集调入)";上缴财政拨款结转时,借记"财政拨款结转(归集调入)",贷记"零余额账户用款额度""银行存款"等科目;单位内部调剂结余资金时,借记"财政拨款结余(单位内部调剂)",贷记"财政拨款结转(单位内部调剂)";结转本年财政拨款收入和支出时,借记"财政拨款收入",贷记"财政拨款结转(收支转账)",再借记"财政拨款结转(收支转账)",贷记"经费支出";将完成项目的结转资金转入财政拨款结余时,借记"财政拨款结转(结余转账)",贷记"财政拨款结余(结余转账)"。

年末收支转账后,将本科目所属"收支转账""结余转账""年初余额调整""归集上缴""归集调入""单位内部调剂"等明细科目余额转入"剩余结转"明细科目;转账后,本科目除"剩余结转"明细科目外,其他明细科目应无余额。

(二)财政拨款结余的核算

为了核算财政拨款结余业务,行政单位应设置"财政拨款结余"科目。该科目用于核算行政单位滚存的财政拨款项目支出结余资金。该科目应当按照具体项目、《政府收支分类科目》中"支出功能分类科目"的项级科目等进行明细核算。本科目还可以根据管理需要按照财政拨款结余变动原因,设置"结余转账""年初余额调整""归集上缴""单位内部调剂""剩余结余"等明细科目,进行明细核算。该科目期末贷方余额,反映行政单位滚存的财政拨款结余资金数额。

财政拨款结余的主要账务处理如下:

调整以前年度财政拨款结余,因发生差错更正,以前年度支出收回等原因,需要调增财政拨款结余的,借记有关科目,贷记"财政拨款结余(年初余额调整)",需要调减财政拨款结余的,借记"财政拨款结余(年初余额调整)",贷记有关科目;上缴财政拨款结余时借记"财政拨款结余(归集上缴)",贷记"零余额账户用款额度""银行存款"等科目;单位内部调剂结余资金时借记"财政拨款结余(单位内部调剂)",贷记"财政拨款结转(单位内部调剂)";将完成项目的结转资金转入财政拨款结余时借记"财政拨款结转(结余转账)",贷记"财政拨款结余(结余转账)"。

年末,将"财政拨款结余"科目所属"结余转账""年初余额调整""归集上缴""单位内部调剂"等明细科目余额转入"剩余结余"明细科目;转账后,该科目除"剩余结余"明细科目外,其他明细科目应无余额。

财政拨款结转和财政拨款结余核算举例如下。

【例 11-11】 办理年终转账(财政拨款为 10 098 800)元,项目经费为 1 230 000 元(项目全部完工),经费支出中基本支出为 9 933 743 元,项目经费为 1 230 000 元(项目全部完工),其他收入 72 900 元。

财政拨款结账:

借:财政拨款收入——基本支出拨款　　　　　　　　　　　　10 098 800
　　　　　　　　——项目支出拨款　　　　　　　　　　　　 1 230 000
　贷:财政拨款结转　　　　　　　　　　　　　　　　　　　　11 328 800
借:财政拨款结转　　　　　　　　　　　　　　　　　　　　　11 163 743
　贷:经费支出——基本支出　　　　　　　　　　　　　　　　 9 933 743
　　　　　　——项目支出　　　　　　　　　　　　　　　　 1 230 000

财政拨款结余:

借:财政拨款结转(结余转账)　　　　　　　　　　　　　　　 1 230 000
　贷:财政拨款结余(结余转账)　　　　　　　　　　　　　　　 1 230 000

其他资金结转结余:

借:其他收入　　　　　　　　　　　　　　　　　　　　　　　　72 900
　贷:其他资金结账结余　　　　　　　　　　　　　　　　　　　 72 900

(三)其他资金结转结余的核算

为了核算其他资金结转结余业务,行政单位应设置"其他资金结转结余"科目。该科目用于核算行政单位除财政拨款收支以外的其他各项收支相抵后剩余的滚存资金。该科目应当设置"项目结转"和"非项目结余"明细科目,分别对项目资金和非项目资金进行明细核算。对于项目结转,还应当按照具体项目进行明细核算。该科目还可以根据管理需要按照其他资金结转结余变动原因,设置"收支转账""年初余额调整""结余调剂""剩余结转结余"等明细科目,进行明细核算。该科目期末贷方余额,反映行政单位滚存的各项非财政拨款资金结转结余数额。

其他资金结转结余的主要账务处理如下:

调整以前年度其他资金结转结余,因发生差错更正、以前年度支出收回等原因,需要调整其他资金结转结余的。按照实际调增的金额借记有关科目,贷记"其他资金结转结余(年初余额调整)",按照实际调减的金额借记"其他资金结转结余(年初余额调整)",贷记有关科目;年末将其他收入中的项目资金收入本年发生额转入"其他资金结转结余"时,借记"其他收入",贷记"其他资金结转结余(项目结转——收支转账)",再借记"其他收入",贷记"其他资金结转结余(非项目结转——收支转账)";将其他资金支出中的项目支出本年发生额转入"其他资金结转结余"时,借记"其他资金结转结余(项目结转——收支转账)",贷记"经费支出——其他资金支出(项目支出)""拨出经费(项目支出)",再借记"其他资金结转结余(非项目结转——收支转账)",贷记"经费支出——其他资金支出(项目支出)""拨出经费(项目支出)";缴回或转出项目结余,需要缴回原项目资金出资单位的时,借记"其他资金结转结余(项目结转——结余调剂)",贷记"银行存款""其他应付款"等科目;将项目剩余资金留归本单位用于其他非项目用途时,借记"其他资金结转结余(项目结转——结余调剂)",贷记"其他资金结转结余(非项目结转——结余调剂)"；用非项目资金结余补充项目资金时，借记"其他资金结转结余(非项目结转——结余调剂)"，贷记"其他资金结转结余(项目结转——结余调剂)"。

年末收支转账后，将本科目所属"收支转账""年初余额调整""结余调剂"等明细科目余额转入"剩余结转结余"明细科目；转账后，本科目除"剩余结转结余"明细科目外，其他明细科目应无余额。

其他资金结转结余核算举例如下。

【例 11 - 12】办理年终转账(财政拨款为 10 098 800)元，项目经费为 1 230 000 元(项目全部完工)，经费支出中基本支出为 9 933 743 元，项目经费为 1 230 000 元(项目全部完工)，其他收入 72 900 元。

财政拨款结账：

```
借：财政拨款收入——基本支出拨款          10 098 800
            ——项目支出拨款           1 230 000
  贷：财政拨款结转                          11 328 800
借：财政拨款结转                    11 163 743
  贷：经费支出——基本支出                   9 933 743
          ——项目支出                   1 230 000
```

财政拨款结余：

```
借：财政拨款结转(结余转账)          1 230 000
  贷：财政拨款结余(结余转账)                1 230 000
```

其他资金结转结余：

```
借：其他收入                      72 900
  贷：其他资金结账结余                        72 900
```

(四)资产基金的核算

为了核算资产基金业务，行政单位应设置"资产基金"科目。该科目用于核算行政单位的预付账款、存货、固定资产、在建工程、无形资产、政府储备物资、公共基础设施等非货币性资产在净资产中占用的金额。该科目应当设置"预付款项""存货""固定资产""在建工程""无形资产""政府储备物资""公共基础设施"等明细科目，进行明细核算。该科目期末贷方余额，反映行政单位非货币性资产在净资产中占用的金额。

资产基金的主要账务处理如下：

1."资产基金——预付账款"的核算

发生预付账款时，借记"预付账款"，贷记"资产基金——预付款项"，再借记"经费支出"，贷记"财政拨款收入""零余额账户用款额度""银行存款"等科目；收到预付账款购买的物资或服务时，借记"资产基金——预付款项"，贷记"预付账款"。

2."资产基金——存货、政府储备物资"的核算

取得存货、政府储备物资时，借记"存货""政府储备物资"，贷记"资产基金——存货、政府储备物资"，再借记"经费支出"，贷记"财政拨款收入""零余额账户用款额度""银行存款"等科目；领用和发出存货、政府储备物资时，借记"资产基金——存货、政府储备物资"，贷记"存货""政府储备物资"；无偿调出、对外捐赠存货、政府储备物资时，借记"资产基金——存货、政府储备物资"，贷记"存货""政府储备物资"。

3."资产基金——固定资产、在建工程、无形资产、公共基础设施"的核算

取得固定资产、在建工程、无形资产、公共基础设施时,借记"固定资产""在建工程""无形资产""公共基础设施",贷记"资产基金——固定资产/在建工程/无形资产/公共基础设施",再借记"经费支出",贷记"财政拨款收入""零余额账户用款额度""银行存款"等科目;计提固定资产折旧、公共基础设施折旧、无形资产摊销时,借记"资产基金——固定资产/无形资产/公共基础设施",贷记"累计折旧""累计摊销";无偿调出、对外捐赠固定资产、无形资产、公共基础设施时,借记"资产基金——固定资产/无形资产/公共基础设施",再借记"累计折旧""累计摊销",贷记"固定资产""公共基础设施""无形资产"。

4.资产基金核算举例

【例11-13】购进乙材料一批,计2 000元,材料已验收入库,款未付。

借:存货——库存材料　　　　　　　　　　　　　　　　　2 000
　　贷:资产基金——存货　　　　　　　　　　　　　　　　　2 000
借:待偿债净资产　　　　　　　　　　　　　　　　　　　2 000
　　贷:应付账款　　　　　　　　　　　　　　　　　　　　2 000

(五)待偿债净资产的核算

为了核算待偿债净资产业务,行政单位应设置"待偿债净资产"科目。该科目用于核算行政单位因发生应付账款和长期应付款而相应需在净资产中冲减的金额。该科目期末借方余额,反映行政单位因尚未支付的应付账款和长期应付款而需相应冲减净资产的金额。

待偿债净资产的主要账务处理如下:

发生应付账款、长期应付款时,借记"待偿债净资产",贷记"应付账款""长期应付款";偿付应付账款、长期应付款时,借记"应付账款""长期应付款",贷记"待偿债净资产",再借记"经费支出",贷记"财政拨款收入""零余额账户用款额度""银行存款"等科目;因债权人原因,核销确定无法支付的应付账款、长期应付款时,借记"应付账款""长期应付款",贷记"待偿债净资产"。

待偿债净资产核算举例如下。

【例11-14】开出"财政授权支付凭证",偿付应付账款。

借:应付账款　　　　　　　　　　　　　　　　　　　　2 000
　　贷:待偿债净资产　　　　　　　　　　　　　　　　　　2 000
借:经费支出　　　　　　　　　　　　　　　　　　　　　2 000
　　贷:零余额账户用款额度——财政授权支付　　　　　　　2 000

关键术语

行政单位负债　　应缴财政款　　应缴政府补贴款　　财政拨款结转　　财政拨款结余
其他资金结转结余　　资产基金　　待偿债净资产

复习思考题

1.什么是行政单位的负债?它有哪些特点?
2.什么是行政单位的净资产?它包括哪些内容?每部分的含义和作用是什么?

练习题

1.目的:练习行政单位的净资产的核算。

2.要求：请编制相关会计分录。

3.某行政单位发生下列业务：

(1)单位收到应上缴财政的有关证件的工本费 2 050 元现金。

(2)单位上缴处置固定资产的净收入，通过银行转账 25 000 元。

(3)单位发放职工薪酬，代理银行盖章转回的工资发放明细表显示，已发放在职职工各项工资薪酬总额 300 000 元。其中转入个人账户的工资薪酬总额 262 000 元，代扣职工住房公积金 30 000 元，单位配套补贴住房公积金 30 000 元，个人所得税 8 000 元。款项已通过财政直接支付转入个人工资账户和住房公积金个人账户。所得税已直接缴纳给税收部门。

(4)单位根据已确定的补贴名单，计算本月应发放的居民补贴 400 000 元，通过财政直接支付方式发放。

(5)单位使用零余额账户用款额度支付两年前完工的信息系统改造工程的质量保证金 20 000 元。

(6)单位收取工程招标押金 100 000 元。

(7)单位收到委托转赠的一批物资，价值 120 000 元。

(8)单位一笔应付账款 70 000 元因供货商失踪多年，申请注销。

第十二章 行政单位收入的核算

本章主要介绍行政单位收入的管理与核算。行政单位的收入是指行政单位为开展业务活动,依法取得的非偿还性资金,是行政单位完成业务活动的财力保证。行政单位的收入包括财政拨款收入和其他收入等。通过本章的学习,要掌握行政单位收入的内容、对各项收入的管理要求以及各项收入的账务处理。重点应掌握财政直接支付方式、财政授权支付方式以及其他方式下收入的核算。

第一节 收入的管理

一、收入的概念与内容

(一)收入的概念

行政单位的收入是指行政单位为开展业务活动,通过各种形式、各种渠道,依法取得的非偿还性资金。行政单位作为政府职能部门,其开展的业务活动主要就是完成各项行政管理任务,向社会公众提供公共产品和服务。行政单位按照立法机关批准的预算,从财政部门取得的财政拨款,是对其提供公共产品和服务的成本补偿,体现了行政单位收入的法律特征和非偿还性。行政单位的收入来源比较单一,财政拨款不仅是其收入的主要形式,也是其完成行政任务的基本财力保证。

(二)收入的内容

行政单位的收入包括财政拨款收入和其他收入等。

财政拨款收入是指行政单位从同级财政部门取得的各类财政预算资金。它包括基本支出拨款和项目支出拨款,单位应在收到款项时按实际金额确认。

其他收入是指行政单位依法取得的除财政拨款收入以外的各项收入。它包括从非同级财政部门、上级主管部门取得的专项收入、库存现金溢余、后勤服务收入、银行存款利息收入等。

二、收入管理方式

行政单位财政拨款收入的管理方式分为以下两种:

1.逐级领拨的管理方式

逐级领拨的管理方式又称实拨资金方式。传统上,行政单位取得财政预算资金的方式是逐级领拨。行政单位编制的单位预算得到批准后,按照国家规定的程序,向财政机关或上级预算单位请领财政资金,财政部门的国库将财政存款直接划拨到主管单位(一级预算单位)开户银行的存款账户上。一级预算单位还要在收到拨入的款项后,向所属单位层层转拨经费,最终转入各个申请单位的银行账户。

2. 国库单一账户的管理方式

国库单一账户的管理方式又称国库集中支付方式。在这种新的财政预算资金管理方式下,行政单位仍需要按照国家规定的预算级次逐级申请资金并逐级下达预算资金支付额度。但行政单位获取预算经费的方式是根据预算获得对经费的使用权,经费并不拨入各单位的银行账户,而是保留在财政部门的国库单一账户中,只有在财政部门接到各个预算单位的财政支付申请后,才通过财政零余额账户向商品或劳务供应者直接付款(财政直接支付)。或者当预算单位在财政部门授权支付额度内使用财政授权支付额度付款时,通过预算单位零余额账户向商品或劳务供应者直接付款(财政授权支付)。在国库集中支付方式下,财政预算资金集中在国库,行政单位取得财政补助收入的时候并不增加其在开户银行的银行存款。

第二节　收入的核算

一、财政拨款收入的核算

财政拨款收入是指行政单位从同级财政部门取得的各类财政预算资金。为核算财政拨款收入业务,行政单位应设置"财政拨款收入"账户,该账户核算行政单位从同级财政部门取得的财政预算资金。该账户属于收入类账户,年末,将该账户本年发生额转入"财政拨款结转"账户,年终结账后,该账户无余额。该账户应当设置"基本支出拨款"和"项目支出拨款"两个明细账户,分别核算行政单位取得用于基本支出和项目支出的财政拨款资金;同时,按照《政府收支分类科目》中"支出功能分类科目"的项级科目进行明细核算;在"基本支出拨款"明细科目下按照"人员经费"和"日常公用经费"进行明细核算,在"项目支出拨款"明细科目下按照具体项目进行明细核算。有公共财政预算拨款、政府性基金预算拨款等两种或两种以上财政拨款的行政单位,还应当按照财政拨款的种类分别进行明细核算。

(一)财政直接支付方式下财政拨款收入的核算

财政直接支付方式下,行政单位根据财政零余额账户代理银行转来的"财政直接支付入账通知书"及相关原始凭证,借记"经费支出"科目,贷记"财政拨款收入"科目。本年度财政直接支付的资金收回时,借记"财政拨款收入"科目,贷记"经费支出"等科目。年末,行政单位根据本年度财政直接支付预算指标数与财政直接支付实际支出数的差额,借记"财政应返还额度——财政直接支付"科目,贷记"财政拨款收入"科目。

(二)财政授权支付方式下财政拨款收入的核算

财政授权支付方式下,行政单位在得到财政部门下达的财政资金授权支付额度时,根据单位零余额账户代理银行转来的"财政授权支付额度到账通知书",借记"零余额账户用款额度"等科目,贷记"财政拨款收入"科目。年末,如行政单位本年度财政授权支付预算指标数大于财政授权支付额度下达数,根据两者间的差额,借记"财政应返还额度——财政授权支付"科目,贷记"财政拨款收入"科目。

(三)实拨资金方式下的财政拨款收入核算

通过实拨资金方式获取财政资金收入的行政单位,按开户银行发来的银行存款进账单中标明的财政拨款到账金额,借记"银行存款"等科目,贷记"财政拨款收入"科目。

（四）财政拨款收入核算举例

1. 财政直接支付方式下财政拨款收入的核算

【例 12 - 1】 某行政单位实行国库直接支付。要求:编制该单位会计对下述业务进行账务处理的会计分录。

（1）采购电脑等办公设备,价款 100 000 元,采用财政直接支付方式支付设备款,设备已验收。

借:经费支出   100 000
　　贷:财政拨款收入——基本支出拨款   100 000
借:固定资产   100 000
　　贷:资产基金   100 000

（2）通过财政直接支付采购的一批硒鼓入库时发现质量问题,硒鼓已退回。接到代理银行转来的财政直接支付退款通知书,退回相关货款 20 000 元。

借:财政拨款收入——基本支出拨款   20 000
　　贷:经费支出   20 000

（3）收到代理银行的财政直接支付入账通知书,财政直接支付电费 35 000 元,其中 15 000 元使用财政应返还额度。

借:经费支出   35 000
　　贷:财政应返还额度   15 000
　　财政拨款收入——基本支出拨款   20 000

2. 财政授权支付方式下财政拨款收入的核算

【例 12 - 2】 某行政单位取得代理银行转来的财政授权支付额度到账通知书,本月取得财政授权额度 190 000 元,其中用于专项办公楼大型修缮业务 80 000 元,用于水利资金专项审计项目 110 000 元。要求:编制该单位会计对此业务进行账务处理的会计分录。

借:零余额账户用款额度   190 000
　　贷:财政拨款收入——项目支出拨款   190 000

3. 实拨资金方式下的财政拨款收入核算

【例 12 - 3】 某行政单位尚未实行国库集中支付,在实拨资金方式下,该单位发生如下业务。要求:编制该单位会计对下述业务进行账务处理的会计分录。

（1）收到银行存款进账单,财政部门拨入人员经费 300 000 元,其中有 70 000 元为下属单位的人员经费。

借:银行存款   300 000
　　贷:财政拨款收入——基本支出拨款   230 000
　　其他应付款   70 000

（2）收到财政部门拨入日常公用经费 260 000 元,其中包括暂时不能确定金额、需要转拨下属研究所的日常公用经费。

借:银行存款   260 000
　　贷:财政拨款收入——基本支出拨款   260 000

（3）根据已批准的下级预算,明确向下属单位转拨日常公用经费 160 000 元。

借：财政拨款收入——基本支出拨款　　　　　　　　　　　　　　160 000
　　贷：银行存款　　　　　　　　　　　　　　　　　　　　　　　　　　160 000

二、其他收入的核算

　　为核算其他收入业务,行政单位应设置"其他收入"账户,该账户核算行政单位取得的除财政拨款收入以外的其他各项收入。该账户属于收入类账户,其贷方登记其他收入的增加数,借方登记冲销转出数,平时贷方余额反映其他收入累计数。年终结账时,该账户贷方余额应转入"其他资金结转结余"账户。结账后,该账户无余额。该账户可按收入的类别、来源单位、项目资金和非项目资金进行明细核算。对于项目资金收入,还应当按照具体项目进行明细核算。

　　收到属于其他收入的各种款项时,按照实际收到的金额,借记"银行存款""库存现金"等科目,贷记"其他收入"科目。年末,将"其他收入"本年发生额转入"其他资金结转结余"时,借记"其他收入"科目,贷记"其他资金结转结余"科目。年终结账后,"其他收入"科目应无余额。

　　【例 12 - 4】收到按规定不上缴财政的零星杂项收入库存现金 1 300 元。

借：库存现金　　　　　　　　　　　　　　　　　　　　　　　　　　1 300
　　贷：其他收入　　　　　　　　　　　　　　　　　　　　　　　　　　1 300

　　【例 12 - 5】收到有偿服务收入库存现金 6 000 元。

借：库存现金　　　　　　　　　　　　　　　　　　　　　　　　　　6 000
　　贷：其他收入　　　　　　　　　　　　　　　　　　　　　　　　　　6 000

关键术语

财政拨款收入　　基本支出拨款　　项目支出拨款　　其他收入

复习思考题

　　1.行政单位的收入包括哪些内容? 各项收入采用怎样的预算管理方法?

　　2.什么是财政拨款收入? 行政单位收入的管理要求主要有哪些?

　　3.在财政直接支付方式下,行政单位应当如何确认财政拨款收入? 在财政授权支付方式下,行政单位应当如何确认财政拨款收入? 在其他方式下,行政单位应当如何确认财政拨款收入?

　　4."财政拨款收入"总账账户应当设置哪两个二级明细账账户? 为什么要设置这两个明细账账户? 在这两个明细账账户下,应当再怎样设置明细账账户?

　　5.行政单位各项收入来源实行统一管理、统筹安排使用的预算管理方法,这与行政单位的各项支出都安排有相应的资金来源渠道是否矛盾? 试举例说明。

　　6.什么是其他收入? 它主要包括哪些内容?

练 习 题

练习一

　　1.目的:练习财政国库集中支付制度下财政拨款收入的核算。

　　2.要求:根据以下资料,为行政单位编制有关的会计分录。

　　3.资料:某行政单位已经纳入财政国库集中支付制度改革,2017 年发生如下经济业务:

(1)收到代理银行转来的财政授权支付到账通知书,收到财政授权支付额度 94 000 元。

(2)收到财政部门委托代理银行转来财政直接支付入账通知书及其相关的原始凭证,财政部门为行政单位支付了在职人员工资 55 000 元。

(3)收到财政部门委托代理银行转来财政直接支付入账通知书,财政部门为行政单位支付了购买开展某项业务活动专用物资材料一批的货款 18 000 元,该批专用物资材料已经验收入库。

(4)向单位零余额账户代理银行开具支付令,支付专项业务活动经费 12 000 元。

练习二

1.目的:练习实拨资金方式下财政拨款收入的核算。

2.要求:根据以下资料,为行政单位编制有关的会计分录。

3.资料:某行政单位尚未纳入财政国库集中支付制度改革,2017 年发生如下经济业务:

(1)收到开户银行转来的收款通知,收到财政部门拨入的基本支出拨款行政运行经费 86 000 元。

(2)收到开户银行转来的收款通知,收到财政部门拨入的项目支出拨款国土资源规范及管理经费 45 000 元。

(3)收到开户银行转来的收款通知,收到财政部门拨入的项目支出拨款土地资源利用与保护经费 125 000 元。

练习三

1.目的:练习其他收入的核算。

2.要求:根据以下资料,为行政单位编制有关的会计分录。

3.资料:某行政单位 2017 年发生如下经济业务:

(1)收到不必上缴财政的零星杂项现金收入 1 600 元。

(2)收到变卖废旧物资现金收入 800 元。

(3)收到银行存款利息收入 2 400 元。

第十三章　行政单位支出的核算

本章主要介绍行政单位支出的管理与核算。行政单位支出是指行政单位在开展各项业务活动所发生的资金耗费及损失。行政单位支出的内容包括经费支出和拨出经费等。通过本章学习,要掌握行政单位支出的组成内容、经费支出的分类及组成、经费支出的管理要求和核算方法,重点应掌握经费支出和拨出经费的核算。

第一节　支出的管理

一、支出的概念与内容

(一)支出的概念

支出是指行政单位为保障机构正常运转和完成工作任务所发生的资金耗费和损失。行政单位在完成行政管理任务,向社会公众提供公共产品和服务过程中必然要发生各种各样的费用开支,这些开支主要是用财政部门拨付的预算经费办理的。

(二)支出的内容

行政单位的支出具体包括经费支出和拨出经费等。

经费支出是指行政单位在开展业务活动中发生的各项支出。它是行政单位为实现国家管理职能、完成行政任务所必须发生的各项资金耗费,是行政单位组织和领导经济建设、文化建设等各项建设,促进社会全面发展的资金保证,其经济性质属于非生产性支出。经费支出包括财政拨款支出和其他资金支出。

拨出经费是核算行政单位向所属单位拨出的纳入单位预算管理的非同级财政拨款资金,如拨给所属单位的专项经费和补助经费等。行政单位只有在采用实拨资金方式时,才会有拨出经费的业务。在财政国库单一账户制度下,由于财政部门通过财政零余额账户或单位零余额账户直接将预算经费拨付给收款人或用款单位,因此,行政单位就不再有拨出经费的业务。

二、支出的分类

行政单位的支出主要是经费支出。为全面反映行政单位经费支出的内容,便于分析和考虑各项经费支出的实际发生情况及其效果,从而有针对性地加强和改善对行政单位经费支出的管理,有必要对行政单位经费支出按照一定的要求进行适当的分类。

(一)按开支对象分类

1.人员支出

人员支出是指行政单位支付给在职职工和临时聘用人员的各类劳动报酬,为上述人员缴

纳的各项社会保险费,按工资一定比例提取的福利费等。人员支出具体包括如下几个项目:

(1)基本工资。这是指国家统一规定的基本工资,包括行政单位工作人员的固定工资和国家规定比例的津贴。

(2)津贴。这是指行政单位在基本工资之外国家统一规定开支的津贴、补贴,如政府特殊津贴、艰苦边远地区津贴。

(3)奖金。这是指行政单位按国家规定开支的各类奖金,包括国家统一规定的行政单位年终一次性资金等。

(4)福利费。这是指行政单位根据国家统一规定按工资总额一定比例提取的福利费。

(5)社会保险费。这是指行政单位为职工缴纳的基本养老、医疗、失业、工伤、生育等社会保险费。

(6)其他。这是指上述项目未包括的人员支出,包括各种加班工资,病假2个月以上期间的人员工资等。

2.日常公用支出

日常公用支出是指行政单位购买商品(不包括按规定纳入固定资产管理范围的商品)和劳务的支出。日常公用支出具体包括如下几个项目:

(1)办公费。这是指行政单位购置并且依照规定不纳入固定资产管理范围的书报杂志和一般性办公用品(如钢笔、铅笔、公文夹、订书器、电话机、档案袋、信封、账表、纸张、计算器、计算机软盘、硒鼓等办公用品)及单位的一般印刷费支出。

(2)专用材料购置费。这是指行政单位购置并且依照规定未纳入固定资产管理范围的专用材料支出,如药品及医疗耗材、实验室用品及小型设备、专用服装及劳保用品、专用工具及仪器等。

(3)专项业务费。这是指行政单位为完成某项专项业务,如行政单位按规定组织的离退休人员的各项活动,以及行政单位离退休人员的异地安置费、探亲路费、丧葬费、离退休人员特需费等。

(4)劳务费。这是指行政单位支付给其他单位和个人的劳务支出,如翻译费、手续费等。

(5)水电费。这是指行政单位支付的水费(包括饮用水、卫生用水、绿化用水、中央空调用水等)、污水处理费和电费(包括照明用电、空调用电、电梯用电、食堂用电、取暖加压用电、计算机等办公设备用电等)。

(6)邮寄费。这是指行政单位开支的信函、包裹、货物等物品的邮寄费。

(7)电话通讯费。这是指行政单位开支的电话费、电报费、传真费、网络通信费等。

(8)取暖费。这是指行政单位取暖用燃料费、热力费、炉具购置费、锅炉临时工的工费、节煤奖以及在原离退休公用经费中开支的离退休人员取暖费。

(9)物业管理费。这是指行政单位开支的办公用房、高层设备(如高层电梯等)的物业管理费。

(10)交通费。这是指行政单位开支的国内外交通费,包括租车费、车辆用燃料费、过桥过路费、车辆保险费、行车安全奖励费等。

(11)差旅费。这是指行政单位工作人员出差、出国的交通费、住宿费、伙食补助费,因工作需要开支的杂费,随行家属旅费。

(12)维修费。这是指行政单位为保持固定资产的正常工作效能而开支的日常修理和维护费用,包括车船保养修理费;一般办公设备,如传真机、电话交换机、计算机、打印机、复印机等的维修费;专用设备,如大型计算机系统的维修费;教学、科研仪器和实验设备的维修费;单位公用房屋、建筑物及其附属设备的维修费;文物保护单位管理的古建筑、纪念建筑物的维修费等。

(13)租赁费。这是指行政单位租赁办公用房、宿舍、机械设备、专用通讯网、场地、车船等的费用。

(14)会议费。这是指行政单位会议中按规定开支的房租费、伙食补贴费以及文件资料的印刷费、会议场地租赁费等。

(15)培训费。这是指行政单位政治学习培训和职工业务培训支出,包括学习资料购置费、调研费用等。

(16)招待费。这是指行政单位开支的各类接待费用,包括用餐费、住宿费、交通费等。

(17)其他。这是指行政单位上述项目未包括的日常公用支出,如诉讼费等。

3.对个人和家庭的补助支出

对个人和家庭的补助支出是指行政单位对个人和家庭的无偿性补助支出,具体包括如下几个项目:

(1)离休费。这是指未参加基本养老保险的行政单位离休人员和移交地方政府安置的军队离休人员的离休费,以及按国家统一规定发放给离休人员的护理费和其他补贴。

(2)退休费。这是指未参加基本养老保险的行政单位退休人员和移交地方政府安置的军队退休人员的退休费,以及按国家统一规定发放给退休人员的护理费和其他补贴。

(3)退职(役)费。这是指行政单位退职人员的生活补贴,一次性支付给职工或军官、军队无军籍退职职工、军队文职人员及运动员的退职补助,按月支付给自主择业的军队转业干部的退役金。

(4)就业补助费。这是指行政单位按规定给予国有企业下岗职工、残疾人、退伍军人等的就业补助。

(5)抚恤金。这是指行政单位按规定开支的烈士家属、牺牲病故人员家属的一次性和定期抚恤金,以及革命伤残人员的抚恤金和其他人员按规定开支的各项抚恤金等。

(6)救济费。这是指行政单位支付给城乡贫困人员、灾民、归侨、外侨人员和按国家规定支付给特殊人员的生活救济费,包括发给城市居民的最低生活保障费,精简退职、老弱残职工救济费等。

(7)医疗费。这是指未参加职工基本医疗保险的行政单位和军队移交地方安置的离退休人员的医疗费支出,以及参保人员在医疗保险基金开支范围之外,按规定应由行政单位负担的医疗补助支出。

(8)生活补贴。这是指优抚对象的定期定量生活补贴费,行政单位职工和遗属生活补助,因公负伤等住院治疗、住疗养院期间的伙食补贴费、长期赡养人员补助费等。

(9)提租补贴。这是指对原住房补贴、房租改革后的提租补贴。

(10)住房公积金。这是指行政单位按职工工资总额一定比例缴纳的住房公积金。

(11)购房补贴。这是指行政单位的购房补贴支出。

(12)助学金。这是指各类学校学生助学金、奖学金、学生贷款贴息、出国留学(实习)人员生活费,青少年业余体校学员伙食补助费和生活费补贴,按照协议由我方负担或享受我方奖学金的来华留学生、进修生生活费等。

(13)其他。这是指未包括在上述项目的行政单位对个人和家庭的补助支出,如独生子女保健费、职工探亲旅费、退职人员及随行家属路费等。

4.固定资产购建和大修理支出

固定资产购建和大修理支出是指行政单位购置、自行建造固定资产的支出。固定资产购建和大修理支出,具体包括如下几个项目:

(1)建筑物购建费。这是指行政单位购买、自行建造办公用房、仓库、职工生活用房、食堂等建筑物(含附属设施,如电梯、通信线路、水气管道等)的支出。

(2)办公设备购置费。这是指行政单位购置并按规定纳入固定资产管理范围的一般办公家具和办公设备的支出。

(3)专用设备购置费。这是指行政单位购置的具有专门用途并按规定纳入固定资产管理范围的各类专用设备的支出,如通信设备、发电设备、卫星转发器、气象设备等。

(4)交通工具购置费。这是指行政单位购置各类交通工具(如小汽车、摩托车等)的支出(含车辆购置税)。

(5)大修理费。这是指行政单位对各类设备、建筑物等的大修理支出。

(6)更新改造费。这是指行政单位在其固定资产使用一定时期后,为恢复其原有的生产效能而对其主要组成部分进行的全面更新和改造的支出。

(7)其他。这是指未包括在上述项目的固定资产购建和大修理支出,如行政单位按固定资产管理的档案设备购置费,各类文物、陈列品、图书的购置费等。

(二)按照支出的性质分类

按照支出的性质,行政单位的经费支出可分为基本支出和项目支出两类。

1.基本支出

基本支出是行政单位为维持正常运转和完成日常工作任务而发生的各项支出,如行政单位按规定支付给工作人员的基本工资、津贴等,行政单位为完成日常工作所发生的办公费、劳务费、交通费等。基本支出是行政单位的基本资金消耗,如果没有基本支出作保证,行政单位就无法维持正常的运转,也无法完成日常的行政工作任务。

2.项目支出

项目支出是指财政部门或上级主管部门拨给行政单位用于完成专项工程、工作的经费支出。行政单位的项目支出一般包括专项会议支出、专项设备购置支出、专项修缮支出、专项任务支出等。行政单位应加强对专项资金的管理,应当按照财政部门或上级主管部门的要求,严格按批准的用途专款专用,不得挪作他用,单独进行核算。专项资金的使用实行追踪反馈责任制,用款单位应按要求定期向财政部门或主管部门报送专项资金使用情况,项目完成后,应报送专项资金支出决算和使用效果的文字报告,接受财政部门或主管部门的检验。

行政单位的项目支出一般都有专项资金来源,如果没有专项资金来源,一般即作为基本支出。

三、支出管理的一般要求

行政单位支出的管理,重点是关于经费支出的管理。在经费支出的管理实践中,主要包括以下内容:

　　(1)建立健全经费支出的内部管理制度。行政单位应当建立健全各项经费支出全部由单位财务部门统一管理的制度,不允许在单位财务部门之外设立账外账或者"小金库";对于基本支出可以建立健全标准定额管理制度,对于项目支出可以建立健全绩效考核制度;对于其他收入,可以进一步建立健全综合纳入单位经费支出的管理制度;对于重大支出项目,可以进一步建立健全严格的审批制度,等等。

　　(2)严格按照预算确定的用途和数额支用各项经费支出。行政单位的经费支出必须严格按照预算规定的用途支用,不得办理无预算、超预算范围的经费支出。同时,行政单位的经费支出必须严格按照预算规定的开支标准支用,不得任意改变经费开支标准。

　　(3)保证单位基本支出的需要。行政单位应当保证人员经费和单位日常公用经费开支的需要。这些开支是行政单位的基本支出,如果这些基本支出不能得到保证,行政单位的正常运转就不能维持。

　　(4)严格项目支出的管理。行政单位的项目支出应当保证专款专用,不得任意改变项目内容或扩大使用范围。行政单位应当为每一专项工作或特定任务单独建账,以单独反映该专项工作或特定任务的资金到位、使用进度和完成结算等情况。

第二节　支出的核算

　　根据行政单位支出的内容,行政单位支出的核算包括经费支出的核算和拨出经费的核算。

一、经费支出的核算

　　行政单位应设置"经费支出"账户,用于核算在业务活动中发生的各项支出。该账户属于支出类账户,其借方登记经费实际支出数,贷方登记支出收回或冲销转出数,平时借方余额反映经费实际支出累计数。年终,将该账户本年发生额分别转入"财政拨款结转""其他资金结转结余"。转账后,该账户无余额。该账户应当分别按照"财政拨款支出"和"其他资金支出""基本支出"和"项目支出"等分类进行明细核算;并按照《政府收支分类科目》中"支出功能分类科目"的项级科目进行明细核算;"基本支出"和"项目支出"明细科目下应当按照《政府收支分类科目》中"支出经济分类科目"的款级科目进行明细核算。同时在"项目支出"明细科目下按照具体项目进行明细核算。年终结账后,本科目应无余额。

　　有公共财政预算拨款、政府性基金预算拨款等两种或两种以上财政拨款的行政单位,还应当按照财政拨款的种类分别进行明细核算。年终结账后,本科目应无余额。

　　经费支出的主要账务处理如下:

　　(1)计提单位职工薪酬时,按照计算出的金额,借记本科目,贷记"应付职工薪酬"科目。

　　(2)支付外部人员劳务费,按照应当支付的金额,借记本科目,按照代扣代缴个人所得税的金额,贷记"应缴税费"科目,按照扣税后实际支付的金额,贷记"财政拨款收入""零余额账户用款额度""银行存款"等科目。

　　(3)支付购买存货、固定资产、无形资产、政府储备物资和工程结算的款项,按照实际支付的金额,借记本科目,贷记"财政拨款收入""零余额账户用款额度""银行存款"等科目;同时,按照采购或工程结算成本,借记"存货""固定资产""无形资产""在建工程""政府储备物资"等科目,贷记"资产基金"及其明细科目。

（4）发生预付账款的，按照实际预付的金额，借记本科目，贷记"财政拨款收入""零余额账户用款额度""银行存款"等科目；同时，借记"预付账款"科目，贷记"资产基金——预付款项"科目。

（5）偿还应付款项时，按照实际偿付的金额，借记本科目，贷记"财政拨款收入""零余额账户用款额度""银行存款"等科目；同时，借记"应付账款""长期应付款"科目，贷记"待偿债净资产"科目。

（6）发生其他各项支出时，按照实际支付的金额，借记本科目，贷记"财政拨款收入""零余额账户用款额度""银行存款"等科目。

（7）行政单位因退货等原因发生支出收回的，属于当年支出收回的，借记"财政拨款收入""零余额账户用款额度""银行存款"等科目，贷记本科目；属于以前年度支出收回的，借记"财政应返还额度""零余额账户用款额度""银行存款"等科目，贷记"财政拨款结转""财政拨款结余""其他资金结转结余"等科目。

（8）年末，将本科目本年发生额分别转入财政拨款结转和其他资金结转结余时，借记"财政拨款结转""其他资金结转结余"科目，贷记本科目。

1. 基本支出的核算

【例 13-1】某行政单位发生以下基本支出业务。要求：编制该单位会计对下述业务进行账务处理的会计分录。

（1）发放基本工资总额 336 000 元，津贴 200 000 元。其中代职工转入住房公积金管理中心的住房公积金 28 800 元。单位配套补贴住房公积金 28 800 元。款项已通过财政直接支付转入个人工资账户和住房公积金个人账户。

① 计算应付职工薪酬。

借：经费支出——基本支出——基本工资　　　　　　　　　336 000
　　　　　　　　　　　　——津贴补贴　　　　　　　　　200 000
　　　　　　　　　　　　——住房公积金　　　　　　　　 28 800
　　贷：应付职工薪酬　　　　　　　　　　　　　　　　　564 800

② 代扣职工应缴纳的住房公积金。

借：应付职工薪酬　　　　　　　　　　　　　　　　　　　28 800
　　贷：其他应付款　　　　　　　　　　　　　　　　　　 28 800

③ 支付职工薪酬。

借：应付职工薪酬　　　　　　　　　　　　　　　　　　 536 000
　　其他应付款　　　　　　　　　　　　　　　　　　　　28 800
　　贷：财政拨款收入——基本支出拨款　　　　　　　　　564 800

（2）支付专业公司咨询费 8 000 元，款项采用财政授权支付方式支付。

借：经费支出——基本支出　　　　　　　　　　　　　　　8 000
　　贷：零余额账户用款额度　　　　　　　　　　　　　　 8 000

（3）购置复印机等办公设备，总价值 15 000 元，其中 5 000 元用单位自筹资金支付，10 000元用财政拨款资金采用财政授权支付方式支付，该设备已验收。

借：经费支出——基本支出　　　　　　　　　　　　　　 15 000
　　贷：零余额账户用款额度　　　　　　　　　　　　　　10 000

　　　　　银行存款　　　　　　　　　　　　　　　　　　　　　　　　　5 000

　　(4)年中购置一批电脑耗材,价值24 000元,款项已通过财政授权支付方式支付,材料已入库。一个月后领用时发现材料存在质量问题,退回供应商,相应的货款已收回。

　　　　借:零余额账户用款额度　　　　　　　　　　　　　　　　　24 000
　　　　　贷:经费支出——基本支出　　　　　　　　　　　　　　　　　24 000
　　　　借:资产基金——存货　　　　　　　　　　　　　　　　　　24 000
　　　　　贷:存货　　　　　　　　　　　　　　　　　　　　　　　　24 000

　　(5)职工报销公务卡支付的差旅费7 200元,签发财政授权支付令,通知代理银行向公务卡银行支付7 200元。

　　　　借:经费支出——基本支出　　　　　　　　　　　　　　　　7 200
　　　　　贷:零余额账户用款额度　　　　　　　　　　　　　　　　　7 200

　　2.项目支出的核算

　　【例13-2】 某行政单位发生以下项目支出业务。要求:编制该单位会计对下述业务进行账务处理的会计分录。

　　(1)用地方水利建设基金预算拨款购买价值50 000元的水泵一套,用于城市防洪项目。采用财政直接支付方式支付款项。该设备已经验收。

　　　　借:经费支出——项目支出　　　　　　　　　　　　　　　　50 000
　　　　　贷:财政拨款收入——项目支出拨款　　　　　　　　　　　　50 000
　　　　借:固定资产　　　　　　　　　　　　　　　　　　　　　50 000
　　　　　贷:资产基金——固定资产　　　　　　　　　　　　　　　　50 000

　　(2)单位通过财政直接支付方式支付施工单位办公楼大修改造项目工程款100 000元。

　　　　借:经费支出——项目支出　　　　　　　　　　　　　　　100 000
　　　　　贷:财政拨款收入——项目支出拨款　　　　　　　　　　　100 000
　　　　借:在建工程　　　　　　　　　　　　　　　　　　　　100 000
　　　　　贷:资产基金——在建工程　　　　　　　　　　　　　　　100 000

二、拨出经费的核算

　　行政单位应设置"拨出经费"账户,用于核算行政单位按核定预算拨付所属单位的预算资金。该账户属于支出类账户,其借方登记对所属单位转拨的经费数,贷方登记收回或冲销的转出数,平时借方余额反映拨出经费累计数。年终,该账户本年发生额转入"其他资金结转结余"账户,结转后应无余额。该账户应当分别按照"基本支出"和"项目支出"进行明细核算;还应当按照接受拨出经费的具体单位和款项类别等分别进行明细核算。

　　当行政单位向所属单位拨付非同级财政拨款资金等款项时,借记"拨出经费"科目,贷记"银行存款"等科目。当收回拨出经费时,借记"银行存款"等科目,贷记"拨出经费"科目。年末,将拨出经费本年累计发生额结转后无余额,借记"其他资金结转结余"科目,贷记"拨出经费"科目。

　　【例13-3】 某行政单位发生以下业务。要求:编制该单位会计对下述业务进行账务处理的会计分录。

　　(1)通过银行转账,使用其他资金拨付给下属单位治污项目研究经费100 000元。

借：拨出经费——项目支出　　　　　　　　　　　　　　　　　100 000
　　贷：银行存款　　　　　　　　　　　　　　　　　　　　　　　　100 000

(2)转拨同级其他部门指定要求拨付给其下属单位的课题研究经费50 000元。

借：其他应付款　　　　　　　　　　　　　　　　　　　　　　50 000
　　贷：银行存款　　　　　　　　　　　　　　　　　　　　　　　　50 000

(3)收回本年拨给下属单位的未使用完的治污项目研究经费10 000元，款项已收到。

借：银行存款　　　　　　　　　　　　　　　　　　　　　　　10 000
　　贷：拨出经费——项目支出　　　　　　　　　　　　　　　　　　10 000

关键术语

经费支出　　基本支出　　项目支出　　拨出经费

复习思考题

1.行政单位会计核算的支出包括哪些内容？

2.在行政单位的经费支出中，人员支出科目反映什么内容？具体由哪些明细科目组成？

3.在行政单位的经费支出中，日常公用支出科目反映什么内容？具体由哪些明细科目组成？

4.在行政单位的经费支出中，个人和家庭的补助支出科目反映什么内容？具体由哪些明细科目组成？

5.在行政单位的经费支出中，固定资产购建和大修理支出科目反映什么内容？具体由哪些明细科目组成？

6.在行政单位的经费支出中，日常公用支出科目反映什么内容？具体由哪些明细科目组成？

7.按照支出的性质，行政单位的经费支出可分为哪两大类？

8.行政单位经费支出的一般管理要求主要有哪些？

9.什么是拨出经费？它是如何核算的？

练　习　题

练习一

1.目的：练习经费支出中基本支出的核算。

2.要求：根据以下经济业务，为行政单位编制有关的会计分录。

3.资料：某行政单位2017年发生如下经济业务：

(1)收到财政国库支付执行机构委托代理银行转来的财政直接支付入账通知书，财政国库支付执行机构通过财政零余额账户为行政单位支付了基本工资254 000元，津贴补贴34 000元。

(2)收到财政国库支付执行机构委托代理银行转来的财政直接支付入账通知书，财政国库支付执行机构通过财政零余额账户为行政单位支付了离休费65 000元，退休费72 000元。

(3)从仓库领出一批日常办公用品计55 000元，交有关部门使用。

(4)通过单位零余额账户支付水费74 000元，电费88 000元。

(5)通过单位零余额账户购买专用材料一批的价款共计 126 000 元,该批专用材料直接交付有关部门使用。

(6)收到财政国库支付执行机构委托代理银行转来的财政直接支付入账通知书,财政国库支付执行机构通过财政零余额账户为行政单位支付了专用设备购置费 53 000 元。该办公设备购置费属于基本支出日常公用经费预算项目,并且由发展和改革部门安排资金购买。

(7)以银行存款支付物业管理费 36 000 元,提租补贴 18 000 元。

练习二

1.目的:练习经费支出中基本支出的核算。

2.要求:根据以下经济业务,为行政单位编制有关的会计分录。

3.资料:某行政单位 2017 年发生如下经济业务:

(1)收到财政国库支付执行机构委托代理银行转来的财政直接支付入账通知书,财政国库支付执行机构通过财政零余额账户为行政单位支付了本年度办公用房购买资金 285 000 元。本次支付的购买资金为由财政专项资金计划安排的资金,该办公用房购买完成,成本共计 641 000 元,交付使用。

(2)通过单位零余额账户支付召开有关专门会议的支出共计 185 000 元。其中包括文件资料印刷费、会议场地租用费等。该专门会议的有关支出已列入本年度项目支出预算项目。

第十四章　行政单位会计报表

行政单位会计报表是反映行政单位财务状况和收支情况的书面文件,是财政部门和上级单位了解情况、掌握政策、指导单位预算执行工作的重要资料,也是编制下年度财务收支计划的基础。本章主要介绍行政单位会计报表的含义、种类,会计报表的编制要求以及会计报表的编制方法。通过本章的学习,要掌握行政单位会计报表的构成及分类、会计报表的编制要求、资产负债表和收入支出表的内容及编制方法。

第一节　会计报表概述

一、行政单位会计报表及其种类

行政单位会计报表是反映行政单位财务状况和预算执行结果等的书面文件,由会计报表及其附注构成。

行政单位会计报表可以划分为不同的种类,按反映的经济活动内容可以划分为资产负债表、收入支出表、财政拨款收入支出表等。

资产负债表是反映行政单位在某一特定日期财务状况的报表。资产负债表应当按照资产、负债和净资产分类、分项列示。

收入支出表是反映行政单位在某一会计期间全部预算收支执行结果的报表。收入支出表应当按照收入、支出的构成和结转结余情况分类、分项列示。

财政拨款收入支出表是反映行政单位在某一会计期间财政拨款收入、支出、结转及结余情况的报表。

附注是指对在会计报表中列示项目的文字描述或明细资料,以及对未能在会计报表中列示项目的说明等。

二、行政单位编制会计报表的意义和作用

(1)各单位利用会计报表及其他相关资科,可以分析和检查单位预算的执行情况,发现预算管理和财务管理工作中存在的问题,以便采取有效措施,改进预算管理工作,提高财务管理水平。

(2)各级主管部门利用下级单位的会计报表,可以考核各单位执行国家有关方针政策的情况,督促各单位认真遵守财经制度与法规,维护财经纪律。主管部门对全系统的会计报表汇总后,还可以分析和检查全系统的预算执行情况,提高全系统的预算管理工作水平。

(3)财政机关利用行政单位上报的会计报表,便于掌握各单位的预算执行进度,正确地核算预算支出,还可以了解各单位执行预算的情况和存在的问题,指导和帮助各单位做好预算会计工作,提高预算管理质量。

三、行政单位会计报表的编制要求

(1)行政单位资产负债表、财政拨款收入支出表和附注应当至少按照年度编制,收入支出表应当按照月度和年度编制。

(2)行政单位应当根据本制度编制并提供真实、完整的财务报表。行政单位不得违反规定,随意改变本制度规定的会计报表格式、编制依据和方法,不得随意改变本制度规定的会计报表有关数据的会计口径。

(3)行政单位的财务报表应当根据登记完整、核对无误的账簿记录和其他有关资料编制,要做到数字真实、计算准确、内容完整、报送及时。

(4)行政单位财务报表应当由单位负责人和主管会计工作的负责人、会计机构负责人(会计主管人员)签名并盖章。

第二节　行政单位会计报表的编制

一、资产负债表

(一)资产负债表的概念与格式

资产负债表是反映行政单位在某一特定日期财务状况的报表。资产负债表采用"资产＝负债＋净资产"的平衡原理,反映行政单位资产、负债和净资产的实有数。资产负债表分为左右两方,左方是资产类,右方是负债和净资产类。根据平衡原理,资产负债表左右两方合计数相等。

资产负债表应当按照资产、负债和净资产分类、分项列示。具体格式如表 14-1 所示。

表 14-1　资产负债表

编制单位:　　　　　　　　　　年　　月　　日　　　　　　　　　　单位:元

资　产	年初余额	期末余额	负债和净资产	年初余额	期末余额
流动资产:			流动负债:		
库存现金			应缴财政款		
银行存款			应缴税费		
财政应返还额度			应付职工薪酬		
应收账款			应付账款		
预付账款			应付政府补贴款		
其他应收款			其他应付款		
存货			一年内到期的非流动负债		
流动资产合计			流动负债合计		
固定资产			非流动负债:		

资产	年初余额	期末余额	负债和净资产	年初余额	期末余额
固定资产原价			长期应付款		
减:固定资产累计折旧			受托代理负债		
在建工程			负债合计		
无形资产					
无形资产原价					
减:累计摊销			净资产:		
待处理财产损溢			财政拨款结转		
政府储备物资			财政拨款结余		
公共基础设施			其他资金结转结余		
公共基础设施原价			其中:项目结转		
减:公共基础设施累计折旧			资产基金		
公共基础设施在建工程			待偿债净资产		
受托代理资产			净资产合计		
资产总计			负债和净资产总计		

（二）资产负债表的编制方法

1.本表"年初余额"栏的填列方法

本表"年初余额"栏内各项数字,应当根据上年年末资产负债表"期末余额"栏内数字填列。如果本年度资产负债表规定的各个项目的名称和内容同上年度不相一致,应对上年年末资产负债表各项目的名称和数字按照本年度的规定进行调整,填入本表"年初余额"栏内。

2.本表"期末余额"栏各项目的内容和填列方法

（1）资产类项目。

①"库存现金"项目,反映行政单位期末库存现金的金额。本项目应当根据"库存现金"科目的期末余额填列;期末库存现金中有属于受托代理现金的,本项目应当根据"库存现金"科目的期末余额减去其中属于受托代理的现金金额后的余额填列。

②"银行存款"项目,反映行政单位期末银行存款的金额。本项目应当根据"银行存款"科目的期末余额填列;期末银行存款中有属于受托代理存款的,本项目应当根据"银行存款"科目的期末余额减去其中属于受托代理的存款金额后的余额填列。

③"财政应返还额度"项目,反映行政单位期末财政应返还额度的金额。本项目应当根据"财政应返还额度"科目的期末余额填列。

④"应收账款"项目,反映行政单位期末尚未收回的应收账款金额。本项目应当根据"应收账款"科目的期末余额填列。

⑤"预付账款"项目,反映行政单位预付给物资或者服务提供者款项的金额。本项目应当根据"预付账款"科目的期末余额填列。

⑥"其他应收款"项目,反映行政单位期末尚未收回的其他应收款余额。本项目应当根据

"其他应收款"科目的期末余额填列。

⑦"存货"项目,反映行政单位期末为开展业务活动耗用而储存的存货的实际成本。本项目应当根据"存货"科目的期末余额填列。

⑧"固定资产"项目,反映行政单位期末各项固定资产的账面价值。本项目应当根据"固定资产"科目的期末余额减去"累计折旧"科目中"固定资产累计折旧"明细科目的期末余额后的金额填列。

"固定资产原价"项目,反映行政单位期末各项固定资产的原价。本项目应当根据"固定资产"科目的期末余额填列。"固定资产累计折旧"项目,反映行政单位期末各项固定资产的累计折旧金额。本项目应当根据"累计折旧"科目中"固定资产累计折旧"明细科目的期末余额填列。

⑨"在建工程"项目,反映行政单位期末除公共基础设施在建工程以外的尚未完工交付使用的在建工程的实际成本。本项目应当根据"在建工程"科目中属于非公共基础设施在建工程的期末余额填列。

⑩"无形资产"项目,反映行政单位期末各项无形资产的账面价值。本项目应当根据"无形资产"科目的期末余额减去"累计摊销"科目的期末余额后的金额填列。

"无形资产原价"项目,反映行政单位期末各项无形资产的原价。本项目应当根据"无形资产"科目的期末余额填列。"累计摊销"项目,反映行政单位期末各项无形资产的累计摊销金额。本项目应当根据"累计摊销"科目的期末余额填列。

⑪"待处理财产损溢"项目,反映行政单位期末待处理财产的价值及处理损溢。本项目应当根据"待处理财产损溢"科目的期末借方余额填列;如"待处理财产损溢"科目期末为贷方余额,则以"一"号填列。

⑫"政府储备物资"项目,反映行政单位期末储存管理的各种政府储备物资的实际成本。本项目应当根据"政府储备物资"科目的期末余额填列。

⑬"公共基础设施"项目,反映行政单位期末占有并直接管理的公共基础设施的账面价值。本项目应当根据"公共基础设施"科目的期末余额减去"累计折旧"科目中"公共基础设施累计折旧"明细科目的期末余额后的金额填列。

"公共基础设施原价"项目,反映行政单位期末占有并直接管理的公共基础设施的原价。本项目应当根据"公共基础设施"科目的期末余额填列。

"公共基础设施累计折旧"项目,反映行政单位期末占有并直接管理的公共基础设施的累计折旧金额。本项目应当根据"累计折旧"科目中"公共基础设施累计折旧"明细科目的期末余额填列。

⑭"公共基础设施在建工程"项目,反映行政单位期末尚未完工交付使用的公共基础设施在建工程的实际成本。本项目应当根据"在建工程"科目中属于公共基础设施在建工程的期末余额填列。

⑮"受托代理资产"项目,反映行政单位期末受托代理资产的价值。本项目应当根据"受托代理资产"科目的期末余额(扣除其中受托储存管理物资的金额)加上"库存现金""银行存款"科目中属于受托代理资产的现金余额和银行存款余额的合计数填列。

(2)负债类项目。

①"应缴财政款"项目,反映行政单位期末按规定应当上缴财政的款项(应缴税费除外)。本项目应当根据"应缴财政款"科目的期末余额填列。

②"应缴税费"项目,反映行政单位期末应缴未缴的各种税费。本项目应当根据"应缴税费"科目的期末贷方余额填列如"应缴税费"科目期末为借方余额,则以"－"号填列。

③"应付职工薪酬"项目,反映行政单位期末尚未支付给职工的各种薪酬。本项目应当根据"应付职工薪酬"科目的期末余额填列。

④"应付账款"项目,反映行政单位期末尚未支付的偿还期限在1年以内(含1年)的应付账款的金额。本项目应当根据"应付账款"科目的期末余额填列。

⑤"应付政府补贴款"项目,反映行政单位期末尚未支付的应付政府补贴款的金额。本项目应当根据"应付政府补贴款"科目的期末余额填列。

⑥"其他应付款"项目,反映行政单位期末尚未支付的其他各项应付及暂收款项的金额。本项目应当根据"其他应付款"科目的期末余额填列。

⑦"一年内到期的非流动负债"项目,反映行政单位期末承担的1年以内(含1年)到偿还期的非流动负债。本项目应当根据"长期应付款"等科目的期末余额分析填列。

⑧"长期应付款"项目,反映行政单位期末承担的偿还期限超过1年的应付款项。本项目应当根据"长期应付款"科目的期末余额减去其中1年以内(含1年)到偿还期的长期应付款金额后的余额填列。

⑨"受托代理负债"项目,反映行政单位期末受托代理负债的金额。本项目应当根据"受托代理负债"科目的期末余额(扣除其中受托储存管理物资对应的金额)填列。

(3)净资产类项目。

①"财政拨款结转"项目,反映行政单位期末滚存的财政拨款结转资金。本项目应当根据"财政拨款结转"科目的期末余额填列。

②"财政拨款结余"项目,反映行政单位期末滚存的财政拨款结余资金。本项目应当根据"财政拨款结余"科目的期末余额填列。

③"其他资金结转结余"项目,反映行政单位期末滚存的除财政拨款以外的其他资金结转结余的金额。本项目应当根据"其他资金结转结余"科目的期末余额填列。

"项目结转"项目,反映行政单位期末滚存的非财政拨款未完成项目结转资金。本项目应当根据"其他资金结转结余"科目中"项目结转"明细科目的期末余额填列。

④"资产基金"项目,反映行政单位期末预付账款、存货、固定资产、在建工程、无形资产、政府储备物资、公共基础设施等非货币性资产在净资产中占用的金额。本项目应当根据"资产基金"科目的期末余额填列。

⑤"待偿债净资产"项目,反映行政单位期末因应付账款和长期应付款等负债而相应需在净资产中冲减的金额。本项目应当根据"待偿债净资产"科目的期末借方余额以"－"号填列。

二、收入支出表

(一)收入支出表的概念与格式

收入支出表是反映行政单位在某一会计期间全部预算收支执行结果的报表。收入支出表应当按照收入、支出的构成和结转结余情况分类、分项列示。行政单位收入支出表的参考格式如表14－2所示。

表 14 - 2 收入支出表

编制单位：　　　　　　　年　月　日　　　　　　　　单位:元

项 目	本月数	本年累计数
一、年初各项资金结转结余		
(一)年初财政拨款结转结余		
1.财政拨款结转		
2.财政拨款结余		
(二)年初其他资金结转结余		
二、各项资金结转结余调整及变动		
(一)财政拨款结转结余调整及变动		
(二)其他资金结转结余调整及变动		
三、收入合计		
(一)财政拨款收入		
1.基本支出拨款		
2.项目支出拨款		
(二)其他资金收入		
1.非项目收入		
2.项目收入		
四、支出合计		
(一)财政拨款支出		
1.基本支出		
2.项目支出		
(二)其他资金支出		
1.非项目支出		
2.项目支出		
五、本期收支差额		
(一)财政拨款收支差额		
(二)其他资金收支差额		
六、年末各项资金结转结余		
(一)年末财政拨款结转结余		
1.财政拨款结转		
2.财政拨款结余		
(二)年末其他资金结转结余		

（二）收入支出表的编制方法

1. 本表"本月数"栏的填列方法

本表"本月数"栏反映各项目的本月实际发生数。在编制年度收入支出表时，应当将本栏改为"上年数"栏，反映上年度各项目的实际发生数；如果本年度收入支出表规定的各个项目的名称和内容同上年度不一致，应对上年度收入支出表各项目的名称和数字按照本年度的规定进行调整，填入本年度收入支出表的"上年数"栏本表"本年累计数"栏反映各项目自年初起至报告期末止的累计实际发生数。编制年度收入支出表时，应当将本栏改为"本年数"。

2. 本表"本月数"栏各项目的内容和填列方法

（1）"年初各项资金结转结余"项目及其所属各明细项目，反映行政单位本年初所有资金结转结余的金额。各明细项目应当根据"财政拨款结转""财政拨款结余""其他资金结转结余"及其明细科目的年初余额填列。本项目及其所属各明细项目的数额，应当与上年度收入支出表中"年末各项资金结转结余"中各明细项目的数额相等。

（2）"各项资金结转结余调整及变动"项目及其所属各明细项目，反映行政单位因发生需要调整以前年度各项资金结转结余的事项，以及本年因调入、上缴或交回等导致各项资金结转结余变动的金额。

①"财政拨款结转结余调整及变动"项目，根据"财政拨款结转""财政拨款结余"科目下的"年初余额调整""归集上缴""归集调入"明细科目的本期贷方发生额合计数减去本期借方发生额合计数的差额填列；如为负数，以"—"号填列。

②"其他资金结转结余调整及变动"项目，根据"其他资金结转结余"科目下的"年初余额调整""结余调剂"明细科目的本期贷方发生额合计数减去本期借方发生额合计数的差额填列；如为负数，以"—"号填列。

③"收入合计"项目，反映行政单位本期取得的各项收入的金额。本项目应当根据"财政拨款收入"科目的本期发生额加上"其他收入"科目的本期发生额的合计数填列。

"财政拨款收入"项目及其所属明细项目，反映行政单位本期从同级财政部门取得的各类财政拨款的金额。本项目应当根据"财政拨款收入"科目及其所属明细科目的本期发生额填列。

"其他资金收入"项目及其所属明细项目，反映行政单位本期取得的各类非财政拨款的金额。本项目应当根据"其他收入"科目及其所属明细科目的本期发生额填列。

④"支出合计"项目，反映行政单位本期发生的各项资金支出金额。本项目应当根据"经费支出"和"拨出经费"科目的本期发生额的合计数填列。

"财政拨款支出"项目及其所属明细项目，反映行政单位本期发生的财政拨款支出金额。本项目应当根据"经费支出——财政拨款支出"科目及其所属明细科目的本期发生额填列。

"其他资金支出"项目及其所属明细项目，反映行政单位本期使用各类非财政拨款资金发生的支出金额。本项目应当根据"经费支出——其他资金支出"和"拨出经费"科目及其所属明细科目的本期发生额的合计数填列。

⑤"本期收支差额"项目及其所属各明细项目，反映行政单位本期发生的各项资金收入和支出相抵后的余额。

"财政拨款收支差额"项目，反映行政单位本期发生的财政拨款资金收入和支出相抵后的余额。本项目应当根据本表中"财政拨款收入"项目金额减去"财政拨款支出"项目金额后的余额填列;如为负数,以"一"号填列。

"其他资金收支差额"项目,反映行政单位本期发生的非财政拨款资金收入和支出相抵后的余额。本项目应当根据本表中"其他资金收入"项目金额减去"其他资金支出"项目金额后的余额填列;如为负数,以"一"号填列。

⑥"年末各项资金结转结余"项目及其所属各明细项目,反映行政单位截至本年末的各项资金结转结余金额。各明细项目应当根据"财政拨款结转""财政拨款结余""其他资金结转结余"科目的年末余额填列。上述"年初各项资金结转结余""年末各项资金结转结余"项目及其所属各明细项目,只在编制年度收入支出表时填列。

三、财政拨款收入支出表

(一)财政拨款收入支出表的概念与格式

财政拨款收入支出表是反映行政单位在某一会计期间财政拨款收入、支出、结转及结余情况的报表。财政拨款收入支出表的格式表14-3所示。

(二)财政拨款收入支出表的编制方法

(1)"年初财政拨款结转结余"栏中各项目,反映行政单位年初各项财政拨款结转和结余的金额。各项目应当根据"财政拨款结转""财政拨款结余"及其明细科目的年初余额填列。本栏目中各项目的数额,应当与上年度财政拨款收入支出表中"年末财政拨款结转结余"栏中各项目的数额相等。

(2)"调整年初财政拨款结转结余"栏中各项目,反映行政单位对年初财政拨款结转结余的调整金额。各项目应当根据"财政拨款结转""财政拨款结余"科目中"年初余额调整"科目及其所属明细科目的本年发生额填列。如调整减少年初财政拨款结转结余,以"一"号填列。

(3)"归集调入或上缴"栏中各项目,反映行政单位本年取得主管部门归集调入的财政拨款结转结余资金和按规定实际上缴的财政拨款结转结余资金金额。各项目应当根据"财政拨款结转""财政拨款结余"科目中"归集上缴"和"归集调入"科目及其所属明细科目的本年发生额填列。对归集上缴的财政拨款结转结余资金,以"一"号填列。

(4)"单位内部调剂"栏中各项目,反映行政单位本年财政拨款结转结余资金在内部不同项目之间的调剂金额。各项目应当根据"财政拨款结转"和"财政拨款结余"科目中的"单位内部调剂"及其所属明细科目的本年发生额填列。对单位内部调剂减少的财政拨款结转结余项目,以"一"号填列。

(5)"本年财政拨款收入"栏中各项目,反映行政单位本年从同级财政部门取得的各类财政预算拨款金额。各项目应当根据"财政拨款收入"科目及其所属明细科目的本年发生额填列。

(6)"本年财政拨款支出"栏中各项目,反映行政单位本年发生的财政拨款支出金额。各项目应当根据"经费支出"科目及其所属明细科目的本年发生额填列。

(7)"年末财政拨款结转结余"栏中各项目,反映行政单位年末财政拨款结转结余的金额。各项目应当根据"财政拨款结转""财政拨款结余"科目及其所属明细科目的年末余额填列。

表 14－3　财政拨款收入支出表

年度

编制单位：　　　　　　　　　　　　　　　　　　　　　　　　　　　　　　　　单位：元

项目	年初财政拨款结转结余		调整年初财政拨款结转结余	归集调入或上缴	单位内部调剂		本年财政拨款收入	本年财政拨款支出	年末财政拨款结转结余	
	结转	结余			结转	结余			结转	结余
一、公共财政预算资金										
(一)基本支出										
1.人员经费										
2.日常公用经费										
(二)项目支出										
1.××项目										
2.××项目										
……										
二、政府性基金预算资金										
(一)基本支出										
1.人员经费										
2.日常公用经费										
(二)项目支出										
1.××项目										
2.××项目										
……										
总计										

四、会计报表编制举例

某行政单位 2017 年 12 月 31 日，各账户余额表如表 14-4 所示：

表 14-4　科目余额表

编制单位：　　　　　　　　　　2017 年 12 月 31 日　　　　　　　　　　单位：元

科目名称	借方余额	科目名称	贷方余额
库存现金	2 200	累计折旧	63 000
银行存款	95 050	累计摊销	10 000
财政应返还额度	80 000	应付账款	93 200
应收账款	33 000	其他应付款	6 400
其他应收款	3 800	长期应付款	18 000
存货	8 600	财政拨款结转	86 500
固定资产	231 200	财政拨款结余	73 700
无形资产	100 000	其他资金结转结余	47 450
待偿债净资产	111 200	其中：项目结转	47 450
		资产基金	266 800

要求：根据以上资料，编制资产负债表（见表 14-5）。

表 14-5　资产负债表

编制单位：　　　　　　　　　　2017 年 12 月 31 日　　　　　　　　　　单位：元

资　产	年初余额	期末余额	负债和净资产	年初余额	期末余额
流动资产：			流动负债：		
库存现金		2 200	应缴财政款		
银行存款		95 050	应缴税费		
财政应返还额度		80 000	应付职工薪酬		
应收账款		33 000	应付账款		93 200
预付账款			应付政府补贴款		
其他应收款		3 800	其他应付款		6 400
存货		8 600	一年内到期的非流动负债		
流动资产合计		222 650	流动负债合计		99 600
固定资产		168 200	非流动负债：		
固定资产原价		231 200	长期应付款		18 000

资　产	年初余额	期末余额	负债和净资产	年初余额	期末余额
减:固定资产累计折旧		63 000	受托代理负债		
在建工程			负债合计		117 600
无形资产		90 000			
无形资产原价		100 000			
减:累计摊销		10 000	净资产:		
待处理财产损溢			财政拨款结转		86 500
政府储备物资			财政拨款结余		73 700
公共基础设施			其他资金结转结余		47 450
公共基础设施原价			其中:项目结转		47 450
减:公共基础设施累计折旧			资产基金		266 800
公共基础设施在建工程			待偿债净资产		−111 200
受托代理资产			净资产合计		363 250
资产总计		480 850	负债和净资产总计		480 850

关键术语

行政单位会计报表　　资产负债表　收入支出表　　财政拨款收入支出表

复习思考题

1.行政单位会计报表分为哪几种?

2.行政单位资产负债表如何编制?

3.行政单位收入支出表如何编制?

4.行政单位财政拨款收入支出表如何编制?

练习题

1.目的:练习行政单位资产负债表的编制。

2.要求:根据以下资料,编制该行政单位 2017 年 12 月 31 日的资产负债表。

3.资料:某行政单位 2017 年 12 月 31 日的资产、负债、净资产会计科目余额表如表 14 - 6 所示。

表 14-6 科目余额表

编制单位:××单位　　　　　　　　　2017 年 12 月 31 日　　　　　　　　　单位:元

资　产	借方余额	负债和净资产	贷方余额
库存现金	390	应缴财政款	240
银行存款	780	应交税费	60
财政应返还额度	930	应付职工薪酬	1 260
应收账款	240	应付账款	510
预付账款	450	应付政府补贴款	2 000
其他应收款	180	其他应付款	270
存货	660	长期应付款	2 700
固定资产	756 000	受托代理负债	1 200
累计折旧(固定资产)	174 000(贷)	财政拨款结转	150
在建工程	40 500	财政拨款结余	60
无形资产	119 400	其他资金结转结余	30
累计摊销	15 900(贷)	其中:项目结转	10
政府储备物资	2 000	资产基金	1 224 510
公共基础设施	558 000	待偿债净资产	2 760
累计折旧(公共基础设施)	60 600(贷)		
受托代理资产	1 200		

第四篇

事业单位会计

第十五章 事业单位会计概述

事业单位会计是各类事业单位核算和监督自身的资产、负债、净资产、收入、支出或者费用等各项经济活动的专业会计。本章主要介绍事业单位会计的概念、特点、任务和账务组织等基础知识,是进一步学习事业单位会计的前提和基础。通过本章学习,应重点了解事业单位会计的特点和任务,掌握事业单位会计科目的设置和会计凭证、账簿的应用。

第一节 事业单位会计的任务

一、事业单位及其会计的概念和特点

(一)事业单位的概念及特点

事业单位是指国家为了社会公益目的,由国家机关举办或者其他组织利用国有资产举办的,从事教育、科技、文化、卫生等活动的社会服务组织。事业单位既不直接进行物质资料生产和经营,也不具有对社会经济生活的行政管理职能,但却以精神产品和各种劳务的形式直接或间接地向社会提供生产性或生活性服务。事业单位具有以下基本特征:

(1)事业单位一般不直接提供物质产品,主要提供无形的产品和服务;

(2)事业单位不以营利为目的,有偿收费的目的是补偿耗费;

(3)事业单位的出资者不要求回报,不具有明确的产权。

(二)事业单位会计的概念及特点

事业单位会计是各类事业单位以货币为计量单位,对单位预算资金及经营收支过程和结果进行全面、系统、连续的核算和监督的专业会计。

事业单位会计以事业单位自身发生的各项经济业务为核算对象,记录和反映事业单位自身的资产、负债、净资产、收入、支出或者费用等的各项经济活动。

事业单位会计一般具有以下主要特点:

(1)收入来源多样化,有财政预算拨款,又有创收收入,要为多方面提供会计信息;

(2)有经营活动的事业单位,可以进行成本核算;

(3)核算一般采用收付实现制,但部分经济业务或者事项的核算可采用权责发生制;

(4)事业单位的各项财产物资应当按照取得或购建时的实际成本进行计量,除国家另有规定外,事业单位不得自行调整其账面价值。

二、事业单位会计的任务及组织系统

(一)事业单位会计的任务

事业单位会计是各单位财务管理工作中的一项经常性的、专业技术较强的基础工作,其主要职责是进行会计核算、实行会计监督、参与经济事业计划管理等。其基本任务概括如下:

1.科学编制单位预算

单位预算是政府预算的基础环节,也是财政机关向所属预算单位拨款的依据。事业单位会计应根据上级单位和财政部门下达的工作任务、事业计划和开支标准,科学编制本单位预算。

2.合理分配单位资金

事业单位会计应根据事业计划的要求以及批准的单位预算,及时、合理地组织供应和使用资金。在积极合理组织收入的同时,要合理地安排资金支出,正确处理好不同来源和不同性质资金的使用支出关系,提高资金的使用效益。

3.真实反映预算执行情况

事业单位会计要严格执行会计制度,认真做好记账、算账、报账工作,保证手续完备、账目清楚、数字有根有据、账表准确及时、情况真实可靠。

4.认真做好会计监督

事业单位会计要在反映单位预算执行的同时,以国家的有关财经政策、法令和制度为依据,审核各项预算收支的合理性和合法性,检查预算执行情况,分析考核预算资金使用效果,促进增收节支,保护单位财产物资的安全和完整。

(二)事业单位会计组织系统

根据事业单位的机构建制和经费领报关系,事业单位的会计组织系统分为主管会计单位、二级会计单位和基层会计单位三级。

向同级财政部门领报经费,并发生预算管理关系,下面有所属会计单位的,为主管会计单位;向主管会计单位或上级单位领报经费,并发生预算管理关系,下面有所属会计单位的,为二级会计单位;向上级单位领报经费,并发生预算管理关系,下面没有所属会计单位的,为基层会计单位。

主管会计单位、二级会计单位和基层会计单位实行独立会计核算,负责组织管理本部门、本单位的全部会计工作。不具备独立核算条件的事业单位,实行单据报账制度,作为"报销单位"管理。

第二节   事业单位会计要素与会计科目

一、事业单位会计要素

会计要素又叫会计对象要素,是指按照交易或事项的经济特征所作的基本分类,也是指对会计对象按经济性质所作的基本分类。我国《事业单位会计准则》将会计要素界定为五个,即资产、负债、净资产、收入、支出。

(一)资 产

资产是指事业单位占有或者使用的能以货币计量的经济资源,包括各种财产、债权和其他权利。

事业单位的资产按照流动性,分为流动资产和非流动资产。流动资产是指预计在1年内(含1年)变现或者耗用的资产,包括货币资金、短期投资、应收及预付款项、存货等。非流动资产是指流动资产以外的资产,包括长期投资、在建工程、固定资产、无形资产等。

短期投资是指事业单位依法取得的、持有时间不超过1年(含1年)的投资。

应收及预付款项是指事业单位在开展业务活动中形成的各项债权,包括财政应返还额度、应收票据、应收账款、其他应收款等应收款项和预付账款。

存货是指事业单位在开展业务活动及其他活动中为耗用而储存的资产,包括材料、燃料、包装物和低值易耗品等。

长期投资是指事业单位依法取得的、持有时间超过1年(不含1年)的各种股权和债权性质的投资。

在建工程是指事业单位已经发生必要支出,但尚未完工交付使用的各种建筑(包括新建、改建、扩建、修缮等)和设备安装工程。

固定资产是指事业单位持有的使用期限超过1年(不含1年)、单位价值在规定标准以上、并在使用过程中基本保持原有物质形态的资产,包括房屋及构筑物、专用设备、通用设备等。

无形资产是指事业单位持有的没有实物形态的可辨认非货币性资产,包括专利权、商标权、著作权、土地使用权、非专利技术等。

(二)负债

负债是指事业单位所承担的能以货币计量,需要以资产或者劳务偿还的债务。

事业单位的负债按照流动性,分为流动负债和非流动负债。流动负债是指预计在1年内(含1年)偿还的负债,包括短期借款、应付及预收款项、应付职工薪酬、应缴款项等。非流动负债是指流动负债以外的负债,包括长期借款、长期应付款等。

短期借款是指事业单位借入的期限在1年内(含1年)的各种借款。

应付及预收款项是指事业单位在开展业务活动中发生的各项债务,包括应付票据、应付账款、其他应付款等应付款项和预收账款。

应付职工薪酬是指事业单位应付未付的职工工资、津贴补贴等。

应缴款项是指事业单位应缴未缴的各种款项,包括应当上缴国库或者财政专户的款项、应缴税费以及其他按照国家有关规定应当上缴的款项。

长期借款是指事业单位借入的期限超过1年(不含1年)的各种借款。

长期应付款是指事业单位发生的偿还期限超过1年(不含1年)的应付款项,主要指事业单位融资租入固定资产发生的应付租赁款。

(三)净资产

净资产是指事业单位资产扣除负债后的余额。

事业单位的净资产包括事业基金、非流动资产基金、专用基金、财政补助结转结余、非财政补助结转结余等。

事业基金是指事业单位拥有的非限定用途的净资产,其来源主要为非财政补助结余扣除结余分配后滚存的金额。

非流动资产基金是指事业单位非流动资产占用的金额。

专用基金是指事业单位按规定提取或者设置的具有专门用途的净资产。

财政补助结转结余是指事业单位各项财政补助收入与其相关支出相抵后剩余滚存的、须按规定管理和使用的结转和结余资金。

非财政补助结转结余是指事业单位除财政补助收支以外的各项收入与各项支出相抵后的余额。其中,非财政补助结转是指事业单位除财政补助收支以外的各专项资金收入与其相关支出相抵后剩余滚存的、须按规定用途使用的结转资金;非财政补助结余是指事业单位除财政补助收支以外的各非专项资金收入与各非专项资金支出相抵后的余额。

(四)收入

收入是指事业单位开展业务及其他活动依法取得的非偿还性资金。

事业单位的收入包括财政补助收入、事业收入、上级补助收入、附属单位上缴收入、经营收入和其他收入等。

财政补助收入是指事业单位从同级财政部门取得的各类财政拨款,包括基本支出补助和项目支出补助。

事业收入是指事业单位开展专业业务活动及其辅助活动取得的收入。

上级补助收入是指事业单位从主管部门和上级单位取得的非财政补助收入。

附属单位上缴收入是指事业单位附属独立核算单位按照有关规定上缴的收入。

经营收入是指事业单位在专业业务活动及其辅助活动之外开展非独立核算经营活动取得的收入。

其他收入是指财政补助收入、事业收入、上级补助收入、附属单位上缴收入和经营收入以外的各项收入,包括投资收益、利息收入、捐赠收入等。

(五)支出

支出是指事业单位开展业务及其他活动发生的资金耗费和损失。

事业单位的支出包括事业支出、对附属单位补助支出、上缴上级支出、经营支出和其他支出等。

事业支出是指事业单位开展专业业务活动及其辅助活动发生的基本支出和项目支出。

对附属单位补助支出是指事业单位用财政补助收入之外的收入对附属单位补助发生的支出。

上缴上级支出是指事业单位按照财政部门和主管部门的规定上缴上级单位的支出。

经营支出是指事业单位在专业业务活动及其辅助活动之外开展非独立核算经营活动发生的支出。

其他支出是指事业支出、对附属单位补助支出、上缴上级支出和经营支出以外的各项支出,包括利息支出、捐赠支出等。

二、事业单位会计科目

会计科目是对会计核算对象按其经济内容或用途所作的科学分类,是设置账户和核算、归集各项经济业务的依据。科学地设置会计科目,正确地使用会计科目,是做好会计核算工作的重要条件。

(一)事业单位会计总账科目设置和编号

1.总账科目的设置

事业单位会计的会计科目按核算层次不同可分为总账科目和明细科目两大类。总账科目是对核算对象的总分类,是设置总账的依据;明细科目是对某总账科目核算内容的进一步分类的科目,是设置明细账的依据。

事业单位会计的总账科目按其反映的经济内容或用途的不同,可分为资产类、支出类、负债类、收入类及净资产类总账科目。

2.总账科目的编号

事业单位会计制度中对事业单位所使用的总账科目规定了统一的科目编号。各个会计科目都采用四位数码编号,其编排规则如下:

千位数编号表示总账科目的不同类别,即:1×××为资产类科目,2×××为负债类科目,3×××为净资产类科目,4×××为收入类科目,5×××为支出类科目。百位数编号表示具体业务类别。十位数和个位数编号表示总账科目的名称。部分会计科目编号为六位,最末两位反映该总账科目的明细分类。

在实际操作时,一般应同时使用科目编号和科目名称,也可以只用总账科目名称,不用科目编号;但不得只填科目编号,不写会计科目名称。

(二)事业单位会计明细科目设置

明细科目是总账科目的具体说明,对总账科目起补充和分析作用。明细科目分别按以下要求设置。

事业支出和经营支出的明细科目,按政府收支分类科目中的支出经济分类科目的"款"级科目设置;往来款项和存款的明细科目,按结算单位和个人名称设置,或按经济事项分别设置明细科目。结转下年度的其他应收款余额应逐笔列出所借款项的时间、凭证编号、摘要和借据号,以便核对和清理,不得笼统地只按部门和个人结转一个总数;财产物资的明细科目,按实物类别、品名设置。如财产物资管理部门的固定资产,既要按其类别又要按其名称设置明细科目,同时还要按存放地点设置明细账。

(三)事业单位会计科目表

根据《事业单位会计制度》和近年来事业单位会计改革情况,事业单位的会计科目如表15-1所示。

表 15-1　事业单位会计科目表

编号	会计科目名称	编号	会计科目名称
一、资产类		三、净资产类	
1001	库存现金	3001	事业基金
1002	银行存款	3101	非流动资产基金
1011	零余额账户用款额度	310101	长期投资
1101	短期投资	310102	固定资产
1201	财政应返还额度	310103	在建工程
120101	财政直接支付	310104	无形资产
120102	财政授权支付	3201	专用基金
1211	应收票据	3301	财政补助结转

编号	会计科目名称	编号	会计科目名称
1212	应收账款	330101	基本支出结转
1213	预付账款	330102	项目支出结转
1215	其他应收款	3302	财政补助结余
1301	存 货	3401	非财政补助结转
1401	长期投资	3402	事业结余
1501	固定资产	3403	经营结余
1502	累计折旧	3404	非财政补助结余分配
1511	在建工程		四、收入类
1601	无形资产	4001	财政补助收入
1602	累计摊销	4101	事业收入
1701	待处置资产损溢	4201	上级补助收入
	二、负债类	4301	附属单位上缴收入
2001	短期借款	4401	经营收入
2101	应缴税费	4501	其他收入
2102	应缴国库款		五、支出类
2103	应缴财政专户款	5001	事业支出
2201	应付职工薪酬	5101	上缴上级支出
2301	应付票据	5201	对附属单位补助支出
2302	应付账款	5301	经营支出
2303	预收账款	5401	其他支出
2305	其他应付款		
2401	长期借款		
2402	长期应付款		

关键术语

事业单位会计　　事业单位会计科目　　事业单位会计凭证　　事业单位会计账簿

复习思考题

1. 事业单位会计概念如何理解？
2. 事业单位会计与企业会计相比有哪些特点？
3. 事业单位会计科目的设置原则及主要内容是什么？
4. 事业单位会计凭证的分类及包括的主要内容有哪些？
5. 事业单位会计账簿的使用要求是什么？

练 习 题

1.目的:了解事业单位会计要素相关内容。

2.要求:

(1)计算该事业单位2017年3月31日各会计要素的金额。

(2)用公式说明在收入与支出尚未结转的情况下各会计要素平衡关系。

(3)从静态要素和动态要素分析各会计要素的相互关系。

3.资料:某事业单位2017年3月31日有关总账余额如表15-2所示:

表15-2　事业单位总账余额表　　　　单位:元

账户名称	金额	账户名称	金额
库存现金	1 460	事业基金	37 500
银行存款	40 125	非流动资产基金 ——固定资产	62 900
零余额账户用款额度		专用基金	
应收票据		事业结余	
应收账款	52 500	经营结余	
预付账款		非财政补助结余分配	
其他应收款		财政补助收入	
存货	26 125	上级补助收入	75 000
对外投资		事业收入	46 570
固定资产		经营收入	121 085
在建工程	62 900	附属单位缴款	
无形资产		其他收入	
财政应返还额度		事业支出	100 000
短期借款	62 500	经营支出	75 000
应付票据		其他支出	5 875
应付账款	2 000	上缴上级支出	
预收账款	3 000	对附属单位补助支出	
其他应付款			
应缴国库款			
应缴财政专户款			
应缴税费			
应付职工薪酬			

第十六章　事业单位资产核算

事业单位占用或使用的能以货币计量的经济资源构成了事业单位的资产,包括各种财产物资、债权和其他权利等。通过本章学习,应该掌握事业单位资产的内容,资产管理的原则以及各项资产的账务处理要求和核算方法,重点掌握预算管理制度改革后对事业单位会计核算中资产管理和核算方面的新规定和要求。

第一节　资产的管理

一、资产的概念与内容

(一)资产的概念

事业单位资产是事业单位占有或使用的能以货币计量的经济资源,包括各种财产、债权和其他权利。

事业单位的资产具有以下特征:第一,资产是一项经济资源。这种经济资源既可以是有形的,也可以是无形的,但它们都可以直接或间接地为单位提供未来的经济利益。第二,资产应当能以货币计量。如果一项资源不能以货币计量,则单位就难以确认其价值,会计账面上也就无法加以反映。第三,资产应当为单位拥有或控制。资产对单位具有提供经济利益的能力,而这种能力具有排他性。如果其他单位也能分享资产提供的利益,则它就不是本单位的资产。

(二)资产的内容

事业单位的资产按照流动性,分为流动资产和非流动资产。流动资产是指预计在一年内(含一年)变现或者耗用的资产,具体包括货币资金、短期投资、应收及预付款项、存货等。非流动资产是指流动资产以外的资产,具体包括长期投资、在建工程、固定资产、无形资产等。

1. 货币资产

货币资产是指事业单位可以在一年内变现或者耗用的货币性流动资产,包括库存现金、银行存款、零余额账户用款额度、财政应返还额度等。其中,库存现金是指存放在事业单位会计部门的符合制度规定的用于日常零星开支的库存现金。银行存款是指事业单位存入银行或者其他金融机构账户上的货币资金。零余额账户用款额度是指用于核算纳入财政国库单一账户制度改革的事业单位在财政授权支付业务下单位零余额账户中的财政补助收入额度。财政应返还额度是指事业单位当年尚未使用的预算指标数,即指年度终了预算指标数与事业单位从财政和单位零余额账户中实际支用数之间的差额。

2.短期投资

短期投资是指事业单位依法取得的,持有时间不超过1年(含1年)的投资,主要是国债投资。

3.应收及预付款项

应收及预付款项是指单位在各项业务活动开展中由于采用商业汇票结算方式,以及赊销、预付或其他原因形成的应向有关方面收取的款项,包括应收票据、应收账款,预付账款、财政返还额度和其他应收款等。应收票据是指单位采用商业汇票结算方式时,因销售商品而收到的商业汇票。应收账款是指事业单位因开展经营活动销售产品、提供有偿服务等而应向购货单位或接受劳务单位收取的款项。预付账款是指事业单位按购货、劳务合同规定预先支付给供应单位的款项,属于事业单位的短期性债权。其他应收款是指事业单位除应收票据、应收账款、预付账款以外的其他各项应收及暂付款项,如职工预借的差旅费、拨付给内部有关部门的备用金、应向职工收取的各种垫付款项等。

4.存货

存货是指事业单位在开展业务活动及其他活动中为耗用而储存的各种材料、燃料、包装物、低值易耗品及达不到固定资产标准的用具、装具、动植物等各种资产。由于事业单位一般不直接从事物质资料生产,而是直接或间接地为上层建筑、生产建设和人民生活提供各种服务和劳务,所以事业单位的存货主要是指各种材料物资,即为了耗用而储备的资产。另外,对于那些进行简单产品生产和商品流通的单位,其存货则还应包括产成品、库存商品等。

5.固定资产

固定资产是指事业单位持有的使用期限超过1年(不含1年)、单位价值在规定标准以上、并在使用过程中基本保持原有物质形态的资产。单位价值虽未达到规定标准,但使用期限超过1年(不含1年)的大批同类物资,作为固定资产核算和管理。

6.在建工程

在建工程是指事业单位已经发生必要支出,但尚未完工交付使用的各种建筑(包括新建、改建、扩建、修缮等)和设备安装工程。

7.无形资产

无形资产是指不具有实物形态而能为事业单位提供某种权利的资产,包括专利权、土地使用权、非专利技术、著作权、商标权等。

8.长期投资

长期投资是指事业单位依法取得的、持有时间超过1年(不含1年)的股权和债权性质的投资。事业单位在遵循国家有关政策法规和不影响事业活动的前提下,可以利用货币资金、实物和无形资产等向其他单位进行投资。长期投资包括股权投资和债权投资。

二、资产管理的要求

(一)流动资产的管理

1.库存现金管理

事业单位在预算执行过程中所发生的现金收付业务,是由出纳人员经管办理的,而现金的出纳工作具有很强的原则性,它是事业单位会计工作的重要组成部分。因此,出纳人员在经管现金时,应严格遵守国家的现金管理规定,正确及时核算和监督现金收支及结存情况,保证现金的安全。现金管理的要求是：

（1）坚持钱账分管的原则。每个单位的现金收付业务，应设专职出纳人员办理（业务量小的单位也应指定专人兼管现金出纳工作）。现金出纳人员不得兼管收入支出、债权债务的登记工作，不能兼任稽核和档案保管工作。实行会计管账不管钱，出纳管钱不管账，是各单位加强内部控制的重要制度。

（2）按国家对现金管理规定的范围支付现金。根据国务院《现金管理暂行条例》的规定，使用现金限于下列用途：支付给职工个人的工资、奖金、津贴；支付给个人的劳动报酬；根据国家规定颁发个人的科学、技术、文化、教育、卫生、体育等各种奖金；各种劳保、福利费用以及国家规定对个人的其他支出；向个人收购农副产品和其他物资的价款；支付出差人员必须随身携带的差旅费；结算起点以下的零星支出；中国人民银行确定需要支付现金的其他支出。除上述范围内的开支可以用现金支付外，其他开支必须通过银行转账支付。

（3）遵守库存现金限额的规定。为了方便各单位零星开支现金的需要，应由各单位提出申请，经开户银行审批、核定库存现金限额。库存现金限额，原则上以三至五天的日常开支量为准。边远地区和交通不发达地区可适当放宽，但最多不超过十五天的日常零星开支量。由于单位业务规模的变化，需要增加或减少库存现金限额，应由单位向开户银行提出申请，经批准后再行调整。

（4）不得坐支现金收入。以本单位收入的现金直接支付自己的支出，叫作坐支。按照银行制度规定，事业单位每天收入的现金，必须当天送存银行，不能直接支用，不许任意坐支。因特殊情况需要坐支现金的，应事先报经开户银行审查批准，由开户银行核定坐支范围和限额，坐支单位应定期向银行报送坐支金额和使用情况。

（5）严密现金收付手续。出纳人员对现金的收付必须坚持按照会计人员审核签章后的现金收入凭证，支出凭证办理。收入现金，应给交款人正式收据，并由交款人在存根联上签字证明。收据要加强保管，定期向发据单位缴销。付出现金，要在付款的原始凭证上加盖"付讫"戳记。

（6）如实反映现金库存。现金收付要及时入账，每天核对库存，做到日清月结，账款相符。不得以借据或白条抵顶现金库存。

2. 银行存款管理

事业单位的货币资金，除不超过库存现金限额的少量现金外，其余都必须存入开户银行，因此各单位应按规定在银行开立存款户。对于有外币的单位，应在中国银行开立外币"银行存款"账户；对于事业单位的基本建设资金，不论是拨入还是自筹应按规定在建设银行开立专户，单独核算，不能与单位的正常经费混淆。银行存款的管理要求是：

（1）加强开户管理。事业单位在实行国库集中收付制度后，对银行存款开户的要求更加严格。在办理银行存款开户时，应按银行规定填写"开户申请表"，经拨款的财政部门和上级主管部门审查同意后，连同盖有单位公章及名章的印鉴卡片，送开户银行办理开户手续。银行办妥手续后，开户单位将确定的银行存款账号报上级主管部门或财政机关。各开户单位应加强对银行存款户的管理。

（2）银行转账结算方式和结算纪律。按照现行银行结算办法的规定，银行转账结算的方式主要有银行汇票、商业汇票、银行本票、支票、汇兑和委托收款等六种。通过银行存款户办理资金收付时，必须切实遵守银行规定的管理原则，严格遵守国家银行的各项结算制度和现金管理制度,接受银行的监督;银行账户只限本单位使用,不准出租、出借、套用或转让;各单位应当严格管理支票,不得签发"空头支票";各单位应按月和开户银行对账,保证账账、账款相符。如有不符,要及时与银行查对清楚。

事业单位应当按开户银行或其他金融机构、存款种类及币种等,分别设置"银行存款日记账",由出纳人员根据收付款凭证,按照业务的发生顺序逐笔登记,每日终了应结出余额。"银行存款日记账"应定期与"银行对账单"核对,至少每月核对一次。月度终了,事业单位银行存款账面余额与银行对账单余额之间如有差额,必须逐笔查明原因并进行处理,按月编制"银行存款余额调节表",调节相符。

事业单位实行国库集中收付核算后,"银行存款"科目核算内容改变为事业单位的自筹资金收入、以前年度结余和各项往来款项。财政部门在商业银行为事业预算单位开设零余额账户,简称预算单位零余额账户,一个基层预算单位开设一个预算单位零余额账户。事业单位使用财政资金,应当按照规定的程序和要求,向财政部门提出设立零余额账户申请,财政部门审核同意后,书面通知代理银行,为事业单位开设预算单位零余额账户。

3.零余额账户用款额度的管理

事业单位零余额账户用款额度用于财政授权支付和清算。该账户每日发生的支付,于当日营业终了前由代理银行在财政部门批准的用款额度内与国库单一账户清算;营业中单笔支付额5 000万元人民币以上的(含5 000万元),应当及时与国库单一账户清算。零余额账户可以办理转账、提取现金等结算业务,可以向本单位按账户管理规定保留的相应账户划拨工会经费、住房公积金及提租补贴,以及经财政部门批准的特殊款项,不得违反规定向本单位其他账户和上级主管单位、所属下级单位账户划拨资金。

4.应收及预付款项的管理

应收及预付款项的管理要求主要如下:

(1)严格控制,及时结算。应收款项是待结算资金。为了避免国家资金的积压和保证其安全,各单位要严格控制,及时清理结算。各种暂付款项要按核定的预算或计划,按照规定的审批程序,并取得合法凭证,经过认真核算后支付。对于不合规定、超过预算或计划、超过需要的借款,会计人员应当在耐心解释、讲清道理后,拒付或少付。

个人因公借款,借款人应在规定日期内(按单位拟定的具体办法办理)报销,余款应同时收回。如有需要应另行办理借款。前借未清的,原则上不得办理第二次预借。对少数长期无故拖欠不结者,可按规定由人事部门通知扣发工资,年终除出差未归人员借支的差旅费和预付下年度设备款等可以隔年结算外,其他借款原则上就应全部结清,不能跨年度挂账。

(2)为了加强结算资金管理,维护财经纪律,政府预算资金和其他资金等所有公款都不准用于职工借支。

职工生活发生困难,而本人确实无力解决或短时间无力解决的,应当按照国家规定的困难补助标准和实际情况及经费可能,实事求是地经过批准从职工福利费或福利补助金中予以解决。职工因为遭受意外灾害或家属病丧等特殊原因,发生生活上的临时困难,而本人的经济能力能够逐步解决的,为了解决一时的用款问题,可以在各级工会领导下建立的职工互助储金会的职工互助基金中临时借支,按计划在工资中扣还。

各级领导要带头遵守财经纪律,模范执行各项规章制度,不得任意批准借用公款,更不能带头借用公款。如有发生以上拖欠和无故长期占用国家资金情况,要同时追究批准人的责任。

（3）各项代管款项、暂存款，都要及时清理或归还，并向委托代管的单位及时办理结报。

（4）预付所属单位和采购员个人的备用金，既要考虑实际需要，又要压缩数额，定期结报。年终时，备用金应全部结清收回，下年另行拨付或借用。

5.存货的管理

事业单位的存货主要是指各种材料物资，即为了耗用而储备的资产。存货有的是为了耗用而储备的，有的则是为销售而储备的，由于它们经常处于不断耗用、销售和重置之中，具有鲜明的流动性，其价值一次性转移到费用支出中，因此，存货属于单位的流动资产。

各事业单位采购存货，必须严格按照批准的采购计划办理，存货管理部门、会计部门要认真分析检查各类存货定额的执行情况和采购计划的执行情况。会计部门和存货管理部门要定期核对库存材料账目，做到账账相符。存货管理部门要定期核对存货库存数量，做到数量登记相符。

各事业单位的存货，除定期盘点外，年终时还要进行全面的清查，以保证账实相符，清理中，如有盘盈或盘亏情况，应当查明原因。如果发生的存货盘亏属于人为的损失，分情况报请单位领导或上级审查处理。

（二）固定资产的管理

事业单位的固定资产，是指能在较长时期内使用消耗其价值，但能保持原有实物形态的设施和设备，如房屋、建筑物等。作为固定资产管理应同时具备两个条件：即耐用年限在一年以上、单位价值在规定标准以上的财产、物资。

1.固定资产的范围标准

事业单位固定资产的确定标准有以下两种：

（1）一般标准。事业单位的固定资产，按现行制度规定，一般设备单位价值在 1 000 元以上、使用年限在 1 年以上的，属于固定资产核算的起点。单价虽不满 1 000 元、但耐用年限在 1 年以上的大量同类物资，也应作为固定资产进行核算管理。

（2）特殊标准。事业单位的专用设备，根据事业单位的具体情况，凡使用年限在 1 年以上、单位价值在 1 500 元以上的或低于 1 500 元的大量同类专用设备，作为固定资产进行会计核算和管理。

不同时具备以上两个条件，不属于固定资产的财产，就是低值易耗品。而低值易耗品则属于材料的核算范畴。将单位的财产划分为固定资产和低值易耗品，主要是为了加强对固定资产的管理，方便会计核算。固定资产的具体划分标准，由各级主管部门根据本系统的具体情况，在上述规定范围内决定。

2.固定资产的分类

事业单位的固定资产一般可分为以下 6 类：

第一类：房屋和建筑物。它包括办公用房、职工生活用房、仓库等。

第二类：专用设备。它包括各种仪器和机械设备、医疗器械、交通运输工具、文体事业单位的文体设备等。

第三类：一般设备。它包括被服装具、办公与事务用的家具设备、一般文体设备等。

第四类：文物和陈列品。它包括博物馆、展览馆、陈列馆和文化馆等中的文物和陈列品。

第五类：图书。它包括专业图书馆的图书和事业单位的技术图书等。

第六类：其他固定资产。

以上分类,各级主管部门可以根据本系统的具体情况作适当变更,并具体规定各类固定资产目录,但分类和目录不宜搞得过细、过繁,尽可能做到简明适用。

3.固定资产折旧管理

为了规范事业单位固定资产的价值管理,根据事业单位财务管理的具体情况,对事业单位固定资产计提折旧。

折旧是指在固定资产使用寿命内,按照确定的方法对应折旧金额进行系统分摊。事业单位应当对除下列各项资产以外的其他固定资产计提折旧:

(1)文物和陈列品。

(2)动植物。

(3)图书、档案。

(4)以名义金额计量的固定资产。有关说明如下:

①事业单位应当根据固定资产的性质和实际使用情况,合理确定其折旧年限。省级以上财政部门、主管部门对事业单位固定资产折旧年限作出规定的,从其规定。

②事业单位一般应当采用年限平均法或工作量法计提固定资产折旧。事业单位固定资产的应折旧金额为其成本,计提固定资产折旧不考虑预计净残值。

③事业单位一般应当按月计提固定资产折旧。当月增加的固定资产,当月不提折旧,从下月起计提折旧;当月减少的固定资产,当月照提折旧,从下月起不提折旧。固定资产提足折旧后,无论能否继续使用,均不再计提折旧;提前报废的固定资产,也不再补提折旧。已提足折旧的固定资产,可以继续使用的,应当继续使用,规范管理。

④计提融资租入固定资产折旧时,应当采用与自有固定资产相一致的折旧政策。能够合理确定租赁期届满时将会取得租入固定资产所有权的,应当在租入固定资产尚可使用年限内计提折旧;无法合理确定租赁期届满时能够取得租入固定资产所有权的,应当在租赁期与租入固定资产尚可使用年限两者中较短的期间内计提折旧。

⑤固定资产因改建、扩建或修缮等原因而延长其使用年限的,应当按照重新确定的固定资产的成本以及重新确定的折旧年限,重新计算折旧额。

4.固定资产的清查

事业单位的固定资产,必须加强管理,建立机构或配备专职管理人员,负责固定资产的验收、领发、保管、调拨、登记、检查和维修等工作。各单位建造和购置固定资产,必须按照批准的计划、预算办理。属于基本建设范围的应按照基本建设程序办理。不属于基本建设范围的设备购置,应在批准的预算范围内办理。属于"专控商品",应按规定专项报经批准后,才能购置。编制固定资产采购计划时,必须切实根据事业计划的需要,充分利用原有设备,防止盲目采购,造成积压和浪费。事业单位固定资产的报废、报损都必须经过严格的审批手续,并按照下列原则办理:

第一,不能使用和修复的固定资产,由单位主管部门报经本单位主管领导批准后作报废注销,具体审批权限由单位主管部门规定。

第二,大型、精密贵重的设备、仪器报废,应当经过有关部门鉴定,报主管部门或国有资产管理部门、财政部门批准。具体审批权限由财政部门会同国有资产管理部门规定。

第三,经批准报废和报损的固定资产,其变价收入留给单位,应转入修购基金,作为重置固定资产之用。

第四,撤并单位,以基建专款购置的固定资产,其变价收入应全部或部分上交主管部门或同级财政,具体办法由各级主管部门和财政部门规定。

各单位的固定资产,每年都必须清点一次。清点时以财产管理部门为主,由财务会计部门、资产使用部门和职工代表参加。清点结果,要写出清查报告,报告单位负责人。固定资产如有短少或缺损,要查明原因。属于自然灾害等特殊情况造成的,在总结经验教训后,可由单位负责人批准销账;属于过失的责任事故造成的,应当给予过失人以必要的经济、行政处罚,作损失或其他处理;属于违法的,应当依法严肃处理。清点多出来的固定资产,应补记入账。本单位不需用的固定资产,应及时研究处理,合理流动,防止积压。在进行固定资产清查前,首先必须核对固定资产账目,将全部账户登记入账,结出余额,做到账账相符。进行固定资产清查时,进行账实核对。清查的具体方法一般有以下三种:账实核对法、抄列实物清单法和卡实直接核对法。

通过清查,对盘盈、盘亏的固定资产应编制"固定资产盘盈、盘亏报告表",按规定的程序报经批准后,对盘盈固定资产应增设固定资产卡片,对盘亏或减少的固定资产,应注销固定资产卡片,另行归档保存。

(三)无形资产的管理

无形资产是指不具有实物形态而能为事业单位提供某种权利的资产。它包括专利权、土地使用权、非专利技术、著作权、商标权、商誉等。

1.无形资产的特征

(1)没有实物形态。无形资产所代表的是某些特殊权利和优势,虽然没有实物形态,但能给使用者提供某些权利或收益,因此是单位的一项极具有价值的经济资源。

(2)使用期限长。无形资产所代表的特权和优势一般可在较长的时期内存在,不会很快消逝,因此单位可以长期受益。从这点来看,它与单位固定资产所代表的服务潜力并非区别。也就是说,无形资产从根本上讲是一项长期的非流动资产。

(3)根据对无形资产入账核算的一般要求,会计核算中的无形资产必须有偿取得。

2.无形资产的内容

无形资产由于没有实物形态,因而单位必须根据各种无形资产的特点及来源,对发生有关支出是否应予本金化进行鉴别或判断。

(1)专利权。它是指国家依法授予专利发明人,对其发明的成果在一定期限内享有制造、使用和出售等方面的专门权利。单位不应将所拥有的一切专利权都予以本金化。只有那些能够为单位带来较大经济利益、单位为此付出了较大代价的专利权,才作为无形资产进行核算。

(2)商标权。它是指单位拥有的在某类指定的商品或产品上使用特定的名称或图案的权利。单位通过自创并经商标局核准注册登记后取得商标权,受法律保护。如果单位自创商标并将其注册登记,所花费用不大,就不必本金化。如果购买他人的商标一次性支出费用较大,应作为无形资产入账核算。

(3)非专利技术。它是指为发明人垄断、不公开的、具有实用价值的先进技术、资料、技能、知识等。非专利技术主要有商业(贸易)专有技术、管理专有技术等。

(4)土地使用权。它是指国家准许某一单位在一定时期内对国有土地享有开发、利用、经营的权利。土地使用权实质上就是对土地的租赁权。取得土地使用权有时可能不花任何代价,或虽然花费代价,但这些代价是分期支付的,一般不作为无形资产进行核算。但若单位取得土地使用权不仅付出了较大的代价，而且是一次性支付的，就应予以本金化，将取得土地使用权时所花费的一切支出作为土地使用的成本，记入无形资产账户。

（5）著作权。著作权也称版权，指作者依照法律规定，对其创作的文学、艺术和科学著作等作品，在一定期限内所享有的专门权利。单位申请著作权的费用不大，此项费用一般不作为无形资产入账。只有当购入著作权时，才作为无形资产入账核算。

事业单位购入的无形资产，应当以实际成本作为入账价值。事业单位自行开发的无形资产，应当以开发过程中实际发生的支出作为入账价值。事业单位转让无形资产，应当按照有关规定进行资产评估，取得的收入除国家另有规定的外应计入事业收入。事业单位取得无形资产发生的支出，应当计入事业支出。

3.无形资产的摊销

无形资产摊销是指在无形资产使用寿命内，按照确定的方法对应摊销金额进行系统分摊。事业单位应当对无形资产进行摊销，以名义金额计量的无形资产除外。

（1）事业单位应当按照如下原则确定无形资产的摊销年限：法律规定了有效年限的，按照法律规定的有效年限作为摊销年限；法律没有规定有效年限的，按照相关合同或单位申请书中的受益年限作为摊销年限；法律没有规定有效年限、相关合同或单位申请书也没有规定受益年限的，按照不少于 10 年的期限摊销。

（2）事业单位应当采用年限平均法对无形资产进行摊销。

（3）事业单位无形资产的应摊销金额为其成本。

（4）事业单位应当自无形资产取得当月起，按月计提无形资产摊销。

（5）因发生后续支出而增加无形资产成本的，应当按照重新确定的无形资产成本，重新计算摊销额。

（四）长期投资的管理

事业单位应当严格遵守国家法律、行政法规以及财政部门、主管部门有关事业单位长期投资的规定。

事业单位进行长期投资，应进行可行性论证，对投资项目所需资金、预期现金流量、投资收益以及投资的安全性等进行测算和分析，重大投资项目决策实行集体审议，应当按照国家有关规定报经主管部门和财政部门批准或者备案。以实物、无形资产对外投资的，应当按照有关规定进行资产评估。事业单位的长期投资在取得时，应当按照实际支付的款项或者所转让非现金资产的评估确认价值作为入账价值。

第二节　资产的核算

一、货币资产的核算

（一）现金核算

为了核算库存现金业务，事业单位应设置"库存现金"总账科目。本科目核算事业单位的库存现金，本科目期末借方余额反映事业单位实际持有的库存现金。

（1）从银行等金融机构提取现金，按照实际提取的金额，借记本科目，贷记"银行存款"等科目；将现金存入银行等金融机构，按照实际存入的金额，借记"银行存款"等科目，贷记本科目。

（2）因内部职工出差等原因借出的现金，按照实际借出的现金金额，借记"其他应收款"科目，贷记本科目；出差人员报销差旅费时，按照应报销的金额，借记有关科目，按照实际借出的现金金额，贷记"其他应收款"科目，按其差额，借记或贷记本科目。

（3）因开展业务等其他事项收到现金，按照实际收到的金额，借记本科目，贷记有关科目；因购买服务或商品等其他事项支出现金，按照实际支出的金额，借记有关科目，贷记本科目。

（4）事业单位应当设置"现金日记账"，由出纳人员根据收付款凭证，按照业务发生顺序逐笔登记。每日终了，应当计算当日的现金收入合计数、现金支出合计数和结余数，并将结余数与实际库存数核对，做到账款相符。每日账款核对中发现现金溢余或短缺的，应当及时进行处理。如发现现金溢余，属于应支付给有关人员或单位的部分，借记本科目，贷记"其他应付款"科目；属于无法查明原因的部分，借记本科目，贷记"其他收入"科目。如发现现金短缺，属于应由责任人赔偿的部分，借记"其他应收款"科目，贷记本科目；属于无法查明原因的部分，报经批准后，借记"其他支出"科目，贷记本科目。

事业单位有外币现金的，应当分别按照人民币、各种外币设置"现金日记账"进行明细核算。有关外币业务的账务处理参见"银行存款"科目的相关规定。

现举例说明现金的核算：

【例 16－1】某学校开出"现金支票"，从银行提取现金 3 000 元。会计分录如下：

借：库存现金 3 000
　贷：银行存款 3 000

【例 16－2】职工王强因公出差，预借差旅费现金 4 000 元。会计分录如下：

借：其他应收款——王强 4 000
　贷：库存现金 4 000

【例 16－3】王强出差回来报销差旅费 3 800 元，余款退回单位。会计分录如下：

借：事业支出——基本支出 3 800
　　库存现金 200
　贷：其他应收款——王强 4 000

【例 16－4】某日，发现库存现金长余 200 元。会计分录如下：

借：库存现金 200
　贷：其他应付款 200

【例 16－5】上项长余现金，因长期无法查明原因，经批准作无主款处理。会计分录如下：

借：其他应付款 200
　贷：应缴国库款 200

【例 16－6】某日发现库存现金缺少 400 元。会计分录如下：

借：其他应收款 400
　贷：库存现金 400

【例 16－7】上项短少现金，经查明属工作疏忽，经单位领导批准，由责任人赔偿 80%，并收到现金。会计分录如下：

借：库存现金 320
　　其他支出 80
　贷：其他应收款 400

(二)银行存款核算

为了核算事业单位存入银行或其他金融机构的各种存款,应设置"银行存款"总账科目。本科目核算事业单位存入银行或其他金融机构的各种存款。本科目期末借方余额,反映事业单位实际存放在银行或其他金融机构的款项。

事业单位将款项存入银行或其他金融机构,借记本科目,贷记"库存现金""事业收入""经营收入"等有关科目。提取和支出存款时,借记有关科目,贷记本科目。

事业单位发生外币业务的,应当按照业务发生当日(或当期期初,下同)的即期汇率,将外币金额折算为人民币记账,并登记外币金额和汇率。期末,各种外币账户的外币余额应当按照期末的即期汇率折算为人民币,作为外币账户期末人民币余额。调整后的各种外币账户人民币余额与原账面人民币余额的差额,作为汇兑损益计入相关支出。

现举例说明银行存款业务的核算:

【例16-8】事业单位收到财政拨入本月经费140 000元。会计分录如下:

借:银行存款　　　　　　　　　　　　　　　　　　　　140 000

　　贷:财政补助收入　　　　　　　　　　　　　　　　　140 000

【例16-9】事业单位购买办公用品1 200元,以银行存款支付。会计分录如下:

借:事业支出——基本支出　　　　　　　　　　　　　　　1 200

　　贷:银行存款　　　　　　　　　　　　　　　　　　　　1 200

【例16-10】根据银行转来的委托收款凭证的付款通知,以银行存款支付上月电费17 000元。会计分录如下:

借:事业支出——基本支出　　　　　　　　　　　　　　　17 000

　　贷:银行存款　　　　　　　　　　　　　　　　　　　　17 000

【例16-11】某单位5月收到一笔技术转让款$10 000,当日汇率为6.80。会计分录如下:

借:银行存款——美元户　　　　　　　　　　　　　　　　68 000

　　贷:事业收入　　　　　　　　　　　　　　　　　　　　68 000

【例16-12】月末该单位美元户存款余额为68 000元,$10 000,当月月末汇率为6.90。会计分录如下:

汇兑损益:$10 000×6.90-68 000=1 000(元)

借:银行存款——美元户——汇兑损益　　　　　　　　　　1 000

　　贷:事业支出——其他支出　　　　　　　　　　　　　　1 000

(三)零余额账户用款额度核算

为了核算事业单位实行国库集中支付的事业单位根据财政部门批复的用款计划收到和支用的零余额账户用款额度,应设置"零余额账户用款额度"总账科目。本科目核算实行国库集中支付的事业单位根据财政部门批复的用款计划收到和支用的零余额账户用款额度。本科目期末借方余额,反映事业单位尚未支用的零余额账户用款额度。本科目年末应无余额。

(1)在财政授权支付方式下,收到代理银行盖章的"授权支付到账通知书"时,根据通知书所列数额,借记本科目,贷记"财政补助收入"科目。按规定支用额度时,借记有关科目,贷记本科目。从零余额账户提取现金时,借记"库存现金"科目,贷记本科目。

(2)因购货退回等发生国库授权支付额度退回的,属于以前年度支付的款项,按照退回金额,借记本科目,贷记"财政补助结转""财政补助结余""存货"等有关科目;属于本年度支付的款项,按照退回金额,借记本科目,贷记"事业支出""存货"等有关科目。

(3)年度终了,依据代理银行提供的对账单作注销额度的相关账务处理,借记"财政应返还额度——财政授权支付"科目,贷记本科目。事业单位本年度财政授权支付预算指标数大于零余额账户用款额度下达数的,根据未下达的用款额度,借记"财政应返还额度——财政授权支付"科目,贷记"财政补助收入"科目。

(4)下年初,事业单位依据代理银行提供的额度恢复到账通知书作恢复额度的相关账务处理,借记本科目,贷记"财政应返还额度——财政授权支付"科目。事业单位收到财政部门批复的上年末未下达零余额账户用款额度的,借记本科目,贷记"财政应返还额度——财政授权支付"科目。

现举例说明零余额账户用款额度核算。

【例16-13】某事业单位收到单位零余额账户代理银行转来的财政授权支付额度到账通知书,该单位获得财政授权支付额度500 000元。会计分录如下:

借:零余额账户用款额度	500 000
贷:财政补助收入	500 000

【例16-14】该事业单位从"零余额账户用款额度"中提取现金5 000元,用于支付职工的取暖费用。会计分录如下:

借:库存现金	5 000
贷:零余额账户用款额度	5 000

同时,

借:事业支出——基本支出	5 000
贷:库存现金	5 000

二、短期投资核算

为核算事业单位短期投资业务情况,应设置"短期投资"总账科目。本科目核算事业单位依法取得的、持有时间不超过1年(含1年)的投资,主要是国债投资。本科目期末借方余额,反映事业单位持有的短期投资成本。

本科目应当按照国债投资的种类等进行明细核算。

短期投资在取得时,应当按照其实际成本(包括购买价款以及税金、手续费等相关税费)作为投资成本,借记本科目,贷记"银行存款"等科目。短期投资持有期间收到利息时,按实际收到的金额,借记"银行存款"科目,贷记"其他收入——投资收益"科目。出售短期投资或到期收回短期国债本息,按照实际收到的金额,借记"银行存款"科目,按照出售或收回短期国债的成本,贷记本科目,按其差额,贷记或借记"其他收入——投资收益"科目。

现举例说明短期投资核算。

【例16-15】某体育馆中心使用闲置的事业基金购买国债进行短期投资,发生以下业务。要求:编制该单位对下述业务进行账务处理的会计分录。

(1)购买国债5万元,支付交易佣金50元。

借:短期投资	50 050
贷:银行存款	50 050

（2）出售该批国债取得净金额 50 200 元。

借：银行存款　　　　　　　　　　　　　　　　　　　　　　　　50 200
　　贷：短期投资　　　　　　　　　　　　　　　　　　　　　　　50 050
　　　　其他收入——投资收益　　　　　　　　　　　　　　　　　　150

三、应收及预付款项的核算

（一）应收票据的核算

1.应收票据的概念

应收票据是指单位采用商业汇票结算方式时，因销售商品而收到的商业汇票。商业汇票是收款人或付款人（或承兑申请人）签发，由承兑人承兑，并于到期日向收款人支付款项的票据。它是以交易双方的商品购销、劳务供应、信贷业务为基础而使用的一种信用凭证。它按不同的标准可进行不同的分类。

2.应收票据的分类

商业汇票按承兑人不同，分为商业承兑汇票和银行承兑汇票。商业汇票按是否带息分为带息汇票和不带息汇票。

（1）带息汇票。带息汇票是指票面上载明利率的票据，其到期值等于面值加利息。持票人于票据到期时既可取得票面金额也可取得票面载明的利息。

$$应收票据利息＝票面金额×利率×时间$$

公式中：利率和时间应保持一致，即如果时间按月数表示，利率应为月利率；如果时间按日数表示，利率应为日利率。

利用上述公式计算时，如果已知的利率和时间不一致，则需要对利率换算。换算时，每月均按 30 天计算，全年按 360 天计算。即：

$$月利率＝年利率÷12$$
$$日利率＝月利率÷30＝年利率÷360$$

应收票据到期日在确定时，时间若以月数表示，不管承兑期各月实际天数是多少，应以出票日作为承兑月的到期日。例如：出票日为 3 月 8 日，承兑期 6 个月，票据到期日为 9 月 8 日。时间若以日数表示，按实际日历天数确定票据到期日，计算时一般"算头不算尾"。例如：出票日为 1 月 20 日，承兑期 20 天，则到期日为 2 月 9 日。

面值为 50 000 元的商业汇票，年利率 9％，承兑期为 6 个月。试计算应收票据利息。

$$应收票据利息＝50 000×9％×6/12＝2 250（元）$$

（2）不带息汇票。不带息汇票是指票面上不载明利息，持票人于票据到期日只能取得票面金额的商业汇票。目前在我国银行结算办法中采用的商业汇票一般都是不带息汇票。

3.应收票据的账务处理

为了核算事业单位因开展经营活动销售产品、提供有偿服务等而收到的商业汇票，应设置"应收票据"总账科目。本科目应当按照开出、承兑商业汇票的单位等进行明细核算。本科目期末借方余额，反映事业单位持有的商业汇票票面金额。

因销售产品、提供服务等收到商业汇票，按照商业汇票的票面金额，借记本科目，按照确认的收入金额，贷记"经营收入"等科目，按照应缴增值税金额，贷记"应缴税费——应缴增值税"科目。

　　持未到期的商业汇票向银行贴现,按照实际收到的金额(即扣除贴现息后的净额),借记"银行存款"科目,按照贴现息,借记"经营支出"等科目,按照商业汇票的票面金额,贷记本科目。

　　将持有的商业汇票背书转让以取得所需物资时,按照取得物资的成本,借记有关科目,按照商业汇票的票面金额,贷记本科目,如有差额,借记或贷记"银行存款"等科目。

　　商业汇票到期时,应当分别以下列情况处理:

　　(1)收回应收票据,按照实际收到的商业汇票票面金额,借记"银行存款"科目,贷记本科目。

　　(2)因付款人无力支付票款,收到银行退回的商业承兑汇票、委托收款凭证、未付票款通知书或拒付款证明等,按照商业汇票的票面金额,借记"应收账款"科目,贷记本科目。

　　事业单位还应当设置"应收票据备查簿",逐笔登记每一应收票据的种类、号数、出票日期、到期日、票面金额、交易合同号和付款人、承兑人、背书人姓名或单位名称、背书转让日、贴现日期、贴现率和贴现净额、收款日期、收回金额和退票情况等资料。应收票据到期结清票款或退票后,应当在备查簿内逐笔注销。

　　现举例说明应收票据的核算。

　　【例 16-16】某单位销售产品一批,价款 10 000 元,增值税额 1 700 元,款项尚未收到,收到对方开出商业承兑汇票一张,期限 3 个月。汇票到期后,承兑单位如期付款。若上述汇票到期后,承兑单位无力付款。会计分录如下:

```
借:应收票据                                    11 700
    贷:经营收入                                      10 000
       应缴税费——应缴增值税(销项税额)                  1 700
```

　　汇票到期后,承兑单位如期付款:

```
借:银行存款                                    11 700
    贷:应收票据                                      11 700
```

　　若汇票到期后,承兑单位无力付款:

```
借:应收账款                                    11 700
    贷:应收票据                                      11 700
```

　　【例 16-17】某单位因资金周转需要,持未到期的不带息商业承兑汇票到银行贴现。票据面值 20 000 元,期限 3 个月,单位已持有 1 个月,银行的贴现率为年率 6%。会计分录如下:

　　贴现实收金额＝20 000－20 000×6%×2/12＝19 800(元)

```
借:银行存款                                    19 800
   经营支出                                      200
    贷:应收票据                                      20 000
```

(二)应收账款的核算

1.应收账款的确认

　　应收账款的确认,应以单位经营收入实现、单位债权确立为基础,包括应收销售货物和提供劳务的价款、代垫的运杂费以及销售货物和提供劳务收取的销项增值税额。

　　如在采用先发货、后委托银行收款的情况下,当办妥委托银行收款或托收手续时,作为应收账款入账;在采用赊销方式、按照合同销售了货物并取得收取货款的凭据时,赊销货款作为应收账款入账;单位对外提供了劳务,取得收取劳务款项的凭据时,作为应收账款入账。另外,单位应收的商业承兑汇票到期,因承兑人无力付款、银行退回商业汇票时,按规定将未收到的票据款转为应收账款。

单位在日常业务活动开展过程中,发生一定数额的应收账款是正常的。但是单位应严格控制应收账款的限额和收回的时间,避免大量资金被其他单位长期占用,影响单位资金周转。对于长期收不回的应收账款,应认真分析,查明原因,组织催收。逾期三年或以上、有确凿证据表明确实无法收回的应收账款,按规定报经批准后予以核销。核销的应收账款应在备查簿中保留登记。

2.应收账款的账务处理

为了核算事业单位因开展经营活动销售产品、提供有偿服务等而应收取的款项,应设置"应收账款"总账科目。本科目应当按照购货、接受劳务单位(或个人)进行明细核算。本科目期末借方余额,反映事业单位尚未收回的应收账款。

发生应收账款时,按照应收未收金额,借记本科目,按照确认的收入金额,贷记"经营收入"等科目,按照应缴增值税金额,贷记"应缴税费——应缴增值税"科目。收回应收账款时,按照实际收到的金额,借记"银行存款"等科目,贷记本科目。

逾期三年或以上、有确凿证据表明确实无法收回的应收账款,按规定报经批准后予以核销。核销的应收账款应在备查簿中保留登记。

(1)转入待处置资产时,按照待核销的应收账款金额,借记"待处置资产损溢"科目,贷记本科目。报经批准予以核销时,借记"其他支出"科目,贷记"待处置资产损溢"科目。

(2)已核销应收账款在以后期间收回的,按照实际收回的金额,借记"银行存款"等科目,贷记"其他收入"科目。

现举例说明应收账款的核算。

【例16-18】某单位采用委托收款结算方式销售产品一批,产品售价20 000元,销项增值税3 400元,发运时以银行存款代垫运杂费600元,产品已发运,并向银行办妥委托收款手续。会计分录如下:

```
借:应收账款                                    24 000
  贷:经营收入                                  20 000
     应缴税费——应缴增值税(销项税额)              3 400
     银行存款                                     600
```

【例16-19】某单位收到开户行转来的收款通知,前述委托收取的账款24 000元,全部收回并存入单位的存款户内。会计分录如下:

```
借:银行存款                                    24 000
  贷:应收账款                                  24 000
```

【例16-20】某单位收到B公司签发商品汇票一张,面值5 000元,用以抵付前欠的账款。会计分录如下:

```
借:应收票据                                     5 000
  贷:应收账款                                   5 000
```

【例16-21】A公司欠本单位的货款50 000元,由于该公司破产倒闭,经批准列作坏账损失处理。会计分录如下:

| 借：待处置资产损益——应收账款损失 | 50 000 | |
| 贷：应收账款 | | 50 000 |

经批准作坏账损失处理时，会计分录如下：

| 借：其他支出——坏账损失 | 50 000 | |
| 贷：待处置资产损益——应收账款损失 | | 50 000 |

（三）预付账款的核算

为了核算事业单位按照购货、劳务合同规定预付给供应单位的款项，应设置"预付账款"总账科目。本科目应当按照供应单位（或个人）进行明细核算。事业单位应当通过明细核算或辅助登记方式，登记预付账款的资金性质（区分财政补助资金、非财政专项资金和其他资金）。

本科目期末借方余额，反映事业单位实际预付但尚未结算的款项。

（1）发生预付账款时，按照实际预付的金额，借记本科目，贷记"零余额账户用款额度""财政补助收入""银行存款"等科目。

（2）收到所购物资或劳务，按照购入物资或劳务的成本，借记有关科目，按照相应预付账款金额，贷记本科目，按照补付的款项，贷记"零余额账户用款额度""财政补助收入""银行存款"等科目。

收到所购固定资产、无形资产的，按照确定的资产成本，借记"固定资产""无形资产"科目，贷记"非流动资产基金——固定资产、无形资产"科目；同时，按资产购置支出，借记"事业支出""经营支出"等科目，按照相应预付账款金额，贷记本科目，按照补付的款项，贷记"零余额账户用款额度""财政补助收入""银行存款"等科目。

（3）逾期三年或以上、有确凿证据表明因供货单位破产、撤销等原因已无望再收到所购物资，且确实无法收回的预付账款，按规定报经批准后予以核销。核销的预付账款应在备查簿中保留登记。

①转入待处置资产时，按照待核销的预付账款金额，借记"待处置资产损溢"科目，贷记本科目。报经批准予以核销时，借记"其他支出"科目，贷记"待处置资产损溢"科目。

②已核销预付账款在以后期间收回的，按照实际收回的金额，借记"银行存款"等科目，贷记"其他收入"科目。

在实际工作中，如果单位预付款项业务不多，也可不设置"预付账款"账户，将预付的款项直接记入"应收账款"账户核算。

现举例说明预付账款的核算。

【例16-22】 某单位向A公司订购甲材料一批，按合同规定，预付该公司材料款50 000元，以银行存款支付。会计分录如下：

| 借：预付账款——A公司 | 50 000 | |
| 贷：银行存款 | | 50 000 |

【例16-23】 该单位在合同收货期收到A公司运达的甲材料，A公司开出的增值税专用发票列示：材料价款100 000元，增值税额17 000元。按合同规定，将预付材料款抵作应付账款，余款67 000元以银行存款补付。会计分录如下：

借：存货	100 000	
应缴税费——应缴增值税（进项税额）	17 000	
贷：预付账款		50 000

　　　　银行存款　　　　　　　　　　　　　　　　　　　　　　　67 000

（四）财政应返还额度的核算

　　为核算实行国库集中支付的事业单位应收财政返还的资金额度,应设置"财政应返还额度"总账科目。本科目应当设置"财政直接支付""财政授权支付"两个明细科目,进行明细核算。本科目期末借方余额,反映事业单位应收财政返还的资金额度。

　　1.财政直接支付

　　年度终了,事业单位根据本年度财政直接支付预算指标数与当年财政直接支付实际支出数的差额,借记本科目(财政直接支付),贷记"财政补助收入"科目。下年度恢复财政直接支付额度后,事业单位以财政直接支付方式发生实际支出时,借记有关科目,贷记本科目(财政直接支付)。

　　2.财政授权支付

　　年度终了,事业单位依据代理银行提供的对账单作注销额度的相关账务处理,借记本科目(财政授权支付),贷记"零余额账户用款额度"科目。事业单位本年度财政授权支付预算指标数大于零余额账户用款额度下达数的,根据未下达的用款额度,借记本科目(财政授权支付),贷记"财政补助收入"科目。下年初,事业单位依据代理银行提供的额度恢复到账通知书作恢复额度的相关账务处理,借记"零余额账户用款额度"科目,贷记本科目(财政授权支付)。事业单位收到财政部门批复的上年末未下达零余额账户用款额度时,借记"零余额账户用款额度"科目,贷记本科目(财政授权支付)。

　　现举例说明财政返还额度的核算。

　　【例16-24】年终,该事业单位本年度财政授权支付预算指标数为600 000元,本年度财政授权支付实际支出数为530 000元,单位零余额账户代理银行收到的零余额账户用款额度570 000元。该单位存在尚未使用的财政授权支付预算额度40 000元,存在尚未收到的财政授权支付预算指标30 000元。会计分录如下:

　　借:财政应返还额度——财政授权支付　　　　　　　　　　40 000
　　　贷:零余额账户用款额度　　　　　　　　　　　　　　　　　40 000
　　同时:
　　借:财政应返还额度——财政授权支付　　　　　　　　　　30 000
　　　贷:财政补助收入　　　　　　　　　　　　　　　　　　　　30 000

（五）其他应收款的核算

　　为了核算事业单位其他应收款的发生和收回情况,应设置"其他应收款"总账科目。本科目应当按照其他应收款的类别及债务单位(或个人)进行明细核算。本科目期末借方余额,反映事业单位尚未收回的其他应收款。

　　(1)发生其他各种应收及暂付款项时,借记本科目,贷记"银行存款""库存现金"等科目。收回或转销其他各种应收及暂付款项时,借记"库存现金""银行存款"等科目,贷记本科目。

　　(2)事业单位内部实行备用金制度的,有关部门使用备用金以后应当及时到财务部门报销并补足备用金。财务部门核定并发放备用金时,借记本科目,贷记"库存现金"等科目。根据报销数用现金补足备用金定额时,借记有关科目,贷记"库存现金"等科目,报销数和拨补数都不再通过本科目核算。

　　(3)逾期三年或以上、有确凿证据表明确实无法收回的其他应收款,按规定报经批准后予以核销。核销的其他应收款应在备查簿中保留登记。

①转入待处置资产时,按照待核销的其他应收款金额,借记"待处置资产损溢"科目,贷记本科目。报经批准予以核销时,借记"其他支出"科目,贷记"待处置资产损溢"科目。

②已核销其他应收款在以后期间收回的,按照实际收回的金额,借记"银行存款"等科目,贷记"其他收入"科目。

【例 16-25】李明报销材料采购款 20 200 元,其中业务用材料款 19 800 元,运杂费 400元。材料已验收入库。会计分录如下:

借:存货 20 200

    贷:其他应收款——李明 20 000

      库存现金 200

【例 16-26】某单位实行非定额备用金制度,行政科职工李明预借差旅费 5 000 元,以现金支付。会计分录如下:

借:其他应收款——李明 5 000

    贷:库存现金 5 000

【例 16-27】李明报销差旅费 4 500 元,退回现金 500 元。会计分录如下:

借:事业支出——公务费——差旅费 4 500

    库存现金 500

    贷:其他应收款——李明 5 000

四、存货的核算

为了核算事业单位在开展业务活动及其他活动中为耗用储存的各种材料、燃料、包装物、低值易耗品及达不到固定资产标准的用具、装具、动植物等的实际成本,应设置"存货"总账科目。本科目应按存货的种类、规格、保管地点等进行明细核算。本科目期末借方余额,反映事业单位存货的实际成本。

(一)取得存货的账务处理

存货在取得时,应当按照其实际成本入账。

(1)购入的存货。其成本包括购买价款、相关税费、运输费、装卸费、保险费以及其他使得存货达到目前场所和状态所发生的其他支出。事业单位按照税法规定属于增值税一般纳税人的,其购进非自用(如用于生产对外销售的产品)材料所支付的增值税款不计入材料成本。购入的存货验收入库,按确定的成本,借记本科目,贷记"银行存款""应付账款""财政补助收入""零余额账户用款额度"等科目。属于增值税一般纳税人的事业单位购入非自用材料的,按确定的成本(不含增值税进项税额),借记本科目,按增值税专用发票上注明的增值税额,借记"应缴税费——应缴增值税(进项税额)"科目,按实际支付或应付的金额,贷记"银行存款""应付账款"等科目。

(2)自行加工的存货。其成本包括耗用的直接材料费用、发生的直接人工费用和按照一定方法分配的与存货加工有关的间接费用。自行加工的存货在加工过程中发生各种费用时,借记本科目(生产成本),贷记本科目(领用材料相关的明细科目)、"应付职工薪酬""银行存款"等科目。加工完成的存货验收入库,按照所发生的实际成本,借记本科目(相关明细科目),贷记本科目(生产成本)。

（3）接受捐赠、无偿调入的存货，其成本按照有关凭据注明的金额加上相关税费、运输费等确定；没有相关凭据的，其成本比照同类或类似存货的市场价格加上相关税费、运输费等确定；没有相关凭据、同类或类似存货的市场价格也无法可靠取得的，该存货按照名义金额（即人民币1元，下同）入账。相关财务制度仅要求进行实物管理的除外。接受捐赠、无偿调入的存货验收入库，按照确定的成本，借记本科目，按照发生的相关税费、运输费等，贷记"银行存款"等科目，按照其差额，贷记"其他收入"科目。按照名义金额入账的情况下，按照名义金额，借记本科目，贷记"其他收入"科目；按照发生的相关税费、运输费等，借记"其他支出"科目，贷记"银行存款"等科目。

现举例说明取得存货的核算。

【例16-28】某财政局所属招待所购入自用甲种材料200公斤，单价50元，共计10 000元，同时支付增值税款1 700元，用现金100元支付材料运杂费。会计分录如下：

借：存货——材料　　　　　　　　　　　　　　　　　　　　11 800
　　贷：银行存款　　　　　　　　　　　　　　　　　　　　　　11 700
　　　　库存现金　　　　　　　　　　　　　　　　　　　　　　　100

【例16-29】某科研单位购入A材料1 000公斤，用于生产甲产品，材料单价100元，增值税专用发票中列示该材料价款100 000元，增值税款17 000元，该单位为一般纳税人。会计分录如下：

借：存货——材料　　　　　　　　　　　　　　　　　　　　100 000
　　应缴税费——应缴增值税（进项税额）　　　　　　　　　　 17 000
　　贷：银行存款　　　　　　　　　　　　　　　　　　　　　 117 000

上述单位如果为小规模纳税人，则会计分录如下：

借：存货——材料　　　　　　　　　　　　　　　　　　　　117 000
　　贷：银行存款　　　　　　　　　　　　　　　　　　　　　 117 000

【例16-30】某事业单位甲产品已生产完工并验收入库，甲产品的生产成本为20 000元时。会计分录如下：

借：存货——甲产品　　　　　　　　　　　　　　　　　　　 20 000
　　贷：存货——生产成本　　　　　　　　　　　　　　　　　　20 000

（二）发出存货的账务处理

存货在发出时，应当根据实际情况采用先进先出法、加权平均法或者个别计价法确定发出存货的实际成本。计价方法一经确定，不得随意变更。低值易耗品的成本于领用时一次摊销。

（1）开展业务活动等领用、发出存货，按领用、发出存货的实际成本，借记"事业支出""经营支出"等科目，贷记本科目。

（2）对外捐赠、无偿调出存货，转入待处置资产时，按照存货的账面余额，借记"待处置资产损溢"科目，贷记本科目。属于增值税一般纳税人的事业单位对外捐赠、无偿调出购进的非自用材料，转入待处置资产时，按照存货的账面余额与相关增值税进项税额转出金额的合计金额，借记"待处置资产损溢"科目，按存货的账面余额，贷记本科目，按转出的增值税进项税额，贷记"应缴税费——应缴增值税（进项税额转出）"科目。实际捐出、调出存货时，按照"待处置资产损溢"科目的相应余额，借记"其他支出"科目，贷记"待处置资产损溢"科目。

现举例说明发出存货的核算。

【例 16－31】某单位所属材料管理部门月末报送的发出材料汇总表,本月发出甲材料合计金额 4 000 元用于日常维修,3 000 元用于专项工程。会计分录如下:

借:事业支出——基本支出——维修费　　　　　　　　　　　　　　4 000

　事业支出——项目支出——专用材料费　　　　　　　　　　　　3 000

　　贷:存货——材料——甲材料　　　　　　　　　　　　　　　　　　7 000

(三)盘盈、盘亏存货的账务处理

事业单位的存货应当定期进行清查盘点,每年至少盘点一次。对于发生的存货盘盈、盘亏或者报废、毁损,应当及时查明原因,按规定报经批准后进行账务处理。

(1)盘盈的存货,按照同类或类似存货的实际成本或市场价格确定入账价值;同类或类似存货的实际成本、市场价格均无法可靠取得的,按照名义金额入账。盘盈的存货,按照确定的入账价值,借记本科目,贷记"其他收入"科目。

(2)盘亏或者毁损、报废的存货,转入待处置资产时,按照待处置存货的账面余额,借记"待处置资产损溢"科目,贷记本科目。属于增值税一般纳税人的事业单位购进的非自用材料发生盘亏或者毁损、报废的,转入待处置资产时,按照存货的账面余额与相关增值税进项税额转出金额的合计金额,借记"待处置资产损溢"科目,按存货的账面余额,贷记本科目,按转出的增值税进项税额,贷记"应缴税费——应缴增值税(进项税额转出)"科目。

(3)报经批准予以处置时,按照"待处置资产损溢"科目的相应余额,借记"其他支出"科目,贷记"待处置资产损溢"科目。

【例 16－32】某单位 12 月 30 日进行财产清查,盘盈用于日常维修的甲材料 20 公斤,每公斤 30 元。

借:存货——材料——甲材料　　　　　　　　　　　　　　　　　600

　　贷:其他收入　　　　　　　　　　　　　　　　　　　　　　　600

五、固定资产的核算

(一)固定资产计价

1.固定资产的计价

固定资产计价就是用货币的形式来表现固定资产价值。固定资产的正确计价,是做好固定资产核算工作的前提。按着《事业单位会计准则》的规定,单位固定资产核算应贯彻实际成本计价原则。

(1)购入的固定资产,其成本包括实际支付的购买价款、相关税费、使固定资产交付使用前所发生的可归属于该项资产的运输费、装卸费、安装费和专业人员服务费等。

(2)自行建造的固定资产,其成本包括建造该项资产至交付使用前所发生的全部必要支出。

(3)自行繁育的动植物,其成本包括在达到可使用状态前所发生的全部必要支出。

(4)在原有固定资产基础上进行改建、扩建、修缮的固定资产,其成本按照原固定资产的账面价值加上改建、扩建、修缮发生的支出,再扣除固定资产拆除部分账面价值后的金额确定。

(5)置换取得的固定资产,其成本按照换出资产的评估价值加上支付的补价或减去收到的补价,加上为换入固定资产支付的其他费用(运输费等)确定。

(6)接受捐赠、无偿调入的固定资产,其成本按照有关凭据注明的金额加上相关税费、运输费等确定;没有相关凭据可供取得,但依法经过资产评估的,其成本应当按照评估价值加上相关税费、运输费等确定;没有相关凭据可供取得、也未经评估的,其成本比照同类或类似固定资产的市场价格加上相关税费、运输费等确定;没有相关凭据也未经评估,其同类或类似固定资产的市场价格无法可靠取得,所取得的固定资产应当按照名义金额入账。

为维护固定资产的正常使用而发生的日常修理等后续支出,应当计入当期支出,不计入固定资产成本。

2.单位按规定对固定资产进行计价并登记入账后,除发生下列情况外,不得任意变动

(1)根据国家规定对固定资产价值重新估价;

(2)增加补充设备或改良装置;

(3)将固定资产的一部分拆除;

(4)根据实际价值调整原来的暂估价值;

(5)发现原记固定资产价值有错误。

(二)固定资产核算

为了核算事业单位固定资产的增减变动和结存情况,应在资产类科目中设置"固定资产"总账科目。本科目核算事业单位固定资产的原价。事业单位应当设置"固定资产登记簿"和"固定资产卡片",按照固定资产类别、项目和使用部门等进行明细核算。出租、出借的固定资产,应当设置备查簿进行登记。本科目期末借方余额,反映事业单位固定资产的原价。

1.取得固定资产的账务处理

固定资产在取得时,应当按照其实际成本入账。

(1)购入的固定资产,其成本包括购买价款、相关税费以及固定资产交付使用前所发生的可归属于该项资产的运输费、装卸费、安装调试费和专业人员服务费等。购入不需安装的固定资产,按照确定的固定资产成本,借记本科目,贷记"非流动资产基金——固定资产"科目;同时,按照实际支付金额,借记"事业支出""经营支出""专用基金——修购基金"等科目,贷记"财政补助收入""零余额账户用款额度""银行存款"等科目。

购入需要安装的固定资产,先通过"在建工程"科目核算。安装完工交付使用时,借记本科目,贷记"非流动资产基金——固定资产"科目;同时,借记"非流动资产基金——在建工程"科目,贷记"在建工程"科目。

(2)自行建造的固定资产,其成本包括建造该项资产至交付使用前所发生的全部必要支出。工程完工交付使用时,按自行建造过程中发生的实际支出,借记本科目,贷记"非流动资产基金——固定资产"科目;同时,借记"非流动资产基金——在建工程"科目,贷记"在建工程"科目。

已交付使用但尚未办理竣工决算手续的固定资产,按照估计价值入账,待确定实际成本后再进行调整。

(3)在原有固定资产基础上进行改建、扩建、修缮后的固定资产,其成本按照原固定资产账面价值("固定资产"科目账面余额减去"累计折旧"科目账面余额后的净值)加上改建、扩建、修缮发生的支出,再扣除固定资产拆除部分的账面价值后的金额确定。

将固定资产转入改建、扩建、修缮时,按固定资产的账面价值,借记"在建工程"科目,贷记"非流动资产基金——在建工程"科目;同时,按固定资产对应的非流动资产基金,借记"非流动资产基金——固定资产"科目,按固定资产已计提折旧,借记"累计折旧"科目,按固定资产的账

面余额,贷记本科目。

工程完工交付使用时,借记本科目,贷记"非流动资产基金——固定资产"科目;同时,借记"非流动资产基金——在建工程"科目,贷记"在建工程"科目。

(4)以融资租赁租入的固定资产,其成本按照租赁协议或者合同确定的租赁价款、相关税费以及固定资产交付使用前所发生的可归属于该项资产的运输费、途中保险费、安装调试费等确定。

融资租入的固定资产,按照确定的成本,借记本科目[不需安装]或"在建工程"科目[需安装],按照租赁协议或者合同确定的租赁价款,贷记"长期应付款"科目,按照其差额,贷记"非流动资产基金——固定资产、在建工程"科目。同时,按照实际支付的相关税费、运输费、途中保险费、安装调试费等,借记"事业支出""经营支出"等科目,贷记"财政补助收入""零余额账户用款额度""银行存款"等科目。

定期支付租金时,按照支付的租金金额,借记"事业支出""经营支出"等科目,贷记"财政补助收入""零余额账户用款额度""银行存款"等科目;同时,借记"长期应付款"科目,贷记"非流动资产基金——固定资产"科目。

跨年度分期付款购入固定资产的账务处理,参照融资租入固定资产。

(5)接受捐赠、无偿调入的固定资产,其成本按照有关凭据注明的金额加上相关税费、运输费等确定;没有相关凭据的,其成本比照同类或类似固定资产的市场价格加上相关税费、运输费等确定;没有相关凭据、同类或类似固定资产的市场价格也无法可靠取得的,该固定资产按照名义金额入账。

接受捐赠、无偿调入的固定资产,按照确定的固定资产成本,借记本科目[不需安装]或"在建工程"科目[需安装],贷记"非流动资产基金——固定资产、在建工程"科目;按照发生的相关税费、运输费等,借记"其他支出"科目,贷记"银行存款"等科目。

现举例说明取得固定资产的核算。

【例16-33】1月10日,新建办公楼一幢,造价450 000元,面积为4 000平方米,经验收合格,交付使用。会计分录如下:

借:固定资产——房屋及构筑物　　　　　　　　　　　　　　450 000
　　贷:非流动资产基金——固定资产　　　　　　　　　　　　　450 000
同时记:
借:非流动资产基金——在建工程　　　　　　　　　　　　　450 000
　　贷:在建工程　　　　　　　　　　　　　　　　　　　　　450 000

【例16-34】1月15日,经批准购买电教设备一套,价款30 000元,由银行转账支付。同时用现金支付运杂费30元。会计分录如下:

借:事业支出——专用设备购置　　　　　　　　　　　　　　30 030
　　贷:银行存款　　　　　　　　　　　　　　　　　　　　　30 000
　　　库存现金　　　　　　　　　　　　　　　　　　　　　　30
同时记:
借:固定资产——专用设备　　　　　　　　　　　　　　　　30 030
　　贷:非流动资产基金——固定资产　　　　　　　　　　　　　30 030

【例16-35】1月20日,经批准自制办公桌椅30套,预付工料费16 000元。会计分录如下：

    借:其他应收款　　　　　　　　　　　　　　　　　　　　　　16 000
        贷:银行存款　　　　　　　　　　　　　　　　　　　　　　　16 000

【例16-36】2月9日,办公桌椅完工,经验收合格入库,每套桌椅实际工料费600元,转账补付工料费2 000元。会计分录如下：

    借:事业支出——办公设备　　　　　　　　　　　　　　　　18 000
        贷:其他应收款　　　　　　　　　　　　　　　　　　　　　16 000
            银行存款　　　　　　　　　　　　　　　　　　　　　　2 000
    同时记：
    借:固定资产——通用设备　　　　　　　　　　　　　　　　18 000
        贷:非流动资产基金——固定资产　　　　　　　　　　　　18 000

【例16-37】2月24日,有偿调入复印机一台,支付价款2 000元。会计分录如下：

    借:事业支出——基本支出　　　　　　　　　　　　　　　　　2 000
        贷:银行存款　　　　　　　　　　　　　　　　　　　　　　2 000
    同时记：
    借:固定资产——通用设备　　　　　　　　　　　　　　　　　2 000
        贷:非流动资产基金——固定资产　　　　　　　　　　　　　2 000

【例16-38】某单位从租赁公司融资租入专用设备一台,租赁协议中规定应付租赁费100 000元,租赁期限5年,每半年付款一次;租赁期满后,设备归承租单位所有。该单位租入设备时发生运杂费1 000元,安装费2 000元,均以银行存款支付。会计分录如下：

    融资租入固定资产时：
    借:固定资产——融资租入固定资产　　　　　　　　　　　103 000
        贷:长期应付款　　　　　　　　　　　　　　　　　　　100 000
            非流动资产基金——固定资产　　　　　　　　　　　　3 000
    借:事业支出　　　　　　　　　　　　　　　　　　　　　　3 000
        贷:银行存款　　　　　　　　　　　　　　　　　　　　　3 000
    支付租金时：
    借:长期应付款　　　　　　　　　　　　　　　　　　　　　10 000
        贷:非流动资产基金——固定资产　　　　　　　　　　　　10 000
    借:事业支出　　　　　　　　　　　　　　　　　　　　　　10 000
        贷:银行存款　　　　　　　　　　　　　　　　　　　　　10 000
    租赁期满后：
    借:固定资产——专用设备　　　　　　　　　　　　　　　　103 000
        贷:固定资产——融资租入固定资产　　　　　　　　　　　103 000

2.固定资产折旧的账务处理

为了加强事业单位固定资产的价值管理,在会计核算实务中,通过设置"累计折旧"账户,反映固定资产价值的转移情况。该账户的贷方反映计提折旧的增加数,借方反映各种原因减少固定资产转出的固定资产折旧,本科目期末贷方余额,反映事业单位计提的固定资产折旧累计数。该账户应按照所对应的固定资产类别、项目进行明细核算。

（1）按月计提固定资产折旧时，按照应计提折旧金额，借记"非流动资产基金——固定资产"科目，贷记本科目。

（2）固定资产处置时，按照所处置固定资产的账面价值，借记"待处置资产损溢"科目，按照已计提折旧，借记本科目，按照固定资产的账面余额，贷记"固定资产"科目。

现举例说明固定资产折旧的核算。

【例 16 - 39】2 月 28 日，接上级通知，将闲置不用的汽车一辆无偿调给外单位，原价 20 000 元，已提固定资产折旧 1 2000 元。会计分录如下：

借：待处置资产损益	8 000
累计折旧	12 000
贷：固定资产	20 000

经批准，无偿调给外单位时：

借：非流动资产基金——固定资产	20 000
贷：待处置资产损益	20 000

3. 出售、无偿调出、对外捐赠固定资产的账务处理

出售、无偿调出、对外捐赠固定资产，转入待处置资产时，按照待处置固定资产的账面价值，借记"待处置资产损溢"科目，按照已计提折旧，借记"累计折旧"科目，按照固定资产的账面余额，贷记本科目。

实际出售、调出、捐出时，按照处置固定资产对应的非流动资产基金，借记"非流动资产基金——固定资产"科目，贷记"待处置资产损溢"科目。

4. 盘盈、盘亏固定资产的账务处理

事业单位的固定资产应当定期进行清查盘点，每年至少盘点一次。对于发生的固定资产盘盈、盘亏或者报废、毁损，应当及时查明原因，按规定报经批准后进行账务处理。

（1）盘盈的固定资产，按照同类或类似固定资产的市场价格确定入账价值；同类或类似固定资产的市场价格无法可靠取得的，按照名义金额入账。

盘盈的固定资产，按照确定的入账价值，借记本科目，贷记"非流动资产基金——固定资产"科目。

（2）盘亏或者毁损、报废的固定资产，转入待处置资产时，按照待处置固定资产的账面价值，借记"待处置资产损溢"科目，按照已计提折旧，借记"累计折旧"科目，按照固定资产的账面余额，贷记本科目。

报经批准予以处置时，按照处置固定资产对应的非流动资产基金，借记"非流动资产基金——固定资产"科目，贷记"待处置资产损溢"科目。

现举例说明盘盈、盘亏固定资产的核算。

【例 16 - 40】12 月 28 日，事业单位年终进行财产清查，盘盈办公桌 1 张，原价 500 元，盘亏电视机一台，原价 2 200 元（假设不考虑折旧）。经领导批准，分别进行补账和注销。会计分录如下：

盘盈资产：

借：固定资产——通用设备	500
贷：非流动资产基金——固定资产	500

盘亏资产：

借:待处置资产损益　　　　　　　　　　　　　　　　2 200

　　贷:固定资产——通用设备　　　　　　　　　　　　　　2 200

借:非流动资产基金——固定资产　　　　　　　　　　2 200

　　贷:待处置资产损益　　　　　　　　　　　　　　　　　2 200

六、在建工程的核算

为了核算事业单位在建工程的实际成本,应设置"在建工程"总账科目。本科目核算事业单位已经发生必要支出,但尚未完工交付使用的各种建筑(包括新建、改建、扩建、修缮等)和设备安装工程的实际成本。本科目期末借方余额,反映事业单位尚未完工的在建工程发生的实际成本。本科目应当按照工程性质和具体工程项目等进行明细核算。事业单位的基本建设投资应当按照国家有关规定单独建账、单独核算,同时按照本制度的规定至少按月并入本科目及其他相关科目反映。事业单位应当在本科目下设置"基建工程"明细科目,核算由基建账套并入的在建工程成本。

(一)建筑工程

(1)将固定资产转入改建、扩建或修缮等时,按照固定资产的账面价值,借记本科目,贷记"非流动资产基金——在建工程"科目;同时,按照固定资产对应的非流动资产基金,借记"非流动资产基金——固定资产"科目,按照已计提折旧,借记"累计折旧"科目,按照固定资产的账面余额,贷记"固定资产"科目。

(2)根据工程价款结算账单与施工企业结算工程价款时,按照实际支付的工程价款,借记本科目,贷记"非流动资产基金——在建工程"科目;同时,借记"事业支出"等科目,贷记"财政补助收入""零余额账户用款额度""银行存款"等科目。

(3)事业单位为建筑工程借入的专门借款的利息,属于建设期间发生的,计入在建工程成本,借记本科目,贷记"非流动资产基金——在建工程"科目;同时,借记"其他支出"科目,贷记"银行存款"科目。

(4)工程完工交付使用时,按照建筑工程所发生的实际成本,借记"固定资产"科目,贷记"非流动资产基金——固定资产"科目;同时,借记"非流动资产基金——在建工程"科目,贷记本科目。

(二)设备安装

(1)购入需要安装的设备,按照确定的成本,借记本科目,贷记"非流动资产基金——在建工程"科目;同时,按照实际支付金额,借记"事业支出""经营支出"等科目,贷记"财政补助收入""零余额账户用款额度""银行存款"等科目。

融资租入需要安装的设备,按照确定的成本,借记本科目,按照租赁协议或者合同确定的租赁价款,贷记"长期应付款"科目,按照其差额,贷记"非流动资产基金——在建工程"科目。同时,按照实际支付的相关税费、运输费、途中保险费等,借记"事业支出""经营支出"等科目,贷记"财政补助收入""零余额账户用款额度""银行存款"等科目。

(2)发生安装费用,借记本科目,贷记"非流动资产基金——在建工程"科目;同时,借记"事业支出""经营支出"等科目,贷记"财政补助收入""零余额账户用款额度""银行存款"等科目。

(3)设备安装完工交付使用时,借记"固定资产"科目,贷记"非流动资产基金——固定资产"科目;同时,借记"非流动资产基金——在建工程"科目,贷记本科目。

现举例说明在建工程的核算。

【**例 16-41**】某事业单位决定对一栋旧办公楼进行改建,该旧楼原价 1 500 000 元,累计折旧 1 000 000 元。

借:非流动资产基金——固定资产　　　　　　　　　　　　　　　500 000
　　累计折旧　　　　　　　　　　　　　　　　　　　　　　　1 000 000
　　贷:固定资产——房屋及构筑物　　　　　　　　　　　　　　　　1 500 000
借:在建工程　　　　　　　　　　　　　　　　　　　　　　　　500 000
　　贷:非流动资产基金——在建工程　　　　　　　　　　　　　　　　500 000

【**例 16-42**】通过零余额账户购进各种材料,共计 360 000 元。

借:事业支出　　　　　　　　　　　　　　　　　　　　　　　　360 000
　　贷:零余额账户用款额度——财政授权支付　　　　　　　　　　　　360 000
借:在建工程　　　　　　　　　　　　　　　　　　　　　　　　360 000
　　贷:非流动资产基金——在建工程　　　　　　　　　　　　　　　　360 000

【**例 16-43**】支付人工费用共计 40 000 元。

借:事业支出　　　　　　　　　　　　　　　　　　　　　　　　40 000
　　贷:零余额账户用款额度——财政授权支付　　　　　　　　　　　　40 000
借:在建工程　　　　　　　　　　　　　　　　　　　　　　　　40 000
　　贷:非流动资产基金——在建工程　　　　　　　　　　　　　　　　40 000

【**例 16-44**】办公楼改造完成,并交付使用。

借:非流动资产基金——在建工程　　　　　　　　　　　　　　　900 000
　　贷:在建工程　　　　　　　　　　　　　　　　　　　　　　　900 000
借:固定资产——房屋及构筑物　　　　　　　　　　　　　　　　900 000
　　贷:非流动资产基金——固定资产　　　　　　　　　　　　　　　　900 000

七、无形资产的核算

(一)无形资产计价

事业单位购入的无形资产,应当以实际成本作为入账价值。事业单位自行开发的无形资产,应当以开发过程中实际发生的支出作为入账价值。事业单位转让无形资产,应当按照有关规定进行资产评估,取得的收入除国家另有规定的外应计入事业收入。事业单位取得无形资产发生的支出,应当计入事业支出。

(二)无形资产核算

为了核算事业单位无形资产的增减变动及其摊销情况,应设置"无形资产"总账科目。本科目核算事业单位无形资产的原价,本科目期末贷方余额反映事业单位计提的无形资产摊销累计数。本科目应按无形资产的类别设置明细账,进行明细分类核算。

按月计提无形资产摊销时,按照应计提摊销金额,借记"非流动资产基金——无形资产"科目,贷记本科目。无形资产处置时,按照所处置无形资产的账面价值,借记"待处置资产损溢"科目,按照已计提摊销,借记本科目,按照无形资产的账面余额,贷记"无形资产"科目。

现举例说明无形资产的核算。

【例 16－45】 事业单位从技术市场购入 W 专项技术一项,价款 60 000 元,款项由财政零余额账户直接支付。

借:无形资产——专利权　　　　　　　　　　　　　　　　　　60 000
　贷:非流动资产基金——无形资产　　　　　　　　　　　　　　　60 000
借:事业支出　　　　　　　　　　　　　　　　　　　　　　　60 000
　贷:财政补助收入　　　　　　　　　　　　　　　　　　　　　60 000

【例 16－46】 接受友好人士捐赠的应用软件一项,按照同类资产市场价格 40 000 元入账。

借:无形资产　　　　　　　　　　　　　　　　　　　　　　　40 000
　贷:非流动资产基金——无形资产　　　　　　　　　　　　　　　40 000

【例 16－47】 购入一项土地使用权计价款 456 000 元,另向土地管理局等部门办理手续而支付费用 24 000 元。款项均已签发,转账支票从单位零余额账户支付。

借:无形资产——土地使用权　　　　　　　　　　　　　　　　480 000
　贷:非流动资产基金——无形资产　　　　　　　　　　　　　　480 000
借:事业支出　　　　　　　　　　　　　　　　　　　　　　480 000
　贷:零余额账户用款额度　　　　　　　　　　　　　　　　　480 000

【例 16－48】 承【例 16－44】的资料,购入的 W 技术法定使用年限 10 年,按月摊销价值 500 元。

借:非流动资产基金——无形资产　　　　　　　　　　　　　　　500
　贷:累计摊销　　　　　　　　　　　　　　　　　　　　　　　500

八、长期投资的核算

为了核算长期投资业务,事业单位应设置"长期投资"总账科目。该科目核算事业单位依法取得的,持有时间超过 1 年(不含 1 年)的股权和债权性质的投资,本科目应当按照长期投资的种类和被投资单位等进行明细核算。本科目期末借方余额,反映事业单位持有的长期投资成本。

(一)长期股权投资

1.取得长期股权投资的账务处理

长期股权投资在取得时,应当按照其实际成本作为投资成本。

以货币资金取得的长期股权投资,按照实际支付的全部价款(包括购买价款以及税金、手续费等相关税费)作为投资成本,借记本科目,贷记"银行存款"等科目;同时,按照投资成本金额,借记"事业基金"科目,贷记"非流动资产基金——长期投资"科目。

以固定资产取得的长期股权投资,按照评估价值加上相关税费作为投资成本,借记本科目,贷记"非流动资产基金——长期投资"科目,按发生的相关税费,借记"其他支出"科目,贷记"银行存款""应缴税费"等科目;同时,按照投出固定资产对应的非流动资产基金,借记"非流动资产基金——固定资产"科目,按照投出固定资产已计提折旧,借记"累计折旧"科目,按投出固定资产的账面余额,贷记"固定资产"科目。

以已入账无形资产取得的长期股权投资,按照评估价值加上相关税费作为投资成本,借记本科目,贷记"非流动资产基金——长期投资"科目,按发生的相关税费,借记"其他支出"科目,贷记"银行存款""应缴税费"等科目;同时,按照投出无形资产对应的非流动资产基金,借记"非流动资产基金——无形资产"科目,按照投出无形资产已计提摊销,借记"累计摊销"科目,按照投出无形资产的账面余额,贷记"无形资产"科目。

以未入账无形资产取得的长期股权投资,按照评估价值加上相关税费作为投资成本,借记本科目,贷记"非流动资产基金——长期投资"科目,按发生的相关税费,借记"其他支出"科目,贷记"银行存款""应缴税费"等科目。

2. 转让长期股权投资的账务处理

转让长期股权投资,转入待处置资产时,按照待转让长期股权投资的账面余额,借记"待处置资产损溢——处置资产价值"科目,贷记本科目。

实际转让时,按照所转让长期股权投资对应的非流动资产基金,借记"非流动资产基金——长期投资"科目,贷记"待处置资产损溢——处置资产价值"科目。

因被投资单位破产清算等原因,有确凿证据表明长期股权投资发生损失,按规定报经批准后予以核销。将待核销长期股权投资转入待处置资产时,按照待核销的长期股权投资账面余额,借记"待处置资产损溢"科目,贷记本科目。

报经批准予以核销时,借记"非流动资产基金——长期投资"科目,贷记"待处置资产损溢"科目。

现举例说明长期股权投资核算。

【例16-49】某单位用固定资产作价与另一单位合资兴建一联营企业所投固定资产账面原值500 000元,双方协商作价620 000元。会计分录如下:

借:长期投资		620 000
贷:非流动资产基金——长期投资		620 000
借:非流动资产基金——固定资产		500 000
贷:固定资产		500 000

【例16-50】某单位收回一项联营投资,原投资额为70 000元,实际收回50 000元,款项已存入银行。会计分录如下:

借:待处置资产损溢		70 000
贷:长期投资		70 000
借:非流动资产基金——长期投资		70 000
贷:待处置资产损溢		70 000
借:银行存款		50 000
贷:待处置资产损溢		50 000

【例16-51】购买乙公司股票12 000股,每股买价10元,相关税费10 000元,以银行存款支付全部价款130 000元。

借:长期投资——股权投资		130 000
贷:银行存款		130 000
借:事业基金		130 000
贷:非流动资产基金——长期投资		130 000

(二)长期债券投资

长期债券投资在取得时,应当按照其实际成本作为投资成本。以货币资金购入的长期债券投资,按照实际支付的全部价款(包括购买价款以及税金、手续费等相关税费)作为投资成本,借记本科目,贷记"银行存款"等科目;同时,按照投资成本金额,借记"事业基金"科目,贷记"非流动资产基金——长期投资"科目。

对外转让或到期收回长期债券投资本息,按照实际收到的金额,借记"银行存款"等科目,按照收回长期投资的成本,贷记本科目,按照其差额,贷记或借记"其他收入——投资收益"科目;同时,按照收回长期投资对应的非流动资产基金,借记"非流动资产基金——长期投资"科目,贷记"事业基金"科目。

现举例说明长期债券投资的核算。

【例 16-52】某事业单位购入国家重点建设债券 78 000 元,另支付经纪人佣金 120 元,款项以银行存款支付。会计分录如下:

借:长期投资   78 120
 贷:银行存款   78 120
借:事业基金   78 120
 贷:非流动资产基金——长期投资   78 120

【例 16-53】以前年度购买的债券已经到期,当时的购买成本为 51 000 元,现收回本金和利息共计 60 000 元,其中利息收入 9 000 元,款项已收存银行。

借:银行存款   60 000
 贷:长期投资——债券投资   51 000
 其他收入——投资收益   9 000
借:非流动资产基金——长期投资   51 000
 贷:事业基金   51 000

九、待处置资产损溢的核算

为了核算待处置资产的价值及处置损溢,事业单位应设置"待处置资产损溢"科目。事业单位资产处置包括资产的出售、出让、转让、对外捐赠、无偿调出、盘亏、报废、毁损以及货币性资产损失核销等。本科目应当按照待处置资产项目进行明细核算;对于在处置过程中取得相关收入、发生相关费用的处置项目,还应设置"处置资产价值""处置净收入"明细科目,进行明细核算。本科目期末如为借方余额,反映尚未处置完毕的各种资产价值及净损失;期末如为贷方余额,反映尚未处置完毕的各种资产净溢余。年度终了报经批准处理后,本科目一般应无余额。

事业单位处置资产一般应当先记入本科目,按规定报经批准后及时进行账务处理。年度终了结账前一般应处理完毕。

待处置资产损溢的主要账务处理如下:

(一)按规定报经批准予以核销的应收及预付款项、长期股权投资、无形资产

(1)转入待处置资产时,借记本科目(核销无形资产的,还应借记"累计摊销"科目),贷记"应收账款""预付账款""其他应收款""长期投资""无形资产"等科目。

(2)报经批准予以核销时,借记"其他支出"科目[应收及预付款项核销]或"非流动资产基金—长期投资、无形资产"科目[长期投资、无形资产核销],贷记本科目。

(二)盘亏或者毁损、报废的存货、固定资产

(1)转入待处置资产时,借记本科目(处置资产价值)[处置固定资产的,还应借记"累计折旧"科目],贷记"存货""固定资产"等科目。

(2)报经批准予以处置时,借记"其他支出"科目[处置存货]或"非流动资产基金——固定资产"科目[处置固定资产],贷记本科目(处置资产价值)。

(3)处置毁损、报废存货、固定资产过程中收到残值变价收入、保险理赔和过失人赔偿等,借记"库存现金""银行存款"等科目,贷记本科目(处置净收入)。

(4)处置毁损、报废存货、固定资产过程中发生相关费用,借记本科目(处置净收入),贷记"库存现金""银行存款"等科目。

(5)处置完毕,按照处置收入扣除相关处置费用后的净收入,借记本科目(处置净收入),贷记"应缴国库款"等科目。

(三)对外捐赠、无偿调出存货、固定资产、无形资产

(1)转入待处置资产时,借记本科目[捐赠、调出固定资产、无形资产的,还应借记"累计折旧""累计摊销"科目],贷记"存货""固定资产""无形资产"等科目。

(2)实际捐出、调出时,借记"其他支出"科目[捐出、调出存货]或"非流动资产基金——固定资产、无形资产"科目[捐出、调出固定资产、无形资产],贷记本科目。

(四)转让(出售)长期股权投资、固定资产、无形资产

(1)转入待处置资产时,借记本科目(处置资产价值)[转让固定资产、无形资产的,还应借记"累计折旧""累计摊销"科目],贷记"长期投资""固定资产""无形资产"等科目。

(2)实际转让时,借记"非流动资产基金——长期投资、固定资产、无形资产"科目,贷记本科目(处置资产价值)。

(3)转让过程中取得价款、发生相关税费,以及转让价款扣除相关税费后的净收入的账务处理,按照国家规定,比照本科目"(二)"有关毁损、报废存货、固定资产进行处理。

现举例说明待处置资产损溢的核算。

【例16-54】某事业单位期末盘亏事业用材料价值100元,原因待查。会计分录如下:

借:待处置资产损溢   100
  贷:存货——材料   100

查明原因后,批准核销,会计分录如下:

借:其他支出   100
  贷:待处置资产损溢   100

【例16-55】某事业单位期末进行财产清查时,盘亏一项固定资产,其原值为10 000元,已提取折旧2 000元,原因待查。会计分录如下:

借:待处置资产损溢   8 000
  累计折旧   2 000
  贷:固定资产   10 000

查明原因后,批准核销。会计分录如下:

借:非流动资产资金——固定资产   8 000
  贷:待处置资产损溢   8 000

【例16-56】某事业单位向A公司提供非专业业务活动,应收取费用10 000元,货款尚未收到(已逾期三年),并有确凿证据证明确实无法收回。之后报经批准予以核销。以后期间又收回已核销的A公司的应收账款。则会计分录如下:

借:待处置资产损溢　　　　　　　　　　　　　　　　　　　　　10 000
　　贷:应收账款——A公司　　　　　　　　　　　　　　　　　　　　10 000
借:其他支出　　　　　　　　　　　　　　　　　　　　　　　　　10 000
　　贷:待处置资产损溢　　　　　　　　　　　　　　　　　　　　　10 000
借:银行存款　　　　　　　　　　　　　　　　　　　　　　　　　10 000
　　贷:其他收入　　　　　　　　　　　　　　　　　　　　　　　　10 000

【例16-57】某事业单位为增值税一般纳税人,对外捐赠非自用材料,成本为10 000元,增值税进项税额为1 700元。

借:待处置资产损溢　　　　　　　　　　　　　　　　　　　　　11 700
　　贷:存货——材料　　　　　　　　　　　　　　　　　　　　　10 000
　　　　应交税费——应交增值税(进项税额转出)　　　　　　　　　 1 700
实际减少时:
借:其他支出　　　　　　　　　　　　　　　　　　　　　　　　　11 700
　　贷:待处置资产损溢　　　　　　　　　　　　　　　　　　　　　11 700

【例16-58】某事业单位转让一笔账面成本为10 000元的长期股权投资,转让时,实际收到价款12 000元,转让过程中发生相关支出5 000元。

借:待处置资产损溢——处置资产价值　　　　　　　　　　　　　10 000
　　贷:长期投资——长期股权投资　　　　　　　　　　　　　　　10 000
借:非流动资产基金——长期投资　　　　　　　　　　　　　　　10 000
　　贷:待处置资产损溢——处置资产价值　　　　　　　　　　　　10 000
借:银行存款　　　　　　　　　　　　　　　　　　　　　　　　12 000
　　贷:待处置资产损溢——处置净收入　　　　　　　　　　　　　12 000
借:待处置资产损溢——处置净收入　　　　　　　　　　　　　　 5 000
　　贷:银行存款　　　　　　　　　　　　　　　　　　　　　　　 5 000
借:待处置资产损溢——处置净收入　　　　　　　　　　　　　　 7 000
　　贷:应缴国库款　　　　　　　　　　　　　　　　　　　　　　 7 000

【例16-59】某事业单位将一台设备出售,该设备原值为10 000元,已提取折旧1 000元,双方协议售价为8 000元,款项直接存入银行(假设无相关税费)。

借:待处置资产损溢——处置资产价值　　　　　　　　　　　　　 9 000
　　累计折旧　　　　　　　　　　　　　　　　　　　　　　　　 1 000
　　贷:固定资产　　　　　　　　　　　　　　　　　　　　　　　10 000
借:非流动资产基金——固定资产　　　　　　　　　　　　　　　 9 000
　　贷:待处置资产损溢——处置资产价值　　　　　　　　　　　　 9 000
借:银行存款　　　　　　　　　　　　　　　　　　　　　　　　 8 000
　　贷:待处置资产损溢——处置净收入　　　　　　　　　　　　　 8 000
借:待处置资产损溢——处置净收入　　　　　　　　　　　　　　 8 000
　　贷:应缴国库款　　　　　　　　　　　　　　　　　　　　　　 8 000

【例16-60】某事业单位转让一项一年前取得的专利权,双方协议价为100 000元,专利权转让过程中发生相关税费2 000元,款项已通过银行存款支付。已知该专利权取得时的成本为 150 000 元,有效期限为 5 年,已提取摊销 30 000 元。

借:待处置资产损溢——处置资产价值	120 000	
累计摊销	30 000	
贷:无形资产		150 000
借:非流动资产基金——无形资产	120 000	
贷:待处置资产损溢——处置资产价值		120 000
借:银行存款	100 000	
贷:待处置资产损溢——处置净收入		100 000
借:待处置资产损溢——处置净收入	2 000	
贷:银行存款		2 000
借:待处置资产损溢——处置净收入	98 000	
贷:应缴国库款		98 000

关键术语

存货　应收票据　应收账款　零余额账户用款额度　财政应返还额度　固定资产
无形资产　长期投资　在建工程

复习思考题

1.什么是事业单位的资产? 它包括哪些内容?

2.单位零余额账户用款额度是否是单位的一项流动资产? 为什么?

3.事业单位的财政应返还额度如何进行会计核算?

4.事业单位的应收及预付款项包括哪些内容? 如何核算?

5.事业单位的材料如何计价和核算?

6.什么是事业单位的固定资产? 它有哪些种类? 如何核算?

7.什么是事业单位的无形资产? 它有哪些种类? 如何核算?

练 习 题

练习一

1.目的:练习事业单位资产的核算。

2.要求:根据下列资料编制相关业务会计分录。

3.资料:某事业单位纳入国库集中收付制度改革,本月发生的部分经济业务如下:

(1)收到单位零余额账户代理银行转来的财政授权支付额度到账通知书,该单位获得财政授权支部额度 50 000 元。

(2)张三出差,预借差旅费 3 000 元,从银行提现,以现金付讫。

(3)因急需资金,将两个月前收到的期限为 6 个月、面额为 5 000 元、年利率为 10% 的商业汇票到银行办理贴现,贴现率为 12%。

(4)月底,张三出差回来,报销差旅费 2 800 元,退回余款。

(5)购入经营用的乙材料 500 公斤,单价 20 元,计 10 000 元,专用发票注明增值税额 1 700元,款项已通过银行付讫,材料已验收入库。

（6）仓库保管部门送来"发料凭证汇总表"列明：为开展专业活动领用乙材料 3 000 元，为开展经营活动领用乙材料 5 000 元。

（7）以事业经费购入一台办公设备，价款合计 20 000 元，款项以单位零余额账户支付，设备已验收入库。

（8）接受外单位捐赠设备一台，按市场估计价值为 20 000 元。同时，开出转账支票支付运输费 500 元，调试安装费 1 000 元，从经费中列支。

（9）兑换到期的国库券 50 000 元，利息收入 2 000 元，款项均存入银行。

（10）以某项固定资产对 B 公司进行投资，经评估其价值为 60 000 元，该项资产账面原价50 000 元。

练习二

1.目的：练习事业单位资产的核算。

2.要求：按照新事业单位会计制度给下列资料编制相关业务会计分录。

3.资料：某事业单位尚未实行国库集中支付制度。2017 年发生如下业务：

（1）供货商签订一项合同，购入一批固定资产，合同金额为 550 000 元。以财政部门拨入的用于购置固定资产的项目经费 500 000 元先行支付。合同规定余款于 2017 年底前付清。2017 年，收到固定资产及供货商提供的有关发票账单时，借记事业支出 550 000 元，贷记银行存款 500 000 元，应付账款 50 000 元；同时，借记固定资产 550 000 元，贷记固定基金 550 000元。2017 年底支付余款时，借记应付账款 50 000 元，贷记银行存款 50 000 元。

（2）本单位拥有的一项专利权对外投资，该专利权的账面价值为 100 000 元，双方协商价为 80 000 元，单位以 100 000 元作为对外投资的入账价值。

（3）买分期付息国库券 250 000 元，并支付手续费 2 000 元，增加应收票据，减少银行存款25 2 000 元；年末，取得国债收益 5 000 元，存入银行，增加投资收益 5 000 元。

（4）一年期存款到期，本金 200 000 元，利率 2‰，收回本息，增加"其他收入——利息收入4 000 元"。

（5）当年固定资产核算改为采用提取折旧的方法，计提折旧 3 000 元。

（6）受其他单位捐赠复印设备一套，价值 80 000 元，捐赠收入相应增加 80 000 元。

（7）以前年度账务处理时漏记固定基金 100 000 元，收入少计 50 000 元，该单位将漏记固定基金直接增加固定资产和固定基金，少计收入直接记入本年收入。

第十七章　事业单位负债与净资产的核算

负债是指事业单位所承担的能以货币计量,需要以资产或劳务偿还的债务,包括各类借款、应付及预收款项和各种应缴款项等。净资产是指事业单位资产扣除负债后的余额,包括各类基金、财政补助结转结余及非财政补助结转结余等。通过本章学习,应该掌握事业单位负债和净资产的内容、管理原则以及各项负债和净资产的账务处理要求和核算方法。重点掌握预算管理制度改革后对事业单位负债和净资产管理和会计核算方面的新规定和要求。

第一节　负债的管理

一、负债的概念和内容

(一)负债的概念

负债是指事业单位所承担的能以货币计量,需要以资产或者劳务偿还的债务。事业单位的负债包括借入款项、应付款项、暂存款项、应缴款项等。

(二)负债的内容

事业单位负债主要包括:

1. 借入款项

借入款项是指事业单位从财政部门、上级主管部门、金融机构借入的有偿使用的款项。事业单位的借入款,无论用于哪个方面,只要借入了这项资金,就构成了一项负债。归还借入款时,除了归还借入的本金,还应支付利息。期末尚未归还的借入款的本金,应反映在"资产负债表"的流动负债有关项目内。

2. 应付及预收款项

应付及预收款项是指单位在各项业务活动开展中由于采用商业汇票结算方式,以及预收或其他原因形成的应向有关方面收取的款项。它包括应付票据、应付账款、预收账款和其他应付款等。应付及预收款项应及时清理结算。

3. 应缴款项

事业单位的各种应缴款项,包括按财政部门规定应缴入国库的预算资金、应缴财政专户的预算外资金、应缴税金以及其他按上级单位规定应上缴的款项。

4. 应付薪酬

事业单位应付职工薪酬是指事业单位按照国家规定应发放给在职人员或离退休人员的工资、离退休费、津贴补贴和其他个人收入。

二、负债管理的要求

1. 借入款项管理

事业单位的借入款项，主要用于特殊性和临时性的资金需求，要考虑自身的偿还能力，要符合政策、遵守信用，同时考虑资金的经济效益要求，期末尚未归还的借入款的本金，应反映在"资产负债表"的流动负债有关项目内。

2. 应付及预收款项管理

应付票据是由出票人出票，由承兑人允诺在一定时期内支付一定款额的书面证明。在会计核算中，购买商品在采用商业汇票结算方式下，如果开出的是商业承兑汇票，必须由付款方（购买单位）承兑；由银行承兑的汇票，必须经银行承兑。在商业汇票尚未到期前，视为一笔负债，期末反映在资产负债表上的应付票据项目内。付款单位应在商业汇票到期前，及时将款项足额交存其开户银行，可使银行在到期日凭票将款项划转给收款人、被背书人或贴现银行。单位在收到银行的付款通知时，据以编制付款凭证。

应付账款是指因购买材料、商品或接受劳务供应等而发生的债务，是买卖双方在购销活动中由于取得物资与支付货款在时间上不一致而产生的负债。应付账款入收时间的确定，应区别情况处理：在货物和发票账单同时到达的情况下，一般待货物验收入库后，才按发票账单登记应付账款；在物资和发票账单不是同时到达的情况下，在实际中采用在月份终了将所购物资和应付债务估计入账的办法。

3. 应缴预算款管理

应缴预算款是指各单位组织或者代收的事业收入、其他收入中，按规定应当上缴政府预算的收入。单位的应缴预算款主要包括事业单位代收的纳入预算管理的基金、行政性收费收入、无主财物变价收入、罚没收入和其他按预算管理规定应上缴的预算款项等。

各单位办理应缴预算款缴库手续时，分清科目、分清级次、准确上缴。各主管单位办理应缴预算收入缴库手续，填制"一般缴款书"时，"预算级次"栏应当按照财政管理体制规定的收入划分范围，分别填列中央级、省级、地市级或县级。"预算科目"栏中的"款""项""目"各栏，必须按照政府预算收入科目的具体规定，填列齐全，不得省略，也不得以科目代号代替科目全称。

4. 应缴财政专户款管理

事业单位预算外资金是国家财政性资金，由财政部门建立统一财政专户，实行收支两条线管理。预算外资金收入上缴同级财政专户，支出由同级财政部门按预算外资金收支计划，从财政专户中拨付。各级财政部门要在银行设立预算外资金专户，对预算外资金收支活动进行统一核算和统一管理。

各执收部门和单位收取的预算外资金，必须由本部门和本单位的财务部门集中管理，按下列规定上缴同级财政专户：

（1）各种基金、行政事业性收费、以政府信誉取得的集资、募捐的社会保障基金收入、事业单位主管部门集中的收入、预算外资金专户中的利息收入全额上缴财政专户；

（2）事业单位中个别收入数额较大的、特定的服务收入，如广播电视广告收入、房租收入等纳税后按规定的数额或核定收支相抵后的余额上缴财政专户；

（3）各部门和各单位少数收支活动不稳定的预算外资金收入可经财政部门批准按一定的比例或数额定期上缴财政专户。

各部门和单位收取的数额较小、一次性、临时性收入,如内部资料发行费等,经财政部门批准可不上缴财政专户,但要纳入单位财务统一管理,不得设置账外账和小金库。

5.应交税金管理

事业单位从事专业业务活动及辅助活动,开展非独立经营活动取得的收入或收入与支出相抵后的结余等,应当按照税法的规定依法纳税,事业单位依法交纳的税金,有些与事业单位销售产品或提供劳务有关;有些与事业单位的经营结余有关,如所得税;有些与使用某项资产有关,如房产税、车船使用税、土地使用税等。事业单位从事专业业务活动、非独立经营活动等所依法交纳的各种税金,在尚未交纳前形成事业单位的一项负债。各项税金的核算是会计核算的重要组成部分。

事业单位依法交纳的各种税金,主要有增值税、所得税、资源税、房产税、车船使用税、土地使用税、印花税、城市维护建设税等。

6.应付薪酬管理

事业单位应付工资是指事业单位按照国家统一规定发放给在职人员的职务工资、级别工资、年终一次性奖金等。事业单位按国家规定发放给离退休人员的离休、退休飞机经国务院或人事部、财政部批准设立的津贴补贴,属于事业单位的应付离退休费。

事业单位的应付津贴补贴是指事业单位按照地方或部门、单位出台的规定应发放给失业单位职工的地方或部门津贴补贴。

除以上应付工资及应付津贴补贴外,事业单位按照国家规定发给个人的其他收入,包括误餐费、夜餐费、出差人员伙食补助费、市内交通费、出国人员伙食费、公杂费、个人国外零用费等是事业单位的应付其他个人收入。

事业单位应当按照规定将发放工资(离退休费)、地方(部门)津贴补贴和其他个人收入的情况,在部门决算中单独反映。

第二节 负债的核算

一、短期借款的核算

为了核算事业单位借入的期限在1年内(含1年)的各种借款,应设置"短期借款"总账科目。本科目应当按照贷款单位和贷款种类进行明细核算。本科目期末贷方余额,反映事业单位尚未偿还的短期借款本金。

借入各种短期借款时,按照实际借入的金额,借记"银行存款"科目,贷记本科目;归还短期借款时,借记本科目,贷记"银行存款"科目;支付短期借款利息时,借记"其他支出"科目,贷记"银行存款"科目。

现举例说明短期借款的核算。

【例17-1】事业单位为开展经营活动,从银行借入3个月的借款50 000元,借款利率为5%。会计分录如下:

借入款项时:

借:银行存款   50 000
　　贷:短期借款   50 000

支付 3 个月的利息 625 元(50 000×5‰×3/12) 时:

借:其他支出　　　　　　　　　　　　　　　　625
　　贷:银行存款　　　　　　　　　　　　　　　　　　625

归还借入本金时:

借:短期借款　　　　　　　　　　　　　　　50 000
　　贷:银行存款　　　　　　　　　　　　　　　　50 000

二、应付及预收款项的核算

(一)应付票据的核算

为了核算事业单位由于购买材料、物资等商品交易而开出、承兑的商业汇票的实际情况,包括银行承兑汇票和商业承兑汇票,应设置"应付票据"总账科目。本科目应当按照债权单位进行明细核算。事业单位应当设置"应付票据备查簿",详细登记每一应付票据的种类、号数、出票日期、到期日、票面金额、交易合同号、收款人姓名或单位名称,以及付款日期和金额等资料。应付票据到期结清票款后,应当在备查簿内逐笔注销。本科目期末贷方余额,反映事业单位开出、承兑的尚未到期的商业汇票票面金额。

(1)开出、承兑商业汇票时,借记"存货"等科目,贷记本科目。以承兑商业汇票抵付应付账款时,借记"应付账款"科目,贷记本科目。

(2)支付银行承兑汇票的手续费时,借记"事业支出""经营支出"等科目,贷记"银行存款"等科目。

(3)商业汇票到期时,应当分别按以下情况处理:

①收到银行支付到期票据的付款通知时,借记本科目,贷记"银行存款"科目。

②银行承兑汇票到期,本单位无力支付票款的,按照汇票票面金额,借记本科目,贷记"短期借款"科目。

③商业承兑汇票到期,本单位无力支付票款的,按照汇票票面金额,借记本科目,贷记"应付账款"科目。

现举例说明应付票据的核算。

【例 17 - 2】某事业单位采用商业承兑汇票结算方式购入一批材料,根据发票账单,购入材料的价款为 10 000 元,增值税款为 1 700 元,材料已验收入库。单位开出两个月到期的商业承兑汇票。会计分录如下:

开出、承兑的商业汇票时:

借:存货　　　　　　　　　　　　　　　　10 000
　　应缴税费——应缴增值税(进项税额)　　　　1 700
　　贷:应付票据——商业承兑汇票　　　　　　　11 700

票据到期还款时:

借:应付票据——商业承兑汇票　　　　　　　11 700
　　贷:银行存款　　　　　　　　　　　　　　　11 700

(二)应付账款的核算

为了核算事业单位因购买材料、物资、接受劳务等而产生的应付账款及偿还情况,应设置"应付账款"总账科目。本科目应当按照债权单位(或个人)进行明细核算。本科目期末贷方余额,反映事业单位尚未支付的应付账款。

购入材料、物资等已验收入库但货款尚未支付的,按照应付未付金额,借记"存货"等科目,贷记本科目。偿付应付账款时,按照实际支付的款项金额,借记本科目,贷记"银行存款"等科目。

开出、承兑商业汇票抵付应付账款,借记本科目,贷记"应付票据"科目。

无法偿付或债权人豁免偿还的应付账款,借记本科目,贷记"其他收入"科目。

现举例说明应付账款的核算。

【例 17-3】某事业单位向某公司购入办公用品一批,价款 1 000 元,办公用品已验收入库,款项尚未支付。会计分录如下:

借:存货   1 000
  贷:应付账款   1 000

【例 17-4】通过单位零余额账户偿付某公司购买办公用品的款项 1 000 元。会计分录如下:

借:应付账款   1 000
  贷:零余额账户用款额度   1 000

(三)预收账款的核算

为了核算事业单位按合同规定或交易双方约定预收的款项,应设置"预收账款"总账科目。本科目应当按照债权单位(或个人)进行明细核算。本科目期末贷方余额,反映事业单位按合同规定预收但尚未实际结算的款项。

从付款方预收款项时,按照实际预收的金额,借记"银行存款"等科目,贷记本科目。

确认有关收入时,借记本科目,按照应确认的收入金额,贷记"经营收入"等科目,按照付款方补付或退回付款方的金额,借记或贷记"银行存款"等科目。

无法偿付或债权人豁免偿还的预收账款,借记本科目,贷记"其他收入"科目。

预收账款的核算,应视单位的具体情况而定。如果预收账款业务比较多,可以设置"预收账款"科目;预收账款不多的单位,也可将预收的账款直接记入"应收账款"科目的贷方。

现举例说明预收账款的核算。

【例 17-5】事业单位开展专业业务活动接受一批订货合同,按合同规定,货款总额为 15 000 元,预计三个月完成。订货方预付货款 50%,另 50%待产品完工发出后再支付(假设该产品为免税产品)。会计分录如下:

收到预付的货款:

借:银行存款   7 500
  贷:预收账款   7 500

三个月后产品发出:

借:预收账款   15 000
  贷:事业收入   15 000

订货单位补付货款:

借:银行存款   7 500
  贷:预收账款   7 500

(四)其他应付款核算

为了核算事业单位其他应付款的应付、暂收及支付情况,应设置"其他应付款"总账科目。本科目应当按照其他应付款的类别以及债权单位(或个人)进行明细核算。本科目期末贷方余额,反映事业单位尚未支付的其他应付款。

发生其他各项应付及暂收款项时,借记"银行存款"等科目,贷记本科目。支付其他应付款项时,借记本科目,贷记"银行存款"等科目。

无法偿付或债权人豁免偿还的其他应付款项,借记本科目,贷记"其他收入"科目。

现举例说明其他应付款的核算。

【例17-6】收到某企业包装物押金300元,款项已存入银行。会计分录如下:

```
借:银行存款                                    300
  贷:其他应付款                                       300
```

三、应缴款项的核算

(一)应缴国库款核算

为了核算事业单位按规定应缴入国库的款项(应缴税费除外),应设置"应缴国库款"总账科目。本科目应当按照应缴国库的各款项类别进行明细核算。本科目期末贷方余额,反映事业单位应缴入国库但尚未缴纳的款项。

按规定计算确定或实际取得应缴国库的款项时,借记有关科目,贷记本科目。上缴款项时,借记本科目,贷记"银行存款"等科目。

现举例说明应缴国库款的核算。

【例17-7】某事业单位尚未实行国库集中支付,收到农业发展基金收入9 000元。会计分录如下:

```
收到政府性基金时:
借:银行存款                                    9 000
  贷:应缴国库款——政府性基金收入——农业发展基金收入       9 000
上缴财政时:
借:应缴国库款——政府性基金收入——农业发展基金收入       9 000
  贷:银行存款                                       9 000
```

(二)应缴财政专户款的核算

为了核算事业单位按规定应缴入财政专户的款项,应设置"应缴财政专户款"总账科目。本科目应当按照应缴财政专户的各款项类别进行明细核算。本科目期末贷方余额,反映事业单位应缴入财政专户但尚未缴纳的款项。

取得应缴财政专户的款项时,借记有关科目,贷记本科目。上缴款项时,借记本科目,贷记"银行存款"等科目。

现举例说明应缴财政专户款的核算。

【例17-8】某事业单位尚未实行非税收入收缴制度改革,收到事业性收费29 000元,按财政部门规定上述款项应上缴财政专户,月底,该单位全部上缴财政专户。会计分录如下:

```
收到款项时:
借:银行存款                                    29 000
```

    贷：应缴财政专户款——事业性收费   29 000

上缴财政专户时：

借：应缴财政专户款——事业性收费   29 000

    贷：银行存款   29 000

（三）应交税金的核算

1. 应交增值税的核算

事业单位应交的增值税，在"应交税金"科目下设置"应交增值税"明细科目进行核算。"应交增值税"明细科目的贷方反映销售产品或提供劳务应交纳的增值税额，其借方已交纳的增值税；期末借方余额，反映事业单位多交或尚未抵扣的增值税；期末贷方余额，反映尚未交纳的增值税。属于一般纳税人的事业单位其"应交税金——应交增值税"科目应分别设置"进项税额""已交税金""销项税额"等专栏。各专栏反映的经济内容为：

"进项税额"专栏，记录事业单位购入货物或接受应税劳务而支付的、准予从销项税额中抵扣的增值税额。事业单位购入货物或接受应税劳务支付的进项税额，用蓝字登记；退回所购货物应冲销的进项税额，用红字登记。

"已交税金"专栏，记录事业单位已交纳的增值税额。事业单位已交纳的增值税额用蓝字登记；退回多交的增值税额用红字登记。

"销项税额"专栏，记录事业单位销售产品或提供应税劳务应收取的增值税额。事业单位销售产品或提供应税劳务应收取的销项税额，用蓝字登记；退回销售产品应冲销销项税额，用红字登记。

属于一般纳税人的事业单位，从税务角度看，一是可以使用增值税专用发票，事业单位销售货物或提供劳务可以开具增值税专用发票（或完税凭证或购进免税农产品凭证或收购废旧物资凭证，下同）；二是购入货物取得的增值税专用发票上注明的增值税额可以用销项税额抵扣；三是如果事业单位销售货物或者提供劳务采用销售额和销项税额合并定价方法，按公式"销售额＝含税销售额÷（1＋税率）"还原为不含税销售额，并按不含税销售额计算销项税额。

属于增值税一般纳税人的事业单位购入非自用材料的，按确定的成本（不含增值税进项税额），借记"存货"科目，按增值税专用发票上注明的增值税额，借记本科目（应缴增值税——进项税额），按实际支付或应付的金额，贷记"银行存款""应付账款"等科目。

属于增值税一般纳税人的事业单位所购进的非自用材料发生盘亏、毁损、报废、对外捐赠、无偿调出等税法规定不得从增值税销项税额中抵扣进项税额的，将所购进的非自用材料转入待处置资产时，按照材料的账面余额与相关增值税进项税额转出金额的合计金额，借记"待处置资产损溢"科目，按材料的账面余额，贷记"存货"科目，按转出的增值税进项税额，贷记本科目（应缴增值税——进项税额转出）。

属于增值税一般纳税人的事业单位销售应税产品或提供应税服务，按包含增值税的价款总额，借记"银行存款""应收账款""应收票据"等科目，按扣除增值税销项税额后的价款金额，贷记"经营收入"等科目，按增值税专用发票上注明的增值税金额，贷记本科目（应缴增值税——销项税额）。

属于增值税一般纳税人的事业单位实际缴纳增值税时，借记本科目（应缴增值税——已交税金），贷记"银行存款"科目。

现举例说明应交增值税的核算。

【例 17 - 9】 购入一批材料,增值税专用发票上注明的原材料价款 6 000 000 元,增值税额为 1 020 000 元。款项已通过银行存款方式支付,材料到达并验收入库。该单位当期销售产品收入为 12 000 000 元(不含应向购买者收取的增值税),货款尚未收到。假如该产品的增值税率为 17%。会计分录如下:

材料入库:

借:存货　　　　　　　　　　　　　　　　　　　　　　　　6 000 000

　　应缴税费——应缴增值税(进项税额)　　　　　　　　　　1 020 000

　　贷:银行存款　　　　　　　　　　　　　　　　　　　　　　　7 020 000

实现销售时:销项税额＝12 000 000×17%＝204 000(元)

借:应收账款　　　　　　　　　　　　　　　　　　　　　　14 040 000

　　贷:经营收入　　　　　　　　　　　　　　　　　　　　　　12 000 000

　　　应缴税费——应缴增值税(销项税额)　　　　　　　　　　2 040 000

从会计核算角度看,首先小规模纳税人购入货物无论是否具有增值税专用发票,其支付的增值税额计入购入货物的成本。相应地,其他事业单位从小规模纳税人购入货物或接受劳务支付的增值税额,如果不能取得增值税专用发票,也不能作为进项税额抵扣,而应计入购入货物或应税劳务的成本;其次,小规模纳税人的销售收入按不含税价格计算;另外,小规模纳税人"应交税金——应交增值税"科目,应采用三栏式账户。

属于增值税小规模纳税人的事业单位销售应税产品或提供应税服务,按实际收到或应收的价款,借记"银行存款""应收账款""应收票据"等科目,按实际收到或应收价款扣除增值税额后的金额,贷记"经营收入"等科目,按应缴增值税金额,贷记本科目(应缴增值税)。实际缴纳增值税时,借记本科目(应缴增值税),贷记"银行存款"科目。

现举例说明小规模纳税人应交增值税的核算。

【例 17 - 10】 某事业单位为小规模纳税单位,本期购入材料,按照增值税专用发票上记载的材料成本为 1 000 000 元,支付的增值税额为 170 000 元,事业单位开出、承兑的商业汇票,材料尚未到达。该单位本期销售产品,含税价格为 900 000 元,货款尚未收到。会计分录如下:

购进货物:

借:存货　　　　　　　　　　　　　　　　　　　　　　　　1 170 000

　　贷:应付票据　　　　　　　　　　　　　　　　　　　　　　1 170 000

销售货物:

不含税价格＝900 000÷(1＋3%)＝873 800(元)

应缴增值税＝873 800×3%＝26 200(元)

借:应收账款　　　　　　　　　　　　　　　　　　　　　　　900 000

　　贷:经营收入　　　　　　　　　　　　　　　　　　　　　　873 800

　　　应缴税费——应缴增值税　　　　　　　　　　　　　　　　26 200

2. 应交城市维护建设税、教育费附加的核算

发生城市维护建设税、教育费附加纳税义务的,按税法规定计算的应缴税费金额,借记"待处置资产损溢——处置净收入"科目[出售不动产应缴的税费]或有关支出科目,贷记本科目。实际缴纳时,借记本科目,贷记"银行存款"科目。

现举例说明应交城市维护税、教育费附加的核算。

【例 17-11】某小规模纳税人事业单位对外单位开展非独立核算经营活动,取得劳务收入 3 万元,经计算城市维护建设税额为 63 元,教育费附加 27 元,会计分录如下:

借:经营支出　　　　　　　　　　　　　　　　　　　　　　　　　90
　　贷:应缴税费——应缴城市建设维护建设税　　　　　　　　　　63
　　　　　　　　——教育费附加　　　　　　　　　　　　　　　　27

3. 应交所得税的核算

事业单位按规定应交的所得税,在"应交税金"科目下,设置"应交所得税"明细科目。"应交所得税"明细科目的贷方反映应交的所得税,借方反映尚未交纳的所得税。

发生企业所得税纳税义务的,按税法规定计算的应缴税金数额,借记"非财政补助结余分配"科目,贷记本科目。实际缴纳时,借记本科目,贷记"银行存款"科目。

现举例说明应交所得税的核算。

【例 17-12】某事业单位发生以下应交所得税的相关业务:

(1)年末计算本年应交的企业所得税为 23 780 元。

借:非财政补助结余分配——计提企业所得税　　　　　　　　23 780
　　贷:应交税金——应交企业所得税　　　　　　　　　　　　23 780

(2)用银行存款缴纳企业所得税 23 780 元。

借:应交税金——应交所得税　　　　　　　　　　　　　　　23 780
　　贷:银行存款　　　　　　　　　　　　　　　　　　　　　23 780

4. 应交房产税、土地使用税、车船使用税和印花税的核算

事业单位按规定计算应交的房产税、土地使用税、车船使用税,借记"事业支出"或"经营支出"科目,贷记"应交税金——应交房产税、土地使用税、车船使用税"科目;上交时,借记"应交税金——应交房产税、土地使用税、车船使用税"科目,贷记"银行存款"科目。

由于事业单位交纳的印花税,是由纳税人根据规定自行计算应纳税额以购买并一次贴足印花税票的方法交纳的税款。即一般情况下,事业单位需要预先购买印花税票,待发生应税行为时,再根据凭证性质和规定的比例税率或者按件计算应纳税额,将已购买的印花税票粘贴在应纳税凭证上,并在每枚税票的骑缝处盖戳注销或者划销,办理完税手续。事业单位交纳的印花税,不会发生应付未付税款的情况,不需要预计应纳税金额,同时也不存在与税务机关结算或清算的问题,因此,事业单位交纳的印花税不需要通过"应交税金"科目核算,于购买印花税票时,直接借记"事业支出"或"经营支出"科目,贷记"银行存款"等科目。

四、应付职工薪酬的核算

为了核算事业单位按有关规定应付给职工及为职工支付的各种薪酬,应设置"应付职工薪酬"总账科目。本科目应当根据国家有关规定按照"工资(离退休费)""地方(部门)津贴补贴""其他个人收入"以及"社会保险费""住房公积金"等进行明细核算。本科目期末贷方余额,反映事业单位应付未付的职工薪酬。

计算当期应付职工薪酬时,借记"事业支出""经营支出"等科目,贷记本科目;向职工支付工资、津贴补贴等薪酬,借记本科目,贷记"财政补助收入""零余额账户用款额度""银行存款"等科目。

按税法规定代扣代缴个人所得税,借记本科目,贷记"应缴税费——应缴个人所得税"科目;按照国家有关规定缴纳职工社会保险费和住房公积金,借记本科目,贷记"财政补助收入""零余额账户用款额度""银行存款"等科目;从应付职工薪酬中支付其他款项,借记本科目,贷记"财政补助收入""零余额账户用款额度""银行存款"等科目。

现举例说明应付职工薪酬核算。

【例 17-13】某事业单位计提本月在职人员工资 90 000 元,岗位津贴 60 000 元,共计 150 000 元。工资通过财政直接支付发放,津贴补贴采用财政授权支付方式通过单位零余额账户发放。从工资中代扣代缴个人所得税 2 000 元。会计分录如下:

计提工资、津贴补贴时:

借:事业支出	150 000
贷:应付职工薪酬——工资	90 000
——津贴补贴	60 000

代扣个人所得税:

借:应付职工薪酬——工资	2 000
贷:应缴税费——应缴个人所得税	2 000

发放工资、津贴时:

借:应付职工薪酬——工资	88 000
贷:财政补助收入	88 000
借:应付职工薪酬——津贴补贴	60 000
贷:零余额账户用款额度	60 000

代缴个人所得税时:

借:应缴税费——应缴个人所得税	2 000
贷:财政补助收入	2 000

五、长期借款核算

为了核算事业单位借入的期限超过 1 年(不含 1 年)的各种借款,应设置"长期借款"总账科目,本科目应当按照贷款单位和贷款种类进行明细核算。对于基建项目借款,还应按具体项目进行明细核算。本科目期末贷方余额,反映事业单位尚未偿还的长期借款本金。

(1)借入各项长期借款时,按照实际借入的金额,借记"银行存款"科目,贷记本科目。归还长期借款时,借记本科目,贷记"银行存款"科目。

(2)为购建固定资产支付的专门借款利息,分别以下列情况处理:

①属于工程项目建设期间支付的,计入工程成本,按照支付的利息,借记"在建工程"科目,贷记"非流动资产基金——在建工程"科目;同时,借记"其他支出"科目,贷记"银行存款"科目。

②属于工程项目完工交付使用后支付的,计入当期支出但不计入工程成本,按照支付的利息,借记"其他支出"科目,贷记"银行存款"科目。

(3)其他长期借款利息,按照支付的利息金额,借记"其他支出"科目,贷记"银行存款"科目。

现举例说明长期借款的核算。

【例 17－14】 某事业单位借款 3 000 000 元,用于办公楼改建,借款利率为 8%,借款期限 2 年。该办公楼账面余额 5 000 000 元,已计提折旧 2 000 000 元,于本年年初转入改建,至本年年末累计发生建设费用 3 000 000 元。

发生借款时:

借:银行存款 3 000 000

　　贷:长期借款 3 000 000

将固定资产转入改建时:

借:在建工程 3 000 000

　　贷:非流动资产基金——在建工程 3 000 000

借:非流动资产基金——固定资产 3 000 000

　　累计折旧 2 000 000

　　贷:固定资产 5 000 000

发生改建费用时:

借:在建工程 3 000 000

　　贷:非流动资产基金——在建工程 3 000 000

借:事业支出 3 000 000

　　贷:银行存款 3 000 000

计提本年借款利息:

借:在建工程 240 000

　　贷:非流动资产基金——在建工程 240 000

借:其他支出 240 000

　　贷:长期借款——应计利息 240 000

六、长期应付款的核算

为了核算事业单位发生的偿还期限超过 1 年(不含 1 年)的应付款项,应设置"长期应付款"总账科目。本科目应当按照长期应付款的类别以及债权单位(或个人)进行明细核算。本科目期末贷方余额,反映事业单位尚未支付的长期应付款。

发生长期应付款时,借记"固定资产""在建工程"等科目,贷记本科目、"非流动资产基金"等科目。支付长期应付款时,借记"事业支出""经营支出"等科目,贷记"银行存款"等科目;同时,借记本科目,贷记"非流动资产基金"科目。

无法偿付或债权人豁免偿还的长期应付款,借记本科目,贷记"其他收入"科目。

第三节　净资产的管理

一、净资产的概念与内容

(一)净资产的概念

事业单位的净资产是指资产减去负债的差额,包括事业基金、固定基金、专用基金、结余等。它是国家或有关方面为兴办、维持或发展某种社会事业而建立的以价值量表现的物质基础的来源。事业单位正是凭借这部分物质基础得以开展各项事业的业务运营活动。

从预算会计的"资产＝负债＋净资产"的会计恒等式角度看,事业单位在业务活动开展过程中所拥有的全部资产,主要来源于两个方面:一是向债权人(金融机构、财政部门、上级单位等)借入。这些债权人将资产借付给单位后,保留着在未来时期收回这部分资产的权利,即这部分资产不属于单位的自有资产,只是暂时为单位所占有和使用。二是单位通过负债之外其他来源渠道形成。

事业单位在负债之外的资金来源渠道,即在负债之外引起单位资产增加的情况,又表现在:一方面财政部门或上级单位拨入周转启动或周转使用的资金。这是单位开展业务活动最初的、最基本的资金来源,它与单位在业务活动开展过程中财政部门或上级单位拨入的各种财政预算资金和非财政预算资金存在本质差别。后者属于单位的收入,是用于抵补和补偿单位在业务活动开展中所发生的各项支出,所以收支相抵后,不一定会引起单位资产的增加,而前者的拨款收到后,作为单位业务活动开展所必不可少的周转金,只能用于临时周转使用,而不能转作单位的支出,所以它会引起单位资产的增加。另一方面单位在业务活动开展中实现的结余和从收入中预提某些费用,也会引起单位资产相应地增加。事业单位在负债之外的上述两条资金来源渠道下所增加的资产,不存在着未来时期以资产或劳务偿还的问题,属于单位的自有资产。与此相适应,这种资金来源故称净资产。

(二)净资产的内容

事业单位净资产的内容主要包括:

1.事业基金

事业基金是政府、全民所有制经济组织或集体所有制经济组织,为兴办或发展社会事业而投入的流动资产等,也即事业单位拥有的非限定用途的净资产。它主要包括事业单位历年滚存的结余资金。

2.非流动资产基金

非流动资产基金是指事业单位非流动资产占用的金额,反映事业单位长期投资、固定资产、在建工程、无形资产等非流动资产占用的金额。一般情况下,非流动资产基金与长期资产项目具有对应关系。

3.专用基金

专用基金是指事业单位按规定提取、设置的有专门用途的资金,属于限定用途的资金来源,主要包括修购基金、职工福利基金、医疗基金、住房基金及其他基金。专用基金管理应当遵循先提后用、收支平衡、专款专用的原则,支出不得超出基金规模。

(1)修购基金,即按照事业收入和经营收入的一定比例提取,并按照规定在相应的购置和修缮科目中列支(各列50%),以及按照其他规定转入,用于事业单位固定资产维修和购置的资金。事业收入和经营收入较少的事业单位可以不提取修购基金,实行固定资产折旧的事业单位不提取修购基金。

(2)职工福利基金,即按照非财政拨款结余的一定比例提取以及按照其他规定提取转入,用于单位职工的集体福利设施、集体福利待遇等的资金。

(3)其他基金,即按照其他有关规定提取或者设置的专用资金。

4.结余

事业单位的结余包括事业结余和经营结余。事业结余是指事业单位在一定期间除经营收支以外各项收支相抵后的余额（不含实行预算外资金结余上缴办法的预算外资金结余）。经营结余是指单位在一定期间各项经营收入与经营支出相抵后的余额。单位实现的结余是各项基金的形成基础。

（1）财政补助结余。财政补助结转是指事业单位当年支出预算已执行但尚未完成或因故未执行，下年需按原用途继续使用的财政补助资金。财政补助结转包括基本支出结转和项目支出结转。

（2）非财政补助结转。非财政补助结转是指事业单位除财政补助收支以外的各专项资金收入与其相关支出相抵后剩余滚存的、须按规定用途使用的结转资金。

（3）事业结余。事业结余是指事业单位一定期间除财政补助收支、非财政专项资金收支和经营收支以外各项收支相抵后的余额。

（4）经营结余。经营结余是指事业单位一定期间各项经营收支相抵后余额弥补以前年度经营亏损后的余额。

二、净资产管理的要求

1. 事业基金管理

事业单位在开展业务活动过程中，需要经常储存一定数量的材料物资和备用金等周转性资金，因此，事业单位必须设置事业储备周转金，以保证材料物资的及时供应和业务活动的顺利开展。事业储备周转金的来源以往主要来自两个方面：一是经业务主管部门批准从本单位的历年滚存的结余资金中提留设置；二是由财政部门或业务主管部门拨给的专项经费。事业储备周转金是供事业单位长期周转使用的资金，相当于企业过去的流动基金，与其对应的是事业单位的流动资金如现金、银行存款、应收及预付款项、材料等。

事业单位的滚存结余资金，包括原事业行政单位预算会计制度中预算资金和其他资金（预算外资金）内属于储备性质的周转和事业发展性质的专用基金。差额预算单位和自收自支单位，每年由结余或收益中提存的事业发展基金，其滚存结余也应由专用基金划转到事业基金滚存结余资金。

事业单位为了维持和发展社会事业，在国家政策引导下，以一部分固定资产或无形资产对外投资，兴办产业，这部分的资产产权仍属于事业单位。除了在对外投资中反映外，也应在事业基金中反映。

事业单位当年的结余在按规定进行分配后，剩余的部分也应转入事业基金。

事业基金也是事业单位资产净值保值、增值和减值的衡量尺度。事业单位要立足社会的需要，努力提高为人民服务、为社会建设服务、为国民经济发展服务的功能，提供优质的事业服务，合法、合理地组织各项收入，贯彻勤俭办事业的方针，加强内部经济管理，逐步提高结余，扩大事业基金的来源，用以促进事业的发展。

2. 非流动资产资金管理

非流动资产资金反映事业单位长期投资、固定资产、在建工程和无形资产等非流动资产占用的金额。非流动资产是相对流动资产而言的一个概念，具有占用资金多、周转速度慢、变现能力差等特点。因此，其资产管理和会计核算也有特殊的要求。应按照各自不同特点，分别采用不同的程序和管理办法。

3. 专用基金管理

专用基金是指事业单位按规定提取、设置的有专门用途的资金,主要包括修购基金、职工福利基金、医疗基金、住房基金及其他基金。尽管在实际工作中专用基金的种类很多,其资金来源也是多种多样的,但归纳起来,主要有以下几方面:

(1)直接收入。如外单位捐赠限定用途的财物,财政部门或上级单位拨入住房资金等。

(2)列入单位的业务费用。从收入或拨入预算经费中按规定提取。如按规定标准列单位事业支出或经营支出提取的职工福利费,列入业务费用提取的固定资产修购基金等。

(3)从单位结余中按一定比例分配转入。如在结余分配时从结余资金中提取职工福利基金。

由于行业性质,工作内容不同,所设置的专用基金种类、计提标准及使用要求也不尽一样。各项专用基金的计提标准和管理办法,国家有统一规定的,按着统一规定执行;国家没有统一规定的,则由主管部门会同同级财政部门确定。如修购基金应按着单位事业收入和经营收入的一定比例提取,在修缮费和设备购置费中列支以及按照其他规定转入。职工福利基金应按着结余一定比例提取以及按照其他规定提取转入。医疗基金的提取,针对的是未纳入公费医疗经费开支范围的事业单位而言的,按着当地财政部门规定公费医疗费开支标准从收入中提取。科研单位的科研成果转化基金,应按其事业收入的一定比例提取,在业务费用列支,以及在经营收支结余中提取转入。高等学校的勤工助学基金和学生奖学基金应按规定从教育事业费和事业收入中提取。中小学校的奖教奖学基金则来源于社会捐赠。

专用基金的提取必须按财务制度规定办理,不能超额提取;使用时,要严格按照国家财经制度办事,贯彻勤俭节约的方针,遵守财务法规。

专用基金是单位的自有资金,必须统筹安排,先出后支,量入为出,合理使用,讲求效益。既不允许挤占挪用单位的其他资金,也不能被其他支出所挪用。

不同的专用基金,使用范围各有不同。如固定资产修购基金,一般用于设备、仪器、房屋等固定资产的维修、改造,固定资产的购置及零星土建等。职工福利基金主要用于集体福利事业、文化生活设施、职工医疗等方面的开支。医疗基金主要用于未纳入公费医疗经费开支范围的单位或个人的公费医疗开支。住房基金主要用于按规定向职工发放住房补贴,住房的维修和管理及购建住房等。单位设有多种专用基金的,应按规定的资金渠道安排使用。

4. 结余管理

由于事业单位的业务活动包括专业业务活动和经营活动两个方面,而经营活动是事业单位在正常专业业务活动之外为谋取额外的收益而从事的业务活动。因此,对于单位的专业业务活动的收支结余和经营活动的收支结余在会计核算上应分别、单独进行反映,不能相互予以混淆。

事业单位期末收支结余核算的时间确定,在实际工作中应区分不同类型的单位,不同的收支项目而有所不同。其中对于事业单位在专业业务活动中的事业收支项目,尤其是在经营活动中的经营收支项目,为了正确核算各期的收支盈亏,可以以权责发生制为会计核算基础。这时收支结转和盈亏计算工作应于每月月末进行。对于其他的各收支项目,由于是以收付实现制为会计核算基础,因此,其收支结转的结余核算工作一般在年终进行一次。

第四节　净资产的核算

一、基金的核算

(一)事业基金的核算

为了核算事业单位拥有的非限定用途的净资产,主要为非财政补助结余扣除结余分配后滚存的金额,应当设置"事业基金"总账科目。本科目期末贷方余额,反映事业单位历年积存的非限定用途净资产的金额。

年末,将"非财政补助结余分配"科目余额转入事业基金,借记或贷记"非财政补助结余分配"科目,贷记或借记本科目。

年末,将留归本单位使用的非财政补助专项(项目已完成)剩余资金转入事业基金,借记"非财政补助结转——××项目"科目,贷记本科目。

以货币资金取得长期股权投资、长期债券投资,按照实际支付的全部价款(包括购买价款以及税金、手续费等相关税费)作为投资成本,借记"长期投资"科目,贷记"银行存款"等科目;同时,按照投资成本金额,借记本科目,贷记"非流动资产基金——长期投资"科目。

对外转让或到期收回长期债券投资本息,按照实际收到的金额,借记"银行存款"等科目,按照收回长期投资的成本,贷记"长期投资"科目,按照其差额,贷记或借记"其他收入——投资收益"科目;同时,按照收回长期投资对应的非流动资产基金,借记"非流动资产基金——长期投资"科目,贷记本科目。

事业单位发生需要调整以前年度非财政补助结余的事项,通过本科目核算。国家另有规定的,从其规定。

现举例说明事业基金的核算。

【例 17-15】某学校收到上级主管部门拨给用于周转的启动资金 1 000 000 元。会计分录如下:

借:银行存款　　　　　　　　　　　　　　　　　　　　　　1 000 000
　　贷:事业基金　　　　　　　　　　　　　　　　　　　　　　　1 000 000

【例 17-16】某事业单位按规定将已完成的某一专款项目的结余资金 20 000 元留归本单位使用。会计分录如下:

借:非财政补助结转——某项目　　　　　　　　　　　　　　20 000
　　贷:事业基金　　　　　　　　　　　　　　　　　　　　　　　20 000

(二)非流动资产的核算

为了核算事业单位长期投资、固定资产、在建工程、无形资产等非流动资产占用的金额,应设置"非流动资产基金"总账科目。本科目应当设置"长期投资""固定资产""在建工程""无形资产"等明细科目,进行明细核算。本科目期末贷方余额,反映事业单位非流动资产占用的金额。

非流动资产基金应当在取得长期投资、固定资产、在建工程、无形资产等非流动资产或发生相关支出时予以确认。

(1)取得相关资产或发生相关支出时,借记"长期投资""固定资产""在建工程""无形资产"

等科目,贷记本科目等有关科目;同时或待以后发生相关支出时,借记"事业支出"等有关科目,贷记"财政补助收入""零余额账户用款额度""银行存款"等科目。

(2)计提固定资产折旧、无形资产摊销时,应当冲减非流动资产基金。计提固定资产折旧、无形资产摊销时,按照计提的折旧、摊销金额,借记本科目(固定资产、无形资产),贷记"累计折旧""累计摊销"科目。

(3)处置长期投资、固定资产、无形资产,以及以固定资产、无形资产对外投资时,应当冲销该资产对应的非流动资产基金。

现举例说明非流动资产基金的核算。

【例17-17】某单位从租赁公司融资租入设备一台,租赁协议中规定应付租赁费50 000元,租赁期限5年,每年付款一次。会计分录如下:

融资租入固定资产时:

借:固定资产　　　　　　　　　　　　　　　　　　　50 000

　　贷:其他应付款　　　　　　　　　　　　　　　　　　50 000

支付租金时:

借:其他应付款　　　　　　　　　　　　　　　　　　10 000

　　贷:银行存款　　　　　　　　　　　　　　　　　　　10 000

借:事业支出　　　　　　　　　　　　　　　　　　　10 000

　　贷:固定基金　　　　　　　　　　　　　　　　　　　10 000

【例17-18】以事业经费购置办公设备一台,价款12 000元,款项通过单位零余额账户支付。会计分录如下:

借:事业支出——办公设备购置　　　　　　　　　　　12 000

　　贷:零余额账户用款额度　　　　　　　　　　　　　　12 000

借:固定资产——通用设备　　　　　　　　　　　　　12 000

　　贷:非流动资产基金——固定资产　　　　　　　　　　12 000

(三)专用基金的核算

为了核算事业单位按规定提取或设置的具有专门用途的净资产,主要包括修购基金、职工福利基金等,应设置"专用基金"总账科目。本科目应当按照专用基金的类别进行明细核算。本科目期末贷方余额,反映事业单位专用基金余额。

(1)提取修购基金。按规定提取修购基金的,按照提取金额,借记"事业支出""经营支出"科目,贷记本科目(修购基金)。

(2)提取职工福利基金。年末,按规定从本年度非财政补助结余中提取职工福利基金的,按照提取金额,借记"非财政补助结余分配"科目,贷记本科目(职工福利基金)。

(3)提取、设置其他专用基金若有按规定提取的其他专用基金,按照提取金额,借记有关支出科目或"非财政补助结余分配"等科目,贷记本科目。

若有按规定设置的其他专用基金,按照实际收到的基金金额,借记"银行存款"等科目,贷记本科目。

(4)按规定使用专用基金时,借记本科目,贷记"银行存款"等科目;使用专用基金形成固定资产的,还应借记"固定资产"科目,贷记"非流动资产基金——固定资产"科目。

现举例说明专业基金的核算。

【例 17－19】某事业单位职工本月工资总额 300 000 元,按人均 14％的标准计提本月职工福利费。会计分录如下:

借:事业支出——基本支出——职工福利费　　　　　　　　　　　　42 000
　　贷:专用基金——职工福利基金　　　　　　　　　　　　　　　　　　42 000

【例 17－20】某事业单位当月取得的事业收入和经营收入分别为 500 000 元和 300 000 元,要求按 5％的比例提取修购基金。会计分录如下:

借:事业支出——基本支出——修缮费　　　　　　　　　　　　　　12 500
　　事业支出——基本支出——设备购置费　　　　　　　　　　　　12 500
　　经营支出——设备购置费　　　　　　　　　　　　　　　　　　 7 500
　　经营支出—修缮费　　　　　　　　　　　　　　　　　　　　　 7 500
　　贷:专用基金——修购基金　　　　　　　　　　　　　　　　　　　40 000

【例 17－21】期末单位按税后结余 117 500 元的 20％的比例提取职工福利基金。

借:非财政补助结余分配　　　　　　　　　　　　　　　　　　　　23 500
　　贷:专用基金——职工福利基金　　　　　　　　　　　　　　　　　23 500

【例 17－22】某单位收到财政部门拨入的住房资金 500 000 元款项已存入银行。会计分录如下:

借:银行存款　　　　　　　　　　　　　　　　　　　　　　　　 500 000
　　贷:专用基金——住房基金　　　　　　　　　　　　　　　　　　 500 000

【例 17－23】用库存现金发放职工生活困难补助 1 400 元。

借:专用基金——职工福利基金　　　　　　　　　　　　　　　　　 1 400
　　贷:现金　　　　　　　　　　　　　　　　　　　　　　　　　　 1 400

【例 17－24】某单位发放工资时,发放住房补贴 7 000 元,从工资中扣除单位自有住房房租 8 000 元,住房个人公积金 6 000 元。同时实际交存住房公积金 12 000 元。会计分录如下:

发放住房补贴:

借:专用基金——住房基金　　　　　　　　　　　　　　　　　　　 7 000
　　贷:现金　　　　　　　　　　　　　　　　　　　　　　　　　　 7 000

从工资中扣除房租、个人住房公积金:

借:事业支出——基本工资　　　　　　　　　　　　　　　　　　　14 000
　　贷:专用基金——住房基金　　　　　　　　　　　　　　　　　　 8 000
　　　其他应付款　　　　　　　　　　　　　　　　　　　　　　　 6 000

实际交存公积金

借:事业支出——社会保障费　　　　　　　　　　　　　　　　　　 6 000
　　其他应付款　　　　　　　　　　　　　　　　　　　　　　　　 6 000
　　贷:银行存款　　　　　　　　　　　　　　　　　　　　　　　　12 000

二、结转结余的核算

(一)财政补助结转的账务处理

为了核算事业单位滚存的财政补助结转资金,包括基本支出结转和项目支出结转,应设置"财政补助结转"总账科目。本科目应当设置"基本支出结转""项目支出结转"两个明细科目,并在"基本支出结转"明细科目下按照"人员经费""日常公用经费"进行明细核算,在"项目支出结转"明细科目下按照具体项目进行明细核算;本科目还应按照《政府收支分类科目》中"支出功能分类科目"的相关科目进行明细核算。本科目期末贷方余额,反映事业单位财政补助结转资金数额。

(1)期末,将财政补助收入本期发生额结转入本科目,借记"财政补助收入——基本支出、项目支出"科目,贷记本科目(基本支出结转、项目支出结转);将事业支出(财政补助支出)本期发生额结转入本科目,借记本科目(基本支出结转、项目支出结转),贷记"事业支出——财政补助支出(基本支出、项目支出)"或"事业支出——基本支出(财政补助支出)、项目支出(财政补助支出)"科目。

(2)年末,完成当期财政补助收支结转后,应当对财政补助各明细项目执行情况进行分析,按照有关规定将符合财政补助结余性质的项目余额转入财政补助结余,借记或贷记本科目(项目支出结转——××项目),贷记或借记"财政补助结余"科目。

(3)按规定上缴财政补助结转资金或注销财政补助结转额度的,按照实际上缴资金数额或注销的资金额度数额,借记本科目,贷记"财政应返还额度""零余额账户用款额度""银行存款"等科目。取得主管部门归集调入财政补助结转资金或额度的,作相反会计分录。

(4)事业单位发生需要调整以前年度财政补助结转的事项,通过本科目核算。

现举例说明财政补助结余的核算。

【例 17-25】期末,将财政部门拨付某事业单位基本补助 40 000 元、项目补助 100 000元,"事业支出"科目下"财政补助支出(基本支出)""财政补助支出(项目支出)"明细科目的当期发生额分别为 40 000 元和 80 000 元,转入"财政补助结转"账户。会计分录如下:

结转财政补助收入:

借:财政补助收入——基本支出		40 000
财政补助收入——项目支出		100 000
贷:财政补助结转——基本支出结转		40 000
财政补助结转——项目支出结转		100 000

结转财政补助支出:

借:财政补助结转——基本支出结转		40 000
财政补助结转——项目支出结转		80 000
贷:事业支出——基本支出		40 000
事业支出——项目支出		80 000

【例 17-26】年末财政补助结转——项目支出结转为贷方余额 20 000 元,表明有项目支出结余资金 20 000 元,按规定将项目结余资金转入"财政补助结余"账户。

借:财政补助结转——项目支出结转	20 000
贷:财政补助结余	20 000

按规定注销财政补助结余额度的:

借:财政补助结余	20 000
贷:零余额账户用款额度	20 000

(二)非财政补助结转核算

为了核算事业单位除财政补助收支以外的各专项资金收入与其相关支出相抵后剩余滚存

的、须按规定用途使用的结转资金,应设置"非财政补助结转"总账科目。本科目应当按照非财政专项资金的具体项目进行明细核算。本科目期末贷方余额,反映事业单位非财政补助专项结转资金数额。

(1)期末,将事业收入、上级补助收入、附属单位上缴收入、其他收入本期发生额中的专项资金收入结转入本科目,借记"事业收入""上级补助收入""附属单位上缴收入""其他收入"科目下各专项资金收入明细科目,贷记本科目;将事业支出、其他支出本期发生额中的非财政专项资金支出结转入本科目,借记本科目,贷记"事业支出——非财政专项资金支出"或"事业支出——项目支出(非财政专项资金支出)""其他支出"科目下各专项资金支出明细科目。

(2)年末,完成上述非财政补助专项资金收支结转后,应当对非财政补助专项结转资金各项目情况进行分析,将已完成项目的项目剩余资金区分以下情况处理:缴回原专项资金拨入单位的,借记本科目(××项目),贷记"银行存款"等科目;留归本单位使用的,借记本科目(××项目),贷记"事业基金"科目。

(3)事业单位发生需要调整以前年度非财政补助结转的事项,通过本科目核算。

现举例说明非财政补助结转的核算。

【例17-27】期末,将"事业收入——非财政专项收入"账户余额 350 000 元,"事业支出——项目支出(非财政专项支出)"账户余额 300 000 元,转入"非财政补助结转"账户。会计分录如下:

借:事业收入——非财政专项收入　　　　　　　　　　　　　　　　　　350 000
　贷:非财政补助结转　　　　　　　　　　　　　　　　　　　　　　　　350 000
借:非财政补助结转　　　　　　　　　　　　　　　　　　　　　　　　300 000
　贷:事业支出——项目支出(非财政专项支出)　　　　　　　　　　　　　300 000

【例17-28】年终将"事业结余"和"经营结余"账户贷方余额 20 000 元和 130 000 元,全部转入"非财政补助结余分配"账户。

借:事业结余　　　　　　　　　　　　　　　　　　　　　　　　　　　20 000
　经营结余　　　　　　　　　　　　　　　　　　　　　　　　　　　130 000
　贷:非财政补助结余分配　　　　　　　　　　　　　　　　　　　　　150 000

【例17-29】期末单位按经营业务收支结余 130 000 元的 25% 交纳所得税。

借:非财政补助结余分配　　　　　　　　　　　　　　　　　　　　　　32 500
　贷:应缴税费——应缴企业所得税　　　　　　　　　　　　　　　　　　32 500

(三)财政补助结余的核算

为了核算事业单位滚存的财政补助项目支出结余资金,应设置"财政补助结余"科目。本科目应当按照《政府收支分类科目》中"支出功能分类科目"的相关科目进行明细核算。本科目期末贷方余额,反映事业单位财政补助结余资金数额。

年末,对财政补助各明细项目执行情况进行分析,按照有关规定将符合财政补助结余性质的项目余额转入财政补助结余,借记或贷记"财政补助结转——项目支出结转(××项目)"科目,贷记或借记本科目。

按规定上缴财政补助结余资金或注销财政补助结余额度的,按照实际上缴资金数额或注销的资金额度数额,借记本科目,贷记"财政应返还额度""零余额账户用款额度""银行存款"等科目。取得主管部门归集调入财政补助结余资金或额度的,作相反会计分录。

【例 17 - 30】　期末,"财政补助收入——基本支出"账户余额 200 000 元,"财政补助收入——项目支出"账户余额 150 000 元、"事业支出——基本支出(财政补助支出)"账户余额 200 000 元、"事业支出——项目支出(财政补助支出)"账户余额 105 000 元,转入"财政补助结转"账户。会计分录如下:

借:财政补助收入——基本支出　　　　　　　　　　　　　　　200 000
　　财政补助收入——项目支出　　　　　　　　　　　　　　　150 000
　　贷:财政补助结转——基本支出结转　　　　　　　　　　　　　　200 000
　　　　财政补助结转——项目支出结转　　　　　　　　　　　　　　150 000
借:财政补助结转——基本支出结转　　　　　　　　　　　　　　200 000
　　财政补助结转——项目支出结转　　　　　　　　　　　　　　105 000
　　贷:事业支出——基本支出(财政补助支出)　　　　　　　　　　　200 000
　　　　事业支出——项目支出(财政补助支出)　　　　　　　　　　　105 000

经分析项目支出(财政补助支出)明细账,本期共有 A、B 两个专项资金项目,资金通过财政直接支付,A 项目经费 90 000 元,累计支出 85 000 元,项目已完工;B 项目经费 60 000 元,已发生支出 20 000 元,尚未完工。对已完工的 A 项目会计处理如下:

借:财政补助结转——项目支出结转　　　　　　　　　　　　　　5 000
　　贷:财政补助结余　　　　　　　　　　　　　　　　　　　　　5 000
按规定上缴或者注销财政补助结余额度时:
借:财政补助结余　　　　　　　　　　　　　　　　　　　　　　5 000
　　贷:财政应返还额度　　　　　　　　　　　　　　　　　　　　5 000

(四)事业结余的核算

为了核算事业单位一定期间除财政补助收支、非财政专项资金收支和经营收支以外各项收支相抵后的余额情况,应设置"事业结余"总账科目。本科目期末如为贷方余额,反映事业单位自年初至报告期末累计实现的事业结余;如为借方余额,反映事业单位自年初至报告期末累计发生的事业亏损。年末结账后,本科目应无余额。

(1)期末,将事业收入、上级补助收入、附属单位上缴收入、其他收入本期发生额中的非专项资金收入结转入本科目,借记"事业收入""上级补助收入""附属单位上缴收入""其他收入"科目下各非专项资金收入明细科目,贷记本科目;将事业支出、其他支出本期发生额中的非财政、非专项资金支出,以及对附属单位补助支出、上缴上级支出的本期发生额结转入本科目,借记本科目,贷记"事业支出——其他资金支出"或"事业支出——基本支出(其他资金支出)、项目支出(其他资金支出)"科目、"其他支出"科目下各非专项资金支出明细科目、"对附属单位补助支出"、"上缴上级支出"科目。

(2)年末,完成上述(一)结转后,将本科目余额结转入"非财政补助结余分配"科目,借记或贷记本科目,贷记或借记"非财政补助结余分配"科目。

现举例说明事业结余的核算。

【例 17 - 31】　期末,将"事业收入——财政专户返还收入"账户余额 10 000 元,"事业收入——其他事业收入"账户余额 70 000 元,"上级补助收入"账户余额 20 000 元,"附属单位上缴收入"账户余额 50 000 元,"其他收入"账户余额 20 000 元;"事业支出——基本支出(其他资金支出)"账户余额 100 000 元,"上缴上级支出"账户余额 10 000 元,"对附属单位补助支

出"账户余额 15 000 元,"其他支出"账户余额 25 000 元,转入"事业结余"账户。会计分录如下:

借:事业收入——财政专户返还收入	10 000	
事业收入——其他事业收入	70 000	
上级补助收入	20 000	
附属单位上缴收入	50 000	
其他收入	20 000	
贷:事业结余		170 000
借:事业结余	150 000	
贷:事业支出		100 000
上缴上级支出		10 000
对附属单位补助支出		15 000
其他支出		25 000

(五)经营结余的核算

为了核算事业单位一定期间各项经营收支相抵后余额弥补以前年度经营亏损后的余额情况,应设置"经营结余"总账科目。

(1)期末,将经营收入本期发生额结转入本科目,借记"经营收入"科目,贷记本科目;将经营支出本期发生额结转入本科目,借记本科目,贷记"经营支出"科目。

(2)年末,完成上述(一)结转后,如本科目为贷方余额,将本科目余额结转入"非财政补助结余分配"科目,借记本科目,贷记"非财政补助结余分配"科目;如本科目为借方余额,为经营亏损,不予结转。

(3)本科目期末如为贷方余额,反映事业单位自年初至报告期末累计实现的经营结余弥补以前年度经营亏损后的经营结余;如为借方余额,反映事业单位截至报告期末累计发生的经营亏损。年末结账后,本科目一般无余额;如为借方结余,反映事业单位累计发生的经营亏损。

【例 17-32】期末结转本期经营收入 400 000 元,经营支出 250 000 元。

借:经营收入	400 000	
贷:经营结余		400 000
借:经营结余	270 000	
贷:经营支出		250 000

关键术语

借入款项 应付账款 应付票据 应缴国库款 应缴财政专户款 应缴税费 事业基金 专用基金 非财政补助结余分配

复习思考题

1.事业单位的负债包括哪些内容?

2.事业单位的应缴国库款和应缴财政专户款在核算方面有什么区别?

3.事业单位应缴税费核算包括哪些内容?应缴增值税如何进行账务处理?

4.事业单位的净资产包括哪些内容?

5.事业单位的专用基金有哪些内容？如何核算？

6.什么是事业单位的结转结余？它包括哪些内容？

练习题

练习一

1.目的：练习事业单位负债和净资产的核算。

2.要求：根据下列资料编制会计分录。

3.资料：某事业单位本年5月份发生的部分经济业务如下：

(1)因经营需要向银行借款20 000元。

(2)购入一批经营用的材料，材料价为2 000元，增值税额340元，开出一张无息商业承兑汇票，票面金额为2 340元。材料已验收入库。

(3)向M公司购入自用的甲材料300公斤，每公斤含税单价10元，材料已验收入库，货款未付。

(4)收到代收的行政事业性收费收入2 000元，单位于收款当日将该笔款项上缴财政国库。

(5)按照规定，以财政直接支付方式向在职人员发放工资100 000元，向离退休人员发放离退休费8 000元，根据地方规定，通过单位零余额账户支付在职人员岗位津贴8 000元。以现金支付在职人员市内交通费和夜餐补助费300元。

(6)用修购基金购入业务用机器1台，计价60 000元，款项已转出。

(7)本单位职工人数300人，其中业务人员200人，经营人员100人，提取职工医疗基金，标准为16元/人。

(8)根据单位本月取得事业收入200 000元和经营收入8 000元，分别按照5%的提取率提取修购基金。

(9)用材料对外投资，账面原价6 000元，合同协议价为7 000元。

练习二

1.目的：练习事业单位负债和净资产的核算。

2.要求：分析李某的行为违反了我国哪些财经制度。

3.资料：某事业单位工作人员发生如下行为：

李某在任某人民法院副院长、院长、党组书记期间，将应上缴区财政的诉讼费20 500元用于发放干部、职工各种"奖金""补贴""加班费"，并借公务接待名义从该诉讼费中分得11 000元，据为己有。

第十八章 事业单位收入的核算

事业单位的收入是指单位为开展业务活动及其他活动依法取得的非偿还性资金。事业单位的收入来源主要包括财政或上级单位拨入资金、单位自行组织收入款项和附属单位上缴的资金。通过本章的学习,要掌握事业单位收入的内容,对各项收入的管理要求,事业收入和经营收入的区别以及各项收入的账务处理。

第一节 收入的管理

一、收入的概念与内容

(一)收入的概念

事业单位的收入是指单位为开展业务活动及其他活动依法取得的非偿还性资金。它包括以下几方面的含义:

1.事业单位的收入是为开展业务活动和其他活动而取得的

由于事业单位属于非物质生产部门,其主要任务是发展社会主义各项事业。这样在其各项业务活动开展过程中所需资金,在现行的"核定收支、定额或定项补助"的预算管理制度下,一部分由财政机关或主管部门从政府预算集中的资金中分配拨付,同时根据国家有关规定,以有偿提供服务等形式组织部分收入。

2.事业单位的收入是依法取得的

事业单位的各项收入以及开展业务活动的各收费项目、收费范围及收费标准等都必须符合国家的法律法规和规章制度的规定。

3.事业单位的收入来源是多种渠道的

事业单位的收入来源主要有三部分:一是财政或上级单位拨入资金,二是单位自行组织收入款项,三是附属单位上缴的资金。它们共同构成了单位业务活动所需的资金来源。

4.事业单位的收入必须是非偿还性的

事业单位的偿还性资金流入应当作为负债处理,只有是非偿还性的资金流入才是真正的事业单位收入。

(二)收入的内容

1.财政补助收入

财政补助收入指事业单位从同级财政部门取得的各类财政拨款,包括基本支出补助和项目支出补助。其中,同级财政部门是指事业单位的预算管理部门,事业单位的单位预算需要经过同级财政部门批准后才能开始执行。

2.上级补助收入

上级补助收入是指事业单位从主管部门和上级单位取得的非财政补助收入。

3.附属单位缴款

附属单位缴款是指事业单位附属的独立核算单位按规定标准或比例缴纳的各项收入,如分成收入、承包利润和管理费等。

4.事业收入

事业收入核算除财政专户返还收入外开展各项专业业务活动及辅助活动所取得的收入。

5.经营收入

经营收入是指事业单位在专业业务活动及辅助活动之外开展非独立核算经营活动取得的收入。

6.其他收入

事业单位取得的投资收益、利息收入、捐赠收入等应当作为其他收入处理。

二、收入管理的要求

(一)统一管理

事业单位应该将各项收入全部纳入单位预算,统一核算,统一管理。事业单位对按照规定上缴国库或者财政专户的资金,应当按照国库集中收缴的相关规定及时足额上缴,不得隐瞒、滞留、截留、挪用和坐支。

(二)正确计量

事业单位的收入一般应当在收到款项时予以确认,并按实际收到的金额进行计量。采用权责发生制确认的收入,应当在提供服务或者发出存货,同时收讫价款或者取得价款的屏障时予以确认,并按照实际收到的金额或者有关凭证注明的金额进行确认。

(三)事业单位严格划清各种收入的界限

要注意划清各种收入的界限,从拨入资金的主体不同正确划分财政补助收入和上级补助收入,从是否是开展单位的专业业务活动及辅助活动方面正确划分事业收入和经营收入的界限,从附属单位是否是非独立核算单位来正确划分经营收入和附属单位缴款。对按规定要上缴预算的收入和上缴财政专户的收入要及时上缴,不能直接作为事业收入处理。

第二节　收入的核算

一、财政补助收入的核算

为了核算事业单位从同级财政部门取得的各类财政拨款,应设置"财政补助收入"总账科目。本科目应当设置"基本支出"和"项目支出"两个明细科目;两个明细科目下按照《政府收支分类科目》中"支出功能分类"的相关科目进行明细核算;同时在"基本支出"明细科目下按照"人员经费"和"日常公用经费"进行明细核算,在"项目支出"明细科目下按照具体项目进行明细核算。

(1)财政直接支付方式下,对财政直接支付的支出,事业单位根据财政国库支付执行机构委托代理银行转来的《财政直接支付入账通知书》及原始凭证,按照通知书中的直接支付入账金额,借记有关科目,贷记本科目。年度终了,根据本年度财政直接支付预算指标数与当年财政直接支付实际支出数的差额,借记"财政应返还额度——财政直接支付"科目,贷记本科目。

(2)财政授权支付方式下,事业单位根据代理银行转来的《授权支付到账通知书》,按照通知书中的授权支付额度,借记"零余额账户用款额度"科目,贷记本科目。年度终了,事业单位本年度财政授权支付预算指标数大于零余额账户用款额度下达数的,根据未下达的用款额度,借记"财政应返还额度——财政授权支付"科目,贷记本科目。

(3)其他方式下,实际收到财政补助收入时,按照实际收到的金额,借记"银行存款"等科目,贷记本科目。

期末,将本科目本期发生额转入财政补助结转,借记本科目,贷记"财政补助结转"科目。期末结账后,本科目应无余额。

现举例说明财政补助收入的核算。

(一)实拨资金方式下财政补助收入的核算

【例18-1】某事业单位尚未实行国库集中支付,收到开户银行转来的收款通知,收到上级主管单位转拨的预算经费90 000元。会计分录如下:

借:银行存款　　　　　　　　　　　　　　　　　　　　　　90 000
　贷:财政补助收入——基本支出(日常公用经费)　　　　　　　　90 000

特别注意:"财政补助收入"科目应区分"基本支出"和"项目支出",并再根据《政府收支分类科目》中支出功能分类设置明细账。

【例18-2】年终,事业单位根据转账要求,将本年的财政补助收入7 200 000元结转到"事业结余"账户。会计分录如下:

借:财政补助收入　　　　　　　　　　　　　　　　　　　7 200 000
　贷:事业结余　　　　　　　　　　　　　　　　　　　　　7 200 000

(二)实施国库集中收付制度改革后的财政补助收入的核算

1.财政直接支付方式下财政补助收入取得时的核算

【例18-3】收到财政部门委托代理银行转来的财政直接支付入账通知书,财政部门为该事业单位支付开展日常活动经费80 000元。会计分录如下:

借:事业支出——基本支出——办公费　　　　　　　　　　　80 000
　贷:财政补助收入——财政直接支付　　　　　　　　　　　　80 000

2.财政授权支付方式下财政补助收入取得时的核算

【例18-4】某高校收到代理银行转来的财政授权支付额度到账通知书,收到财政授权支付额度是200 000元。会计分录如下:

借:零余额账户用款额度　　　　　　　　　　　　　　　　200 000
　贷:财政补助收入——财政授权支付　　　　　　　　　　　200 000

二、上级补助收入的核算

(一)上级补助收入概念

上级补助收入是指事业单位从主管部门和上级单位取得的非财政补助收入,用于补助正常业务资金的不足。

（二）上级补助收入的账务处理

为了核算事业单位从主管部门和上级单位取得的非财政补助收入，单位应设置"上级补助收入"总账科目。本科目应当按照发放补助单位、补助项目、《政府收支分类科目》中"支出功能分类"相关科目等进行明细核算。上级补助收入中如有专项资金收入，还应按具体项目进行明细核算。期末结账后，本科目应无余额。

收到上级补助收入时，按照实际收到的金额，借记"银行存款"等科目，贷记本科目。

期末，将本科目本期发生额中的专项资金收入结转入非财政补助结转，借记本科目下各专项资金收入明细科目，贷记"非财政补助结转"科目；将本科目本期发生额中的非专项资金收入结转入事业结余，借记本科目下各非专项资金收入明细科目，贷记"事业结余"科目。现举例说明上级补助收入的核算。

【例 18－5】某幼儿园收到上级单位用集中的收入拨款 5 000 元。会计分录如下：

借：银行存款　　　　　　　　　　　　　　　　　　　5 000
　　贷：上级补助收入　　　　　　　　　　　　　　　　　　　5 000

年末，将"上级补助收入"账户贷方余额 30 000 元转入"事业结余"账户。会计分录如下：

借：上级补助收入　　　　　　　　　　　　　　　　　30 000
　　贷：事业结余　　　　　　　　　　　　　　　　　　　　30 000

三、附属单位缴款的核算

为了核算事业单位附属独立核算单位按照有关规定上缴的收入，应设置"附属单位上缴收入"总账科目。本科目应当按照附属单位、缴款项目、《政府收支分类科目》中"支出功能分类"相关科目等进行明细核算。附属单位上缴收入中如有专项资金收入，还应按具体项目进行明细核算。期末结账后，本科目应无余额。

收到附属单位缴来款项时，按照实际收到金额，借记"银行存款"等科目，贷记本科目。期末，将本科目本期发生额中的专项资金收入结转入非财政补助结转，借记本科目下各专项资金收入明细科目，贷记"非财政补助结转"科目；将本科目本期发生额中的非专项资金收入结转入事业结余，借记本科目下各非专项资金收入明细科目，贷记"事业结余"科目。

现举例说明附属单位缴款的核算。

【例 18－6】某科研单位收到所属工厂上缴利润 20 000 元。会计分录如下：

借：银行存款　　　　　　　　　　　　　　　　　　20 000
　　贷：附属单位上缴收入——×工厂　　　　　　　　　　　　20 000

四、事业收入的核算

为了核算和反映事业单位开展专业业务活动及其辅助活动取得的收入，应设置"事业收入"总账科目。本科目应当按照事业收入类别、项目、《政府收支分类科目》中"支出功能分类"相关科目等进行明细核算。事业收入中如有专项资金收入，还应按具体项目进行明细核算。期末结账后，本科目应无余额。

（一）采用财政专户返还方式管理的事业收入

收到应上缴财政专户的事业收入时，按照收到的款项金额，借记"银行存款""库存现金"等科目，贷记"应缴财政专户款"科目。向财政专户上缴款项时，按照实际上缴的款项金额，借记

"应缴财政专户款"科目,贷记"银行存款"等科目。收到从财政专户返还的事业收入时,按照实际收到的返还金额,借记"银行存款"等科目,贷记本科目。

(二)其他事业收入

收到事业收入时,按照收到的款项金额,借记"银行存款""库存现金"等科目,贷记本科目。涉及增值税业务的,相关账务处理参照"经营收入"科目。

期末,将本科目本期发生额中的专项资金收入结转入非财政补助结转,借记本科目下各专项资金收入明细科目,贷记"非财政补助结转"科目;将本科目本期发生额中的非专项资金收入结转入事业结余,借记本科目下各非专项资金收入明细科目,贷记"事业结余"科目。

现举例说明事业收入的核算。

【例18-7】某事业单位收到财政部门从财政预算外资金专户核拨的预算外资金收入50 000元,款项已存入开户银行。会计分录如下:

借:银行存款   50 000
　　贷:事业收入——财政专户返还收入   50 000

【例18-8】某科研事业单位收到技术服务收入30 000元,按规定不纳入财政专户管理。会计分录如下:

借:银行存款   30 000
　　贷:事业收入   30 000

【例18-9】某学校收到科委拨来的专项课题研究费50 000元,用于重大课题研究。会计分录如下:

借:银行存款   50 000
　　贷:事业收入——某课题   50 000

【例18-10】该项目研究完毕,结转该课题收入和全部支出42 200元。会计分录如下:

借:事业收入——某课题   50 000
　　贷:非财政补助结转   50 000
借:非财政补助结转   42 200
　　贷:事业支出——某课题   42 200

专款结余按规定留归本单位,将结余款7 800元转入"事业基金"科目。会计分录如下:

借:非财政补助结转   7 800
　　贷:事业基金   7 800

五、经营收入的核算

(一)经营收入的概念

经营收入是指事业单位在专业业务活动及辅助活动之外开展非独立核算经营活动取得的收入。它主要包括产品(商品)销售收入、经营服务收入、工程承包收入、租赁收入和其他经营收入等。

(二)经营收入的账务处理

为了核算和反映事业单位在专业业务活动及辅助活动之外开展非独立核算经营活动取得的收入情况,应设置"经营收入"总账科目。本科目应当按照经营活动类别、项目、《政府收支分类科目》中"支出功能分类"相关科目等进行明细核算。期末结账后,本科目应无余额。

（1）经营收入应当在提供服务或发出存货，同时收讫价款或者取得索取价款的凭据时，按照实际收到或应收的金额确认收入。实现经营收入时，按照确定的收入金额，借记"银行存款""应收账款""应收票据"等科目，贷记本科目。

（2）属于增值税小规模纳税人的事业单位实现经营收入，按实际出售价款，借记"银行存款""应收账款""应收票据"等科目，按出售价款扣除增值税额后的金额，贷记本科目，按应缴增值税金额，贷记"应缴税费——应缴增值税"科目。

（3）属于增值税一般纳税人的事业单位实现经营收入，按包含增值税的价款总额，借记"银行存款""应收账款""应收票据"等科目，按扣除增值税销项税额后的价款金额，贷记本科目，按增值税专用发票上注明的增值税金额，贷记"应缴税费——应缴增值税（销项税额）"科目。

期末，将本科目本期发生额转入经营结余，借记本科目，贷记"经营结余"科目。

现举例说明经营收入的核算。

【例 18-11】某高校所属招待所实行非独立核算，该招待所交来客房收入 5 000 元。会计分录如下：

借：库存现金　　　　　　　　　　　　　　　　　　　5 000
　　贷：经营收入　　　　　　　　　　　　　　　　　　　　　5 000

【例 18-12】某科研单位设置一非独立核算的电子器材加工修理修配部门，对外开展业务活动，某日取得修理费收入 8 000 元，款项已存入银行。会计分录如下：

如该单位为增值税的小规模纳税人：

借：银行存款　　　　　　　　　　　　　　　　　　　8 000
　　贷：经营收入　　　　　　　　　　　　　　　　　　　　　7 547.17
　　　　应交税金——应交增值税　　　　　　　　　　　　　　　452.83

如该单位为增值税的一般纳税人：

借：银行存款　　　　　　　　　　　　　　　　　　　8 000
　　贷：经营收入　　　　　　　　　　　　　　　　　　　　　6 837.61
　　　　应交税金——应交增值税（销项税额）　　　　　　　　1 162.39

【例 18-13】某高校所属非独立核算的印刷厂销售产品一批 5 000 件，单价 15 元，销售折让 5%，款项尚未收到。该单位为增值税的小规模纳税人。会计分录如下：

销售产品实现收入：5 000×15×（1-5%）=71 250（元）

应交增值税额：71 250×6%=4 275（元）

借：应收账款　　　　　　　　　　　　　　　　　　　75 525
　　贷：经营收入　　　　　　　　　　　　　　　　　　　　　71 250
　　　　应交税金——应交增值税　　　　　　　　　　　　　　4 275

【例 18-14】上例所销售的产品 200 件退回。会计分录如下：

借：经营收入　　　　　　　　　　　　　　　　　　　2 850
　　　应交税金——应交增值税　　　　　　　　　　　　　　　171
　　贷：应收账款　　　　　　　　　　　　　　　　　　　　　3 021

六、其他收入的核算

(一)其他收入的概念

其他收入是指事业单位除财政补助收入、事业收入、上级补助收入、附属单位上缴收入、经营收入以外的各项收入,包括投资收益、银行存款利息收入、租金收入、捐赠收入、现金盘盈收入、存货盘盈收入、收回已核销应收及预付款项、无法偿付的应付及预收款项等。

(二)其他收入的账务处理

为了核算事业单位除财政补助收入、事业收入、上级补助收入、附属单位上缴收入、经营收入以外的各项收入的取得情况,应设置"其他收入"总账科目。本科目应当按照其他收入的类别、《政府收支分类科目》中"支出功能分类"相关科目等进行明细核算。对于事业单位对外投资实现的投资净损益,应单设"投资收益"明细科目进行核算;其他收入中如有专项资金收入(如限定用途的捐赠收入),还应按具体项目进行明细核算。

本科目贷方登记各项其他收入取得数,借方登记其他收入转出或退回数。平时贷方余额反映其他收入的累计数。期末,将本科目本期发生额中的专项资金收入结转入非财政补助结转,借记本科目下各专项资金收入明细科目,贷记"非财政补助结转"科目;将本科目本期发生额中的非专项资金收入结转入事业结余,借记本科目下各非专项资金收入明细科目,贷记"事业结余"科目。期末结账后,本科目应无余额。

现举例说明其他收入的核算。

【例18-15】某事业单位收到行政科交来废品变价收入250元现金。会计分录如下:

借:库存现金　　　　　　　　　　　　　　　　　　　　　　250
　　贷:其他收入——废品变价收入　　　　　　　　　　　　　　　250

【例18-16】某剧团财务科收到租用部分器材收入支票一张700元。会计分录如下:

借:银行存款　　　　　　　　　　　　　　　　　　　　　　700
　　贷:其他收入——固定资产出租　　　　　　　　　　　　　　　700

【例18-17】期末,将"其他收入"账户余额(非专项资金收入)100 000元,转入"事业结余"账户。会计分录如下:

借:其他收入　　　　　　　　　　　　　　　　　　　　　100 000
　　贷:事业基金　　　　　　　　　　　　　　　　　　　　100 000

关键术语

财政补助收入　　上级补助收入　　　附属单位缴款　事业收入　　经营收入

复习思考题

1.事业单位的收入包括哪些内容?

2.财政补助收入和上级补助收入的区别是什么?如何核算?

3.事业收入和经营收入的区别是什么?各自的管理要求是什么?

4.经营收入和附属单位缴款有什么区别?如何核算?

5.其他收入指什么?如何核算?

练习题

练习一

1.目的:练习事业单位收入的核算。

2.要求:根据下列资料编制会计分录。

3.资料:某事业单位本年2月份发生的部分经济业务如下:

(1)收到财政部门委托代理银行转来的财政直接支付入账通知书,直接支付事业经费120 000元。

(2)收到代理银行转来的财政授权支付额度到账通知书,收到财政授权支付额度为20 000元。

(3)收到上级拨入的非财政性资金60 000元,附属单位缴款30 000元。

(4)收到财政专户核拨返还的预算外资金7 000元。

(5)收到财政部门通过银行拨入的PC工程专用款200 000元。

(6)开展专业活动取得非应税收入20 000元,款项存入银行。

(7)开展专业活动对外销售产品一批,价款10 000元,增值税1 700元,该批产品的成本为6 000元,价税款收入支票。

练习二

1.目的:练习事业单位收入的核算。

2.要求:按新事业单位会计制度判断上述业务的会计处理是否存在问题,应如何更正。

3.资料:2017年2月审计机关对在某事业单位2016年度预算执行情况进行审计,该单位相关业务的会计处理如下:

(1)该事业单位经批准出售旧轿车一辆,账面价值150 000元,出售价款50 000元。会计处理为减少固定资产和固定基金150 000元,同时增加其他收入和银行存款50 000元。

(2)该事业单位经批准出售办公楼两层,取得年金收入360 000元,会计处理为了增加其他收入和银行存款360 000元。

(3)该事业单位经批准,将原值800 000元的专用设备报废,收到残值收入80 000元。会计处理为了减少固定资产和固定基金800 000元,同时增加其他收入和银行存款80 000元。

(4)该事业单位经批准出租闲置办公楼,取得年租金收入1 200 000元,会计处理为增加其他收入和银行存款1 200 000元。

第十九章 事业单位支出的核算

事业单位支出是指事业单位为了开展业务活动和其他活动所发生的各项资金耗费和损失,包括事业支出、经营支出、上缴上级支出、对附属单位补助和其他支出等。通过本章学习,要掌握事业单位支出的组成内容,事业支出的分类及组成,事业支出和经营支出的区别以及支出的管理和核算方法。

第一节 支出的管理

一、支出的概念与内容

(一)支出的概念

事业单位支出是指事业单位为开展业务活动和其他活动所发生的各项资金耗费和损失。事业单位的支出从支出对象和支出内容角度看,主要包括:一是单位自身在业务活动开展过程中所发生的各项支出,包括事业支出、经营支出;二是单位按照规定向上级单位和附属单位之间发生的上缴下拨支出,包括上缴上级支出和对附属单位补助;三是与单位经常性业务无关的其他支出。

(二)支出的内容

1.事业支出

事业支出是指事业单位开展专业业务活动及其辅助活动发生的基本支出和项目支出,是事业单位会计核算的主要内容,也是向上级单位和财政部门办理支出报销的依据。

2.经营支出

经营支出是指事业单位在专业业务活动及其辅助活动之外开展非独立核算的经营活动所发生的支出,它是考核各项经营活动成果和经济效益的重要依据。

事业单位开展非独立核算经营活动的,应当正确归集开展经营活动发生的各项费用数;无法直接归集的,应当按照规定的标准或比例合理分摊。事业单位的经营支出与经营收入应当配比。

3.上缴上级支出

上缴上级支出是指事业单位按照财政部门和主管部门的规定上缴上级单位的支出。根据我国事业单位财务规则规定,非财政补助收入超出其正常支出较多的事业单位的上级单位可会同同级财政部门,根据该事业单位的具体情况,确定对这些事业单位实行收入上缴的办法。

4. 对附属单位补助

对附属单位补助支出是指事业单位用财政补助收入之外的收入对附属单位补助发生的支出。

5. 其他支出

其他支出是指事业单位除事业支出、上缴上级支出、对附属单位补助支出、经营支出以外的各项支出，包括利息支出、捐赠支出、现金盘亏损失、资产处置损失、接受捐赠（调入）非流动资产发生的税费支出等。

二、支出的分类

（一）按部门预算要求进行的分类

事业单位的事业支出应当按照部门预算管理要求进行分类，将事业支出分为基本支出和项目支出，设基本支出和项目支出两个二级科目。

1. 基本支出

基本支出是指事业单位为维持正常运转和完成日常工作任务而发生的各项支出，是事业单位的基本资金消耗。如事业单位的基本工资、津贴，为开展事业活动按规定购买日常办公设备支出、水电费、差旅费和办公费等。

为了满足定员定额管理的需要和便于基本支出预算的核定，根据基本支出的性质，对政府预算支出经济分类科目进行合理归并，由此确定了基本支出的 53 个科目，基本支出定额项目包括人员经费和日常公用经费两部分。

（1）人员经费。人员经费包括政府预算支出经济分类科目中的"工资福利支出"和"对个人和家庭的补助支出"。"工资福利支出"包括基本工资、津贴补贴、奖金、社会保障缴费、伙食费、伙食补助费、其他工资福利支出等 7 个款级科目；"对个人和家庭的补助"包括离休费、退休费、退职（役）费、抚恤金、助学金、奖励金、医疗费、生活补助、救济费、生产补贴、住房公积金、提租补贴、购房补贴和其他对个人和家庭的补助支出等 14 个款级科目。

（2）日常公用经费。日常公用经费是指政府预算支出经济分类科目中商品和服务类支出中属于基本支出内容的支出。它具体包括办公费、印刷费、咨询费、手续费、水费、电费、邮电费、取暖费、物业管理费、交通费、差旅费、出国费、维修（护）费、租赁费、会议费、培训费、招待费、专用材料费、装备购置费、工程建设费、作战费、军用油料费、军队其他运行维护费、被装购置费、专用燃料费、劳务费、委托业务费、工会经费、福利费、其他商品和服务支出等 30 个款级科目。大型会议、大型修缮、大型购置、专项培训、大型设施的专项运行维护等是按照项目支出管理的经常性专项经费。

2. 项目支出

项目支出指事业单位为完成特定任务和专项工作而发生的各项支出，一般都安排有专项的资金来源。事业单位的项目支出一般包括专项大型修缮支出、专项事业任务支出和房屋建筑物构建支出等。项目按照其性质可分为基本建设类项目、行政事业类项目和其他类项目。

（1）基本建设类项目。它指按照国家关于基本建设管理的规定，用基本建设资金安排的项目。

（2）行政事业类项目。它指中央和地方事业单位由事业费开支的项目，主要包括国家及地方政府批准设立的有关事业发展专项计划、工程、基金项目、专项业务项目以及大型修缮、大型购置、大型会议和其他项目。

（3）其他类项目。它主要包括科技三项费用、农业综合开发支出、政策性补贴支出、对外援助支出、支援不发达地区支出等资金安排的项目。

（二）按政府收支分类科目要求进行的分类

事业支出按照《2018年政府收支分类科目》中的"支出经济分类科目"中"部门预算支出经济分类科目"共设10大类96款，款级科目是类级科目的细化。事业支出的明细分类如下：

1. 工资福利支出

工资福利支出反映单位开支的在职职工和编制外长期聘用人员的各类劳动报酬，以及为上述人员缴纳的各项社会保险费等。该科目分设的款级科目如下：

（1）基本工资。它反映按规定发放的基本工资，包括：公务员的职务工资、级别工资；机关工人的岗位工资、技术等级工资；事业单位工作人员的岗位工资、薪级工资；各类学校毕业生试用期（见习期）工资、新参加工作工人学徒期、熟练期工资；军队（含武警）军官、文职干部的职务（专业技术等级）工资、军衔（级别）工资和军龄工资；军队士官的军衔等级工资和军龄工资等。

（2）津贴补贴。它反映按规定发放的津贴、补贴，包括机关工作人员工作性津贴、生活性补贴、地区附加津贴、岗位津贴，机关事业单位艰苦边远地区津贴，事业单位工作人员特殊岗位津贴补贴以及提租补贴、购房补贴、采暖补贴、物业服务补贴等。

（3）奖金。它反映按规定发放的奖金，包括机关工作人员年终一次性奖金等。

（4）伙食补助费。它反映单位发给职工的伙食补助费，因公负伤等住院治疗、住疗养院期间的伙食补助费，军队（含武警）人员的伙食费等。

（5）绩效工资。它反映事业单位工作人员的绩效工资。

（6）机关事业单位基本养老保险缴费。它反映单位为职工缴纳的基本养老保险费。由单位代扣的工作人员基本养老保险缴费，不在此科目反映。

（7）职业年金缴费。它反映单位为职工实际缴纳的职业年金（含职业年金补计支出）。由单位代扣的工作人员职业年金缴费，不在此科目反映。

（8）职工基本医疗保险缴费。它反映单位为职工缴纳的基本医疗保险费。

（9）公务员医疗补助缴费。它反映按规定可享受公务员医疗补助单位为职工缴纳的公务员医疗补助费。

（10）其他社会保障缴费。它反映单位为职工缴纳的失业、工伤、生育、大病统筹等社会保险费，残疾人就业保障金，军队（含武警）为军人缴纳的退役养老、医疗等社会保险费。生育保险和职工基本医疗保险合并实施的地区，相关缴费不在此科目反映。

（11）住房公积金。它反映单位按规定为职工缴纳的住房公积金。

（12）医疗费。它反映未参加医疗保险单位的医疗经费和单位按规定为职工支出的其他医疗费用。

（13）其他工资福利支出。它反映上述科目未包括的工资福利支出，如各种加班工资、病假两个月以上期间的人员工资、职工探亲旅费，困难职工生活补助，编制外长期聘用人员（不包括劳务派遣人员）劳务报酬及社保缴费，公务员及参照公务员法管理的事业单位工作人员转入企业工作并按规定参加企业职工基本养老保险后给予的一次性补贴等。

2. 商品和服务支出

商品和服务支出反映单位购买商品和服务的支出，不包括用于购置固定资产、战略性和应急性物资储备等资本性支出。该科目分设的款级科目如下：

（1）办公费。它反映单位购买日常办公用品、书报杂志等支出。

（2）印刷费。它反映单位的印刷费支出。

（3）咨询费。它反映单位咨询方面的支出。

（4）手续费。它反映单位支付的各类手续费支出。

（5）水费。它反映单位支付的水费、污水处理费等支出。

（6）电费。它反映单位的电费支出。

（7）邮电费。它反映单位开支的信函、包裹、货物等物品的邮寄费及电话费、电报费、传真费、网络通信费等。

（8）取暖费。它反映单位取暖用燃料费、热力费、炉具购置费、锅炉临时工的工资、节煤奖以及由单位支付的未实行职工住房采暖补贴改革的在职职工和离退休人员宿舍取暖费。

（9）物业管理费。它反映单位开支的办公用房以及未实行职工住宅服务改革的在职职工和离退休人员宿舍等的物业管理费，包括综合治理、绿化、卫生等方面的支出。

（10）差旅费。它反映单位工作人员出国（境）出差发生的城市间交通费、住宿费、伙食补助费和市内交通费。

（11）因公出国（境）费用。它反映单位公务出国（境）的国际旅费、国外城市间交通费、住宿费、伙食费、培训费、公杂费等支出。

（12）维修（护）费。它反映单位日常开支的固定资产（不包括车船等交通工具）修理和维护费用，网络信息系统运行与维护费用，以及按规定提取的修购基金。

（13）租赁费。它反映租赁办公用房、宿舍、专用通讯网以及其他设备等方面的费用。

（14）会议费。它反映单位在会议期间按规定开支的住宿费、伙食费、会议场地租金、交通费、文件印刷费、医药费等。

（15）培训费。它反映除因公出国（境）培训费以外的，在培训期间发生的师资费、住宿费、伙食费、培训场地费、培训资料费、交通费等各类培训费用。

（16）公务接待费。它反映单位按规定开支的各类公务接待（含外宾接待）费用。

（17）专用材料费。它反映单位购买日常专用材料的支出。具体包括药品及医疗耗材，农用材料，兽医用品，实验室用品，专用服装，消耗性体育用品，专用工具和仪器，艺术部门专用材料和用品，广播电视台发射台发射机的电力、材料等方面的支出。

（18）被装购置费。它反映法院、检察院、公安、税务、海关等单位的被装购置支出。

（19）专用燃料费。它反映用作业务工作设备的车（不含公务用车）、船设施等的油料支出。

（20）劳务费。它反映支付给外单位和个人的劳务费用，如临时聘用人员、钟点工工资，稿费、翻译费，评审费等。

（21）委托业务费。它反映因委托外单位办理业务而支付的委托业务费。

（22）工会经费。它反映单位按规定提取或安排的工会经费。

（23）福利费。它反映单位按规定提取的职工福利费。

（24）公务用车运行维护费。它反映单位按规定保留的公务用车燃料费、维修费、过桥过路费、保险费、安全奖励费用等支出。

（25）其他交通费用。它反映单位除公务用车运行维护费以外的其他交通费用。如公务交通补贴，租车费用、出租车费用，飞机、船舶等的燃料费、维修费、保险费等。

（26）税金及附加费用。它反映单位提供劳务或销售产品应负担的税金及附加费用，包括消费税、城市维护建设税、资源税和教育费附加等。

（27）其他商品和服务支出。它反映上述科目未包括的日常公用支出。如诉讼费、国内组织的会员费、来访费、广告宣传费以及离休人员特需费、离退休人员公用经费等。

3. 对个人和家庭的补助

对个人和家庭的补助反映政府用于对个人和家庭的补助支出。该科目分设的款级科目如下：

（1）离休费。它反映机关事业单位和军队移交政府安置的离休人员的离休费、护理费以及提租补贴、购房补贴、采暖补贴、物业服务补贴等补贴。

（2）退休费。它反映机关事业单位和军队移交政府安置的退休人员的退休费以及提租补贴、购房补贴、采暖补贴、物业服务补贴等补贴。

（3）退职（役）费。它反映机关事业单位退职人员的生活补贴，一次性支付给职工或军官、军队无军籍退职职工、运动员的退职补助，一次性支付给军官、文职干部、士官、义务兵的退役费，按月支付给自主择业的军队转业干部的退役金。

（4）抚恤金。它反映按规定开支的烈士遗属、牺牲病故人员遗属的一次性和定期抚恤金，伤残人员的抚恤金，离退休人员等其他人员的各项抚恤金，以及按规定开支的机关事业单位职工和离退休人员丧葬费。

（5）生活补助。它反映按规定开支的优抚对象定期定量生活补助费，退役军人生活补助费，机关事业单位职工遗属生活补助，长期赡养人员补助费，由于国家实行退耕还林禁牧舍饲政策补偿给农牧民的现金、粮食支出，对农村党员、复员军人以及村干部的补助支出，人犯的伙食费、药费等。

（6）救济费。它反映按规定开支的城乡困难群众、灾民、归侨、外侨及其他人员的生活救济费，包括城市居民的最低生活保障金，随同资源枯竭矿山破产但未参加养老保险统筹的矿山所属集体企业退休人员按最低生活保障标准发放的生活费，特困救助供养对象、临时救助对象、贫困户、麻风病人的生活救济费，精简退职老弱残职工救济费，福利、救助机构发生的收养费以及救助支出等。实物形式的救济也在此科目反映。

（7）医疗费补助。它反映机关事业单位和军队移交政府安置的离退休人员的医疗费，学生医疗费，优抚对象医疗补助，以及按国家规定资助居民参加城乡居民医疗保险以及资助农民参加新型农村合作医疗、城镇居民参加城镇居民基本医疗保险的支出和对城乡贫困家庭的医疗救助支出。

（8）助学金。它反映学校学生助学金、奖学金、学生贷款、出国留学（实习）人员生活费，青少年业余体校学员伙食补助费和生活费补贴，按照协议由中方负担或享受中方奖学金的来华留学生、进修生生活费等。

（9）奖励金。它反映对个体私营经济的奖励、计划生育目标责任奖励、独生子女父母奖励等。

（10）个人农业生产补贴。它反映对个人及新型农业经营实体（包括种粮大户、家庭农场、农民专业合作社等）发放的生产补贴支出，如国家对农民发放的农业生产发展资金以及发放给残疾人的各种生产经营补贴等。

（11）其他对个人和家庭的补贴。它反映未包括在上述科目的对个人和家庭的补助支出，如婴幼儿补贴、退职人员及随行家属路费、符合条件的退役回乡义务兵一次性建房补助、符合安置条件的城镇退役士兵自谋职业的一次性经济补助费、保障性住房租房补贴等。

4. 债务利息及费用支出

债务利息及费用支出反映单位的债务利息及费用支出。该科目分设的款级科目如下：

(1)国内债务付息。它反映用于偿还国内债务利息的支出。

(2)国外债务付息。它反映用于偿还国外债务利息的支出。

(3)国内债务发行费用。它反映用于国内债务发行、兑付、登记等费用的支出。

(4)国外债务发行费用。它反映用于国外债务发行、兑付、登记等费用的支出。

5. **资本性支出（基本建设）**

资本性支出反映由发展改革部门安排的基本建设支出，对企业补助支出不在此科目反映。该科目分设的款级科目如下：

(1)房屋建筑物购建。它反映用于购买、自行建造办公用房、仓库、职工生活用房、教学科研用房、学生宿舍、食堂等建筑物（含附属设施，如电梯、通信线路、水气管道等）的支出。

(2)办公设备购置。它反映用于购置并按财务会计制度规定纳入固定资产核算范围的办公家具和办公设备的支出，以及按规定提取的修购基金。

(3)专用设备购置。它反映用于购置具有专门用途、并按财务会计制度规定纳入固定资产核算范围的各类专用设备的支出。如通信设备、发电设备、交通监控设备、卫星转发器、气象设备、进出口监管设备等，以及按规定提取的修购基金。

(4)基础设施建设。它反映用于农田设施、道路、铁路、桥梁、水坝和机场、车站、码头等公共基础设施建设方面的支出。

(5)大型修缮。它反映按财务会计制度规定允许资本化的各类设备、建筑物、公共基础设施等大型修缮的支出。

(6)信息网络及软件购置更新。它反映用于信息网络和软件方面的支出。如服务器购置、软件购置、开发、应用支出等，如果购建的相关硬件、软件等不符合财务会计制度规定的固定资产确认标准的，不在此科目反映。

(7)物资储备。它反映为应付战争、自然灾害或意料不到的突发事件而提前购置的具有特殊重要性的军事用品、石油、医药、粮食等战略性和应急性物资储备支出。

(8)公务用车购置。它反映公务用车购置支出（含车辆购置税、牌照费）。

(9)其他交通工具购置。它反映除公务用车外的其他各类交通工具（如船舶、飞机等）购置支出（含车辆购置税、牌照费）。

(10)文物和陈列品购置。它反映文物和陈列品购置支出。

(11)无形资产购置。它反映著作权、商标权、专利权、土地使用权等无形资产购置支出。软件购置、开发、应用支出不在此科目反映。

(12)其他基本建设支出。它反映上述科目中未包括的资本性支出（不含对企业补助）。

6. **资本性支出**

资本性支出反映各单位安排的资本性支出。由发展改革部门安排的基本建设支出不在此科目反映。该科目分设的款级科目如下：

(1)房屋建筑物购建。它反映用于购买、自行建造办公用房、仓库、职工生活用房、教学科研用房、学生宿舍、食堂等建筑物（含附属设施，如电梯、通信线路、水气管道等）的支出。

（2）办公设备购置。它反映用于购置并按财务会计制度规定纳入固定资产核算范围的办公家具和办公设备的支出，以及按规定提取的修购基金。

（3）专用设备购置。它反映用于购置具有专门用途、并按财务会计制度规定纳入固定资产核算范围的各类专用设备的支出。如通信设备、发电设备、交通监控设备、卫星转发器、气象设备、进出口监管设备等，以及按规定提取的修购基金。

（4）基础设施建设。它反映用于农田设施、道路、铁路、桥梁、水坝和机场、车站、码头等公共基础设施建设方面的支出。

（5）大型修缮。它反映按财务会计制度规定允许资本化的各类设备、建筑物、公共基础设施等大型修缮的支出。

（6）信息网络及软件购置更新。它反映用于信息网络和软件方面的支出。如服务器购置、软件购置、开发、应用支出等，如果购建的相关硬件、软件等不符合财务会计制度规定的固定资产确认标准的，不在此科目反映。

（7）物资储备。它反映为应付战争、自然灾害或意料不到的突发事件而提前购置的具有特殊重要性的军事用品、石油、医药、粮食等战略性和应急性物资储备支出。

（8）土地补偿。它反映按规定征地和收购土地过程中支付的土地补偿费。

（9）安置补助。它反映按规定征地和收购土地过程中支付的安置补助费。

（10）地上附着物和青苗补偿。它反映按规定征地和收购土地过程中支付的地上附着物和青苗补偿费。

（11）拆迁补偿。它反映按规定征地和收购土地过程中支付的拆迁补偿费。

（12）公务用车购置。它反映公务用车购置支出（含车辆购置税、牌照费）。

（13）其他交通工具购置。它反映除公务用车外的其他各类交通工具（如船舶、飞机等）购置支出（含车辆购置税、牌照费）。

（14）文物和陈列品购置。它反映文物和陈列品购置支出。

（15）无形资产购置。它反映著作权、商标权、专利权、土地使用权等无形资产购置支出。软件购置、开发、应用支出不在此科目反映。

（16）其他资本性支出。它反映上述科目中未包括的资本性支出。

7. 对企业补助（基本建设）

对企业补助反映由发展改革部门安排的基本建设支出中对企业补助支出。该科目分设的款级科目如下：

（1）资本金注入。它反映对企业注入资本金的支出，不包括政府投资基金股权投资。

（2）其他对企业补助。它反映对企业的其他补助支出。

8. 对企业补助

对企业补助反映政府对各类企业的补助支出。由发展改革部门安排的基本建设支出中对企业补助支出不在此科目反映。该科目分设的款级科目如下：

（1）资本金注入。它反映对企业注入资本金的支出，不包括政府投资基金股权投资。

（2）政府投资基金股权投资。它反映设立或者参与政府投资基金的股权投资支出。

（3）费用补贴。它反映对企业的费用性补贴。

（4）利息补贴。它反映对企业的利息补贴。

（5）其他对企业补助。它反映对企业的其他补助支出。

9. 对社会保障基金补助

对社会保障基金补助反映政府对社会保险基金的补助以及补充全国社会保障基金的支出。该科目分设的款级科目如下：

(1)对社会保险基金补助。它反映政府对社会保险基金的补助支出。

(2)补充全国社会保障基金。它反映中央政府补充全国社会保障基金的支出。

10. 其他支出

其他支出反映不能划分到上述经济科目的其他支出。该科目分设的款级科目如下：

(1)赠与。它反映对外国政府、国内外组织等提供的援助、捐赠以及交纳国际组织会费等方面的支出。

(2)国家赔偿费用支出。它反映用于国家赔偿方面的支出。

(3)对民间非营利组织和群众性自治组织补贴。它反映对民间非营利组织和群众性自治组织补贴支出。

(4)其他支出。它反映除上述科目以外的其他支出。

三、支出的管理

(一)事业支出的管理

事业支出体现着国家的方针政策，关系到勤俭办事业和资金的使用效果，所以各单位办理支出时既要保证事业发展的需要，又要遵守各项财政财务制度，精打细算，厉行节约，使各项支出发挥最大的经济效果。办理各项事业支出时，就遵循下列原则：

1. 分清轻重缓急，合理配置各项预算经费

事业单位的经费支出各种各样，有维持性的，也有发展性的，有行政性的，也有业务性的；除了各种经常项目以外，还有重点项目、新设项目、急需项目。对于各种经常性支出项目，要根据历史开支的规律性，制定计算公式，合理安排支出比例；对于各种重点项目、新设项目、急需项目，则要在照顾一般的条件下优先安排。只有科学地分配预算经费，才能以有限的资金，保证事业计划任务的顺利完成。

2. 划清支出界限，按照资金渠道办理支出

从政府预算或其他资金渠道取得的资金，都有规定的使用范围，必须严格遵守。把基建支出、专项资金支出以及已按规定安排资金来源的职工福利支出，列作事业支出，都是违反国家财经纪律的，也都是不利于事业发展的，必须坚决杜绝。有经营活动的事业单位应正确划分事业支出和经营支出的界限。对于能分清的支出，要合理归集，对于不能分清的，应按一定标准进行分配，不得将应列入经营支出的项目列入事业支出，也不得将应列入事业支出的项目列入经营支出。

3. 依据费用开支标准和定员定额办理支出

财政机关或上级部门核定的预算和规定的开支标准，是掌握事业开支的依据，也是控制事业支出的手段，各单位必须按规定执行。办理无预算、超预算的支出，扩大开支范围，提高开支额度，都是财政财务制度所不允许的。国家确定的定员定额、规定了人、财、物的使用同事业发展的比例关系，各单位必须认真执行核定的人员编制以及公务费、业务费、实物消耗等定额，不断提高管理水平。

4.严格控制社会集团购买力等非生产性用品的购置

国家规定,对各单位要下达社会集团购买力的控制指标,不得突破。要严格控制非生产性用品的购置。财务会计部门应该认真执行有关规定,把好关,加强监督。对一切公用消费品,能不买的坚决不买,必须买的尽量少买。对购买专控商品没有准购证的,要拒绝支付和报销。要防止用生产需要等名义,套购专控商品。

5.划清公私界限,应由职工自理的费用不能用公款开支

事业单位职工由于执行公务需要可给予必要的津贴和补助,但是个人生活、学习等有关费用则应自行负担,不能用经费开支;职工住公房,应按规定收取房租;职工宿舍水、电、煤气费,应由职工自己负担;职工个人订阅报纸、刊物的费用,应该自理;公用车辆不能为私车使用,因私用车必须按标准收费。职工出差期间,因私事绕道而增加的费用,应由个人负担;不能用公款请客送礼、游山玩水,严禁用公款为职工垫支购买高档耐用消费品。财务会计部门在办理事业支出时应认真执行有关规定。

(二)经营支出的管理

经营支出是指事业单位在专业业务活动及其辅助活动之外开展非独立核算的经营活动所发生的支出,是考核各项经营活动成果和经济效益的重要依据。

经营支出应当与经营收入相配比,要严格区分经营支出和事业支出。该项支出的收入来源不是应当用于事业活动的财政补助收入、财政专户返还收入、事业收入和上级补助收入等。

经营支出的管理要求、列报口径和明细分类核算等应比照事业支出来处理。

第二节 支出的核算

一、事业支出的核算

为了核算事业单位开展专业业务活动及其辅助活动发生的支出,应设置"事业支出"总账科目。本科目应当按照"基本支出"和"项目支出","财政补助支出""非财政专项资金支出"和"其他资金支出"等层级进行明细核算,并按照《政府收支分类科目》中"支出功能分类"相关科目进行明细核算;"基本支出"和"项目支出"明细科目下应当按照《政府收支分类科目》中"支出经济分类"的款级科目进行明细核算;同时在"项目支出"明细科目下按照具体项目进行明细核算。

为从事专业业务活动及其辅助活动人员计提的薪酬等,借记本科目,贷记"应付职工薪酬"等科目。开展专业业务活动及其辅助活动领用的存货,按领用存货的实际成本,借记本科目,贷记"存货"科目。开展专业业务活动及其辅助活动中发生的其他各项支出,借记本科目,贷记"库存现金""银行存款""零余额账户用款额度""财政补助收入"等科目。

期末,将本科目借方余额按规定分别转入"财政补助结转""非财政补助结转""事业结余"等科目。期末结账后,本科目应无余额。

现举例说明事业支出的核算。

【例19-1】某事业单位通过单位零余额账户支付单位业务资料印刷费950元,水费50元。会计分录如下:

借:事业支出——基本支出(财政补助支出)——印刷费　　　　　　950

```
    事业支出——基本支出(财政补助支出)——水费                    50
     贷:零余额账户用款额度                                  1 000
```

【例 19-2】某事业单位为开展已被批准列入项目支出预算的某专业业务活动,购买专用材料一批价款 20 000 元,购买专用设备一台价款 40 000 元,款项采用财政直接支付方式支付,材料直接交付使用,设备已验收。会计分录如下:

```
    借:事业支出——项目支出(财政补助支出)——专用材料费          20 000
            ——项目支出(财政补助支出)——专用设备购置          40 000
     贷:财政补助收入——项目支出——某项目                   60 000
    借:固定资产——专用设备                                40 000
     贷:非流动资产基金——固定资产                          40 000
```

【例 19-3】其事业单位尚未实行国库集中收付制度,开出转账支票用非财政资金购买办公用品 800 元,当即领用。会计分录如下:

```
    借:事业支出——基本支出(其他资金支出)——办公费             800
     贷:银行存款                                        800
```

二、经营支出的核算

为了核算和反映事业单位经营支出的情况,应设置"经营支出"总账科目。本科目应当按照经营活动类别、项目、《政府收支分类科目》中"支出功能分类"相关科目等进行明细核算。

为在专业业务活动及其辅助活动之外开展非独立核算经营活动人员计提的薪酬等,借记本科目,贷记"应付职工薪酬"等科目。在专业业务活动及其辅助活动之外开展非独立核算经营活动领用、发出的存货,按领用、发出存货的实际成本,借记本科目,贷记"存货"科目。在专业业务活动及其辅助活动之外开展非独立核算经营活动中发生的其他各项支出,借记本科目,贷记"库存现金""银行存款""应缴税费"等科目。

期末,将本科目本期发生额转入经营结余,借记"经营结余"科目,贷记本科目。期末结账后,本科目应无余额。

现举例说明经营支出的核算。

【例 19-4】某事业单位开出转账支票 2 300 元,购入一批公用文件柜,供经营部门使用。会计分录如下:

```
    借:经营支出——办公设备购置                            2 300
     贷:银行存款                                        2 300
    借:固定资产                                        2 300
     贷:非流动资产基金——固定资产                          2 300
```

【例 19-5】事业单位按规定计提本月经营活动用固定资产修购基金 1 800 元。会计分录如下:

```
    借:经营支出                                        1 800
     贷:专用基金——修购基金                              1 800
```

【例 19-6】某事业单位月末结转经营活动销售产品成本 20 000 元。

```
    借:经营支出                                       20 000
     贷:存货——产品类                                  20 000
```

【例 19 - 7】某事业单位以银行存款支付开展专业业务的借款利息 3600 元。会计分录如下：

借：其他支出——利息支出　　　　　　　　　　　　　　　20 000

　　贷：银行存款　　　　　　　　　　　　　　　　　　　　　20 000

三、上缴上级支出的核算

为了核算事业单位按照财政部门和主管部门的规定上缴上级单位的支出，应设置"上缴上级支出"总账科目。本科目应当按照收缴款项单位、缴款项目、《政府收支分类科目》中"支出功能分类"相关科目等进行明细核算。按规定将款项上缴上级单位的，按照实际上缴的金额，借记本科目，贷记"银行存款"等科目。期末，将本科目本期发生额转入事业结余，借记"事业结余"科目，贷记本科目。期末结账后，本科目应无余额。

现举例说明上缴上级支出的核算。

【例 19 - 8】某剧团开出转账支票上缴文化厅 5 000 元。会计分录如下：

借：上缴上级支出　　　　　　　　　　　　　　　　　　　5 000

　　贷：银行存款　　　　　　　　　　　　　　　　　　　　　5 000

【例 19 - 9】期末，将"上缴上级支出"账户余额 15 000 元，转入"事业结余"账户。会计分录如下：

借：事业结余　　　　　　　　　　　　　　　　　　　　　15 000

　　贷：上缴上级支出　　　　　　　　　　　　　　　　　　　15 000

【例 19 - 10】剧团从集中的下级上缴收入中拨款 2 000 元给下属招待所装修餐厅。会计分录如下：

借：对附属单位补助支出　　　　　　　　　　　　　　　　2 000

　　贷：银行存款　　　　　　　　　　　　　　　　　　　　　2 000

四、对附属单位补助的核算

为了核算事业单位用财政补助收入之外的收入对附属单位补助发生的支出，应设置"对附属单位补助支出"总账科目。本科目应当按照接受补助单位、补助项目、《政府收支分类科目》中"支出功能分类"相关科目等进行明细核算。发生对附属单位补助支出的，按照实际支出的金额，借记本科目，贷记"银行存款"等科目。期末，将本科目本期发生额转入事业结余，借记"事业结余"科目，贷记本科目。期末结账后，本科目应无余额。

现举例说明对附属单位补助的核算。

【例 19 - 11】剧团从集中的下级上缴收入中拨款 2 000 元给下属招待所装修餐厅。会计分录如下：

借：对附属单位补助　　　　　　　　　　　　　　　　　　2 000

　　贷：银行存款　　　　　　　　　　　　　　　　　　　　　2 000

五、其他支出核算

为了核算事业单位发生的其他支出业务，应设置"其他支出"总账科目。本科目应当按照其他支出的类别、《政府收支分类科目》中"支出功能分类"相关科目等进行明细核算。其他支出中如有专项资金支出，还应按具体项目进行明细核算。利息支出支付银行借款利息时，借记本科目,贷记"银行存款"科目。现金盘亏损失每日现金账款核对中如发现现金短缺,属于无法查明原因的部分,报经批准后,借记本科目,贷记"库存现金"科目。资产处置损失报经批准核销应收及预付款项、处置存货,借记本科目,贷记"待处置资产损溢"科目。接受捐赠(调入)非流动资产发生的税费支出接受捐赠、无偿调入非流动资产发生的相关税费、运输费等,借记本科目,贷记"银行存款"等科目。以固定资产、无形资产取得长期股权投资,所发生的相关税费计入本科目。具体账务处理参见"长期投资"科目。

期末,将本科目本期发生额中的专项资金支出结转入非财政补助结转,借记"非财政补助结转"科目,贷记本科目下各专项资金支出明细科目;将本科目本期发生额中的非专项资金支出结转入事业结余,借记"事业结余"科目,贷记本科目下各非专项资金支出明细科目。期末结账后,本科目应无余额。

现举例说明其他支出的核算。

【例 19-12】某事业单位一隐含存款支付开展专业业务的借款利息 3 600 元。会计分录如下:

借:其他支出——利息支出　　　　　　　　　　　　　　　　　　3 600
　　贷:银行存款　　　　　　　　　　　　　　　　　　　　　　　　3 600

关键术语

事业支出　　经营支出　　上缴上级支出　　对附属单位补助

复习思考题

1.事业单位的支出包括哪些内容?

2.如何区别和界定事业支出和经营支出?

3.事业单位支出的分类方法有哪些?

练习题

1.目的:联系事业单位支出的核算。

2.要求:根据下列资料编制会计分录。

3.资料:某事业单位本年 3 月发生的部分经济业务如下:

(1)通过银行存款用非财政资金补助附属甲单位 20 000 元,按有关规定,以存款户上缴上级单位利润分成款 20 000 元。

(2)根据财政国库支付中心委托代理银行转来的"财政直接支付入账通知书"及有关原始凭证,登记购入专用设备一台,价值 60 000 元。

(3)为开展已被批准列入项目支出预算的某专业业务活动,购买专用材料一批价款 10 000 元,购买专用设备一台价款 20 000 元,材料设备直接交付相关部门使用,款项通过单位零余额账户支付。

(4)开展专业业务活动,领用一批乙材料,价款 6 000 元。

(5)开展非专业经营活动,生产 A 产品一批,耗用材料 1 500 元,以银行存款支付工人工资 1 000 元,计提修购基金 1 000 元。

(6)A 产品已完工验收入库,成本 3 500 元。

第二十章　事业单位会计报表

事业单位会计报表是反映事业单位财务状况和收支情况的书面文件,是财政部门和上级单位了解情况、掌握政策、指导单位预算执行工作的重要资料,也是编制下年度财务收支计划的基础。本章主要介绍事业单位会计报表的含义、种类,年终清理结算和结账以及会计报表的编制、审核、汇总和分析。通过本章的学习,了解事业单位会计报表编报要求,掌握资产负债表、收入支出表和财政补助收入支出表的编制。

第一节　事业单位会计报表概述

一、事业单位会计报表作用及其种类

(一)事业单位会计报表的作用

事业单位会计报表是反映事业单位财务状况和收支情况的书面文件,是财政部门和上级单位了解情况、掌握政策、指导单位预算执行工作的重要资料,也是编制下年度财务收支计划的基础。

各单位利用会计报表及其他有关资料,可以分析和检查单位预算的执行情况,发现预算管理和财务管理工作中存在的问题,以便采取有效措施,改进预算管理工作,提高财务管理水平。

各级主管部门利用下级单位的会计报表,可以考核各单位执行国家有关方针政策的情况,督促各单位认真遵守财经制度与法规,维护财经纪律,主管部门对全系统的会计报表汇总后,还可以分析和检查全系统的预算执行情况,提高全系统的预算管理工作水平。

财政部门利用各事业单位上报的会计报表,还可以了解各单位执行预算的情况和存在的问题,指导和帮助各单位做好预算工作,提高预算管理质量。

(二)事业单位会计报表的种类

事业单位会计报表的种类包括:

(1)事业单位会计报表按编报内容不同,可以分为资产负债表、收入支出表、财政补助收入支出表、固定资产投资决算报表等主表,有关附表、会计报表附注和财务情况说明书等。

(2)事业单位会计报表按编报的时间不同可分为月报、季报和年报(决算)三种。月报应于月份终了后三日报出;季报应于季度终了后五日报出;年报应按财政部决算通知规定及主管部门要求的格式和期限报表。年报应报同级国有资产管理部门。

(3)事业单位会计报表按编报的层次不同可以分为本级报表和汇总报表。本级报表是反映各单位财务状况和收支情况的报表;汇总报表是反映各主管部门对本单位和所属单位的报

表进行汇总后编制的报表。

二、事业单位会计报表的编制要求

为了充分发挥会计报表的作用,各事业单位必须按照财政部门和主管部门统一规定的格式、内容和编制方法编制会计报表,做到数字真实、内容完整、报送及时。

(一)真实性原则

单位预算会计报表必须真实可靠、数字准确、如实反映单位预算执行情况。编报时要以核对无误的会计账簿数字为依据。不能以估计数、计划数填报,更不允许弄虚假作、篡改和伪造会计数据,也不能由上级单位估列代编。为此,各单位必须按期结账,一般不能为赶编报表而提前结账。编制报表前,要认真核对有关账目,切实做到账表相符、账证相符、账账相符和账实相符,保证会计报表的真实性。

(二)完整性原则

单位预算会计报表必须内容完整,按照统一规定的报表种类、格式和内容编报齐全,不能漏报。规定的格式栏次不论是表内项目还是补充资料,应填的项目、内容要填列齐全,不能任意取舍,成为一套完整的指标体系,以保证会计报表在本部门、本地区以及全国的逐级汇总分析需要。中央各部门、各省、自治区、直辖市财政厅(局)可以根据工作需要规定增加一些报表或项目,但不得影响国家统一规定的报表和报表项目的编报。事业单位内部管理需要的特殊会计报表由单位自行规定。

(三)及时性原则

单位预算会计报表必须按照国家或上级机关规定的期限和程序,在保证报表真实完整的前提下,在规定的期限内报送上级单位。如果一个单位的会计报表不及时报送,势必影响主管部门、财政部门以至全国的逐级汇总,影响全局对会计信息的分析。为此,应当科学、合理地组织好日常的会计核算工作,加强会计部门内部及会计部门与有关部门的协作与配合,以便尽快地编制出会计报表,满足预算管理和财务管理的需要。

三、事业单位会计报表编制程序

事业单位会计报表编制程序主要包括三个步骤:

(1)年终清理。

①清理核对年度预算数字和各项领拨款项、上缴下拨款项数字。

②清理核对各项预算内外收支款项。

③清理往来款项。

④清理货币资金和各项财产物资。

(2)年终结账。

①年终转账。

②结清结账。

③登记新账。

(3)编制会计报表。

第二节　事业单位会计报表的编制

一、资产负债表

(一)资产负债表的概念与平衡式

资产负债表是反映事业单位在某一特定日期全部资产、负债和净资产的情况的报表。本表按照"资产＋支出＝负债＋净资产＋收入"的平衡公式设置。左方为资产部类,右边为负债部类,左右两方总计数相等。资产负债表格式见表20-1。

表20-1　资产负债表

编制单位:　　　　　　　　　　　年　　月　　日　　　　　　　　　　单位:元

资　产	期末余额	年初余额	负债和净资产	期末余额	年初余额
流动资产:			流动负债:		
货币资金			短期借款		
短期投资			应缴税费		
财政应返还额度			应缴国库款		
应收票据			应缴财政专户款		
应收账款			应付职工薪酬		
预付账款			应付票据		
其他应收款			应付账款		
存　货			预收账款		
其他流动资产			其他应付款		
流动资产合计			其他流动负债		
非流动资产			流动负债合计		
长期投资			非流动负债:		
固定资产			长期借款		
固定资产原价			长期应付款		
减:累计折旧			非流动负债合计		
在建工程			负债合计		
无形资产			净资产		
无形资产原价			事业基金		
减:累计摊销			非流动资产基金		
待处置资产损溢			专用基金		
非流动资产合计			财政补助结转		
			财政补助结余		

资　产	期末余额	年初余额	负债和净资产	期末余额	年初余额
			非财政补助结转		
			非财政补助结余		
			1.事业结余		
			2.经营结余		
			净资产合计		
资产总计			负债和净资产合计		

通过资产负债表的资产项目,可以了解事业单位所拥有的各种资源以及事业单位偿还债务的能力;通过负债项目,可以了解事业单位所负担的债务数量和偿还期限的长短;通过净资产项目,可以了解事业单位拥有的基金和结余情况;通过支出、收入项目,可了解事业单位一定时期的财务收支情况。

(二)资产负债表的编制方法

资产负债表"年初余额"栏内各项数字,应当根据上年年末资产负债表"期末余额"栏内数字填列。如果本年度资产负债表规定的各个项目的名称和内容同上年度不相一致,应对上年年末资产负债表各项目的名称和数字按照本年度的规定进行调整,填入本表"年初余额"栏内。

本表"期末余额"栏各项目的内容和填列方法:

1.资产类项目

(1)"货币资金"项目,反映事业单位期末库存现金、银行存款和零余额账户用款额度的合计数。本项目应当根据"库存现金""银行存款""零余额账户用款额度"科目的期末余额合计填列。

(2)"短期投资"项目,反映事业单位期末持有的短期投资成本。本项目应当根据"短期投资"科目的期末余额填列。

(3)"财政应返还额度"项目,反映事业单位期末财政应返还额度的金额。本项目应当根据"财政应返还额度"科目的期末余额填列。

(4)"应收票据"项目,反映事业单位期末持有的应收票据的票面金额。本项目应当根据"应收票据"科目的期末余额填列。

(5)"应收账款"项目,反映事业单位期末尚未收回的应收账款余额。本项目应当根据"应收账款"科目的期末余额填列。

(6)"预付账款"项目,反映事业单位预付给商品或者劳务供应单位的款项。本项目应当根据"预付账款"科目的期末余额填列。

(7)"其他应收款"项目,反映事业单位期末尚未收回的其他应收款余额。本项目应当根据"其他应收款"科目的期末余额填列。

(8)"存货"项目,反映事业单位期末为开展业务活动及其他活动耗用而储存的各种材料、燃料、包装物、低值易耗品及达不到固定资产标准的用具、装具、动植物等的实际成本。本项目应当根据"存货"科目的期末余额填列。

(9)"其他流动资产"项目,反映事业单位除上述各项之外的其他流动资产,如将在 1 年内

(含1年)到期的长期债券投资。本项目应当根据"长期投资"等科目的期末余额分析填列。

(10)"长期投资"项目,反映事业单位持有时间超过1年(不含1年)的股权和债权性质的投资。本项目应当根据"长期投资"科目期末余额减去其中将于1年内(含1年)到期的长期债券投资余额后的金额填列。

(11)"固定资产"项目,反映事业单位期末各项固定资产的账面价值。本项目应当根据"固定资产"科目期末余额减去"累计折旧"科目期末余额后的金额填列。

"固定资产原价"项目,反映事业单位期末各项固定资产的原价。本项目应当根据"固定资产"科目的期末余额填列。

"累计折旧"项目,反映事业单位期末各项固定资产的累计折旧。本项目应当根据"累计折旧"科目的期末余额填列。

(12)"在建工程"项目,反映事业单位期末尚未完工交付使用的在建工程发生的实际成本。本项目应当根据"在建工程"科目的期末余额填列。

(13)"无形资产"项目,反映事业单位期末持有的各项无形资产的账面价值。本项目应当根据"无形资产"科目期末余额减去"累计摊销"科目期末余额后的金额填列。

"无形资产原价"项目,反映事业单位期末持有的各项无形资产的原价。本项目应当根据"无形资产"科目的期末余额填列。

"累计摊销"项目,反映事业单位期末各项无形资产的累计摊销。本项目应当根据"累计摊销"科目的期末余额填列。

(14)"待处置资产损溢"项目,反映事业单位期末待处置资产的价值及处置损溢。本项目应当根据"待处置资产损溢"科目的期末借方余额填列;如"待处置资产损溢"科目期末为贷方余额,则以"-"号填列。

(15)"非流动资产合计"项目,按照"长期投资""固定资产""在建工程""无形资产""待处置资产损溢"项目金额的合计数填列。

2.负债类项目

(16)"短期借款"项目,反映事业单位借入的期限在1年内(含1年)的各种借款。本项目应当根据"短期借款"科目的期末余额填列。

(17)"应缴税费"项目,反映事业单位应交未交的各种税费。本项目应当根据"应缴税费"科目的期末贷方余额填列;如"应缴税费"科目期末为借方余额,则以"-"号填列。

(18)"应缴国库款"项目,反映事业单位按规定应缴入国库的款项(应缴税费除外)。本项目应当根据"应缴国库款"科目的期末余额填列。

(19)"应缴财政专户款"项目,反映事业单位按规定应缴入财政专户的款项。本项目应当根据"应缴财政专户款"科目的期末余额填列。

(20)"应付职工薪酬"项目,反映事业单位按有关规定应付给职工及为职工支付的各种薪酬。本项目应当根据"应付职工薪酬"科目的期末余额填列。

(21)"应付票据"项目,反映事业单位期末应付票据的金额。本项目应当根据"应付票据"科目的期末余额填列。

(22)"应付账款"项目,反映事业单位期末尚未支付的应付账款的金额。本项目应当根据"应付账款"科目的期末余额填列。

(23)"预收账款"项目,反映事业单位期末按合同规定预收但尚未实际结算的款项。本项目应当根据"预收账款"科目的期末余额填列。

（24）"其他应付款"项目，反映事业单位期末应付未付的其他各项应付及暂收款项。本项目应当根据"其他应付款"科目的期末余额填列。

（25）"其他流动负债"项目，反映事业单位除上述各项之外的其他流动负债，如承担的将于1年内（含1年）偿还的长期负债。本项目应当根据"长期借款""长期应付款"等科目的期末余额分析填列。

（26）"长期借款"项目，反映事业单位借入的期限超过1年（不含1年）的各项借款本金。本项目应当根据"长期借款"科目的期末余额减去其中将于1年内（含1年）到期的长期借款余额后的金额填列。

（27）"长期应付款"项目，反映事业单位发生的偿还期限超过1年（不含1年）的各种应付款项。本项目应当根据"长期应付款"科目的期末余额减去其中将于1年内（含1年）到期的长期应付款余额后的金额填列。

3.净资产类项目

（28）"事业基金"项目，反映事业单位期末拥有的非限定用途的净资产。本项目应当根据"事业基金"科目的期末余额填列。

（29）"非流动资产基金"项目，反映事业单位期末非流动资产占用的金额。本项目应当根据"非流动资产基金"科目的期末余额填列。

（30）"专用基金"项目，反映事业单位按规定设置或提取的具有专门用途的净资产。本项目应当根据"专用基金"科目的期末余额填列。

（31）"财政补助结转"项目，反映事业单位滚存的财政补助结转资金。本项目应当根据"财政补助结转"科目的期末余额填列。

（32）"财政补助结余"项目，反映事业单位滚存的财政补助项目支出结余资金。本项目应当根据"财政补助结余"科目的期末余额填列。

（33）"非财政补助结转"项目，反映事业单位滚存的非财政补助专项结转资金。本项目应当根据"非财政补助结转"科目的期末余额填列。

（34）"非财政补助结余"项目，反映事业单位自年初至报告期末累计实现的非财政补助结余弥补以前年度经营亏损后的余额。本项目应当根据"事业结余""经营结余"科目的期末余额合计填列；如"事业结余""经营结余"科目的期末余额合计为亏损数，则以"—"号填列。在编制年度资产负债表时，本项目金额一般应为"0"；若不为"0"，本项目金额应为"经营结余"科目的期末借方余额（"—"号填列）。

"事业结余"项目，反映事业单位自年初至报告期末累计实现的事业结余。本项目应当根据"事业结余"科目的期末余额填列；如"事业结余"科目的期末余额为亏损数，则以"—"号填列。在编制年度资产负债表时，本项目金额应为"0"。

"经营结余"项目，反映事业单位自年初至报告期末累计实现的经营结余弥补以前年度经营亏损后的余额。本项目应当根据"经营结余"科目的期末余额填列；如"经营结余"科目的期末余额为亏损数，则以"—"号填列。在编制年度资产负债表时，本项目金额一般应为"0"；若不为"0"，本项目金额应为"经营结余"科目的期末借方余额（"—"号填列）。

二、收入支出表

(一)收入支出表的概念与作用

收入支出表是反映事业单位在某一会计期间内各项收入、支出和结转结余情况,以及年末非财政补助结余的分配情况的报表。收入支出表的项目,应当按收支的构成和结余分配情况分项列示。收入支出表见表20-2。

表20-2　收入支出表

编制单位:　　　　　　　　　　　年　　月　　日　　　　　　　　　　单位:元

项　目	本月数	本年累计数
一、本期财政补助结转结余		
财政补助收入		
减:事业支出(财政补助支出)		
二、本期事业结转结余		
(一)事业类收入		
1.事业收入		
2.上级补助收入		
3.附属单位上缴收入		
3.其他收入		
其中:捐赠收入		
减:(二)事业类支出		
1.事业支出(非财政补助支出)		
2.上缴上级支出		
3.对附属单位补助支出		
4.其他支出		
三、本期经营结余		
经营收入		
减:经营支出		
四、弥补以前年度亏损后的经营结余		
五、本年非财政补助结转结余		
减:非财政补助结转		
六、本年非财政补助结余		
减:应缴企业所得税		
减:提取专用基金		
七、转入事业基金		

通过收入支出表的编制与分析,可以综合地反映事业单位在一定期间内收入的来源、支出的用途以及结余的形成与分配等多方面的信息。对于财政部门、上级主管部门和其他有关方面了解情况、掌握政策、指导单位预算执行等具有重要作用。对事业单位本身也具有评价经营成果业绩、加强财务管理水平的作用。

(二)收入支出表的编制方法

收入支出表"本月数"栏反映各项目的本月实际发生数。在编制年度收入支出表时,应当将本栏改为"上年数"栏,反映上年度各项目的实际发生数;如果本年度收入支出表规定的各个项目的名称和内容同上年度不一致,应对上年度收入支出表各项目的名称和数字按照本年度的规定进行调整,填入本年度收入支出表的"上年数"栏。本表"本年累计数"栏反映各项目自年初起至报告期末止的累计实际发生数。编制年度收入支出表时,应当将本栏改为"本年数"。

本表"本月数"栏各项目的内容和填列方法:

1. 本期财政补助结转结余

(1)"本期财政补助结转结余"项目,反映事业单位本期财政补助收入与财政补助支出相抵后的余额。本项目应当按照本表中"财政补助收入"项目金额减去"事业支出(财政补助支出)"项目金额后的余额填列。

(2)"财政补助收入"项目,反映事业单位本期从同级财政部门取得的各类财政拨款。本项目应当根据"财政补助收入"科目的本期发生额填列。

(3)"事业支出(财政补助支出)"项目,反映事业单位本期使用财政补助发生的各项事业支出。本项目应当根据"事业支出——财政补助支出"科目的本期发生额填列,或者根据"事业支出——基本支出(财政补助支出)""事业支出——项目支出(财政补助支出)"科目的本期发生额合计填列。

2. 本期事业结转结余

(4)"本期事业结转结余"项目,反映事业单位本期除财政补助收支、经营收支以外的各项收支相抵后的余额。本项目应当按照本表中"事业类收入"项目金额减去"事业类支出"项目金额后的余额填列;如为负数,以"－"号填列。

(5)"事业类收入"项目,反映事业单位本期事业收入、上级补助收入、附属单位上缴收入、其他收入的合计数。本项目应当按照本表中"事业收入""上级补助收入""附属单位上缴收入""其他收入"项目金额的合计数填列。

"事业收入"项目,反映事业单位开展专业业务活动及其辅助活动取得的收入。本项目应当根据"事业收入"科目的本期发生额填列。

"上级补助收入"项目,反映事业单位从主管部门和上级单位取得的非财政补助收入。本项目应当根据"上级补助收入"科目的本期发生额填列。

"附属单位上缴收入"项目,反映事业单位附属独立核算单位按照有关规定上缴的收入。本项目应当根据"附属单位上缴收入"科目的本期发生额填列。

"其他收入"项目,反映事业单位除财政补助收入、事业收入、上级补助收入、附属单位上缴收入、经营收入以外的其他收入。本项目应当根据"其他收入"科目的本期发生额填列。

"捐赠收入"项目,反映事业单位接受现金、存货捐赠取得的收入。本项目应当根据"其他收入"科目所属相关明细科目的本期发生额填列。

(6)"事业类支出"项目,反映事业单位本期事业支出(非财政补助支出)、上缴上级支出、对附属单位补助支出、其他支出的合计数。本项目应当按照本表中"事业支出（非财政补助支出）""上缴上级支出""对附属单位补助支出"、"其他支出"项目金额的合计数填列。

"事业支出（非财政补助支出）"项目，反映事业单位使用财政补助以外的资金发生的各项事业支出。本项目应当根据"事业支出——非财政专项资金支出""事业支出——其他资金支出"科目的本期发生额合计填列，或者根据"事业支出——基本支出（其他资金支出）""事业支出——项目支出（非财政专项资金支出、其他资金支出）"科目的本期发生额合计填列。

"上缴上级支出"项目，反映事业单位按照财政部门和主管部门的规定上缴上级单位的支出。本项目应当根据"上缴上级支出"科目的本期发生额填列。

"对附属单位补助支出"项目，反映事业单位用财政补助收入之外的收入对附属单位补助发生的支出。本项目应当根据"对附属单位补助支出"科目的本期发生额填列。

"其他支出"项目，反映事业单位除事业支出、上缴上级支出、对附属单位补助支出、经营支出以外的其他支出。本项目应当根据"其他支出"科目的本期发生额填列。

3. 本期经营结余

（7）"本期经营结余"项目，反映事业单位本期经营收支相抵后的余额。本项目应当按照本表中"经营收入"项目金额减去"经营支出"项目金额后的余额填列；如为负数，以"－"号填列。

（8）"经营收入"项目，反映事业单位在专业业务活动及其辅助活动之外开展非独立核算经营活动取得的收入。本项目应当根据"经营收入"科目的本期发生额填列。

（9）"经营支出"项目，反映事业单位在专业业务活动及其辅助活动之外开展非独立核算经营活动发生的支出。本项目应当根据"经营支出"科目的本期发生额填列。

4. 弥补以前年度亏损后的经营结余

（10）"弥补以前年度亏损后的经营结余"项目，反映事业单位本年度实现的经营结余扣除本年初未弥补经营亏损后的余额。本项目应当根据"经营结余"科目年末转入"非财政补助结余分配"科目前的余额填列；如该年末余额为借方余额，以"－"号填列。

5. 本年非财政补助结转结余

（11）"本年非财政补助结转结余"项目，反映事业单位本年除财政补助结转结余之外的结转结余金额。如本表中"弥补以前年度亏损后的经营结余"项目为正数，本项目应当按照本表中"本期事业结转结余""弥补以前年度亏损后的经营结余"项目金额的合计数填列；如为负数，以"－"号填列。如本表中"弥补以前年度亏损后的经营结余"项目为负数，本项目应当按照本表中"本期事业结转结余"项目金额填列；如为负数，以"－"号填列。

（12）"非财政补助结转"项目，反映事业单位本年除财政补助收支外的各专项资金收入减去各专项资金支出后的余额。本项目应当根据"非财政补助结转"科目本年贷方发生额中专项资金收入转入金额合计数减去本年借方发生额中专项资金支出转入金额合计数后的余额填列。

6. 本年非财政补助结余

（13）"本年非财政补助结余"项目，反映事业单位本年除财政补助之外的其他结余金额。本项目应当按照本表中"本年非财政补助结转结余"项目金额减去"非财政补助结转"项目金额后的金额填列；如为负数，以"－"号填列。

（14）"应缴企业所得税"项目，反映事业单位按照税法规定应缴纳的企业所得税金额。本项目应当根据"非财政补助结余分配"科目的本年发生额分析填列。

（15）"提取专用基金"项目，反映事业单位本年按规定提取的专用基金金额。本项目应当根据"非财政补助结余分配"科目的本年发生额分析填列。

7. 转入事业基金

（16）"转入事业基金"项目，反映事业单位本年按规定转入事业基金的非财政补助结余资金。本项目应当按照本表中"本年非财政补助结余"项目金额减去"应缴企业所得税""提取专用基金"项目金额后的余额填列；如为负数，以"一"号填列。

上述（10）至（16）项目，只有在编制年度收入支出表时才填列；编制月度收入支出表时，可以不设置此7个项目。

三、财政补助收入支出表

（一）财政补助收入支出表的概念与作用

财政补助收入支出表是反映事业单位某一会计年度财政补助收入、支出、结转及结余情况的会计报表。收入支出表的项目，应当按财政补助收支来源渠道、具体的构成项目，对各类收支结转结余分配情况分项列示。财政补助收入支出表见表20-3。

表 20-3　财政补助收入支出表

编制单位：　　　　　　　　年　月　日　　　　　　　单位:元

项　　目	本年数	上年数
一、年初财政补助结转结余		
（一）基本支出结转		
1. 人员经费		
2. 日常公用经费		
（二）项目支出结转		
＊＊项目		
（三）项目支出结余		
二、调整年初财政补助结转结余		
（一）基本支出结转		
1. 人员经费		
2. 日常公用经费		
（二）项目支出结转		
＊＊项目		
（三）项目支出结余		
三、本年归集调入财政补助结转结余		
（一）基本支出结转		
1. 人员经费		
2. 日常公用经费		
（二）项目支出结转		

项　　目	本年数	上年数
＊＊项目		
（三）项目支出结余		
四、本年上缴财政补助结转结余		
（一）基本支出结转		
1.人员经费		
2.日常公用经费		
（二）项目支出结转		
＊＊项目		
（三）项目支出结余		
五、本年财政补助收入		
（一）基本支出		
1.人员经费		
2.日常公用经费		
（二）项目支出		
＊＊项目		
六、本年财政补助支出		
（一）基本支出		
1.人员经费		
2.日常公用经费		
（二）项目支出结转		
＊＊项目		
七、年末财政补助结转结余		
（一）基本支出结转		
1.人员经费		
2.日常公用经费		
（二）项目支出结转		
＊＊项目		
（三）项目支出结余		

通过财政补助收入支出表的编制与分析,可以综合地反映事业单位在一定期间内财政补助收入的来源、支出的用途以及结转结余的形成与分配等多方面的信息。对于财政部门、上级主管部门和其他有关方面了解情况、掌握政策、指导单位预算执行等具有重要作用,同时具有评价事业单位财政资金使用效果、提高财务管理水平的作用。

(二)财政补助收入支出表的编制方法

财政补助收入支出表"上年数"栏内各项数字,应当根据上年度财政补助收入支出表"本年数"栏内数字填列。

本表"本年数"栏各项目的内容和填列方法:

(1)"年初财政补助结转结余"项目及其所属各明细项目,反映事业单位本年初财政补助结转和结余余额。各项目应当根据上年度财政补助收入支出表中"年末财政补助结转结余"项目及其所属各明细项目"本年数"栏的数字填列。

(2)"调整年初财政补助结转结余"项目及其所属各明细项目,反映事业单位因本年发生需要调整以前年度财政补助结转结余的事项,而对年初财政补助结转结余的调整金额。各项目应当根据"财政补助结转""财政补助结余"科目及其所属明细科目的本年发生额分析填列。如调整减少年初财政补助结转结余,以"—"号填列。

(3)"本年归集调入财政补助结转结余"项目及其所属各明细项目,反映事业单位本年度取得主管部门归集调入的财政补助结转结余资金或额度金额。各项目应当根据"财政补助结转""财政补助结余"科目及其所属明细科目的本年发生额分析填列。

(4)"本年上缴财政补助结转结余"项目及其所属各明细项目,反映事业单位本年度按规定实际上缴的财政补助结转结余资金或额度金额。各项目应当根据"财政补助结转""财政补助结余"科目及其所属明细科目的本年发生额分析填列。

(5)"本年财政补助收入"项目及其所属各明细项目,反映事业单位本年度从同级财政部门取得的各类财政拨款金额。各项目应当根据"财政补助收入"科目及其所属明细科目的本年发生额填列。

(6)"本年财政补助支出"项目及其所属各明细项目,反映事业单位本年度发生的财政补助支出金额。各项目应当根据"事业支出"科目所属明细科目本年发生额中的财政补助支出数填列。

(7)"年末财政补助结转结余"项目及其所属各明细项目,反映事业单位截至本年末的财政补助结转和结余余额。各项目应当根据"财政补助结转""财政补助结余"科目及其所属明细科目的年末余额填列。

四、会计报表附注与财务情况说明书

(一)会计报表附注

会计报表附注是指以文字形式对主要会计报表和附表的内容和项目所作的补充说明和详细解释。

通过会计报表附注,可以对主要会计报表及其附表无法或难以用数字表达说明的内容加以文字形式的补充说明和解释,使相关信息需求者能更好更全面地了解阅读单位的财务信息。事业单位的会计报表附注至少应当披露下列内容:

(1)遵循《事业单位会计准则》、《事业单位会计制度》的声明;

(2)单位整体财务状况、业务活动情况的说明;

(3)会计报表中列示的重要项目的进一步说明,包括其主要构成、增减变动情况等;

(4)重要资产处置情况的说明;

(5)重大投资、借款活动的说明;

（6）以名义金额计量的资产名称、数量等情况，以及以名义金额计量理由的说明；

（7）以前年度结转结余调整情况的说明；

（8）有助于理解和分析会计报表需要说明的其他事项。

（二）财务情况说明书

财务情况说明书是事业单位在一定期间内收入、支出、结余及其分配情况进行分析总结的基础上所作的数字和文字的说明。它一般包括：财务情况说明书主要说明事业单位收入及其支出、结转、结余及其分配、资产负债变动、对外投资、资产出租出借、资产处置、固定资产投资、绩效考评的情况，对本期或者下期财务状况发生重大影响的事项，以及需要说明的其他事项。

第三节　年终清理结算和结账

一、年终清理结算

年终清理结算是指事业单位在年度终了前对单位全年的资金收支活动进行全面清查、核对、整理和结算工作。年终清理结算既包括对本单位财产全面清理及会计、财务活动的总清理，还包括一些特殊的清理结算事项。

（一）清理核对预算收支、缴拨款项和上缴下拨数

年度终了前，对财政部门、上级单位和所属各单位之间的全年预算数（包括追加追减和上划下划数字）以及应上缴、拨补的款项等，都应按规定逐笔进行清理结算，保证上下级之间的年度预算数、领拨经费数和上交、下拨数一致。为了准确反映各项收支数额，凡属本年度的应拨应缴款项，应当在 12 月 31 日前汇达对方。主管单位对所属单位的拨款应截至 12 月 25 日为止，逾期一般不再下拨。

（二）清理核对各项收支款项

凡属于本年的各项收入都应及时入账。本年的各项应缴国库款和应缴财政专户款，应在年终前全部上缴，属于本年的各项支出，应按规定的支出用途如实列报。年度单位支出决算，一律以基层用款单位截至 12 月 31 日的本年实际支出数为准，不得将年终前预拨下年的预算拨款列入本年支出，也不得以上级会计单位的拨款数代替基层会计单位的实际支出数。

（三）清理各项往来款项

事业单位的往来款项，年终前应尽量清理完毕，按照有关规定应当转作各项收入和支出的往来款项要及时转入各项有关账户，编入本年决算。

（四）清查货币资金

事业单位年终前应及时同开户银行对账，银行存款账面余额应同银行对账单的余额核对相符。现金账面余额应同库存现金核对相符。对外投资中有价证券账面数字，应同实存的有价证券核对相符。

（五）清查财产物资

年终前，应对各项财产物资进行清理盘点。发生盘盈、盘亏的，应及时查明原因，按规定进行处理，调整账务，做到账实相符、账账相符。

二、年终结账

年终清理结算完毕,在办理 12 月份结账基础上,即可进行年终结账工作。年终结账包括年终转账、结清旧账和记入新账三个基本环节。

(一)年终转账

年终转账就是在账目核对无误后,将有关收入与支出科目进行结转。具体步骤是:首先,结计出各账户借方或贷方 12 月份合计数和全年累计数,并结出 12 月末的余额;其次,根据各账户余额,编制结账前的"资产负债表",试算平衡;最后,在试算平衡无误后,将应对冲结转的各个收支账户的余额按年终结转办法,有序地编制 12 月 31 日记账凭单办理结账冲转。事业单位进行年终转账应通过"事业结余""经营结余""财政补助结转""非财政补助结转""非财政补助结余分配"等账户进行。

(二)结清旧账

在年终转账的基础上,将转账后无余额的账户结出全年总累计数,然后在下面划出双红线,表示本账户全部结清,对年终有余额的账户,在"全年累计数"下行的"摘要"栏内注明"结转下年"字样,再在下面画双红线,表示年终余额转入新账,旧账结束。

(三)记入新账

根据本年度各账户余额,编制年终决算的"资产负债表"和有关明细表。将表列各账户的年终余额数(不编制记账凭单)直接记入新年度相应的各有关账户,并在"摘要"栏注明"上年结转"字样,以区别新年度发生数。

第四节　会计报表的审核、汇总和分析

一、事业单位会计报表的审核

各事业单位对已经编就的会计报表应认真审核后报上级主管部门,上级主管部门对所属单位会计报表应认真审核汇总。会计报表的审核包括政策性审核和技术性审核两个方面。

(一)政策性审核

政策性审核主要是审核会计报表中反映的各项资金收支是否符合有关政策和制度,有无违反财经纪律行为。在审核时应注意以下几个方面:

(1)资产类审查现金库存数额是否符合规定限额,账实是否相符;银行存款数额是否与银行进行对账;债权和其他权利是否有异常情况;材料、产成品是否超过合理资金占用量;对外投资的方向是否符合规定;等等。

(2)负债类审查各项债务是否及时清理结算,有无异常情况;"应缴国库款""应缴财政专户款"是否及时足额上缴,有无截留挤占和挪用行为,年终余额是否全部上缴结清。

(3)净资产类审查各项基金的提取比例是否符合规定,年终账务处理是否正确。

(4)收入类审查各项收入是否符合政策规定,预算经费的取得是否符合预算和用款计划,其他各项收入的收费是否符合有关规定,有无将应上缴财政的资金和应缴入财政专户的预算资金记入"事业收入"或者"其他收入"中。

(5)支出类审查各项支出是否按财务预算和计划执行,有无违反国家统一规定的开支范围和开支标准,"经营支出"和"经营收入"是否配比,专款支出是否按规定项目和用途列支。

(二)技术性审核

技术性审核主要是审核会计报表的数字是否正确,项目是否完整,签章是否齐全,报送是否及时等。在审核报表数字时,应注意审核以下几方面的关系:

(1)审核上下年度有关数字是否衔接一致。如"资产负债表"的年初数同上年年末数是否一致。

(2)审核上下级单位之间的上缴下拨数是否一致,如上级单位的"对附属单位补助支出"与下级单位的"上级补助收入"是否一致;上级单位的"附属单位上缴收入"与下级单位的"上缴上级支出"是否一致。

(3)审核会计报表中的有关数字和业务部门提供的数字是否一致。

(4)审核会计报表之间有关数字是否一致。根据表内科目之间勾稽关系、表与表之间的勾稽关系进行审核。如:固定资产等非流动资产是否等于非流动资产基金数字;"资产负债表"中的有关净资产项目数字是否与"收入支出总表"及其附表数字相符。

二、事业单位会计报表的汇总

主管会计单位对所属会计单位的会计报表经过认真审核,如果发现问题,应上下同口径及时纠正,以保证单位报表与上级汇编的报表一致。

主管会计单位和二级会计单位,应根据本级报表和经审核后的所属单位会计报表编制汇总会计报表,借以反映全系统的事业单位财务状况和收支情况。汇总会计报表的种类、内容、格式和基层会计报表相同。

汇总编制时除了上下级单位之间对应收支科目的数字相互抵消之外,上下级发生的往来款项的数字也应抵消,以避免重复计算,其余相同项目把金额加计总数后填列到相应栏内。

三、事业单位会计报表的分析

(一)会计报表分析的意义

编制会计报表的目的是为了提供会计报表使用者有关事业单位一定期间财务状况和收支情况的信息,以帮助与事业单位有利害关系者作出正确的决策。然而,会计报表所提供的财务信息是一种历史性数据,而信息使用者的决策则是立足现在、面向未来的,历史信息本身并不能直接用于决策,同时,事业单位会计报表中的数字本身并不完全具有比较明确的含义。在许多情况下,如果孤立地去看报表上所列的各类项目的金额,可能对报表使用者的经济决策没有多大的意义。对于报表使用者而言,比较重要的、有意义的资料是数字与数字之间的关系,以及这些数字所体现的一些指标的变动趋势和金额。所以,会计信息的使用者要作出正确的经济决策,还必须对财务报告(主要是会计报表)所提供的历史数据作进一步加工,进行比较、分析、评价和解释。

(二)会计报表分析的方法

事业单位会计报表分析必须有科学的工作步骤,才能有条不紊地开展分析活动,取得预期的效果。其主要步骤包括:制定工作计划;收集资料,掌握情况;整理资料;进行基本的数量分析;深入实际,调查研究;综合概括,分析总结。分析的主要方法有:

1.比较分析法

比较分析法指两个或两个以上有关的可比数字进行对比的方法。在事业单位会计报表分析中主要运用比较分析法,对实际完成数与预算计划数比较、本期实际数与历史同期实际数比较、本单位实际数与其他同类单位相同指标实际数比较。

【例 20-1】核定单位年度差旅费预算为 40 000 元,实际支出为 48 600 元,分析差旅费预算完成情况。分析如下:

差旅费超支额:48 600－40 000＝8 600(元)

预算完成百分比为:(486 000/40 000)×100％＝121.5％

说明单位实际完成数与预算计划数比较,差旅费超支 21.5％。

2.因素分析法

因素分析法指从数量上确定一个分析指标所包含的各个因素的变动对该指标影响程度的一种分析方法。运用时必须正确地分解指标,确定正确的替代顺序。

首先,确定影响某项经济指标变动的因素,按照一定顺序确定各个因素变动对指标变动的影响方向和程度。其次,分析某一经济指标的实际数脱离计划数形成的差异时,以计划指标为基础,用各个因素的实际数逐次顺序地替代计划数,每次替换后,实际数就被保留下来,直到所有的因素都变成实际数为止。每一次替代的结果与前一次结果相比较,两者之差即为该项因素变动时对经济指标总差异的影响程度。最后,将各个因素的影响值相加,即为该项经济指标实际脱离计划的总差异。

因素分析法的特点是:每次顺序替代一个因素,测定每一因素的影响程度,是以以前各个因素已变、而以后各个因素不变为条件的;每一个中间环节都连续重复比较两次,形成一系列比较的连接环。由于这些特点,运用时必须正确分解指标,并确定正确的替代顺序。替代顺序的确定要从经济指标的组成因素的相互关系出发,并使分析结果能明确区分经济责任,适应单位加强经营管理的需要。

3.平衡法

平衡法是经济活动分析中常用的数量分析法,是对那些具有平衡关系的资金运动进行分析对比的一种方法。借以检查资产、负债、净资产、收入和支出情况,研究各种因素对经济指标的影响。

事业单位根据本身业务内容,分别按照自己使用的借贷记账方法,分析各项资产、负债、净资产、收入和支出情况,分析资产部类与负债部类的平衡情况。在平衡的情况下,分别研究各个因素的发展变化,分析它对经济指标的影响程度,以便采取措施、改进工作、保证经济指标的实现。

4.结构法

结构法是用以分析各单位某项经济活动中相互联系的各个因素的结构或比重的,从而可以找出各因素的变化规律,评价其结构或成分的合理性,以保证经济活动健康地发展。如事业单位运用结构法,分析事业收入中各个细目收入占总收入比重的变化,分析事业支出中各目、节支出占总支出的比重变化,分析财产物资中各种物资所占比重的变化情况等。通过对各种结构或比重情况的分析,研究其是否符合国家的方针、政策、财政财务制度;是否符合社会发展与经济发展的规律,以便促进单位经济活动的合理化,提高经济效益,更好地完成事业计划和任务。

5.相关分析法

相关分析就是把两个或两个以上有内在联系的指标结合起来,由浅入深、从现象到本质,分析每个因素与经济指标的关系,以便对经济活动结果取得本质上的认识。

6.量本利分析法

量本利分析法即具体分析单位各项收入、费用支出和损益结余的关系。对有部分产品生产的单位,都可以用这种方法进行预测分析。其原理是将全部费用按其0与业务量(或产量)的关系,划分为固定费用和变动费用两大类。

固定费用,是在一定时期和一定业务量范围内,不受业务量增减变化的影响而固定不变的费用。而单位业务分摊的固定费用额多少,却随业务量的变化呈反比例变化,如管理人员费用、固定资产修购费等。

变动费用,是随业务量的增减成正比例变化的费用,如材料费用,工人的工资费用等。

单位收入、业务量、费用和盈亏之间的关系是:

业务收入=平均收费额×业务量=单位变动费用×业务量+固定费用总额+收支结余

实现一定结余的业务量=(固定费用+一定的收支结余)/(平均收费额-单位变动费用)

当收支结余为零时,总收入等于费用支出总额。在这种情况下,求得的业务量为保本点业务量,即收支平衡,没有超支,也没有结余。这个业务量又称盈亏分界点,在坐标图上为总收入与总费用线的交叉点。业务量大于此点,可获得盈余;业务量小于此点,则为亏损。

(三)会计报表分析内容

会计报表分析的内容包括预算编制与执行、资产使用、收入支出状况等。

1.分析单位预算的编制和执行情况

分析单位的预算编制是否符合国家有关方针政策和财务制度规定、事业计划和工作任务的要求,是否贯彻了量力而行、尽力而为的原则,预算编制的计算依据是否充分可靠;在预算执行过程中,则要分析预算执行进度与事业计划进度是否一致,与以前各期相比,有无特殊变化及其变化的原因。

2.分析资产、负债的构成及资产使用情况

这主要分析单位的资产构成是否合理、分析负债来源是否符合规定等。通过分析,及时发现存在的问题,有针对性地采取措施,保证资产的合理有效使用。具体分析要求如下:

(1)分析货币资金状况。主要检查分析现金的库存与账面余额是否相符,是否超过规定的库存现额,有无白条顶库和任意坐支行为;检查银行存款的分布情况,是否遵守结算纪律和制度,存款户的开立是否符合规定,有无多头开户,银行存款账面余额是否与银行对账单的余额一致;检查对外投资中的债券投资数额与库存有价证券是否一致,保管是否妥当。

(2)分析检查各项材料和产成品,检查材料采购入库有无计划,材料和产成品的库存是否合理,有无超储积压,领用出库是否符合条例规定的手续,材料和产成品的管理制度是否健全等。

(3)分析固定资产的增减变化及其资金来源是否正当、合理;新增固定资产中各类固定资产所占比重各为多少,重大的固定资产购置是否经过比较充分的可行性论证,业务急需的固定资产购置是否给予了优先安排;减少的固定资产是否合理,有无合法的手续;现有固定资产的利用情况如何,有无长期闲置积压现象等。

(4)分析各项往来款项,查明各种应收、应付、预收、预付、借入、借出等款项的数额及未结清的原因,有无长期未收回的呆账等。

(5)分析各项专用基金和专项资金,查明其来源渠道是否合法,使用是否符合规定,是否严格遵守专款专用的原则等。

（6）分析事业基金的提取和使用情况,查明其计提是否合法,计算是否正确,使用是否符合国家的有关规定等。

（7）分析收入来源是否正当合法,有关收费标准有没有违反国家的物价政策,有没有将应缴国库款和应缴财政专户款作收入入账等。

（8）分析单位对外服务的潜力是否得以发挥,是否还有创收的能力没有利用、潜在的财源尚待开发的情况;对外创收有没有影响国家下达的事业计划任务的完成,是否存在脱离本单位的业务活动,从事不符合政策规定的纯商业性活动等问题;对外服务的经济效益和社会效益如何等。

（9）分析单位的各项支出是按预算计划执行,有无擅自扩大开支范围,提高开支标准,随意增列工资,滥发奖金行为,各项支出的界限是否清晰,结转是否正常。

（10）分析单位的在建工程项目资金来源是否合理,基建项目是否被有关部门批准,资金是否转存建设银行。

3.分析收入、支出情况及经费自给水平

一方面要了解掌握单位的各项收入是否符合有关规定,是否执行了国家规定的收费标准,是否完成了核定的收入计划,各项应缴收入收费是否及时足额上缴,超收或短收的主客观因素是什么,是否有能力增加收入;另一方面要了解掌握各项支出是否按进度进行,是否按规定的用途、标准使用,支出结构是否合理等,找出支出管理中存在的问题,提出加强管理的措施,以节约支出,提高资金使用效益。在分析了收入、支出有关情况的同时,还要分析单位经费自给水平以及单位组织收入的能力和满足经常性支出的程度,分析经费自给率和变化情况及原因。

4.分析定员定额情况和财务管理情况

这主要分析单位人员是否控制在国家核定的编制以内,有无超编人员,超编的原因是什么,内部人员安排是否合理;分析单位各项支出定额是否完善,是否先进合理,定额执行情况如何等。主要分析单位各项财务管理制度是否健全,各项管理措施是否符合国家有关规定和单位的实际情况,措施落实情况怎样。同时,要找出存在的问题,进一步健全和完善各项财务规章制度和管理措施,提高财务管理水平。

（四）会计报表分析的指标

会计报表分析指标包括预算收入和支出完成率、人员支出与公用支出分别占事业支出的比率、人均基本支出、资产负债率等。主管部门和事业单位可以根据本单位的业务特点增加分析指标。

（1）预算收入和支出完成率。这两个指标衡量事业单位收入和支出总预算及分项预算完成的程度。其计算公式为：

$$预算收入完成率＝年终执行数÷（年初预算数±年中预算调整数）×100\%$$

年终执行数不含上年结转和结余收入数：

$$预算支出完成率＝年终执行数÷（年初预算数±年中预算调整数）×100\%$$

年终执行数不含上年结转和结余支出数。

（2）人员支出、公用支出占事业支出的比率。这两个指标主要衡量事业单位事业支出结构。其计算公式为：

$$人员支出比率＝人员支出÷事业支出×100\%$$

$$公用支出比率＝公用支出÷事业支出×100\%$$

（3）人均基本支出。这个指标用来衡量事业单位按照实际在编人数平均的基本支出水平。其计算公式为：

$$人均基本支出＝（基本支出－离退休人员支出）÷实际在编人数$$

（4）资产负债率。这个指标用来衡量事业单位利用债权人提供资金开展业务活动的能力，以及反映债权人提供资金的安全保障程度。其计算公式为：

$$资产负债率＝负债总额÷资产总额×100\%$$

关键术语

资产负债表　收入支出表　年终清理结算　年终结账　会计报表　会计报表审核因素分析法　量本利分析法

复习思考题

1. 事业单位会计报表有哪些种类？
2. 事业单位资产负债表的内容及编制方法是什么？
3. 什么是收支情况说明书？它包括哪些内容？
4. 事业单位收入支出总表的作用及编制方法是什么？
5. 年终清理结算包括哪些方面？
6. 事业单位会计报表的审核包括哪些方面？

参考文献

[1] 中华人民共和国财政部.财政总预算会计制度[G].1997－06－25.

[2] 中华人民共和国财政部.行政单位会计制度[G].1998－02－06.

[3] 中华人民共和国财政部.行政单位财务规则[G].2012－12－06(71).

[4] 财政部.事业单位会计准则(施行)[G].2012－12－06(72).

[5] 财政部.事业单位会计制度[G].2012－12－19.

[6] 财政部.事业单位财务规则[G].2012－02－07(68).

[7] 财政部国库司.政府收支分类改革预算执行培训讲解[M].北京:中国财政经济出版社,2006.

[8] 财政部预算司.政府收支分类改革问题解答[M].北京:中国财政经济出版社,2006.

[9] 中华人民共和国财政部.2008年政府收支分类科目[M].北京:中国财政经济出版社,2007.

[10] 全国预算会计研究会.预算管理与会计[M].2000年至2007年各期.

[11] 赵建勇.预算会计[M].上海:上海财经大学出版社,2007.

[12] 盖地.政府会计[M].上海:立信会计出版社,2001.

[13] 薛桂萍,刘洪波.预算会计[M].北京:科学出版社,2006.

[14] 李海波,刘学华.新编预算会计[M].上海:立信会计出版社,2007.

[15] 王庆成.政府和事业单位会计[M].北京:中国人民大学出版社,2004.

[16] 新编预算会计编写组.新编预算会计[M].北京:经济科学出版社,2004.

[17] 李海波,刘学华.行政事业会计[M].上海:立信会计出版社,2007.

[18] 刘永立.政府与非营利组织会计[M].上海:立信会计出版社,2006.

[19] 贺蕊莉,刘明慧,包丽萍.预算会计[M].大连:东北财经大学出版社,2002.

[20] 贺蕊莉.新编预算会计[M].北京:清华大学出版社,北京交通大学出版社,2008(3).

[21] 赵建勇.预算会计[M].3版.上海:上海财经大学出版社,2007(10).

[22] 刘积斌.财政总预算会计,行政单位会计,事业单位会计[M].北京:中国财政经济出版社.

[23] 王庆成.政府与事业单位会计[M].北京:机械工业出版社,2006.

[24] 陈文娟.财政总预算会计核算内容的扩展:从政府收支分类视角分析[J].涉及预警机研究,2006(6).

[25] 刘为娟,张理.对预算会计制度改革的思考[J].管理科学文摘,2007(1).

[26] 刘用铨.公共财政管理与政府会计的改进[J].财会月刊,2007(2).

[27] 冯宪成.我国现行预算会计体系中行政单位会计制度分析[J].黑龙江财务,2007(2).

[28] 樊成充,王玲.政府预算透明度与预算会计改革研究[J].理论与改革,2006(5).

[29] 昝志宏. 新编预算会计[M]. 中国商业出版社,1997(11).

[30] 王庆成. 政府与事业单位会计[M]. 北京:中国人民大学出版社,2003(2).

[31] 邬励军,潘敏虹. 预算会计[M]. 暨南大学出版社,2005(8).

[32] 全国预算会计研究会预算会计课题组. 新预算会计制度知识问答[M]. 浙江:浙江人民出版社,1997.

[33] 刘明慧,包丽萍. 政府预算管理[M]. 北京:经济科学出版社,2004.

[34] 王雍君. 部门预算与预算改革[M]. 山西:山西教育出版社,2001.

[35] 王雍君. 政府预算会计问题研究[M]. 北京:经济科学出版社,2004.

[36] 陈小悦,陈力齐. 政府预算与会计改革:中国与西方国家模式[M]. 上海:中信出版社,2002.

[37] [美]罗伯特·J. 弗里曼,克雷格·D. 肖尔德斯. 政府及非营利组织会计理论与实务[M]. 王建英,冯梅,荆新,等,译. 北京:清华大学出版社,1999.

[38] [美]约瑟夫·R. 拉扎克,戈登·A. 霍布,马丁·艾夫斯. 政府与非盈利组织会计导论[M]. 张志超,蔡方,郭玲,等,译. 北京:机械工业出版社,2003.

[39] 于国旺. 预算会计[M]. 北京:清华大学出版社,2014.

[40] 郭磊. 新编政府会计[M]. 南开大学出版社,2014.

[41] 刘有宝. 预算会计实务[M]. 5版. 高等教育出版社.2015.

[42] 张曾莲. 政府会计专题[M]. 北京:清华大学出版社,2015.

[43] 邢俊英. 预算会计[M]. 4版. 大连:东北财经大学出版社.2016.

[44] 李海波,刘学华. 新编预算会计[M]. 10版. 上海:立信会计出版社,2016.

[45] 王国生. 新编财政总预算会计实务[M]. 经济管理出版社,2017.

[46] 贺蕊莉. 预算会计教程[M]. 2版. 北京:中国人民大学出版社,2017.

[47] 王银梅. 预算会计[M]. 2版. 大连:东北财经大学出版社,2017.

[48] 中华人民共和国财政部. 行政单位会计制度[G].2013-12-18.

[49] 全国人民代表大会常务委员会. 中华人民共和国预算法[G].2014-08-31.

[50] 中华人民共和国财政部. 财政总预算会计制度[G].2015-10-10.

[51] 中华人民共和国财政部. 政府会计准则——＋基本准则[G].2015-10-23.

图书在版编目(CIP)数据

预算会计/王俊霞,胡克刚主编.—3 版.—西安:西安交通
大学出版社,2018.1(2025.9 重印)
普通高等教育"十三五"财政与税收专业规划教材
ISBN 978-7-5693-0144-1

Ⅰ.预… Ⅱ.①王… ②胡… Ⅲ.预算会计—高等学校—教材
Ⅳ.F810.6

中国版本图书馆 CIP 数据核字(2018)第 016289 号

书 名	预算会计(第三版)
主 编	王俊霞 胡克刚
责任编辑	魏照民

出版发行	西安交通大学出版社
	(西安市兴庆南路 1 号 邮政编码 710048)
网 址	http://www.xjtupress.com
电 话	(029)82668357 82667874(市场营销中心)
	(029)82668315(总编办)
传 真	(029)82668280
印 刷	西安五星印刷有限公司

开 本	787mm×1092mm 1/16 **印张** 21.875 **字数** 524 千字
版次印次	2018 年 2 月第 3 版 2025 年 9 月第 3 次印刷(累计第 9 次印刷)
书 号	ISBN 978-7-5693-0144-1
定 价	49.90 元

如发现印装质量问题,请与本社市场营销中心联系。
订购热线:(029)82665248 (029)82667874
投稿热线:(029)82668133
读者信箱:xj_rwjg@126.com